초보도 바로 적용하는

경매의 정석

KB173827

—— #02
실전 물건으로 보는 탐구사례

—— #03
틈새를 공략하여
수익을 창출하는 법

" 입문/기초심화편 "

오케이리더스 경매학원

서 설

긴 말이 필요한가

경매로 돈을 벌었다는데

긴 말이 필요한가

경매를 오래해서 돈을 더 벌었다는데

긴 말이 필요한가

경매는 20년, 30년 동안 할 수 있다는데

그래도 얘기는 풀고 가자.

법원에서 다양한 재판업무와 법률사무소에서의 송무 경험과 경매 관련 낙찰불허가 및 집행정지 사건 등 법률 분야에서 30년이 넘었으니 청춘을 法 안에서 실무로 쌓아 왔다.

"당신의 품 안으로 경매를 품어라", "경매비법", "경매 고급과정", "2022년 입찰을 통한 실전" 등의 교재를 편찬하였지만 강의를 하면서 현실에 맞게 보강해야 할 자료가 많아 수정 편찬하게 되었다.

우리나라는 청년1인이 노인1인을 부양해야 하는 초고령화 시대로 2025년부터 들어가고 있고, 경제의 어려운 2023년 상황은 부동산의 하락을 이끌고 있다. 노동가용인구 2,700만 명에서 임금근로자가 2,000만 명에 이르고, 자영업 중소기업운영자가 700명의 구조에서 인구의 감소와 고령화로 인한 가난ㅎ하지 않기 위해 특별한 대안을 마련해야 한다.

지금 경매를 시작해야 하는 이유이기도 하다.

흔히 경매 공부를 하다가 중도 포기한 분들은 이구동성으로 경매가 어렵다고 중도 포기한다. 그 사유를 풀어보면, ① 입찰하려는데 자신의 자본이 너무 적다 ② 권리분석이 너무 어렵다 ③ 공부할 시간이 없다 ④ 선택한 물건의 분석에 학원은 결정적 도움을 주지 않는다로 나누어 볼 수 있는데,

해법을 살펴보면,

자신의 자본에 맞는 물건을 선택해야 하는데 물건을 찾아도 그런 물건들은 수익이 나지 않을 것 같은 기피물건이거나, 여러 가지 법적 하자가 있는 사유로 응찰자가 없어 계속 유찰된 사건으로 두렵기만 하고 그 해법을 못 찾아 응찰하지 못하고 있다.

권리분석이 어렵다고 하는 것은 최초의 접근방식이 어렵게 접근하기 때문에 물건을 파악하는 시각이 어려운 것이며,

경매는 공부가 아니라 즐기는 것인데 학창시절 공부하듯이 접근하여 시간이 없고, 학원은 원생들이 입찰하려는 물건의 여러 가지 상황 판단에서 책임질 결정적 도움을 제공하지 않기 때문이다. 경매는 민사법의 최후 현금화하는 단계의 민사집행법으로서 공부로 덤비면 법률전문가들도 어렵다 한다.

그러면 어떻게 경매를 시작해야 할까?

경험을 비축해야 한다.
비싸게 낙찰받는 물건과 싸게 낙찰받는 물건의 사례들을 통해서 궁금증부터 가지고 그 궁금증을 해소해 나가는 반복 학습의 과정을 거쳐야한다.

흔히, 기초가 부족하다 어려움을 호소하지만, 경매의 기초부터 법률지식을 쌓기 위해 공부한다는 것은 곧 중도 포기를 의미한다. 경매의 기초는 각종 민사 관련법과 부동산공법 등의 부동산 관련 규정과 직결되기 때문이다.

호기심을 가지고 각 입찰물건의 개별의 특성과 제한요건을 풀어나가면 경매는 어렵지 않으며 공부할 시간이 아니라 즐길 유희의 시간으로 즐기면서 할 수 있다.

1회 낙찰로 끝나는 자본의 한계를 호소하는 사람들이 많다.

유동성 있는 물건 즉, 가까운 시일에 팔릴 수 있는 물건을 선택하는 것은 소액의 자본을 가진 사람에게 환금성 시기를 앞당겨 눈사람 만들 듯이 자본을 키워가며 경매를 지속적으로 할 수 있는 방법이 있는데도 몰라서 도전하지 않는다.

오케이 리더스 경매학원은 다양한 실전 업무 경험과 투자로 접한 부동산의 근황을 바탕으로 실사례 와 최근 물건의 동향과 입찰 가능한 여러 가지 사례에 이론을 강화하는 방식으로 강의를 한다. 이 책의 구성은 그런 면을 강조하여 편찬하였다. 부족한 부분과 매일 바뀌는 시장의 동향은 수업시간에 참고자료를 제공하기로 하고 머리말을 줄인다.

2023. 1. 불황을 이기기 위한 책을 증보편찬하면서

원장　吳千兆　書

목차

제 1 편 경매 일반

1강 │ 경매의 일반 / 14

1. 경매 시장 현황
2. 경매에서 종자돈 의미
3. 경매로 돈 버는 방법
4. 주식과 부동산 수익 비교
5. 경매시장의 트렌드 변화

2강 │ 경매의 기초 / 34

1. 경매의 절차
2. 경매의 형태
3. 경매신청비용
4. 경매와 공매의 차이
5. 입찰 시 유의할 점
6. 최고가 1등을 하고도 낙찰을 못 받는 억울한 사례들
7. 등기부 보는 요령
8. 투자를 위한 반값 물건의 정의

<부록>

부록 1 : 물건 조사 요령 및 낙찰 받는 순서
부록 2 : 물건 검색을 위한 참고 사이트 활용법
부록 3 : 물건검색 자료조사 요령

제2편 정책 탐구하기

3강 | 부동산 네비게이션 / 83

1. 정책을 알아야 돈이 보인다
2. 2021년 국토교통부 주요 업무 추진계획
3. 3080+사업 제2차 도심복합 선도사업 후보지
4. 제 5차 국토종합개발계획(2020-2040)
5. 지자체별 도시계획
6. 수원시 2030 도시기본계획
7. 화성시 2025 장기 종합개발계획
8. 평택시 2035 장기발전계획
9. 안성시 2030 도시계획
10. 용인시 2035 도시기본계획

4강 | 지분물건의 이해 (형식적 경매) / 186

1. 형식적 경매
2. 지분물건의 진행절차
3. 지문불건의 핵심 쟁점
4. 공유자우선매수 청구권
5. 지분물건의 수익사례 -형식적 경매를 통한 매각 사례
6. 지분물건의 수익사례 - 매매를 통한 수익 사례
7. 지분물건 공유물 현금분할 소송 진행 절차
8. 기타 지분물건 수익 사례

5강 | 권리분석과 말소기준권리 / 212

1. 기초개념
2. 대항력
3. 대항력과 우선변제권 차이
4. 배당연습으로 권리분석 이해하기 : 연습문제 1~5

〈부록〉
부록 4 : 주택임대차보호법
부록 5 : 말소기준권리의 예시사례들

제 3 편 제한물권 일반

6강 | 물권과 법정지상권 / 240

1. 물권 기초 이론
2. 지상권
3. 법정지상권
4. 관습법상 지상권
5. 법정지상권 사례연습

〈부록〉
부록 6 : 법정지상권 실전 사례

7강 │ 유치권 / 258

1. 기본개념
2. 경매에서 유치권
3. 유치권의 성립요건
4. 점유의 최소 필요요건
5. 유치권 성립 대상
6. 유치권 행위
7. 유치권 해결
8. 유치권 불성립 판례
9. 유치권 물건 도전 가능성 탐구하기
10. 유치권에 기한 임의경매 신청사례

8강 │ 선순위 가처분 / 274

1. 보전처분의 의미
2. 선순위 가처분 권리분석

9강 │ 선순위 가등기 / 283

1. 소유권이전청구권 가등기
2. 담보가등기
3. 선순위 가등기 말소방법

제 4 편 분묘기지권과 농지, 산지

10강 | **분묘기지권 / 290**

1. 개요
2. 법정지상권과 분모기지구권의 차이
3. 분묘기지권의 소멸
4. 성립요건
5. 특징
6. 권리와 의무
7. 존속기간
8. 묘지개장
9. 분묘기지권의 범위와 분묘의 처리
10. 농지와 산지 개발비용
11. 맹지

<부록>
부록 7 : 장사 등에 관한 법률 (발췌분)
부록 8 : 맹지에 대하여

11강 | **농지와 산지 / 305**

I. 농지 산지 현황과 개발
II. 농지
1. 농업진흥구역 과 농업보호구역
2. 농업보호구역
3. 농업취득자격증명
4. 농업자격취득증명 관한 소유권이전등기의 대법원 선례
5. 농지처분면제 휴경사유

III. 산지

  1. 산지와 임야

  2. 임야의 종류

  3. 임도

  4. 임도를 이용한 전원주택 신축가능 범위

  5. 토임 – 산인데 산번지가 없는 토지

  6. 등록전환

  7. 임야활용

  8. 산진전용 허가기준의 경사도

  9. 임업인 자격취득

  10. 임업용 산지에서의 개발가능행위

제 5 편   대항력

12강 | **기타대항력 / 332**

  1. 임차인 대항력 매수인 수익

  2. 가족의 전입과 세대주 전입 차이

  3. 친인척간 임대차 대항력

  4. 선순위 임차인 조사

  5. 부부간의 임대차

  6. 소유자에서 임차인으로 변경 대항력

  7. 다가구와 다세대

  8. 주민등록의 정정 시 대항력

  9. 여러 가지 기타대항력

  10. 가장 임차인 식별

  11. 가장 임차인 형사처벌

13강 주택임대차보호법 / 352

1. 주거용 건물의 판단
2. 주택여부 기준시점
3. 임대차 계약
4. 존속기간
5. 임차권의 주택 승계
6. 차임 청구권
7. 전세권
8. 임차권등기명령제도
9. 주택임대차보호법상 소액임차인 최우선변제권

14강 상가임대차보호법 / 374

1. 적용범위
2. 대항력
3. 우선변제권
4. 최우선변제권
5. 임대차기간
6. 계약갱신요구
7. 상가건물임대차 쟁점
8. 상가임대차보호법상 소액임차인 최우선변제권

15강 | 전세권과 임차권등기명령 / 399

1. 전세권이란?
2. 전세권과 임차권 중 하나를 선택한다면
3. 전세권과 주택임차권 비교
4. 임차권이 전세권보다 좋은 점
5. 전세권이 존속기간
6. 전세권 권리분석
7. 전세권의 말소기준등기 요건
8. 전세권자의 이중적 지위
9. 전세권자는 확정일자를 안받아도 된다
10. 임차권등기명령

제 6 편 낙찰 후 처분 실전

16강 | 인도명령 / 417

1. 신청
2. 상대방
3. 인도범위
4. 신청기한
5. 재판 및 불복
6. 인도명령 계고
7. 점유유형별 인도
8. 인도명령 이전 내용증명 사례

제 7 편 부록

1. 참고문헌
2. 마무리
3. 저자 약력

01/

경매 일반

시작이 반이다.

Well begun is half done.

1강 경매의 일반

1. 경매 시장 현황

가. 2021년의 현황

2019년부터 아파트가 오르자 안정된 낙찰가를 유지하던 경매시장은 아파트 인기 붐을 타게 되어 전국 낙찰가율 82.6%로 끌어 올려 '역대 최고'가 되었다.

2021년 전국 부동산 낙찰가율(감정가 대비 낙찰가 비율)은 역대 최고치인 82.6%를 기록했다. 아파트 상승이 경매시장에 대한 관심을 높였다는 분석이다.

2021. 4. 6. 법원경매 전문기업 지지옥션이 발표한 경매동향보고서에 따르면, 전국 경매 진행 건수는 1만1850건으로, 이 중 4,926건이 낙찰됐다. 낙찰률은 41.6%, 낙찰가율은 82.6%를 기록했다. 월간 기준 낙찰가율이 역대 가장 높았다. 직전 최고치는 2003년 7월의 79.1%였다. 아파트뿐 아니라 업무 · 상업시설, 토지 등 모든 용도의 낙찰가율이 80%를 넘은 것은 처음이었다.

서울 아파트가 상승세를 이끈 것으로 나타났다. 서울 아파트의 지난달 낙찰가율은 112.2%로 2020년 10월 직전 최고치(111.8%)를 경신했다.

수도권 전체(109%)와 대구(122.8%)의 아파트 낙찰가율 역시 최고치를 갈아치웠다. 6개 광역시 중 부산, 인천, 대구, 대전 등 4개 광역시의 아파트 낙찰가율이 100%를 넘었다. 주요 도심지 아파트의 경우 경매시장에서 감정가를 넘겨 낙찰되는 현상이 나타나고 있다.

진행 건수 역시 증가세가 확연했다. 2021년 전국 경매 진행 건수(1만1850건)는 2020년 11월(1만4943건) 이후 4개월 만에 1만 건을 넘어섰다. 2018~2019년 월별 법원경매 평균 진행 건수는 1만483건 수준이었다. 진행 건수 기준으로 코로나19 사태 이전 수준을 회복했다고 지지옥션은 설명했다.

상가는 지식산업 센터의 과다한 건설로 미분양이 많은 탓인지 공실 상태의 경매가 나오고 있어 약체를 보이고 있는 추세였고, 토지나 아파트 시장보다 꾸준한 월세 수익을 노리는 투자자들의 관심의 눈은 계속 주시하고 있는 실정었다.

2021년 정부의 가계부채 중장기 방안발표 이후 금리인상과 대출억제가 현실화되고 코로니19로 인한 구제자금의 방출로 미국 및 전세계의 인플레이를 유발하여 고금리, 고물가로 이어지고 더욱이 세계 식량 및 가스 공급 1/3을 차지하는 우크라이나 전쟁의 장기화는 원화가치를 하락하는 등의 3고 시대를 유발한 2022년은 부동산의 급락을 끌고 왔다.

이런 추세는 서울을 기점으로한 아파트의 하락과 부동산 시장의 급랭을 가져왔고, 부동산 투자자들은 도시계획의 기반 위의 토지와 공시가 1억 미만의 소형주택, 빌라 다세대로 투자가 몰리고 있는 추세이다.

나. 2021년도 경매시장

아파트가 오르자 안정된 낙찰가를 유지하던 경매시장은 아파트 인기 붐을 타게 되어 전국 낙찰가율 82.6%로 끌어 올려 '역대 최고'가 되었다.

2021년 전국 부동산 낙찰가율(감정가 대비 낙찰가 비율)은 역대 최고치인 82.6%를 기록했다. 아파트 상승이 경매시장에 대한 관심을 높였다는 분석이다.

2021. 4. 6. 법원경매 경매동향보고서에 따르면, 전국 경매 진행 건수는 1만1,850건으로, 이 중 4,926건이 낙찰됐다. 낙찰률은 41.6%, 낙찰가율은 82.6%를 기록했다. 월간 기준 낙찰가율이 역대 가장 높았다. 직전 최고치는 2003년 7월의 79.1%였다. 아파트뿐 아니라 업무, 상업시설, 토지 등 모든 용도의 낙찰가율이 80%를 넘은 것은 처음 이었다.

서울 아파트가 상승세를 이끈 것으로 나타났다. 서울 아파트의 낙찰가율은 112.2%로 2020년 10월 직전 최고치(111.8%)를 경신했다.

수도권 전체(109%)와 대구(122.8%)의 아파트 낙찰가율 역시 최고치를 갈아치웠다.

6개 광역시 중 부산, 인천, 대구, 대전 등 4개 광역시의 아파트 낙찰가율이 100%를 넘었다. 주요 도심지 아파트의 경우 경매시장에서 감정가를 넘겨 낙찰되는 현상이 나타나고 있다.

진행 건수 역시 증가세가 확연했다. 전국 경매 진행 건수(1만1850건)는 지난해 11월(1만4943건) 이후 4개월 만에 1만 건을 넘어섰다. 2018~2019년 월별 법원경매 평균 진행 건수는 1만483건 수준이었다. 진행 건수 기준으로 코로나 19 사태 이전 수준을 회복했다.

아파트의 열기에 오피스텔도 덩달아 오르고, LH 사건으로 인한 토지 붐이 수도권 과 개발지역의 틈새시장으로 새롭게 등극하여 과격한 상승세를 보였다.

상가는 지식산업 센터의 과다한 건설로 미분양이 많은 탓인지 공실 상태의 경매가 나오고 있어 약체를 보이고 있는 추세인데, 토지나 아파트 시장보다 꾸준한 월세 수익을 노리는 투자자들의 관심의 눈은 계속 주시하고 있는 실정이다.

다. 2022년도 부동산 상승에서 하락국면 전환[1]

※ 지가는 전년말 대비 전국 2.8% 상승. 공동주택 및 다세대 매매 전월세 하락

※ 전국 월별 아파트 매매가격 통계 (실거래가격지수 ㎡당 단위 만 원)

21.10. 461만 원(㎡당) / 22.09월 379만 원(㎡당)

전년 10월기준 가격대비 82% 수준 거래

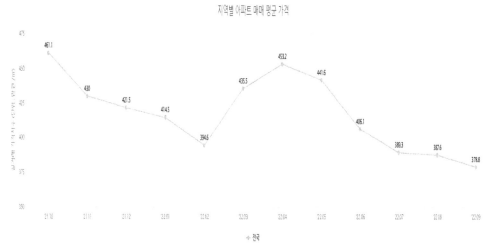

※ 수도권 월별 아파트 매매가격 통계 (실거래가격지수 ㎡당 단위 만 원)

---

1) 부동산원 통계로 본 부동산 변동 추이

21.10. 788.6만원(㎡당) / 22.09월 640.9만원(㎡당)

전년 10월기준 가격대비 81% 수준 거래

지역	'21.10	'21.11	'21.12	'22.01	'22.02	'22.03	'22.04	'22.05	'22.06	'22.07	'22.08	'22.09
전국	461.1	430	421.5	414.5	394.6	435.5	453.2	441.6	406.1	389.3	387.6	378.8
수도권	788.6	761.3	764	760.2	710.3	762.7	788.1	763.9	713.3	685.4	655.7	640.9
지방	316.3	307.1	296.5	297.7	290.2	297.7	304.7	302.4	293.6	289.2	291.4	287.7

※ 전국 월별 다세대 매매가격 통계 (실거래가격지수 ㎡당 단위 만 원)

21.10. 121만원(㎡당) / 22.09월 123.7만원(㎡당)

전년 10월기준 가격대비 102 % 수준 거래

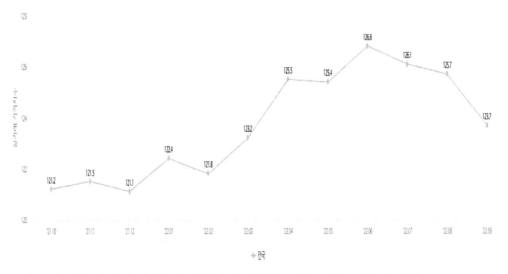

지역별 연립다세대 실거래가 지수

※ 수도권 월별 다세대 매매가격 통계 (실거래가격지수 ㎡당 단위 만 원)

21.10. 125만원(㎡당) / 22.09월 128.9만원(㎡당)

전년 10월기준 가격대비 103 % 수준 거래

지역	'22.01		'22.02		'22.03		'22.04		'22.05		'22.06		'22.07		'22.08		'22.09	
	지수	변동률	지수	변동률	지수	변동률	지수	변동률	지수	변동률	지수	변동률	지수	변동률	지수	변동률	지수	변동률
전국	122.4	1.08	121.8	-0.48	123.2	1.11	125.5	1.91	125.4	-0.10	126.8	1.17	126.1	-0.60	125.7	-0.35	123.7	-1.52
수도권	126.5	0.72	126.3	-0.10	127.8	1.15	130.4	2.01	130.4	0.02	132.3	1.48	131.8	-0.43	131.3	-0.35	128.9	-1.85
지방	109.1	2.44	107.1	-1.89	108.1	0.96	109.7	1.50	109.1	-0.58	109.1	0.00	107.7	-1.23	107.4	-0.32	107.1	-0.26

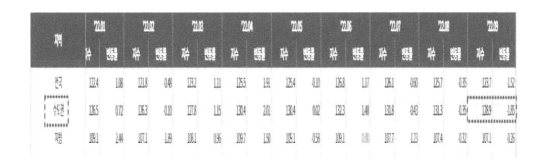

※ 전국 오피스텔

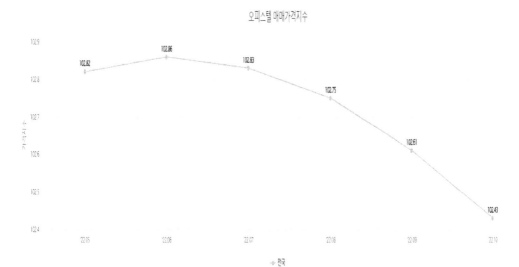

오피스텔 매매가격지수

102.82 102.86 102.83 102.75 102.61 102.43

-◆- 전국

※ 전국 년도별 토지거래 필지수

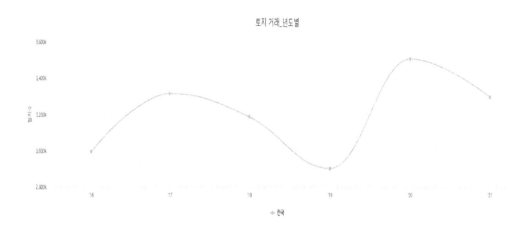

토지 거래_년도별

※ 경기도 년도별 지역별 토지 거래 필지 수

지역	'16	'17	'18	'19	'20	'21
⊟ 경기	751,737	886,124	951,881	843,656	1,004,910	932,434
⊞ 수원시	45,879	55,940	60,063	50,908	76,383	54,758
⊞ 성남시	40,325	46,272	35,967	48,020	42,598	32,413
의정부시	17,749	27,097	20,326	23,954	23,793	22,057
⊞ 안양시	25,646	24,281	31,949	27,105	28,675	28,677
⊞ 부천시	37,347	37,270	36,423	35,403	36,117	31,152
광명시	13,226	17,911	20,851	15,550	19,902	13,617
평택시	51,546	63,742	60,680	52,130	56,635	55,152
동두천시	6,048	4,318	4,468	3,970	5,786	7,586
⊞ 안산시	28,740	39,872	28,822	28,324	42,532	39,268
⊞ 고양시	53,309	54,953	53,616	45,970	61,662	51,009
과천시	3,488	2,125	6,423	8,176	6,510	5,883
구리시	8,779	10,003	10,555	6,315	9,554	7,869
남양주시	31,452	41,365	46,582	45,537	52,578	43,208
오산시	7,779	14,205	11,163	12,135	13,686	18,806

지역	'16	'17	'18	'19	'20	'21
시흥시	30,406	37,522	40,717	40,901	49,390	30,291
군포시	9,212	9,673	12,532	7,887	13,233	10,859
의왕시	6,455	10,032	10,589	10,406	9,530	8,245
하남시	27,018	28,540	34,298	28,470	26,681	24,893
용인시	52,115	67,824	86,903	70,368	72,350	62,077
파주시	26,503	27,692	43,048	29,240	45,388	44,792
이천시	19,304	21,026	19,750	18,914	19,725	26,007
안성시	15,110	14,510	17,398	13,522	20,758	29,430
김포시	27,177	43,997	48,708	44,244	48,305	31,273
화성시	68,411	85,271	98,158	78,813	88,693	96,163
광주시	28,360	31,215	32,323	24,919	30,163	30,926
양주시	11,517	15,871	17,667	14,838	30,431	25,943
포천시	11,173	12,724	12,747	12,033	15,380	21,772
여주시	13,509	13,042	11,614	12,360	17,198	19,773
지역	'16	'17	'18	'19	'20	'21
연천군	4,333	4,675	8,323	6,971	5,913	7,321
가평군	9,805	10,339	9,737	8,079	10,019	14,503
양평군	19,016	21,817	19,481	18,204	25,342	36,691

라. 2022년도 물건별 수도권중심 경매시장동향

※ 서울특별시 아파트

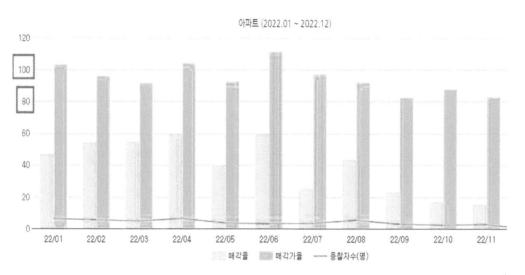

아파트 (2022.01 ~ 2022.12)

22.6. 매각가율이 감정가 대비 110% 낙찰 받은 것으로 정점을 찍고 22.11.경에는 하락국면으로 82%대 낙찰가율을 유지하고 있으나, 2023년에는 금리변동과 대출규제의 완화가 이루어지지 않으면 더 하락할 전망이다.

※ 인천지역 아파트

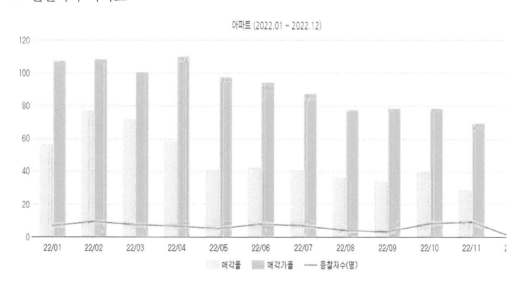

아파트 (2022.01 ~ 2022.12)

22.4. 112%의 정점 이후 70%대까지 하락하고 있는 국면이다.

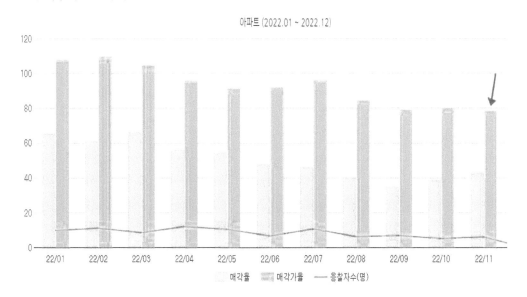

아파트 (2022.01 ~ 2022.12)

경기남부권은 역세권, 신도시, 1기신도시 재건축이 낙찰가율을 유지하여 22.7.까지 감정가 대비 낙찰가율이 97%대를 유지하다가 고금리와 대출규제로 인하여 79%에서 숨고르기를 하고 있다.

※ 전국 아파트경매 동향

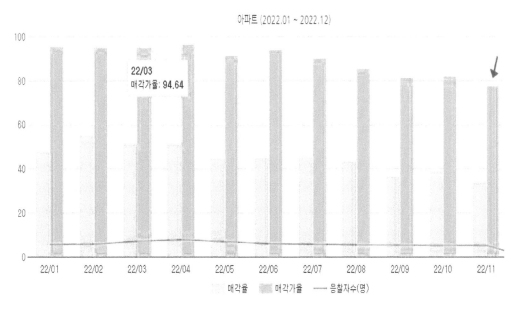

아파트 (2022.01 ~ 2022.12)

※ 경기남부권 대지

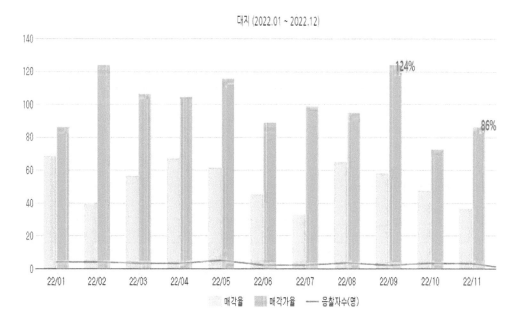

대지 (2022.01 ~ 2022.12)

※ 경기남부권 전(田)

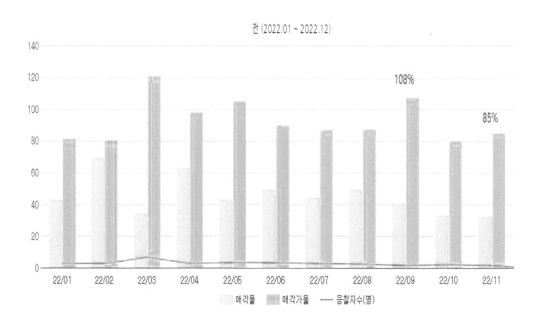

전 (2022.01 ~ 2022.12)

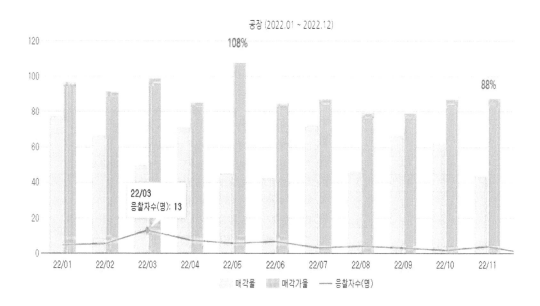

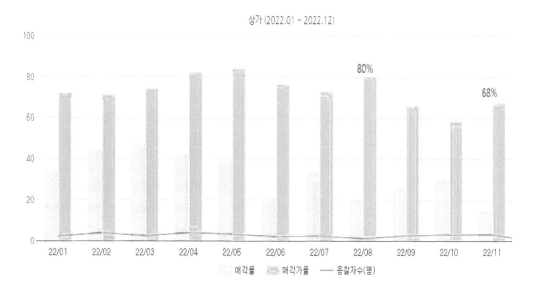

상가는 지속적으로 코로나19의 영향 이후 경기둔화로 이어져 공실이 많은 원인으로 68% 까지 하락하고 있다.

마. 시대별 정책별 서울아파트 등락현황

연월	매각가율 (%)	응찰자 수	중점관찰
02.12.	90.9	6.2	김대중(98~02), 보동산시장호황반등, 강남불패시작 저금리, 중도금무이자,정권교체시기,공급부족 분양가자율화, 분양권제매제한허용, 양도세한시면제
04.12.	78.2	5.0	노무현(03~07) 부동산과열상태 정권출발 대출규제(LTV,DTI 도입), 종부세도입,
05.12.	85.2	5.2	투기방지대책발표, 양도세중과, 분양권전매금지,
06.12.	102.3	8.0	부동산시장안정화발표,2기신도시발표
07.12.	88.4	6.4	민주당대선참패원인 부동산하락, 87(땅투기),98(외환위기),07년(공급증가,금리인상)
08.12.	69.6	5.1	이명박(08~12)글로벌금융사태,환율1500원초과, 하락장초 입,규체완화발표,강남3구외 투기.과열전부해제
10.12.	83.4	6.6	공공주도아파트분양,수도권하락, 지방강세,대출규제완화
12.12.	74.17	4.7	박근혜(13~16) 부동산시장냉각기,신규분양/미분양 양도 세전액면제(10년만에다시출현),재건축완화,
15.12.	90.1	6.3	대출금리1% ,초과이익환수폐지, 재개발1인1가구공급폐지 매입적기
17.12.	98.8	7.3	문재인(17~21), 정부매각권유따른 매각자 손해, 총5차례부동산대책발표
18.12.	102.5	6.7	규제확대, DTI강화, DSR도입,재건축강화,임대차3법,
19.12.	100.9	5.5	민간주택상한제부활,종부세 재산세인상
20.12.	113.2	8.9	17~20년의 상승주도는 거품보다 주택수의 부족과 정책 경제변화에 따른 주택가치의 실질적 변화가 원인 ①임대가치(전세가격지수)②실질경제성장③금리수준④물가수준
21.12.	101.9	3.4	부동산정책실패 정권교체, 실수요자중시 투자수요자규제 고물가,고금리,대출규제, 영끌의 과다투자, 유입거품
22.12.	77.2	5	윤석열(22~26) 2004년 2008년말 상황과 유사 규제완화,규제지역해제.공공주택공급, 정상화방안강구

■ 연도별 가구수의 증가표

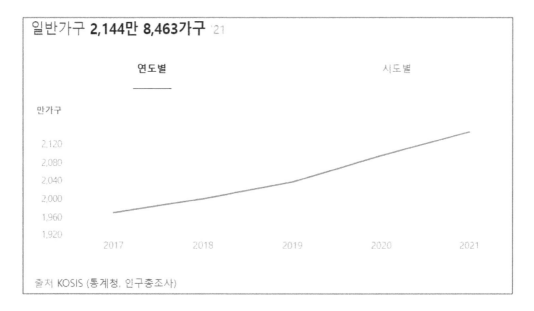

일반가구 **2,144만 8,463가구** '21

연도별   시도별

만가구

2,120
2,080
2,040
2,000
1,960
1,920

2017   2018   2019   2020   2021

출저 KOSIS (통계청, 인구총조사)

※부동산의 수요와 가격에 대한 판단을 인구감소시대에 인구수에 초점을 맞추면 수요의 하락으로 주택의 가격은 하락할 것이라고 생각한다. 그러나, 투자수요는 인구가 중심이 아니라 가구수의 증가를 살펴봐야 하고 가구수의 증가는 지속적으로 이어지고 있는 추세이다.

2. 경매에서 종자돈의 의미

 자신이 가지고 있는 돈의 액수가 소액이라고 좌절할 필요는 없다. 소액으로도 어떻게 운용하느냐에 따라 입찰 가능성과 미래 수익을 얻을 수 있다.
이럴 때 일수록 소액 특수물건의 투자방법을 익힐 필요가 있다.

 투자 금액보다 더 큰 관건은 물건 식별 능력을 함양하는 것이다. 그래야 각종 까다로운 권리분석으로 남들이 입찰하지 않아 입찰가가 떨어진 물건을 낙찰받아 정상물건으로 전환, 매각하여 수익을 낼 수 있다. 이렇게 해야 종자돈으로 자본을 키울 수 있다. 보는 만큼 물건 식별 능력이 늘고, 물건식별 능력의 성장이 종자돈을 키우는 데 큰 역할을 한다는 사실을 잊으면 안 된다.

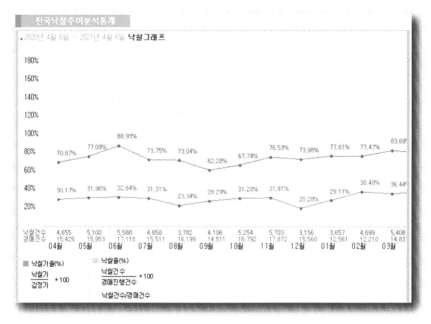

자료 53 낙찰금액은 연간 14조1300억원이다.

3. 경매로 돈 버는 방법

경매로 돈 버는 방법

정확한 가치 평가
➜ 저렴하고 미래 가치 있는 물건을 입찰한다

투자 기간 구분
➜ 장-단기 보유할 물건
중-단기로 보유할 물건

종자돈 활용
➜ 저렴하고 미래 가치 있는 물건을 입찰한다

많은 사람들이 경매는 돈 버는 방법이라는 사실을 알고 있다. 다만, 경매를 어렵다고 생각하여 굳이 경매까지 하면서 살아야 되나 접근을 주저할 뿐이다.

늦었다고 할 때 가장 빠르다는 말을 실천하는 사람과 주저하는 사람과의 격차는 엄연히 흘러간 시간만큼 자본의 차이로 나타난다.

부동산을 가장 비싸게 사는 방법이 매매라고 한다면, 가장 싸게 사는 방법이 경매라고 할 것이다. 경매는 감정가 대비 하락한 최저가에서 입찰을 시작하기 때문이다.

물론 경매가 많이 알려진 지금은 상황이 다소 변했다. 낙찰가가 시세에 육박하는 경우도 전보다 늘어났다.

경매를 성장의 시각에서도 살펴볼 수 있다. 경매 공부를 하고 경매 물건을 선별 하는 시야를 넓게 되면, 자신에게 어떤 현상이 나타날까?

부동산을 보는 폭넓은 비교능력을 갖게 된다.

다른 사람들이 낙찰받는 가액과 관심 향방과 물건을 조사하다 보면 부동산 공법 사항과 개발 가능 지역들을 자연스럽게 접하게 되고, 경험을 통해 판별력이나 선호도가 높은 상승할 지역 등에 관심을 갖고 자료도 찾아보게 된다. 이런 실전 과정들을 통해 비교판단 하는 복합적인 능력을 갖게 된다.

결국 같은 금액의 돈으로 어떤 곳 어떤 물건에 투자할 것인지를 정할 수 있고, 부화뇌동 하여 매입한 부동산으로 장기간 골치를 아파할 이유를 미연에 방지하게 되는 부동산 전문가가 된다.

•2020년 4월 6일 ~ 2021년 4월 5일 **낙찰통계**

기간	경매건수	낙찰건수	낙찰률(%)	감정평가액 합계	낙찰금액 합계	낙찰가율(%)
2020-04	15,426	4,655	30.17%	1,506,185,936,428	1,067,500,242,928	70.87%
2020-05	15,953	5,100	31.96%	1,499,526,194,581	1,156,109,650,804	77.09%
2020-06	17,118	5,588	32.64%	1,830,849,004,676	1,628,351,270,767	88.93%
2020-07	15,511	4,858	31.31%	1,568,092,006,132	1,156,597,489,244	73.75%
2020-08	16,199	3,782	23.34%	1,238,444,235,162	904,679,267,849	73.04%
2020-09	14,511	4,106	28.29%	1,540,774,554,683	959,706,947,967	62.28%
2020-10	16,792	5,254	31.28%	1,992,966,487,698	1,350,147,871,619	67.74%
2020-11	17,872	5,703	31.91%	1,868,091,101,358	1,429,835,507,401	76.53%
2020-12	15,560	3,156	20.28%	978,642,353,696	724,061,963,483	73.98%
2021-01	12,561	3,657	29.11%	1,106,877,775,641	859,148,438,553	77.61%
2021-02	12,210	4,699	38.48%	1,498,686,903,022	1,161,138,975,651	77.47%
2021-03	14,837	5,408	36.44%	2,007,440,457,407	1,680,078,832,157	83.69%
2021-04	1,591	617	38.78%	189,230,899,413	152,813,628,908	80.75%
누적	186,141	56,583	-	18,825,807,909,897	14,230,170,087,331	-
평균	14,319	4,353	30.4%	1,448,139,069,992	1,094,628,468,256	75.59%

자료 55 2020.4.6.~2021.4.6. 낙찰통계

경매는 단연코 싸게 낙찰 받아 비싸게 팔거나, 보상을 받거나 고정적 월 수익을 창출하여 돈을 벌 수 있다는 것은 누구나 다 안다. 다만 그 방법을 어떻게 터득하기 위한 노력이 문제가 될 뿐이다. 따라서 노력 없이 투자 없이 경매로 돈 버는 방법의 질문을 하는 것 자체가 우문일 것이다.

4. 주식과 부동산 수익 비교

인터넷상에 주식 수익과 부동산 수익의 비교 데이터는 많다. 단순히 인터넷 통계자료로만 보면 부동산은 전세보증금의 활용이나 대출금이나 레버리지를 활용하여 높은 수익을 계속 창출할 수 있다고 한다. 하지만 부동산이든 주식이든 어떻게 자산을 운용하는가에 따라 수익성 판단은 달라질 수 있다.

다만, 필자가 하고 싶은 말은 등락에 변수가 많은 주식보다는 가격의 움직임이 안정적인 부동산이 보다 쉽게 접근할 수 있다는 것이다. 굳이 통계자료를 나열하면서 까지 비교할 필요는 없다. 기획부동산의 물건을 고가에 산 경우가 아니라면 어떤 땅을 사도 최소한 깡통이 될 염려는 없기도 하다. 부동산 레버리지 활용법과 순환 수익구조를 조금만 이해한다면, 안전자산으로 자본을 착실히 키워갈 수 있을 것이다.

5. 경매시장의 트렌드 변화

상품별(예금, 부동산, 주식) 10년간 투자수익 비교

(단위:백만원)

연도	M2 조원	GDP 십억$	1인당 GNI $	저축예금 금리%	저축예금 금액	서울소형아파트 투자 (구로구 소재 24평) 매매(KB)	전세(KB)	전세증액	전세율	주식투자 삼성전자
투자금	1,426	1,002	20,419				170			
2009말	1,567	902	18,256	4.13	177	315	145	~	46%	14,820
2010말	1,661	1,094	22,105	3.75	184	300	167	22	56%	('08.5최고)
2011말	1,752	1,203	24,226	3.99	191	300	177	10	59%	
2012말	1,836	1,222	24,600	3.55	198	297	187	10	63%	8,060
2013말	1,921	1,305	26,070	2.91	204	295	205	18	69%	('08.10최저)
2014말	2,077	1,411	27,892	2.58	209	300	245	40	82%	-46%
2015말	2,247	1,382	27,171	1.94	213	337	290	45	86%	
2016말	2,408	1,415	27,681	1.68	216	362	315	25	87%	
2017말	2,530	1,530	29,745	1.73	220	390	330	15	85%	
2018말	2,700	1,620	31,349	2.02	225	540	355	25	66%	38,700
				2.83				210	70%	
10년증가율	89%	62%	54%		32%	71%		145%		161%

			저축예금	매매		서울소형아파트	전세증액	주식
2009초 순자산			170	170		170	전세증액	170
2018말 순자산			225	395		500	210평	444
증가액			55	225		330	등록면지대	274
10년 총수익률			32%	132%		194%		161%
연평균수익률			3.2%	13.2%		19.4%		16.1%
연복리수익률			2.8%	8.8%		11.4%		10.1%

2016년도와 2019년도 아파트 토지 가격은 하락 또는 하락 보합세를 유지하였다.

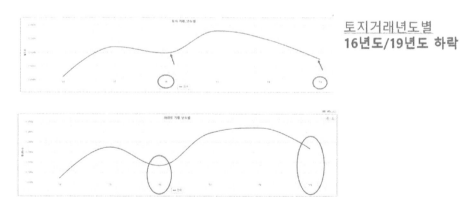

토지거래년도별 16년도/19년도 하락

자료 4 토지와 아파트 거래량 비교(한국감정원)

다시 2017년도와 2020년도부터 모든 부동산이 반등하였고, 이 때에는 상가의 경쟁력은 멈추기도 했다. 신도시와 예정개발계획 내의 상가에 공실이 생기기 시작했고, 토로나19로 인한 영업저하로 임대인과 임차인 양자 모두 힘든 시기이기에 경매시장에서 실제 월 소득을 창출할 수 있는 상가 매물은 극소수였다.

	20-1010 아파트	경기도 수원시 영통구 영통동 969-1. 태영아파트 935동 3층 301호 [대지권 45.744㎡. 건물 84.91㎡]	407,000,000 407,000,000 621,660,000	낙찰 (100%) (153%)	2021.03.04 (10:30)	1.590
	20-4385 근린상가	경기도 용인시 기흥구 중동 833. 쥬네브엔월드 4층 4139호 [대지권 6.37㎡. 건물 12.99㎡]	40,000,000 13,720,000 15,000,000	낙찰 (34%) (38%)	2021.04.06 (10:30)	2.178
	20-4903 농지	경기도 용인시 처인구 이동읍 서리 457 외 1필지 [농지(답) / 토지 3077㎡ / 답 / 법정지상권 / 토지만 매각]	718,028,000 502,620,000 611,000,000	낙찰 (70%) (85%)	2021.03.04 (10:30)	2.939
	20-5555 임야	경기도 용인시 처인구 모현읍 오산리 산51 [토지 1270.04㎡ / 법정지상권 / 토지만 매각이며 지분 매각임]	107,953,400 52,897,000 78,000,000	낙찰 (49%) (72%)	2021.04.06 (10:30)	4.835
	20-7391 승용차	경기도 화성시 서신면 상안리 350. 송산복합주차장 내 [레인지로버 스포츠3.0D / 28나0785 / 2016년식 / 83.281㎡ / 오토 / 경유]	55,000,000 38,500,000 52,550,000	낙찰 (70%) (96%)	2021.03.04 (10:30)	4.214
	20-7698 다세대(빌라)	경기도 화성시 남양읍 신남리 1355-4. 크리아트빌-비 3층 301 호 [대지권 113.833㎡. 건물 79.885㎡]	95,000,000 46,550,000 85,000,000	낙찰 (49%) (89%)	2021.04.06 (10:30)	1.068
	18-18954 임야	경기도 화성시 장안면 장안리 1077-90 외 1필지 [토지 1343㎡ / 토지 매각 (제시외기타 포함)]	202,163,000 141,514,000 160,200,000	낙찰 (70%) (79%)	2019.03.05 (10:30)	1.934
	18-19438 아파트형공장	경기도 용인시 기흥구 영덕동 1029. 유-타워 3층 305호 [대지권 66.68㎡. 건물 174.73㎡]	603,000,000 422,100,000 523,000,000	낙찰 (70%) (87%)	2019.08.30 (10:30)	1.589
	18-19551 아파트	경기도 용인시 기흥구 보정동 1291. 죽전자이2차 1동 7층 713 호 [주상복합 / 대지권 50.357㎡. 건물 133.3㎡]	430,000,000 301,000,000 409,999,999	낙찰 (70%) (95%)	2019.04.04 (10:30)	2.451
	18-19940 근린상가	경기도 용인시 기흥구 중동 847. 삼성타워 3층 302호외3개호 [대지권 132.03㎡ 건물 531.12㎡ / 토지및건물 지분 매각]	640,000,000 313,600,000 360,190,000	낙찰 (49%) (56%)	2019.10.11 (10:30)	3.385
	18-20315 농지	경기도 오산시 양산동 113-1 [농지(답) / 토지 478㎡ / 답 / 토지 매각]	180,684,000 180,684,000 381,050,000	낙찰 (100%) (211%)	2019.06.11 (10:30)	2.562

자료 6-7 2021년, 2019년 수원법원 매각 현황 비교

부동산이 트렌드 변화가 있듯이 경매시장에서도 인기종목과 하락세를 가지는 트렌드의 변화를 감지하고 투자해야 한다.

동일 날짜의 같은 계의 경매물건의 동향과 낙찰현황을 보면 트렌드 변화를 알 수 있다. 과거 경매물건 중 상가들은 입점한 임차인이 있는 반면 2021. 초경에는 코로나의 장기적 영향으로 상가도 잘 없을 뿐만 아니라 있어도 공실 상가 비중이 높은 편이다.

감정가의 70%대에 낙찰되던 오피스텔이 요즘에는 아파트의 고가 낙찰로 인해 풍선효과로 인해 100%를 넘기는 사례가 빈번히 일어나고 있다. 젊은 층의 오피스텔의 선호도를 반영되는 추세이다.

2강 경매의 기초

1. 경매의 절차

가. 법원경매 절차 일반

아직도 경매를 잘못 오해하고 있는 분들이 있다. 경매는 누군가의 재산을 빼앗거나 못살게 구는 것이 아니다. 오히려 채무자도 살리고 채권자의 채권도 확보해 주는, 국가가 진행하는 매각절차이다.

그 경매 절차를 간략히 살펴본다.

1) 경매 신청

경매를 신청하는 채권자는 신청 비용과 근거 서류를 제출하면 법원은 2일 정도 안에 경매개시결정의 등기를 부동산 등기부에 등재하게 된다.
경매개시결정은 전후의 권리관계를 양분하여 판단하게 되는 중요한 절차이다.

2) 경매 준비

법원은 경매신청서를 접수, 개시결정을 하고 경매 매각을 위한 준비절차에 들어가는데 중요한 몇 가지만 나열하면 신문 공고, 이해관계인, 국세청, 지자체, 의보관리공단 등 개시결정 송달, 현황조사명령, 감정평가개시, 매각 최고가 결정 등의 절차를 진행하고, 배당기일을 지정한 후 배당요구를 받는다.

3) 배당종기일 지정

이해관계인들은 경매개시결정을 받은 후, 배당요구 종기일 까지 배당요구를 해야 한다. 배당요구를 하지 않은 이해관계인은 낙찰대금으로 배당하는 배당금에서 한 푼도 받지 못한다. 배당요구 이후 경매가 종결되고 배당금에서 순위에 밀려 배당금을 받지 못해도 낙찰자에게 대항력 없이 말소된다. 간혹, 낙찰자가 인수하여야 하는 말소기준권리 보다 선순위 권리자는 배당요구를 하지 않는 경우가 종종 있다. 이럴 경우에는 낙찰자가 별도로 인수를 해야 하기 때문에 입찰금액을 신중히 고려해서 응찰해야 한다.

4) 1차 경매일정 공고

최고가 즉, 감정가로 경매를 시작하는데 까지 소요기간은 대체로 평범한 일반 물건의 경우 최초 경매기일까지는 6개월 정도 소요된다. 그 이후 응찰자가 없어 유찰되면 1~2달 단위로 법원마다 차등은 있으나 20 ~ 30% 씩 감정가 대비 최저가로 입찰 기일을 잡게 된다.

5) 매각 허가, 불허가 결정

매각절차에서 법원이 정한 최저가 이상의 응찰자 중 최고가로 입찰한 사람에게 매각결정 영수증을 발행한 후, 1주일 뒤에 매각허가, 불허가 결정을 한다.
낙찰된 이후, 해당 사건의 적법한 절차로 매각이 이행되었는지. 물건의 하자는 없는지 농지 경우, 농지취득자격증명서를 제출하였는지 등 제반절차를 검토한 후 1주일 되는 날 매각허가, 또는 불허가 결정을 한다.

6) 이의신청

매각 허가 또는 불허가 결정 이후 항고기간을 두어 이의신청을 할 수 있도록 하고, 항고기간이 지나면 법원은 낙찰자에게 잔금납부명령을 내리게 된다.

7) 잔금 납부 및 등기

낙찰자는 잔금을 납부하고 소유권이전등기를 실행한다. 한편, 배당권자는 잔금이 납부되고 법원에서 배당기일을 지정하여 통보를 받으면 배당에 참여하여 채권 배당을 받게 된다. 낙찰자가 신경 쓸 일은 아니다.

나. 법원경매 입찰 절차

입찰자의 입장에서 경매 절차의 순서를 정리하면, 법원이 경매개시 결정 이후 매각 기일을 공고하면 돈이 될 물건인지 내가 필요한 물건인지 판단부터 하여야 한다. 그 세부 절차를 살펴보겠다.

1) 물건 조사

부동산의 종류는 많고 경매입찰 물건도 많다. 전국 법원은 매일 경매를 하고, 수도권의 법원만으로도 다양한 종류와 다양한 금액의 경매물건이 많다.
여기에서 나의 재테크 수단이나, 자본의 크기나, 장기 보유할 물건인지 미래가치를 목적으로 둘 물건인지를 파악부터 하여야 한다.

2) 물건 후보 탐색

다양한 종류의 물건과 다양한 금액 그리고 여러 가지 목적의 투자군 별로 정리가 되면 조사한 물건을 관심물건으로 등재한 후 후보물건으로 축약해야 한다.
후보물건 중 다양한 자료와 정보를 바탕으로 장단점을 확인하고 그에 따라 후보물건의 군집의 범위를 축소해 나가야 한다.
항상 내가 응찰한 물건이 낙찰 된다는 보장도 없거니와, 자본의 한계도 있고, 마음 먹은 대로 환금성의 시기가 맞아 떨어지지 않는 경우도 있기 때문이다.

법원경매 입찰절차 : 낙찰자 입장

법원경매의 일반 절차 : 법원 입장

1) 물건 조사
↓
2) 물건 후보 탐색
↓
3) 권리 분석
↓
4) 물건 분석
↓
5) 수익성 분석
↓
6) 임장
↓
7) 입찰 선택 및 입찰가 결정
↓
8) 낙찰 및 낙찰 허가
↓
9) 잔금 납부 및 등기
↓
10) 인도명령

1) 경매신청
↓
2) 경매준비
↓
3) 배당종기일 지정
↓
4) 1차 경매일정 공고
↓
5) 매각 허가/불허가 결정
↓
6) 이의 신청
↓
7) 잔금 납부 및 등기

표 7 법원경매 일반 절차

3) 권리 분석

경매에서 권리분석을 하는 대표적인 이유는 법적 하자를 발견하고, 그에 대해 대처하기 위함이다. 예를 들면 법적 인수권리의 하자가 없는지, 법정지상권이나 유치권, 기타 권리관계가 낙찰 이후에 인도명령으로 명도를 받기가 까다로운지 여부를 확인하기 위해 권리분석에 들어가게 된다.

권리분석을 잘 해야 낙찰 이후 추가금액이 더 들어갈지, 경우에 따라서 저가 낙찰 혹은 고가낙찰을 하게 되는지 명쾌해진다. 큰 금액이든 작은 금액이든 투자를 할 목적이면 성공해야 한다.

권리분석의 기본 맥락은 경매와 공매 모두 같다. 다만 경매의 경우 물건 상세 조사자료와 감정평가사의 평가 자료가 함께 공개되는 반면, 공매는 그러한 자료가 기본적으로 제공되지는 않는다. 따라서 공매도 도전하려면 경매를 반드시 먼저 공부해야 한다. 경매를 통해 권리 분석에 익숙해지면 공매를 위한 자료 조사도 직접 할 수 있게 된다. 경매를 통하여 물건 권리분석과 이에 수반되는 분석을 학습하지 않으면 공매에 응찰하기가 쉽지 않다.

권리분석과 물건 분석 수익성 분석을 별도로 항목을 달리한 이유는 그 만큼 중요하기 때문이다. 유료사이트는 권리분석 자료를 제공하지만 100% 믿을 수 없다.

자신의 물건에 대해서는 자신이 조사해야 한다.

4) 물건 분석

권리분석이 법률상 하자를 찾는 과정이라면, 물건분석은 물건의 하자 확인하는 작업이다. 입찰할 물건에 대하여 다른 지역, 다른 물건과 비교하여 투자가 합당한지 정해야 하며, 응찰할 물건의 현재 가치와 하자 요인을 조사해야 한다.
예를 들어 농지의 경우, 원칙적으로는 농업인 외에는 취득할 수 없다. 다만, 주말농장의 형태라든지 주말농장에 준하는 경우 농업자격취득증명(이하 농취증)을 통해 취득이 가능한 경우가 있기 때문에, 농취증을 받을 수 있는지 조사를 해야 한다.

농취증을 낙찰 이후 4일 이내 법원에 제출하지 않으면, 농업인으로서의 자격을 갖추지 못하여 등기를 할 수 없기 때문에 낙찰 허가 기일 불허가 결정이 나고 보증금은 몰취당한다.

아파트나 주택 같은 경우, 인도명령 대상자인지 여부와 명도를 받기 용이한지 여부를 확인하고, 별도의 노력과 시간의 소요기간은 얼마나 걸릴지 등과 밀린 체납금등의 부가비용의 여부 등도 물건조사를 통하여 상세히 확인을 해 보아야 한다.

5) 수익성 분석

수익성 분석은 입찰할 목적물이 장기간 보유할 물건인지, 단기간 보유 후 적당한 시기에 매각하여 수익을 남길 물건인지, 혹은 수익성보다 본인이 직접 사용할 목적인지를 먼저 정해야 한다. 수익성 분석까지 정리가 되면 응찰가가 정해진다.

처음에는 보유 목적이었어도 어느 시점에는 매각할 사정이 생길 수도 있다. 본인이 투자한 금액보다 이익을 창출할 수 있는 물건에 투자를 하려면 인근의 물건 가격과 중 단기, 장기 발전계획이나 여러 가지 지역적 특성을 살펴 경매물건의 가격이 적절한 가치를 반영하였는지와 향후 얼마나 수익을 낼 수 있을지 등을 모두 분석해 보아야 한다.

6) 임장(현장파악)

정보에 대한 기본적인 분석을 마친 후, 현장에 방문하여 임장을 거쳐 최종적인 판단이 필요한 물건이라면 현장탐문 즉, 임장활동을 수반해야 한다.
모든 경우 임장이 필요한 것은 아니며, 경우에 따라 임장이 독이 되는 경우도 있다. 가령 향후 개발가능성이 농후하지만, 막상 현장에서는 맹지나 광활한 농지의 같은 경우 투자의욕을 오히려 떨어뜨리는 경우도 있기 때문이다. 공장의 경우 임장을 갔을 때 낙후된 시설이나 주변의 열악한 여건이 먼저 눈에 들어오게 되면, 미래의 수익성 보다 현실의 현황에 쏠리게 된다. 이는 낙찰가를 정할 때 기존의 수익성 조사 때 보다 저가로 응찰하게 되어 떨어지는 참담한 결과로 이어지기도 한다.

따라서, 임장은 조사가 완료되거나 진행 중에 여러 가지의 장점을 보완하거나 단점을 확인하러 가는 임장이 되어야 한다. 당장의 물건 값을 매기기 위한 실물만을 보는 것은 아니다.

7) 입찰 선택 및 입찰가 결정

여러 가지 후보군에서 축약하여 줄이고 줄인 물건 중에서 드디어 응찰할 물건을 정했다. 문제는 가격이다. 필자에게 주위의 지인들이 " 얼마를 쓰면 되나요?", " 이 물건 어때요 ?" 하는 질문을 많이 하는데, 이는 우문이다.

왜냐면 이러한 질문에는 놓친 부분이 너무 많기 때문이다. 본인에게 얼마나 필요한 물건인지, 자신의 자본능력은 얼마 정도인지, 취득목적이 무엇인지, 향후 수익성은 얼마로 판단하는지를 선결 과제로 하여 이에 대한 답을 우선 정해 두어야 한다. 경쟁자들은 이미 이러한 정황을 파악하고 있다는 사실을 간과하면 안 된다.

8) 낙찰 및 낙찰허가

학원생 중에 제법 연세가 있으신 분이 노유자 시설을 낙찰을 받았다. 이 분에게 아직 입찰을 해 보지 못한 주위 학원생들이 질문을 하였다.

" 낙찰 받았을 때 법정에서 기분이 어땠어요 ? "
" 뿅 맞은 것 같았어요 ! "

이분의 대답은 그만큼 기분이 좋았다는 것이다. 특히 과거 공장을 운영할 때 사업 부도로 공장과 집을 경매로 날린 적이 있었던 분이었기에 희열이 더 컸을 것이다.

경매에서 응찰의 결과는 당일에 바로 알 수 있다. 당일 12시 전후로 물건별로 응찰자를 법정대에 일렬로 세우는데, 일일이 이름과 입찰금액을 호명한 다음 조마조마하게 만들고 나서야 최종 낙찰자 이름을 부른다. 탈락한 다른 분들은 보증금을 돌려받고 낙담한 채 돌아서지만 낙찰자는 보증금 봉투 대신 낙찰대금 보증금 영수증을 받게 된다.

1주일 뒤, 낙찰허가기일에 허가가 결정되면 이의신청기간을 보내고 잔금납부명령을 받게 된다. 통상 1달 정도의 잔금 납부기일을 주기 때문에 잔금이 모자라는 분은 이 사이 은행의 잔금대출을 알아보게 된다.

9) 잔금납부 및 등기

잔금을 납부하고 등기를 하면 법적 진행하는 모든 절차는 끝난다. 낙찰자는 배당과는 무관하다. 배당은 법원이 하는 것이고, 배당 이의 신청 등은 낙찰자가 납부한 경매 대금을 가지고 채권자들 사이에서 일어나는 문제이기 때문이다.

10) 인도명령

잔금 납부 후 6개월 이내에 인도명령을 법원으로부터 받아야 하며, 이 기간을 도과할 경우 별도의 명도소송절차를 이행해야 한다. 역술하면, 낙찰자를 보호하기 위하여 별도의 명도소송 절차 없이 법원에서 이에 준하는 명령을 발하는 제도이다.

세입자가 있는 주택은 세입자가 배당을 받기 위해서는 낙찰자의 동의 확인서가 필요하다. 배당금을 받고 이사를 가겠다는 확인의 절차가 종료되어야 법원에서는 배당금을 지급하기 때문이다. 인도명령은 이하의 목차에서 설명을 상세히 부가하도록 하겠다.

다. 특수물건의 경매 절차 1 : 지분물건의 낙찰 후 절차

이제 경매에서 소위 특수물건이라고 하는 물건들의 경매절차를 알아보고자 한다.

먼저 공동소유의 지분물건에 대해 알아보도록 하자.

☞ 지분물건이란?
하나의 물건에 소유자가 수인인 경우, 그 일부 지분을 말한다. 예를 들어, 토지 하나에 공유자 A, B, C가 1/2, 1/4, 1/4의 비율로 토지를 소유하였다가, A의 1/2 지분이 경매에 나오기도 한다. 이를 지분물건이라 하는 것이다.

지분물건의 경우 일단 어떤 형태가 갖추어진 물건이 아니라 권리에 불과하다. 따라서 사용 처분의 단독 독립성이 떨어지기 때문에, 수 차례 유찰된 이후 저가로 낙찰되는 경우가 많다. 대신 그만큼 소액으로 투자할 수 있다는 장점도 있다.

또한 지분물건도 감정가 100% 이상의 금액에서도 낙찰되는 물건도 많다. 결국 물건의 가격은 지분이든 아니든 그 가치에 따라 달라진다.

그렇다면 낙찰받은 공유지분은 어떻게 처리할까? 자세한 내용은 뒤에 자세히 서술하겠지만, 간략히 설명하자면 크게 두 가지 방법이 있다.

먼저 첫 번째 방법은, 지분물건을 낙찰받은 후 그 해당 지분만큼 분할하는 것이다. 이를 현물분할이라고 한다. 그렇게 하면 이제 지분이 아닌 하나의 독립한 물건이 되기 때문에, 처분도 보다 용이해지며 가치도 그만큼 올라가게 된다.

두 번째로는 공유물 현금분할 소송을 이용해 바로 현금화하는 방법이 있다. 이렇게 할 경우 나의 지분과 공유자의 지분을 합친 하나의 물건이 경매에 넘어가게 되고, 매각 대금은 소유자들끼리 지분만큼 나눠가지게 된다. 위의 사례를 예로 들면, 만약 공유물이 1억에 낙찰되었다면 그 매각대금을 약 5천-2천 5백-2천 5백씩 공평하게 나누어갖게 되는 것이다. 물론, 실제 경매에서는 1억을 전부 나누는 것은 아니고, 경매대금 등을 공제한 후 잔액을 분배하게 된다.

이상의 절차들을 통해 지분물건을 낙찰 받은 후, 해당 지분의 현금분할 소송을 통하여 수익을 창출할 수 있다. 특히 두 번째 사례와 같이 공유물을 현금 분할할 목적으로 전체를 매각하기 위하여 소송절차를 거쳐 전체를 경매하는 것을 형식적 경매라고 한다. 이는 채권자가 자기 채권을 확보하기 위해 경매에 넘기는 것과 다소 다르기 때문에 구별하여 부르는 것이다.

의정부11계 2019 타경 930 주택

사건내용

과거사건	의정부2계 2016-21127 , 의정부 2017-70003

조 회 수 · 금일조회 2 (0)   금회차공고후조회 69 (9)   누적조회 421 (47)

1주일 5분이상 열람 차트등추이

소 재 지	경기 동두천시 보산동 379-7 (11311)경기 동두천시 동광로 157-17		
용 도	주택	감 정 가	223,086,500
토지면적	271.0㎡ (82.0평)	최 저 가	109,313,000 (49%)
건물면적	전체 235.2㎡ (71.1평) 제시외 31.5㎡ (9.5평)	보 증 금	10,931,300 (10%)
경매구분	형식적경매(공유물분할)	소 유 자	■■■
청 구 액	0	채 무 자	■■■
채 권 자	■■■		

《가지고 계신 등기사진을 등록하면 사이버머니 적립 또는 광고를 게재해 드립니다》 회원답사사진등록

진행과정

구분	일자	접수일~
경매개시일	2019-01-14	3일
감정평가일	2019-01-25	14일
배당종기일	2019-03-26	74일
최초경매일	2019-04-29	108일

매각과정 [입찰 3 일전]

법원기일내역

회차	매각기일		최저가	비율	상태	접수일~
①	2019.04.29 (10:30)		223,086,500	100%	유찰	108일
②	2019.06.03	↓30%	156,161,000	70%	변경	143일
②	2019.08.12 (10:30)	-	156,161,000	70%	유찰	213일
③	2019.09.16 (10:30)	↓30%	109,313,000	49%	진행	248일

그림 60 형식적 경매의 예 : 공유물 분할이라고 기재되어 있다.

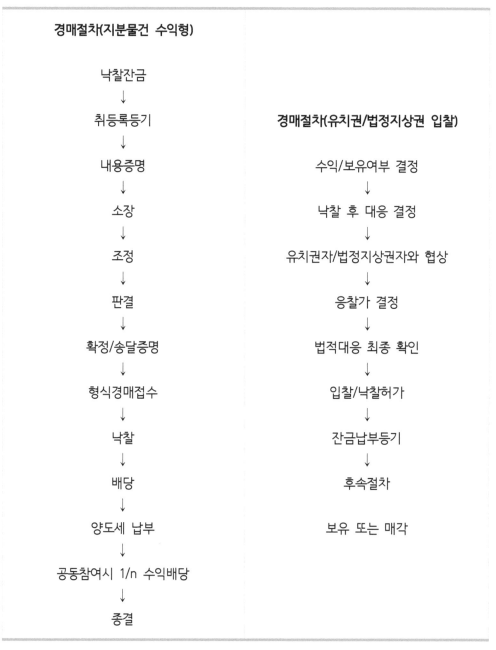

경매절차(지분물건 수익형)

낙찰잔금
↓
취등록등기
↓
내용증명
↓
소장
↓
조정
↓
판결
↓
확정/송달증명
↓
형식경매접수
↓
낙찰
↓
배당
↓
양도세 납부
↓
공동참여시 1/n 수익배당
↓
종결

경매절차(유치권/법정지상권 입찰)

수익/보유여부 결정
↓
낙찰 후 대응 결정
↓
유치권자/법정지상권자와 협상
↓
응찰가 결정
↓
법적대응 최종 확인
↓
입찰/낙찰허가
↓
잔금납부등기
↓
후속절차

보유 또는 매각

표 9 경매의 절차

라. 특수물건의 경매 절차 2 : 유치권, 법정지상권 있는 물건 절차

유치권이나 법정지상권 같은 법적 다툼의 여지가 있어 유찰이 자주 일어난다. 이는 입찰자들이 법적 위험성을 고려하여 쉽게 응찰하지 않기 때문이다. 지분 물건에서와 마찬가지로, 유찰이 거듭되면 낙찰가는 상당히 떨어지게 마련이다.

☞ **유찰이란?**
입찰기일(경매 당일)에 실시된 입찰에서 유효한 입찰자가 없는 경우를 말한다. 유찰이 일어나면, 최초의 감정가에서 통상 20~30%씩 낮추어 다음 기일에 새로 경매를 실시하게 된다.

가령 1억에 입찰자가 없는 경우, 다음 기일에 30% 할인가로 나온다면 최저가가 7천만원이 된다. 그래도 입찰자가 없으면 다시 30%를 할인하여 최초 가격의 49% 가격인 4천 9백만원이 최저 입찰가가 되어 경매에 나오게 된다.

정상적인 물건을 만들어 수익을 남길 수 있다면 저가로 낙찰받는 것도 충분히 고려해 볼 만한 부분이다. 가장 대표적인 법적 장애요인이 유치권과 법정지상권이다.

먼저 법정지상권의 경우 타인의 토지 위에 건물을 지을 수 있는 권리이다. 토지를 낙찰받았는데, 그 위에 법정지상권이 있는 건물이 있다면 그 토지는 사실상 쓸모없는 토지인 것이다.

유치권이란, 보통 건물과 관련하여 건물의 공사대금을 받기 위해 그 건물과 토지 등을 정당하게 점유할 수 있는 권리이다. 후술하겠지만 유치권은 대부분 성립하기 어려워 가짜 유치권이 많은데, 자세한 정의와 법적 효력에 대해서는 뒤의 단원에서 살펴보기로 하고, 우선 이와 관련한 절차적인 부분만 검토해보도록 하겠다.

1) 물건파악

위의 일반 경매의 절차와 동일하게 입찰 준비를 한다. 여기에서 수익성 물건일지 보유성

물건일지를 더욱 신중하게 판단하여야 한다. 유치권이나 법정지상권이 있는 물건은 소송까지 갈 경우 발생할 시간 소요와 추가되는 금전 비용도 감안하여 계산해야 하기 때문이다. 비교적 단순한 지분물건의 현금화보다는 다소 복잡하며, 시간이나 비용도 좀 더 소요될 수 있다.

2) 낙찰 후 대응 결정

법정지상권이 성립한 건물이 있는 토지만을 낙찰받은 경우를 생각해 보자. 보통 그 지상에 타인의 건물이 있어 토지가 효용가치가 없다면 무작정 저렴하다고 그 토지를 낙찰받아서는 안 된다.

그러나 법정지상권을 해결할 방법이 있거나, 토지가 보상지역이라면 문제는 달라진다. 특히 토지가 보상지역이라면 짓는 날부터 가격이 떨어지는 건물과 달리, 토지는 보상시기가 다가올수록 땅값이 계속 올라 높은 수익을 바랄 수 있다. 보상을 노린 토지를 낙찰받는다면 그 보상시기가 언제인지를 먼저 알아야 할 것이며, 기다리는 동안의 위험 및 기회비용의 상실도 충분히 감안하여야 한다.

법정지상권을 해결할 또 다른 방법으로 건물주와 직접 협상하여 건물을 사들이는 방법도 생각해 볼 수 있다. 법정지상권이 있는 만큼 토지를 저렴하게 취득할 수 있으므로, 그 잉여금으로 건물을 매입하는 것도 충분히 가능하기 때문이다. 이렇게 되면 토지건물주가 동일하게 되어 가치가 상당히 오르기에 이러한 발상의 전환도 가능하다.

유치권의 경우는 주로 건물과 관련된 공사업자들이 공사대금을 받기 위해 점유를 하고 있는 경우이다. 이 경우 이들과 입찰 전에 상당한 금액의 합의를 보고 유치권 포기각서를 받은 후, 이러한 협상비용을 감안한 금액으로 응찰하여 낙찰받는 것도 고려할 수 있다.

이상 살펴본 지분물건 및 법정지상권, 유치권 등 특수물건 등은 법적안정성과 사후 대책을 잘 살펴 낙찰을 준비해야 하는 물건이다.

2. 경매의 형태

강제경매와 임의경매는 응찰의 자격에서 차이가 있고, 형식경매는 목적 면에서 강제경매와 차이가 있지만, 입찰자의 입장에서 진행되는 경매의 절차는 동일하다. 여기서는 일괄경매와 개별경매의 차이점에 대해서만 설명하도록 하겠다.

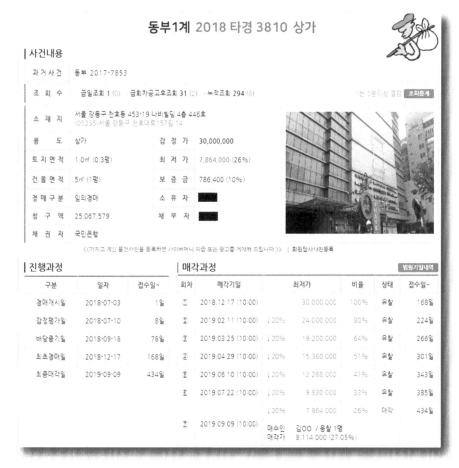

동부1계 2018 타경 3810 상가

사건내용				
과거사건	동부 2017-7853			
조 회 수	금일조회 1 (0) 금회차공고후조회 31 (2) · 누적조회 294 (8)			
소 재 지	서울 강동구 천호동 453-19 나비빌딩 4층 446호 (05335)서울 강동구 천호대로157길 14			
용 도	상가	감 정 가	30,000,000	
토지면적	1.0㎡ (0.3평)	최 저 가	7,864,000 (26%)	
건물면적	5㎡ (1평)	보 증 금	786,400 (10%)	
경매구분	임의경매	소 유 자		
청 구 액	25,067,579	채 무 자		
채 권 자	국민은행			

《가지고 계신 물건사진을 등록하면 사이버머니 지급 또는 광고료 제저해 드립니다》 | 회원답사사진등록

진행과정		
구분	일자	접수일~
경매개시일	2018-07-03	1일
감정평가일	2018-07-10	8일
배당종기일	2018-09-18	78일
최초경매일	2018-12-17	168일
초종매각일	2019-09-09	434일

매각과정					
회차	매각기일	최저가		비율	상태	접수일~
①	2018.12.17 (10:00)		30,000,000	100%	유찰	168일
②	2019.02.11 (10:00)	↓20%	24,000,000	80%	유찰	224일
③	2019.03.25 (10:00)	↓20%	19,200,000	64%	유찰	266일
④	2019.04.29 (10:00)	↓20%	15,360,000	51%	유찰	301일
⑤	2019.06.10 (10:00)	↓20%	12,288,000	41%	유찰	343일
⑥	2019.07.22 (10:00)	↓20%	9,830,000	33%	유찰	385일
		↓20%	7,864,000	26%	매각	434일
⑦	2019.09.09 (10:00)	매수인 김OO / 응찰 1명 매각가 8,114,000 (27.05%)				

자료 61 임의경매의 예

일괄경매란, 한명의 채무자의 여러 물건을 일괄로 묶어 하나의 사건으로 경매공고 되는 경우를 말한다. 개별경매는 동일한 채무자의 여러 물건을 각각 다른 건으로 매각하는 경매로, 동일한 사건번호에 뒤의 팔호[ ] 안에 물건번호를 명기하여 구별한다.

개별경매의 경우 입찰 시 물건번호를 기재하지 않으면, 최고가로 낙찰받고도 낙찰이 무효가 되니 주의하도록 하자.

3. 경매신청비용

경매의 형태	
강제경매	판결, 집행권원
임의경매	저당권 실행
형식경매	현금분할, 청산, 유치권
일괄경매	물건 전체
개별경매	물건번호

1) 강제경매 - 금전채권 확정판결, 이행판결등 집행권원

   채무자명의의 모든 재산 경매 가능

   (민집80조~162조)

   부동산 소유자는 낙찰 받지 못한다.

2) 임의경매 - 은행등 저당권자 담보권실행, 현금화

   (민집264조~273조)

   저당권이 설정된 물건에 한하여 경매 가능

   부동산소유자도 낙찰 받을 수 있다

3) 형식경매 - 재산의 가격보존, 또는 정리(민집274조유치권경

   매), 공유물분할(민법269조2항, 278조등, 공유물 분

   할하기 위한 현금화), 유치권에 의한 경매, 청산을 위한 경매

표 11 경매의 형태

감정가 3억6,000만원의 아파트 경매신청 비용은 대략 460만원 정도이다.

지분물건의 경우 송달료 때문에 공유자의 수도 중요한데, 예를 들어 감정가 2,500만원의 토지 경우 공유자와 이해관계인이 10명을 넘을 경우 경매신청비는 송달료 증액으로 200만원 상당에 이른다.

이런 경매비용은 낙찰 이후 낙찰 대금에서 즉, 배당재단에서 경매신청자에게 비용부터 선지급되고 나머지 금액에서 배당하게 된다.

부동산경매비용

집행비용은 법원이 부동산을 경매하기 위해 지출한 비용으로 부동산의 현황조사, 감정인의 시가 감정, 광고비, 수수료 등에 드는 비용을 말하고 이를 미리 예납하여야 한다. 집행비용은 집행이 완료되면 다른 채권보다 우선적으로 돌려받는다. 집행비용은 법원보관금으로 납부하며, 납부 시 법원보관금계좌입금신청서를 작성하여 제출하면 경매취하나 경매종결 시 예금계좌로 전부 또는 잔액을 입금해 준다.

순번	항목	금액	비고
1	등록세	원	부동산 : 청구금액×0.002(지방세법 제28조제1항제1호라목) 　　　※ 단 세액이 6,000원 미만인 때에는 6,000원으로 함 자동차 : 건당1만5천원 중기(건설기계) : 건당1만원 선 박 : 건당1만5천원 광업권 : 건당1만2천원 어업권 : 건당9천원 소유권보존입목 : 건당1만2천원
2	교육세	원	등록세의 20%(지방세법 제151조제1항제2호)
3	인지대	5,000원	근저당 1건당
4	대법원수입증지	원	부동산1개당 3,000원(단독주택의 경우 토지, 건물을 각각의 부동산으로 보아 6,000원, 아파트·연립주택·다세대주택은 토지와 건물을 하나의 부동산으로 보아 3,000원)(등기사항증명서 등 수수료규칙 제5조의2 제2항, 등기예규 제1463호)
5	신문공고료(예납)	220,000원	경매목적물이 다수인 경우 신문공고료가 추가발생할 수 있다.
6	현황조사서(예납)	70,000원	도서지역 등 특수한 경우 추가수수료가 발생할 수 있다.
7	감정료(예납)	220,000원	정확한 감정료는 감정평가 후에 확정되나[별지2, 3 참조] 우선 경매접수시 220,000원의 예납금을 납부
8	유찰수수료	6,000원	(1회당)(재판예규 제1232호 제3조)
9	매각수수료		매각수수료는 매각 후에 확정되나 우선 경매접수시 아래 [별지1참조] 기준에 의하여 예납금을 납부한다(재판예규 제1232호 제3조).
10	송달료	원	(이해관계인수+3)×5,100원×10회

※ 민사집행을 신청하는 때에는 집행에 필요한 비용으로서 법원이 정하는 금액을 미리 내야 한다.

자료 10 부동산경매비용

[별지1] 매각수수료계산방식(집행관수수료규칙 제16조, 재민 79-5 제3조 제1항)

구 분	금 액
° 10만원 이하	5,000원
° 기준금액 10만원 초과 ~ 1,000만원 이하	(기준금액 - 10만원)×0.02 + 5,000원
° 기준금액 1,000만원 초과 ~ 5,000만원 이하	(기준금액 - 1,000만원)×0.015 + 203,000원
° 기준금액 5,000만원 초과 ~ 1억 원 이하	(기준금액 - 5,000만원)×0.01 + 803,000원
° 기준금액 1억원 초과 ~ 3억 원까지	(기준금액 - 1억원)×0.005 + 1,303,000원
° 기준금액 3억원 초과 ~ 5억 원까지	(기준금액 - 3억원)×0.003 + 2,303,000원
° 기준금액 5억원 초과 ~ 10억 원까지	(기준금액 - 5억원)×0.002 + 2,903,000원
° 기준금액 10억원 초과	3,903,000원

[별지2] 감정수수료(아파트의 경우)

기준금액	감정평가수수료	실비	부가세(10%)
179,870,129원까지	240,000원	48,000원	(A+B)×0.1
179,870,129원 초과 2억원까지	(기준금액×0.0011+145,00원)×0.7	48,000원	(A+B)×0.1
2억 초과 5억 원까지	(기준금액×0.0011+145,00원)×0.7	88,000원	(A+B)×0.1
5억 초과 10억 원까지	(기준금액×0.0009+245,00원)×0.7	88,000원	(A+B)×0.1
10억 초과 50원까지	(기준금액×0.0008+345,00원)×0.7	88,000원	(A+B)×0.1
50억 초과 11,037,755,102원까지	(기준금액×0.0007+845,00원)×0.7	88,000원	(A+B)×0.1
11,037,755,102원 초과	6,000,000원	88,000원	(A+B)×0.1

자료 11 매각수수료 및 감정수수료 계산 기준

4. 경매와 공매의 차이

경매와 공매

경매는 법원
공매는 자산관리공사

국세청 해당기관 →　자산공사　← 체납자 국유재산
　　　　　　　　　　(온비드)
　　　　　　　　　　　↓
　　　　　　　　　　낙찰자

경매	공매
현황조사 제공	현황조사 응찰자 부담
20-30% 하락	10% 하락 또는 감정가 유지
감정가 실거래가 반영	국유재산(감정가 공시가 반영)
대법원 사건진행 무료사이트 제공	

---

1) 경매는 정보가 많고, 공매는 비교적 정보가 적다.

경매는 법원에서 운용하며, 공매는 한국자산관리공사가 운용하는 매각절차이다. 경매는 강제경매 기준으로 주로 채권자가 신청하는 반면, 공매는 크게 두 가지가 있다. 첫 번째는 국세청에서 세금을 내지 않는 체납자의 재산을 강제 압류하여 매각할 때 공매를 통해서 매각한다. 두 번째로 행정청이 국유재산을 일반국민에게 매각시에도 공매를 이용하게 된다.

따라서, 경매는 신청 채권자가 비용을 선납하여, 그 비용으로 사실현황조사 및 감정평가 물건 상세설명 등 상세한 정보가 법원을 통해 제공된다. 또한 낙찰 이후에 인도명령 등도 법원을 통해 이루어져 낙찰받은 물건의 귀속 절차도 보다 간이하다.

반면 공매는 국가가 시작하는 매각절차이기에 상세정보와 인도절차를 법원만큼 천절하게 제공해 주지 않기에, 정보 수집부터 낙찰 절차까지 모두 입찰자의 몫이다. 국유재산이야 하자가 없지만, 체납자의 재산은 임차인이나 법정지상권 등 여러 장애요인이 있을 수 있어, 낙찰 이후 귀속하는 절차에 대하여 명도소송이나 집행을 별도로 실행하여야 할 수도 있다.

경매는 여러 채널로 많이 소개된 바 있으나, 공매는 그에 비해 소개가 부족하여 아는 사람만 하는 실정이다.

2) 공매는 법정 출석이 아니라 공인인증서를 이용한 전자입찰이다.

공매는 경매처럼 방문해서 하는 것이 아니라, 온비드 자산관리공사를 통해 입찰한다. 공매물건의 종류는 압류재산매각, 국유재산, 임차물건, 신탁물건 등이 있으나, 압류 재산 매각이 주를 이룬다.

자료 64 자산관리공사 온비드 사이트 : 동영상 매뉴얼을 통해 사용법을 숙지해보자

◆ 경매투자의 장 · 단점

1) **가격이 비교적 낮다**
   낙찰가율 = 아파트>빌라,단독주택>임야전답
2) **필요한 적기 구입 곤란**
3) **분석 및 전문지식요구** - 권리분석, study 필요성
4) **본업과 겸함** - 대상물건 다양, 자본규모 다양,
   　　　　　　　　 장기간 탐색 가능
5) **소액투자 가능** - 저평가 (감정기간 장기), 지분, 하자물건
6) **레버지리 활용** - 공동출자, 금융권 대출,
7) **절차의 안정성**
8) **수익성과 환금성이 높다**
9) **부동산 규제회피 가능** - 토지거래허가지역 무관
10) **감정시기에 따른 높은가격 형성, 급매가 고려**

5. 입찰 시 유의할 점

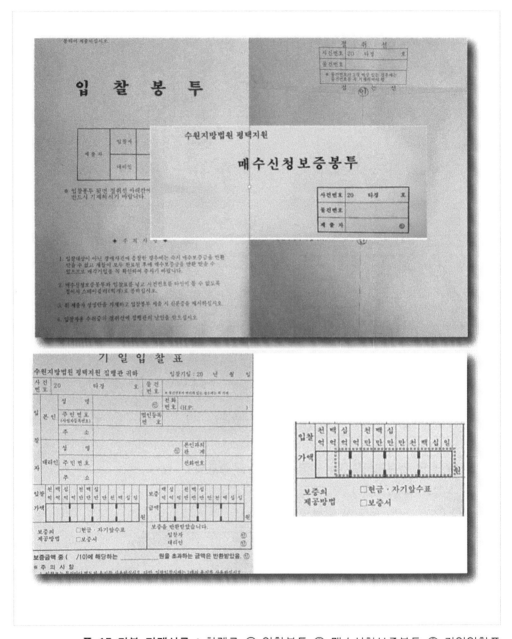

표 15 기본 기재서류 : 차례로 ① 입찰봉투 ② 매수신청보증봉투 ③ 기일입찰표

1) 준비서류

입찰서는 법원 경매당일 가면 법정에 준비되어 있다.
입찰서 중 가장 기본적인 세 가지는 다음과 같다.

① 입찰봉투(입찰대봉투)
② 매수신청보증봉투(보증금봉투)
③ 기일입찰표

여기에 추가로 공동으로 입찰을 할 경우 ④ 공동입찰신고서를 쓰게 되며, 대리인으로 입찰할 경우 ⑤ 위임장을 기재한다. 위임장은 별도로 있는 것이 아니고, 입찰서 뒷면이 바로 위임장이다.

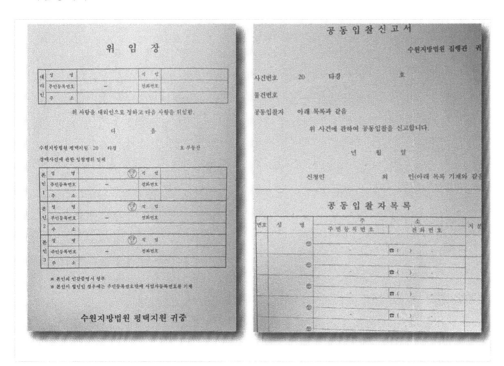

표 16 추가 기재서류 : 왼쪽부터 ④ 위임장 ⑤ 공동입찰신고서

2) 입찰서 작성 및 제출까지 양식 작성의 중요한 점

경매법정에서 자주 일어나는 실수들을 정리하여 본다. 초보자뿐 아니라 선수들도 의외로 서류 작성의 기본적인 부분들을 실수하곤 한다.

먼저 양식으로 보며 설명을 하고, 사례를 통해서도 한번 학습해보도록 하자..

가. 입찰봉투 작성요령

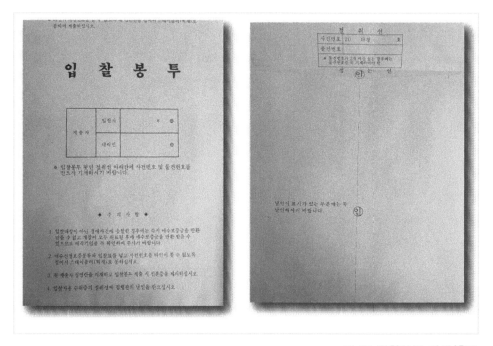

표 17 입찰봉투 전면/후면

입찰봉투 전면

입찰봉투의 전면에는 입찰자의 성명 날인을 한다. 이 때 날인은 대리인 없이 본인이 입찰에 참가할 때는 인감도장이 아니어도 막도장이면 충분하며, 도장을 깜빡하였다면 지장도 가능하다.

대리인 입찰경우, 대리인의 성명 날인까지 하여야 하며, 입찰자 본인의 인감증명서에 기재 도장을 지참하고 가야하며 날인도 인감도장으로 하여야 한다. 이 때 대리인의 인감증명이나 인감도장은 필요 없다.

　※입찰 대봉투 안에는 입찰서, 대리인이 있을 경우 입찰자 본인의 인감증명서, 공동입찰의 경우 공동입찰명단, 그리고 보증금을 담은 소봉투를 담아 스테이플러로 찍어 제출한다.

입찰봉투 후면
　입찰 대봉투 뒷면에는 사건번호와　물건번호를 기재하고, ㉑이 인쇄되어 있는 각 부분에 도장을 찍어 날인한다.
　물건번호[ ] 란에 물건번호를 기재하는 것을 잊으면 안 된다.

나. 매수신청보증봉투 작성요령

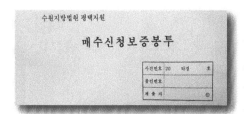

자료 71 매수신청보증봉투

매수신청보증봉투는 입찰보증금을 담아 대봉투에 입찰표와 함께 넣는 돈 봉투이다. 사건번호, 물건번호가 있는 개별경매이면 물건번호[2]를 반드시 기재하여야 한다.
은행에서는 500만 원 이상일 경우에만 수표 1장으로 발행하여 주니 수표를 넣으면 되고, 보증금이 500만 원 이하이면 백만 원 권과 오만 원 권으로 담아도 무방하다.
　입찰자가 법인인 경우 제출자 란에 법인명과 대표자의 명을 함께 기재하고 공동입찰일 경우 홍길동 외 3인 등으로 기재하면 된다.

　보증금 금액을 적게 넣으면 1등하고도 무효이지만, 많이 넣는 것은 괜찮다.
이 경우 보증금 초과액수를 잔금에서 공제하거나, 거스름을 주거나 한다.

다. 입찰표 전면 : 기일입찰표

---

2) 경매는 일괄경매와 개별경매가 있다. 채권자(경매신청자)에 의해 집행신청이 들어오면, 법원은 매각이 신속하고, 낙찰가액이 가능한 높게 낙찰될 수 있도록 신청물건을 전체를 한꺼번에 하거나, 비교적 큰 물건이나 구분하여 경매를 하여야 할 필요성이 있을 때 개별로 나누어서 경매를 하게 된다, 이럴 경우 물건번호를 부여하고 통상 사건번호 옆에 (　) 안에 번호를 부여 한다.

기 일 입 찰 표

수원지방법원 평택지원 집행관 귀하　　　　입찰기

입찰 가액	천 억	백 억	십 억	억	천 만	백 만	십 만	만	천	백	십	일	
													천

보증의 제공방법	☐ 현금 · 자기앞수표
	☐ 보증서

사건 번호	20　　　타경　　　호	물건 번호	※ 물건번호가

입 찰 자	본인	성　　명		㊞	전화 번호 (H
		주민번호 (사업자등록번호)		법인등록 번　호	
		주　　소			
	대리인	성　　명		㊞	본인과의 관　계
		주민번호			전화번호
		주　　소			

입찰 가액	천 억	백 억	십 억	억	천 만	백 만	십 만	만	천	백	십	일		보증 금액	백 억	십 억	억	천 만	백 만	십 만	만	천	백	십	일	
													원													원

보증의 제공방법	☐ 현금 · 자기앞수표	보증을 반환받았습니다.
	☐ 보증서	입찰자　　　　　　㊞ 대리인　　　　　　㊞

보증금액 중 (　/10)에 해당하는 ＿＿＿＿＿＿원을 초과하는 금액은 반환받았음. ㊞

※ 주 의 사 항
1. 입찰표는 물건마다 별도의 용지를 사용하십시오. 다만, 일괄입찰시에는 1매의 용지를 사용하십시오.
2. 한 사건에서 입찰물건이 여러 개 있고 그 물건들이 개별적으로 입찰에 부쳐진 경우에는 사건번호 외에 물건번호를 기재하십시오.
3. 입찰자가 법인인 경우에는 본인의 성명란에 법인의 명칭과 대표자의 지위 및 성명을, 주민등록란에는 입찰자가 개인인 경우에는 주민등록번호를, 법인인 경우에는 사업자등록번호를 기재하고, 대표자의 자격을 증명하는 서면(법인의 등기부 등 · 초본)을 제출하여야 합니다.
4. 주소는 주민등록상의 주소를, 법인은 등기부상의 본점소재지를 기재하시고, 신분확인상 필요하오니 주민등록증을 꼭 지참하십시오.
5. 입찰가격은 수정할 수 없으므로, 수정을 요하는 때에는 새 용지를 사용하십시오.
6. 대리인이 입찰하는 때에는 입찰자란에 본인과 대리인의 인적사항 및 본인과의 관계 등을 모두 기재하는 외에 본인의 위임장(입찰표 뒷면을 사용)과 인감증명을 제출하십시오.
7. 위임장, 인감증명 및 자격증명서는 이 입찰표에 첨부하십시오.
8. 일단 제출된 입찰표는 취소, 변경이나 교환이 불가능합니다.
9. 공동으로 입찰하는 경우에는 공동입찰신고서를 입찰표와 함께 제출하되, 입찰표의 본인란에는 "별첨 공동입찰자목록 기재와 같음"이라고 기재한 다음, 입찰표와 공동입찰신고서 및 공동입찰자 목록 사이에 공동입찰자 전원이 간인 하십시오.
10. 입찰자 본인 또는 대리인 누구나 보증을 반환 받을 수 있습니다.
11. 보증의 제공방법(현금 · 자기앞수표 또는 보증서)중 하나를 선택하여 ☑표를 기재하십시오.

자료 73 기일입찰표

해당되는 칸에 기재를 빠짐없이 다 하여야 한다.

중요한 것은 입찰가액의 금액란에 이중으로 덧칠하거나 , "0"을 하나 더 그려 넣거나 하면 안 된다. 1억 원이 10억원으로 되어 잘못 낙찰되면 최소한 납입한 보증금은 날아간다. 설마 싶겠지만, 실제로 이런 사례가 빈번하다.

자료 25 입찰금액 자리수를 잘못 기재하여 보증금을 날린 사례

위 사건의 경우 입찰가 1억1,000만 원으로 응찰한다는 것이 입찰가 적는 칸에 실수로 10억1,000만원으로 기재하였다. 이 사람은 이 물건의 낙찰을 포기하는 대신 입찰보증금 970만 원을 포기하여야 할 판이다. 이러한 응찰의 실수에 대해 보증금을 돌려주는 경우는 없다. 다른 사유로 하여 낙찰불허가 신청을 하는 수밖에 없는데, 그렇게 해도 보증금을 돌려받기가 여간 어렵지 않다.

라. 입찰표 후면 : 위임장

대리인이 있을 경우 입찰표의 뒷면에 대리인 인적사항을 기재하고 입찰자 본인의 인적사항 기재한 후 반드시 인감도장날인하고 인감증명서를 첨부하여야 한다.

자료 75 위임장

'본인' 란은 등기부 등재되는 입찰자의 이름과 신분사항이며, 당일 입찰을 '본인' 을 위해 대리인으로 입찰 대행하는 사람을 대리인이라 한다.

마. 공동입찰신고서

2인 이상의 공동입찰자가 있을 경우, 대표자 1인과 외 0인을 기재한 후 공동입찰자 목록에 인적사항을 기재하고 반드시 지분을 기재하여야 한다.

예)

A, B, C 3인의 공동입찰이며,

5억 원 물건을 입찰할 경우

A가 3억

B가 1억

C가 1억이면,

A의 지분은 3/5

B의 지분은 1/5

C의 지분은 1/5 이 된다.

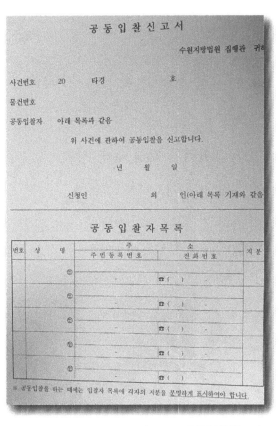

자료 76 공동입찰신고서

이 기재는 번복되지 않으며, 낙찰이후 촉탁등기로 소유권 이전할 때 등기부에 그대로 반영이 되므로 지분 표시를 잘 기입해야 한다.

추가로 공동입찰자 중 일부만 경매에 참석하는 경우, 나머지 입찰자에 대해서는 위임장 작성이 필요하니, 이를 위한 인감도장과 인감증명서를 반드시 가져오도록 하자.

6. 최고가 1등을 하고도 낙찰을 못 받는 억울한 사례들

1) 입찰서의 작성 실수 사례

① 대리인이 입찰자 본인의 인감증명에 등재된 인감도장이 아닌 다른 도장으로 날인하였다. 주로 부부가 공동입찰하는 경우, 집에 있는 다른 도장을 지참하여 날인한 경우가 많다

② 물건번호를 누락한 경우(전연 다른 물건이 되어 낙찰을 받지 못한다)

③ 입찰가액에 기재할 사각 란에 잘못 맞추어 기재하기도 한다. 예를 들어 희망 입찰가액이 5,000만 원 일 경우, '천만' 단위가 아닌 '억' 단위에 "5"를 기재시, 5억에 대한 잔금을 납부하지 않으면 보증금은 몰수다

(4) 입찰가액 란이나 보증금액란에 연필이나,부실한 볼펜으로 기재하다가 선명하지 못하거나 숫자가 희미하게 나온 부분이 있어 위에 덧칠하여 다시 기재한 경우(다른 용지에 먼저 금액을 써 보고 기입한다)

(5) 보증금3)금액보다 적은 금액을 넣은 경우 낙찰 취소이다.
보증금 기재금액보다 많이 넣은 경우는 괜찮다. 보증금의 도과 부분을 대금잔금으로 선납처리하든가 법정에서 잔액을 환부하든가 법원마다 방법의 차이는 있지만 상관없다,

(6) 절차의 간소화를 위해 입찰에서 떨어지면 보증금을 환부 받기 위해 보증을 반환

---

3) 입찰희망가의 10%가 아닌, 당 회의 입찰 최저가의 10%가 통상의 보증금이다.그러나, 항상 10%가 아니다. 재경매나 잔금 납부를 하지 않아 불발된 경우, 감정가가 높은 물건등 취하나 변경등의 사유가 예상되는 물건은 입찰 보증금을 최저가의 20% 또는 30%까지 되는 물건도 있다. 입찰 물건 명세서나 진행표를 잘 살펴보고 가야 한다.

받았다고 미리 서명날인하여 제출한다(기재하지 않았다 하여 낙찰 취소 사유는 아니다)

(7) 법정 출석 시 반드시 신분증을 지참하여야 한다. 신분이 확인 되지 않으면 접수부터 안 된다.

(8) 한 번 낙찰 된 물건의 잔금을 납부하지 않아 재경매가 이루어진 경우 입찰보증금은 최저가의 20~30%로 증액된다. 통상 10%로 생각하였다가 최저가의 30%인 물건을 10%만 기재하고 응찰서을 제출할 경우 낙찰 받아도 무효처리된다.

2) 도장을 잘못 날인한 사례

 입찰봉투, 입찰보증봉투, 입찰서, 위임장, 공동입찰서 모두에 도장을 날인할 경우, 입찰자 본인인 경우 막도장도 관계없으나, 대리인이나, 공동입찰자등 인감도장이 필요한 경우, 반드시 인장 등록된 인감도장 날인과 소지가 필수이다.
공동입찰자가 본인이 출석하고, 더구나 인감증명서 까지 첨부하였기에 공동입찰자목록에 막도장을 찍어도 된다고 안일하게 생각하여 1등을 해도 입찰 탈락이다.

3) 보증금 납부의 실수

① 보증금 보다 적은 금액 기재, 적은 금액 납부는 낙찰 받지 못한다(입찰서 참조)

② 보증금 봉투 안에 돈을 미처 넣지 못한 경우도 있다. 함께 동반하여 입찰장에 갈 경우, 서로를 믿은 나머지 확인을 하지 못 하기도 한다.

4) 사건번호 착오 기재 와 물건번호 기재의 누락

인천11계 2017 타경 13528[5] 다세대

| 사건내용

| 과거사건 | 인천25계 2004-113275 |

| 조 회 수 | 금일조회 1 (0) 금회차공고후조회 63 (23) 누적조회 293 (35) | 0은 5분이상 열람 조회등계 |

| 관련물건번호 | 1 기타 | 2 종결 | 3 종결 | 4 종결 | 5 종결 |

| 소 재 지 | 인천 서구 연희동 712-14 주천그린빌라 2동 1층 102호
(22713)인천 서구 탁옥로73번길 46-3 |

용 도	다세대	감 정 가	120,000,000
토지면적	36.3㎡ (11.0평)	최 저 가	58,800,000 (49%)
건물면적	60㎡ (18평)	보 증 금	5,880,000 (10%)
경매구분	강제경매	소 유 자	김○○
청 구 액	10,763,794	채 무 자	김○○
채 권 자	하○○○

《가지고 계신 물건사진을 등록하면 사이버머니 지급 또는 광고를 게재해 드립니다.》

| 진행과정

구분	일자	접수일~
경매개시일	2017-05-22	21일
감정평가일	2017-05-30	29일
배당종기일	2017-08-03	94일
최초경매일	2018-05-15	379일
최종매각일	2018-05-15	379일
매각허가일	2018-08-08	464일
납부기한	2018-09-07	494일

| 매각과정

회차	매각기일	최저가	비율	상태	접수일~
①	2018.05.15 (10:00)	120,000,000	100%	유찰	379일
②	2018.06.22 (10:00)	84,000,000	70%	유찰	417일
		58,800,000	49%	매각	457일
③	2018.08.01 (10:00)	매수인 김○○ / 응찰 7명 매각가 80,230,000 (66.86%) 2위 75,600,000 (63.00%) 3위 65,333,300 (54.44%) 4위 63,530,000 (52.94%) 5위 61,801,900 (51.50%)		납부완료 (2018.09.07)

자료 77 물건번호가 있는 사건의 예

이 사건의 물건번호는 [5]번이다. 물건번호를 기재하지 않으면 아예 다른 물건이 된다. 입찰 대봉투와 보증금 봉투 및 입찰표등에는 반드시 사건번호가 맞는지 재차 확인하여야 한다.

이처럼 물건번호가 있는 개별사건은 물건번호를 누락하여서는 안 된다.

5) 입찰시간 도과

각 법원마다 입찰시간은 차이가 있다. 통상 9:30분경에 입찰을 시작하고, 입찰 마감은 11:30분 전에 끝내며, 개찰은 입찰 서류를 정리하고 곧바로 개찰하므로 통상 12시경에 는 개찰이 시작된다.

거리가 먼 지방에 입찰을 가거나 교통이 혼잡지역에 법원이 소재한 경우에는 미리 서둘러 가서 입찰 마감 전에 입찰서류를 제출하여야 한다.

6) 변경 사건 및 기타

경매 당일 법정 앞에는 금일의 사건이 게시되어 있다. 그 전날 법원 업무 마감 시간 임박하여 물건명세서를 살펴보아야 한다. 채권자와 채무자 중에 저가낙찰을 우려하거나 채무변제 등의 가능성이 있는 경우, 입찰변경 신청서를 제출할 수 있다.

이 경우 당일 입찰은 보류되기 때문에 이를 사전에 확인하고 법정에 가야한다.

이 외에도 경매법정에서 실수하는 일을 방지하기 위해서는 사전에 입찰금액 기재 및 보증금 준비, 도장, 신분증, 법인이면, 법인등기부 등본,등의 구비서류를 미리 챙겨두고 확인하여야 한다.

7) 효율적인 응찰 방법

이와 같이 사전 준비가 끝나면, 실수를 줄이기 위해 입찰서를 사전에 작성해 가져갈 수도 있다. 그러나 미리 작성하는 경우에도 입찰금액은 머릿속에 담아 두고, 그 몇 가지의 변수를 감안하여 입찰가액란은 비워 두는 것이 좋다. 당일 아침에 법정 출석하거나, 출발 전에 여러 가지 직관으로 응찰금액을 기재하는 것이 필자의 경험상 유리하다.

열정적으로 경매강의를 수강 중인 수강생들

■ 입찰 직전 전일 체크사항

① 등기부 등본 열람 : 권리관계 변동사항 확인

② 대법원경매사이트 사건검색 : 변경 및 집행정지 확인

③ 수표 및 현금준비 보증금 봉투 삽입

④ 입찰표작성 및 도장, 신분증

⑤ 법인, 공동입찰, 대리입찰 : 인감도장 인감증명, 법인등기부, 위임장 등

■ 투자 시 주의할 점

1) 고가낙찰

2) 권리분석의 함정

　① 대항력 있는 임차인

　② 유치권, 법정지상권, 명도

3) 자금계획 -지나친 레버리지, 신용도 잔금대출,

4) 경매에 올인 금지

5) 시세, 부동산현황파악, 임장활동,

※ 주소입력 후 지시에 따라 대금납부 발급

주소는 지번과 도로명 사용가능하며, 집합건물(아파트, 상가)의 동호수를 기재하시고, 다세대, 다가구는 등기를 할 때 구분건물로 호실별 등기를 하지 않았을 경우, 일괄적으로 1등본에 전 층수가 발행되므로 주소 입력 시 참고

7. 등기부 보는 방법

1) 등기란?

 등기부는 크게 법인등기부와 부동산 등기부가 있는데, 흔히 말하는 등기는 부동산 등기부를 말한다. 부동산 등기부를 두는 이유는 부동산에 관한 소유권을 포함한 권리관계를 기재하고 열람할 수 있게 하기 위함이다.

 따라서 낙찰을 받기 위해서는 해당 물건의 등기부를 미리 확인하는 것이 필수이다.

☞ **등기부 이해하기**

표제부	1동 건물 표제부
갑구	소유권 및가압류, 가처분, 가등기, 경매 개시 등
을구	소유권 외(근저당권, 질권, 지상권)
요약표	현 소유자, 생존권리, 지분

2) 부동산등기부의 종류

 등기부를 부동산 등기부로 한정해보면 크게 세 가지가 있다.

① 토지등기부 : 토지에 관한 등기부이다.
② 건물등기부 : 건물에 관한 등기부이다.
③ 집합건물 : 주로 아파트와 같은 건물들을 집합건물이라 한다. 집합건물의 경우 토지(대지권등기)와 건물의 권리관계가 함께 나온다.

3) 등기부와 대장4) 의 차이

---

4) 신축건물 및 토지 분할로 인한 권리관계 변경 등으로 작성되는 신규 대장은 법원에서 등기를 한 후 국세청과 행정기관으로 송부되며, 행정기관의 변경사항은 법원으로 촉탁 등기를 의뢰하면 법원에서 등기부를 변경작성하게 된다. 전산화 이후 부본의 발부는 전

① 등기부 : 소유권 및 권리관계에 대한 법적자료(법원소관)
② 대장 : 행정기관에서 작성하여 주로 사실적 현황을 설명.
　　　부동산에 관하여는 주로 건축물 대장과 토지/임야대장이 있다(행정청소관)

4) 등기제도와 등기의 효력

　등기에는 공신력5)이 없으며, 공시력만 있다. 등기의 순위를 결정할 때는 같은 구(區)는 일련번호, 다른 구(區)는 접수번호로 순위를 결정한다.
　　　① 물권변동
　　　② 대항력
　　　③ 순위확정력6)
　　　④ 추정력

5) 등기의 구성

　등기부는 크게 표제부, 갑구, 을구 세 가지로 나눌 수 있다. 표제부는 면적 및 건물의 종류 등 물건의 개요에 해당하는 부분이다. 갑구와 을구는 권리관계에 대한 내용이 기재되어 있는데, 갑구는 소유권과 관련된 내용이, 을구에는 소유권 이외의 권리에 관한 내용들이 기재된다. 자세한 기재사항은 다음과 같다.

　① 표제부　※1동건물의 표제부
행정구역변경, 분할지번, 면적, 건물종류, 토지지목,

　② 갑구(소유권)
　보존등기(최초의 등기), 소유권이전, 지분, 가처분, 가압류, 강제경매(압류), 경매개시결정, 소유권이전 가등기 등

　산으로 이루어지고 있다.
5) 공신력: 등기부 자체에 국가가 공인하는 법적 인증력.(독일은 인정)
　공시력: 등기공무원이 사실적 심사권이 없으므로, 등기신청의 결격 요인만
　　　　　없으면 신청서에 따라 기입, 교합하여 등본을 제작 발급한다.
6) 부기등기-주등기순위, 가등기는 본등기 순위, 말소회복등기는 종전의 등기 순위 (판례)

③ 을구 (소유권이외의 등기) : 근저당설정, 임차권명령등기,

6) 등기의 내용

  등기의 갑구, 을구에 기재되는 등기는 그 내용 및 기재방식과 관련하여 다음과 같이 분류할 수 있다.

① 권리의 내용에 의한 분류 : 기입등기, 변경등기, 말소등기, 회복등기, 멸실등기
② 기재의 형식에 의한 분류 : 주등기, 부기등기[7]
③ 권리의 효력에 의한 분류 : 본등기(물권변동) , 가등기[8]
④ 기타 : 상속등기[9], 분할 등기

◆등기할 수 없는 권리

점유권, 유치권, 동산질권, 분묘기지권, 주위토지통행권,
법정지상권, 관습법상 지상권

※ 주의 : 일반 지상권은 등기가 가능하다.
  나대지에서 건축을 하기 위하여 은행에서 담보대출을 받을 때, 은행은 토지 위에
  지상권을 설정하고 대출을 해준다, 따라서, 법정지상권이나 관습법상의 지상권과
  통상의 지상권은 다르다.

---

7) 주등기와 동일성 유지, 주등기 순위 유지, 순위번호 주등기 번호, 그 번호 아래 부기호수 기재
8) 등기법 3조, 권리설정, 이전,변경,소멸 청구권 보전하려할 때, 청구권이 시기부, 정지조건부, 가타 장래 확정될 것인 때 그 청구권을 보전 - **가등기 순으로 소급 효력**
9) 민법187조 상속,공용징수, 판결, 경매 기타 법률의 규정에 의한 부동산의 물권 취득은 등기를 요하지 않으나, 다만, 등기를 하지 않으면 처분하지 못한다. 이외에도, 신축건물 취득, 공유수면 매립지취득,전유부분 취득에 의한 공
  유지분 취득등 (예외; 민법 245조 20년간 소유의 의사로 평온 공연 점유자
  등기함으로써 소유권 취득 - 등기를 취득요건)

7) 등기부 열람 및 발급요령

① 검색창에 대법원 사이트 검색 -> 대국민서비스

② 인터넷 등기소 -> 등기부의 종류 선택 : 부동산 또는 법인

③ 열람, 발급(등본,열람)선택

④ 부동산 등기부의 종류(토지,건물, 집합건물), 주소 입력

⑤ 결제 및 금액 금액납부

⑥ 발급

① 검색창에 대법원 사이트 검색 -> 대국민서비스

② 인터넷 등기소

④ 부동산 등기부의 종류(토지,건물, 집합건물), 주소 입력

8. 투자를 위한 반값 물건의 정의

경매는 감정가의 액면가(100%)에서 시작한다. 그러나 응찰자가 나타나지 않는 경우, 법원이나 물건마다 차이는 있으나, 통상 지난 입찰기일 대비 최저가의 30%씩 떨어진다.

입찰기일	감정가 대비 최저가
1차	100%
2차	70%
3차	49%
4차	34%

최저가 아래는 당연히 무효이며, 최저가 이상에서 가장 높은 가액이 낙찰되는 것은 일반 경매와 같다.

소위 '특수물건'이라 칭하는 법정지상권, 유치권, 선순위 인수권리 물건, 맹지, 지분물건 등은 3차까지 떨어지는 경우가 많은데, 권리분석을 잘만 하면 시세 대비 반값으로 낙찰을 받아 고액의 수익을 노릴 수 있기에, 반값 물건이라 부른다.

토지의 경우 보통 초보는 절대 사면 안되는 땅을 먼저 설명한다. 일견 옳은 말이긴 하다. 그러나 좋은 조건을 모두 가진 물건은 없거나, 있더라 하도 값이 비싸다. 따라서 때로는 발상의 전환이 필요하다. 도시계획과 장기적 전망을 볼 줄 아는 안목이 있는 투자자들은 분석을 철저히 한 끝에 오히려 이런 물건을 싸게 사서 고가에 매각하여 수익을 올린다.

일반 사람들이 선호하는 토지는 경매시장에 나오기도 어렵거니와 나온다 하더라도 비교적 고가에 낙찰되는 추세이다. '무릎에 사서 어깨에 팔아라'는 투자 속담을 실천하기란 여간 어렵지 않다. 특히 수도권의 토지는 경매시장에서도 저가를 찾기가 쉽지 않다. 자세한 사항은 '지분물건' 장에서 설명하도록 하겠다.

초보는 절대 사면 안 되는 땅

- 개발제한구역

- 공익용산지, 임업용산지

- 맹지 (땅까지 차량 접근불가)

- 비오톱 1등급

- 지분물건 (기획부동산 전문)

이와 같은 조건을 참고하는 것은 좋지만,
이를 역이용해 수익을 내는 방법도 있다.

▣ 부록 1 : 물건 조사 요령 및 낙찰 받는 순서

물건 검색
1 - 낙찰 기일별, 지역별, 최저가액별, 물건 종류별 순차적 검색
   (자신이 쉬운 방법으로 선택)

물건의 감정평가서 상의 현황
2 - 공법상의 조사(부동산의 특성)
   - 사진과 감정의 감액 사정 등
   - 특이점 확인(유치권, 지분, 임차관계)

감정가와 최저가 비교
3 - 감정 시점의 감정가 와 현 입찰시점의 시세 차액 검토
   - 과거 주위 사건의 낙찰가 조사 와 시세변동

권리분석 (말소기준권리와 후순위 선순위 인수권리 조사)
   - 법정지상권 토지의 경우 건물 등기부 열람 조사
4 - 임차인 있는 경우 대항력 여부 및 인수권리
   - 명도 용이한지 검토 (권리상의 이전과 실제 인수 시차 확인)
   - 낙찰 후 소요시간 파악 (기회비용 계산)

정보분석
   - 토지이용계획 및 도시개발 열람
5 - 낙찰 후 미래가격 점검
    (시청홈페이지 분야별 정보 및 공시정보 확인)
   - 각 인터넷 떠도는 정보 수집(제3자가 참고하므로)

물건분석
   - 현황조사서와 물건의 차이 확인
   - 부동산 공법상(감정평가내용) 바탕한 관리청의 인허가 확인
   - 위 자료의 전부 비교 확인 점검
6 - 네이버 부동산 거래시세 확인
   - 국토부 실거래가 확인
   - 위성지도의 촬영 전후 사진 비교 확인(개발속도 및 변화)
   - 공시가의 변화 및 시세의 변화 (변화속도 및 가액의 확인)

임장활동

- 조사내역과 현황의 차이 확인

7 - 주위 부동산중개사무소 탐방 및 토착민의견 탐방

- 임차인 미확인 상황 주민센타 열람신청

- 계획상의 자료와 미래의 실현 여부 및 시기 가늠

응찰 여부 최종 결정

- 입찰가 결정

- 당일 입찰 관련 동종의 물건 여부 및 개수 , 동질성 여부 확인

- 통계 (5분 이상 사이트 열람자 확인 x 5배수)

8

- 최악의 금액과 최상의 금액 집약 정리

- 반드시 필요 물건인지 차후의 입찰 물건도 있는지 고려

- 자금 조달과 레버리지 활용 여부

  (은행권 대출 및 공동출자자 여부)

입찰 전일

- 대법원경매 기일변경 및 취하여부 확인

- 문건 확인

- 등기부 신규 발급 열람 확인

- 말소권리 재차 확인

9 - 미진한 부분 최종 확인

- 당일 입찰일 물건 개수, 동종물건 취하 변경 여부 확인

- 열람 통계 전일의 조사자 확인

- 응찰가 재분석

- 금액 준비

- 인감도장, 신분증, 위임장 필요서류 등 준비

입찰 당일

- 전일 준비한 현금 및 서류 확인 후 출발

10 - 입찰일 법정 9:30도착

- 3장의 입찰서 조합(3종)

- 결정한 가액 응찰

▣ 부록 2 : 물건 검색을 위한 참고 사이트 활용법

1. 유료 경매정보 사이트 가입 및 활용하기

제공정보	지역, 종류, 지목, 가격, 등기상태, 감정평가서, 물건요약, 권리분석, 주변정보, 토지이용확인, 개발정보, 열람통계치, 인근경매사례, 실거래가, 유사물건입찰가, 특수조건설명, 배당정보, 건축물/토지대장
관심물건등록	입찰일, 유찰 낙찰 가격변동,
조건검색	투자지역, 투자가액, 투자부동산종류, 정보활용, 학습효과, 미래가치자료
숨은 보물 찾기	정보를 치밀하게 조사하여 새로운 장점 찾아보기
흠결 있는 물건의 치유 가능성	법적 자료 충실히 조사

2. 법원경매정보 활용하기(참고자료)

- 입찰직전일 변동상황, 유료사이트 제공정보 상이확인, 접수문건 확인, 진행확인
- 매각불허물건, 잔금납부포기물건, 유치권물건 필수 조사

3. 대법원 대국민서비스 인터넷등기소

- 토지만 매각물건, 건물만 매각물건, 토지별도등기, 법정지상권여부,
- 대지권없는 상가, 건물 (같은 건물 내의 다른 호수 등기확인)

5. 지도(다음, 네이버 지도앱)

- 전반적 광역상황, 부분세밀상황,

6. 네이버, 부동산관련사이트조사

- 현거래시세 조사, 문의 탐문 추정치 파악,
- 블로거등 광고 정보 탐문, 매입후 매각금액대 조사 활용 및 정보활용

7. 토지이용규제정보서비스

- 각 관련법규 조건등 확인
- 해당부동산공법 용어 학습
- 규제 및 활용가능성 조사
- 지자체조례 항목별 건축실행가능여부
- 지적도 맹지등 분석
- 도시계획확인

8. 국토부 실거래가 조회

- 지역별, 종목별 거래가분석
- 시기별 거래가액 분석
- 지목변경 이후 가액증감분석
- 아파트 주택 가격변동 분석
- 과거가격과 현재가격으로 미래가치 판단기준

9. 공매 온비드 분석

- 공매 물건 조사
- 경매물건과 가격비교
- 경매에 없는 물건 찾기
- 경매보다 물건은 적으나 경쟁력은 있다
- 특수조건 활용 저가 낙찰

10. 정부 및 광역, 지자체 도시계획 자료확보

- 장기계획
- 개발계획 , 지형도면고시
- 입찰공고
- 공청회자료
- 전년도 집행 시장보고
- 미래가치 판별 자료 확보
- 자료 필요부분 발췌 확보
- 토지거래허가구역 및 허가종목 (일반매매 가능여부 사전확보)

11. 유관기관 자료 조사

- 철도공사
- 경제기획원 예산집행
- LH공사
- 관련지역 각 지방공사

12. 기타현장 조사

- 현장 부동산중개사무소 탐문
- 지역 주민 탐문
- 건물 관리소 탐문,
- 주민센터 : 거주사실확인 탐문

Tip.

경매 공매 현장일반매매 프리미엄 등 물건의 매입처는 다양하다. 현가치에 비해 가격상승도 미래가치가 있는 물건이 기준이다.
동네 이장 등 토착민의 정보활용도 때로는 결정적이다.

◼ 부록 3 : 물건검색 자료조사 요령

1. 유료사이트 가입
- 주관심지역 및 보완대체지 가입
- 조사물건중 학습 및 투자관심물건은 관심물건등록

2. 유료사이트활용
- 제공정보 : 지역, 종류, 지목, 가격, 등기상태, 감정평가서, 물건요약, 권리분석,
주변정보, 토지이용확인, 개발정보, 열람통계치, 인근경매사례,
실거래가, 유사물건입찰가, 특수조건설명, 배당정보, 건축물/토지대장
- 관심물건등록 : 입찰일, 유찰 낙찰 가격변동,
- 조건검색 : 투자지역, 투자가액, 투자부동산종류, 정보활용, 학습효과, 미래가치자료
- 무관심 물건의 장점 찾기 ; 정보 치밀한 조사
- 흠결물건 치유 가능 조사 ; 법적자료 충실한 조사

3. 법원경매정보 활용(참고자료)
- 입찰직전일 변동상황, 유료사이트 제공정보 상이확인, 접수문건 확인, 진행확인
- 매각불허물건, 잔금납부포기물건, 유치권물건 필수 조사

4. 대법원 대국민서비스 인터넷등기소
- 토지만 매각물건, 건물만 매각물건, 토지별도등기, 법정지상권여부,
- 대지권없는 상가, 건물 (같은 건물 내의 다른 호수 등기확인)

5. 지도(다음앱) ; 전반적 광역상황, 부분세밀상황,
6. 네이버, 부동산관련사이트조사
- 현거래시세 조사, 문의 탐문 추정치 파악,
- 블로거등 광고 정보 탐문, 매입후 매각금액대 조사 활용 및 정보활용

7. 토지이용규제정보서비스
- 각 관련법규 조건등 확인

- 해당부동산공법 용어 학습
- 규제 및 활용가능성 조사
- 지자체조례 항목별 건축실행가능여부
- 지적도 맹지등 분석
- 도시계획확인

8. 국토부 실거래가 조회
- 지역별, 종목별 거래가분석
- 시기별 거래가액 분석
- 지목변경 이후 가액증감분석
- 아파트 주택 가격변동 분석
- 과거가격과 현재가격으로 미래가치 판단기준

9. 공매 온비드 분석
- 공매 물건 조사
- 경매물건과 가격비교
- 경매에 없는 물건 찾기
- 경매보다 물건은 적으나 경쟁력은 있다
- 특수조건 활용 저가 낙찰

10. 정부 및 광역, 지자체 도시계획 자료확보
- 장기계획
- 개발계획 , 지형도면고시
- 입찰공고
- 공청회자료
- 전년도 집행 시장보고
- 미래가치 판별 자료 확보
- 자료 필요부분 발췌 확보
- 토지거래허가구역 및 허가종목 (일반매매 가능여부 사전확보)

11. 유관기관 자료 조사
- 철도공사
- 경제기획원 예산집행

- LH공사
- 관련지역 각 지방공사

12. 기타현장 조사
- 현장 부동산중개사무소 탐문
- 지역 주민 탐문
- 건물 관리소 탐문,
- 주민센타 거주사실확인 탐문

13. 경매 공매 현장일반매매 프리미엄 등 물건의 매입처는 다양하다
- 현가치에 비해 가격상승도 미래가치가 있는 물건이 기준이다
- 동네 이장등 토착민의 정보활용

02/

정책 탐구하기

스스로 위인이 되라
Become one yourself!

3강 부동산 네비게이션

1. 정책을 알아야 돈이 보인다

부동산은 정책으로부터 시작되고 국가의 정책은 서울특별시를 비롯한 광역단체의 기본계획과 각 지자체의 기본계획으로 이어진다.
정부의 2021년도 국토교통부의 주요업무 추진계획을 살펴보고, 이어서 각 지자체의 정책입안과 기본계획을 탐색하는 방법을 이 장에서는 학습하고자 한다.

2. 2021년 국토교통부 주요 업무 추진계획

국토교통부의 2021발전계획을 도시 건축 교통 인구의 정책 중심으로 발췌하여 향후의 정책의 기조 흐름을 파악한다.

2021년
국토교통부 주요업무 추진계획
_____

2021. 2. 16.

국토교통부

Ⅰ. 4년간의 추진성과와 평가 ·················· 1

Ⅱ. 2021년 업무추진 여건 및 방향 ··········· 6

Ⅲ. 2021년 핵심 추진과제 ······················ 8

Ⅳ. 2021년, 국민의 삶이 이렇게 바뀝니다 ·········· 29

【붙임1】 국정과제 추진현황 및 기타

【붙임2】 4년간 성과 및 2021년 업무계획 관련 체감 사례

---

③ (지역) 국토 균형발전 정책의 성과 미흡

○ 그간 균형발전 노력에도 불구 수도권 인구 비중은 50%에 도달했으며, 도시재생, 혁신도시 시즌2 등 **균형발전정책**의 **체감성과 부족**

○ 지방의 거점 간 인재, 자본, 일자리의 이동이 수월하도록 **광역거점 교통 인프라 확충** 및 서비스 개선 필요

□ **추진 실적**

○ (**광역교통**) 광역교통 전담조직 설립('19.3), 중장기 광역교통 정책방향인 「광역교통 2030」 발표('19.10) 등 **광역교통 개선 본격 추진**

  - GTX(3개노선) 사업 추진 및 신안산선 착공('19.8), 김포도시철도 개통('19.9), 수인선 개통('20.9), M버스 확대 등 **수도권 교통혼잡 완화 추진**

○ (**교통비**) 광역알뜰교통카드 도입('18), 민자도로 통행료 인하(7개노선) 등 **교통비 절감**, 광역버스 준공영제 도입('20)으로 **안정적 서비스 제공**

    ⁺ 광역알뜰교통카드 시행('20: 128개 시·군·구), 이용자수 증가('18: 2천명 → '20: 16만명)

○ (**사각지대**) 공공형 버스('19.1) 및 택시('18.1) 운행, 휠체어 고속버스 시범도입('19.10), 벽지노선 지원('20.1) 등 **교통사각지대 해소**에 기여

○ (**교통안전**) 안전속도5030 도입('19.4), 교통사고 사망자 감축대책('20.4) 및 화물차·이륜차 맞춤대책(5회) 등을 통해 **선진국 수준의 교통안전 기반 확보**

    ⁺ 항공사 M&A 대비 집중 안전점검('20.5, 9월), 정기 종합점검 등 항공 안전도 확보

□ **정책 효과**

○ (**이동 시간**) GTX 3개 노선, 신안산선, 수인선 등 고속 광역급행철도망 확충 시 **수도권 출퇴근 시간 대폭 단축 전망**

    GTX-A(파주～서울역, 60→20분), B(송도～서울역, 80→23분), C(덕정～삼성, 82→27분), 신안산선(한양대～여의도 25분, 원시～여의도 36분 단축), 수인선(인천～수원, 90→70분)

○ (**비용**) 광역알뜰교통카드(월교통비 20.2% 절감, '20년), 민자도로 통행료 인하(2,940억원/年) 등을 통해 **국민의 교통비 부담 완화**

○ (**이동편의**) 교통약자 이동수단 보급 확대로 **교통 취약지역** 주민의 **이동편의 증진**, 이동편의시설 **종합만족도 상승**('16. 61점 → '19. 76점)

Ⅱ. 2021년 업무추진 여건 및 방향

1 업무추진 여건

□ **【경제】** 코로나 백신개발에 따른 글로벌 경제회복 기대감, 생산·소비·투자 등 경기지표 개선 추세 감안 시 **올해 경제성장률 상향 전망**[*]

  * 올해 성장률 전망: (기획재정부) 3.2% (한국은행) 3% (IMF) 2.9% (OECD) 2.8% 등

ㅇ 특히, 주택건설 수주액이 역대 최고치를 기록하고 SOC 등 토목 건설도 꾸준히 이루어지는 등 **건설 수주는 증가세가 뚜렷**[*]

  > '20.11. 누적 건설수주액(전년동기대비): 전체 150.2조(18.4%↑), 주택 79.6조(37.3%↑)

ㅇ 다만, 경기여건 개선 기대에도 불구, **고용난**이 지속되는 상황[*]에서 신규 **일자리 창출**과 함께 **기존 일자리의 여건개선 요구 증가**

  * (실업률) '20.1. 4.1% → 3월 4.2% → 6월 4.3% → 9월 3.6% → 10월 3.7%

□ **[주거 안정]** 주택시장 안정을 위해 **도심** 및 도심 인근 중심으로
질 좋고, **부담가능한** 주택(Affordable housing)을 **속도감** 있게 공급

  ○ 부동산시장 관리체계를 강화하여 **불법행위 근절**, 임대차 3법 조기
   안착으로 **임차인의 안심거주 기반 강화**

□ **[균형 발전]** **지역 광역권 형성을 지원**하여 **수도권 일극구조** 극복

  ○ 도심융합특구, 캠퍼스혁신파크 등의 **거점육성 사업**과 함께 지방의
   정주여건 개선사업을 **상호 연계·추진**하여 분권형 균형발전 기반 마련

  ○ 지역성장 거점을 중심으로 **성장 동력이 확산**되도록 권역별 광역철도,
   국가균형발전프로젝트 등 **광역 네트워크 인프라** 확충

□ **[한국판 뉴딜]** UN SDGs, 파리기후협정 등 **인류보편의 가치와 원칙**
달성 및 **경제회복 견인**을 위해 **그린뉴딜**, **디지털뉴딜**을 힘있게 추진

  ○ **2050 탄소중립**을 위해 스마트 그린 산단 그린 모빌리티 등 본격 추진,
   도시 곳곳에서 **디지털 혁신서비스가 제공**되도록 스마트시티 등 확산

□ **[산업 혁신]** 코로나19에 따른 **경제 위기를 극복**하고, 그 이후의
미래에 대비하기 위해 국토교통 산업 전반을 혁신

  ○ 건설업을 고부가가치 산업으로 탈바꿈, 교통·물류·항공산업의 미래
   경쟁력 제고, **일자리의 질도** 개선하여 **상생을 통한 포용적 성장** 주도

1. 주택공급 및 주거복지의 전면 혁신

① (주택공급 혁신) 국민 체감형 주택공급 확대

○ (공공주도 3080⁺) 공공이 주도하여 '25년까지 도심 내에 **양질의 부담 가능한 주택**(Affordable Housing) 서울 32만호, 전국 83만호를 추가 공급

- 공공주도 **도심 공공주택 사업 후보지 선정**, 소규모 정비사업 설명회·컨설팅 개최, 관련 법률 개정* 등 **대책 후속조치**를 차질 없이 시행

  * 공공 직접시행 정비사업, **주거재생 혁신지구** 소규모주택정비 관리지역 신설 등을 위한 **관련 법률 개정**('21.3)

≪ **3080⁺대책 주요 후속조치** ≫

√ (**공공주도 사업**) 정비사업 Fast Track과 도심 공공주택 복합사업의 후보지 선정을 7월 중 목표로 적극 사업제안 및 홍보 추진

√ (**도시재생**) 주거재생 특화형 뉴딜사업 중점 선정, 주거재생 혁신지구 등 사업신청 가이드라인 배포 및 지자체 홍보 추진(온라인 설명회, 2월)

√ (**소규모정비사업**) 지자체 소규모주택정비 관리계획 수립 등 지원을 위한 설명회·**컨설팅 개최**, 공기업 직접 제안가능 후보지 발굴

√ (**비주택 리모델링·신축매입 약정**) 본격 매입 및 실적 점검, 추가 제도개선(비주택 리모델링의 주택도시기금 민간 융자조건 개선, 공공매입 단가 인상('21.3) 등)

⇨ (**추진체계**) 공공 통합추진 협의체 운영, 공공기관 내 전담조직 신설, 전문가 자문 위원회 운영 및 참여주체별 컨설팅 개최 등 **국민소통·협업체계**를 통해 추진

○ (기존 주택공급계획) 수도권 공공택지 84.5만호, 공공재개발·재건축 등 수도권 127만호 주택 공급대책을 차질없이 추진

- (공공택지) 지구계획, 토지보상 병행 등 패스트트랙을 적용하여 3기 신도시를 포함한 **수도권 24만호**의 **지구계획 연내 확정**

- (정비사업) 서울 내 **공공재개발·재건축 선도사업 7천호** 선정, **사업 공모 범위 확대**('21.12), **소규모 재건축** 공공성 확보 시 **인센티브 부여**('21.6)

① 광역교통 인프라 확충

○ 광역철도 중심의 지방 대도시권 교통 인프라 구축을 위해 사업추진 여건이 열악한 지방 광역철도 활성화를 위한 **개선방안 마련**('21. 下)

- 생활권·운영범위 등을 고려하여 **지정기준 개선** 및 **운영합리화 방안 마련**, 지역발전 효과 등을 고려 **권역별 광역철도 사업 발굴**

○ 균형발전, 원활한 이동권 보장 등을 고려하여 **제4차 국가철도망 구축계획**'('21~'30) 및 **광역교통 기본·시행계획**'' 수립('21. 上)

＊ 지방권역 철도망 확충, 단절구간 연결, 병목구간 용량 확대 등 투자방향 정립
＊＊ 권역별 광역철도, 비수도권 도시철도 연장사업 등 지역 핵심사업 추진

② 간선교통 인프라 확충

○ **260km/h급 차량** 운행 확대(중앙선·중부내륙선 등), **400km/h급 차량** 도입을 위한 기술기준·핵심기술 개발계획 수립('21.12) 등 주요 **철도망 단계적 고속화**

- 동서고속화(춘천~속초) 착공, 호남고속철도 2단계(광주송정~목포) 계속공사, 동해선(부산~포항)·중부내륙(이천~충주) 개통 등 **주요사업 차질없이 추진**

○ 지역간 이동수요, 지역 균형발전 등을 고려하여 **제2차 국가도로망 종합계획**('21~'30) 및 **제2차 고속도로 건설계획**('21~'25) 수립('21. 上)

- 제천~영월, 호남선(김제~삼례)·남해선(칠원~창원) 확장 등 **주요사업 신속 추진**

○ 도로·철도·공항 등 **국가균형발전프로젝트 15개사업**('21년 예산 4천억원)을 속도감있게 추진＊하여 **교통망 확충** 및 **지역 경제 활성화**

＊ 기본계획 고시(7개, 1.2천억원), 설계기간 단축(3개, 0.1억원), 착공(3개, 0.9천억원), 사업 관리(2개, 1.3천억원) 등 단계별로 집중 관리

4. 지방 - 수도권 상생발전 기반 마련

□ (상생발전 시스템 구축) 사업성이 낮은 **지방**과 개발이익 발생 **수도권**을 연계한 **수도권-지방 패키지 사업**(개발이익 교차보전) 등 추진('21. 下)

≪ (유사사례) 패키지형 귀농귀촌 주택개발리츠 사업(LH) ≫

○ (제도개선) **국가 균형발전을 위한 재원 확대**를 위해 개발·과밀 부담금 등 **제도적 개편 방안**도 검토 추진(관계부처 협의사항)

3. 3080+ 사업[10] 제2차 도심복합 선도사업 후보지

< 지자체 제안 후보지 총괄표(4.13일 기준) >

지역 \ 사업유형	공공직접시행 정비사업	도심공공복합사업			소규모 정비		도시재생		기타
		역세권	준공업	저층노후	재개발	관리지역	주거혁신	특화뉴딜	
합계	362	41	107	23	74	26	55	20	0	16
서울시	283	36	92	19	55	26	40	5	-	10
경기·인천	46	4	12	3	6	-	8	11	-	2
지방 5개 광역시	33	1	3	1	13	-	7	4	-	4

- **(민간제안, 70곳*)** 정비사업 **13곳**, 도심복합사업 **28곳**, 소규모정비 **20곳** 등이 통합지원센터로 접수, **사업구체화**를 위한 **상담 진행중**

   * 공공직접시행 정비사업 13곳, 도심공공복합사업 28곳, 소규모정비 20곳, 기타 9곳

2. 선도사업 선정기준

□ **입지 요건** ※ 세부기준은 지역별로 차등 운영 예정으로 아래는 서울시 기준(안)

   ○ **(역세권)** 역 반경 **350m 이내**에 포함된 지역으로 5천㎡ 이상이면서 구역 내 **20년 이상 경과**한 건축물이 **60% 이상**인 지역

   ○ **(저층주거)** **20년 이상** 노후건축물이 **60% 이상**인 1만㎡ 이상 구역으로, 과소토지, 접도율, 호수밀도 요건* 중 **하나이상 충족** 구역

   * 과소토지비율 30% 이상, 접도율 50% 이하, 호수밀도 50 이상

□ **사업성 요건**

   ○ 토지주에게 **추가 수익률**(10~30%p)을 보장하기 위한 **용적률, 건축면적 확보, 높이기준 완화** 등이 가능한 사업구역

   ○ 특히, 토지주에 대한 추가 수익률을 보장하고 **남은 개발**이익으로 **특수상황 토지주, 세입자·영세상인 보호** 및 **추가지원** 가능 구역

---

10) 3080+ 란?
서울 30만호, 경기 인천 29만호, 5대광역시 22만호 주택건설 계획을 말한다
즉, 2025년까지 서울30만호를 비롯하여 기타지역 50만호 총80만호 + 알파를 건설하겠다는 것이다

□ 대책발표(2.4) 후 신규택지·도심 후보지 공개 등 **신속한 후속 조치**로 **공급기대 확산, 매수심리 진정** 등 시장안정 효과 발생

> 3080⁺대책(서울 32만호·전국 80만호)과 기 추진중인 수도권 127만호를 합해 수도권 180만호 이상, 전국에 200만호 이상의 압도적 물량 공급 예정

ㅇ 고점인식 확산, 시장금리 상승, 공시가격 발표, 세부담 본격화 등 시장 여건도 변화하며 **주요 지표**는 **긍정적 흐름 지속**

① **(가격)** **매매·전세** 가격상승률 **지속 축소**(강남·마포·강동 전세 하락전환)

  · 서울 : (21주) 0.10 (22주) 0.09 (23주) 0.08 (24주) 0.08 **(31주) 0.07 (2주) 0.07 (3주) 0.06 (4주) 0.06 (5주) 0.05 (41주) 0.05**

② **(거래량)** 매매 거래량 감소세 지속

  · 서울 : (20.12월) 8,764 → (21.1월) 5,945(전월 대비 -32%) → **(21.2월) 5,435(-9%)** → **(21.3월) 4,486(-17.5%)**

③ **(매물)** **매매·전세** 모두 **매물 증가세**(민간기관 조사결과, 매달말일)

  · 서울 : (20.12월) 40,455 → (21.1월) 39,851 → (2월) 41,341 → (3월) 47,519 → **(4월 현재) 47,989**

④ **(매수우위지수)** 매수자보다 매도자가 많아져 **"매수자 우위"** 시장

  · 서울 : (21주) 109.8 (23주) 105.3 (24주) 101 **(3.1주) 96.2 (2주) 90.3 (3주) 82.4 (4주) 79.8 (5주) 77.3**

⑤ **(30대 매수)** 공급대책 발표전후 **지속 축소**(패닉바잉 감소)

  · 서울 : (20.12월) 3,523(45.5%) → (21.1월) 2,498(42.3%) → (2월) 1,561(39.6%) → **(3월) 539(36.5%)**

> ◇ 다만, **서울 일부 재건축 단지** 등은 최근 **규제완화 기대감**으로 인한 **가격상승** 조짐이 포착되고 있어 **면밀 모니터링** 필요

■ 수원의 경우 인덕원−동탄선 중간기점인 조원동 파장동 송죽동 등이 해당된다.
사업자와 토지주의 이해타산이 맞아떨어지고, 보상의 지원 등이 예정되는 등 조사
아래의 서울의 경우를 살펴보면, 제2종 주거지역과 노후화 70% 이상 기존용적률158%
등의 여건이 갖추어진 곳이다.

참고 3   제1차 및 제2차 발표 선도사업 후보지

※ 주택공급 규모는 세부계획 수립 및 인허가 과정 등에서 변경될 수 있음

□ 역세권(주거상업고밀지구)

연번	지역	위치	면적(㎡)	노후도(%)	現용도 지역	공급 규모	비 고
1	금천	가산디지털역 인근	51,497	74.0%	2종	1,253	1차 선정 (3.31)
2	도봉	방학역 인근	8,194	67.5%	2종	364	
3	도봉	쌍문역 동측	15,272	82.1%	2종, 상업	447	
4	도봉	쌍문역 서측	41,276	78.0%	2종	1,151	
5	영등포	영등포역 인근	95,000	77.8%	2종	2,580	
6	은평	연신내역 인근	8,160	83.3%	2종, 준주거	478	
7	은평	녹번역 인근	5,306	84.6%	3종	193	
8	은평	새절역 서측	5,138	91.3%	3종	266	
9	은평	새절역 동측	6,798	77.5%	3종	331	
10	강북	미아역 동측	23,037	70%	2종	623	2차 선정 (4.14)
11	강북	미아역 서측	17,760	86%	2종	472	
12	강북	미아사거리역 동측	39,498	84%	2종	1,082	
13	강북	미아사거리역 북측	6,414	78%	2종	172	
14	강북	삼양사거리역 인근	7,866	100%	준주거	341	
15	강북	수유역 남측1	11,458	86%	준주거	510	
16	강북	수유역 남측2	7,212	85%	준주거	311	
17	동대문	용두역·청량리역 인근	111,949	76%	2종, 3종	3,200	

□ 준공업(주거산업융합지구)

연번	지역	위치	면적(㎡)	노후도(%)	現용도 지역	공급 규모	비 고
1	도봉	창동 674 일대	9,787	63%	준공업	213	1차 선정 (3.31)
2	도봉	창2동 주민센터 인근	15,456	71%	준공업	334	

□ 저층주거지(주택공급활성화지구)

연번	지역	위치	면적(㎡)	노후도(%)	現용도지역	공급규모	비 고
1	도봉	쌍문1동 덕성여대 인근	39,233	76.0%	1종, 2종	1,008	1차 선정 (3.31)
2	도봉	방학2동 방학초교 인근	34,919	87.0%	1종, 2종	889	
3	영등포	舊신길2구역	60,710	92.0%	2종	1,366	
4	영등포	舊신길4구역	51,901	94.9%	2종	1,199	
5	영등포	舊신길15구역	106,094	89.5%	2종	2,380	
6	은평	녹번동 근린공원 인근	79,482	77.8%	2종, 3종	2,436	
7	은평	불광근린공원 인근	67,335	75.2%	1종, 2종	1,651	
8	은평	舊수색14구역	42,188	87.0%	1종, 2종	944	
9	은평	불광동 329-32 인근	56,284	79.0%	1종, 2종, 3종	1,483	
10	은평	舊증산4구역	166,022	89.0%	1종, 2종, 3종	4,139	
11	강북	舊 수유12구역	101,048	72%	2종, 3종	2,696	2차 선정 (4.14)
12	강북	송중동 주민센터 인근	36,313	83%	2종	922	
13	강북	舊 미아16구역	20,520	88%	2종, 3종	544	
14	강북	삼양역 북측	21,019	89%	2종, 3종	588	
15	동대문	청량리동 주민센터 인근	53,275	86%	2종,3종	1,390	

4. 제5차 국토종합계획 (2020-2040)

2021 업무추진계획이 세부적인 사업의 추진 계획이었다면, 5차 국토종합계획은 5년마다 개정되며 10년 이상의 큰 그림을 볼 수 있는 계획들이다. 이 부분을 한번 살펴보도록 하자.

제2편 계획의 기본방향

제1장 계획의 비전과 목표 25
   1. 계획의 비전 25
   2. 계획의 목표 26
   3. 6대 추진전략 27
제2장 국토 공간의 형성 방향 30
   1. 기본 방향 30
   2. 국토 공간 형성의 원칙 31
   3. 국토 공간의 미래상 32

제3편 전략별 추진계획

제1장 개성있는 지역발전과 연대·협력 촉진 ································ 37
    1. 현황과 문제점 ··· 37
    2. 여건 변화와 전망 ··· 40
    3. 주요 정책과제 ··· 43
제2장 지역 산업혁신과 문화·관광 활성화 ····························· 57
    1. 현황과 문제점 ··· 57
    2. 여건 변화와 전망 ··· 61
    3. 주요 정책과제 ··· 64

제4편 계획의 실행방안

    1. 국토종합계획 실천전략 수립과 정책환류 강화 ·················· 169
    2. 국토계획 모니터링체계 구축·운영 ····························· 170
    3. 국토-환경계획 통합관리 이행 평가체계 구축·운영 ············ 172
    4. 협력적 국토정책 추진과 국민참여 활성화 ····················· 173

1) 국토종합개발계획의 주요 내용

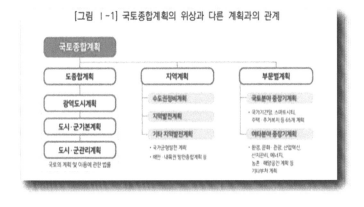

[그림 Ⅰ-1] 국토종합계획의 위상과 다른 계획과의 관계

□ 인구와 경제 활동

○ 우리나라의 총인구는 5,163만 명(2018년)이며, 출산율 저하로 인구성장이 둔화되고 고령화 현상이 급속히 진행

 - 합계출산율은 1970년 4.53명에서 계속 감소하여 2002년부터 초저출산율 수준(1.30 미만)이 지속되다가 2018년 0.98명으로 역대 최초로 1명 미만을 기록

 - 생산가능인구는 2017년부터 실질적 감소세로 전환하였고, 65세 이상 고령인구 비율은 지속적으로 증가하여 2018년 현재 14.3% 수준

○ 수도권과 대도시로의 인구집중 경향으로 도시지역 인구비율(도시화율)은 1970년 50.1%에서 계속 증가하여 2017년 91.8%를 기록

 - 지역 간 인구 이동은 도시지역 특히 수도권과 대도시로 집중 경향이 강하며, 지방은 인구유출·감소로 인구정점 대비 절반 이상 감소한 중소도시 증가

[그림 Ⅰ-3] 인구 이동과 국토공간구조의 변화(1975~2015)

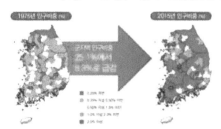

자료: 민성희외. 2017. 인구 및 국토공간구조 변화 전망과 대응방향. 49면 재구성
　　　구형수외. 2016. 저성장시대의 축소도시 실태와 정책방향 연구. 65면 참조

○ 우리나라의 경제성장률은 2010년 6.8%에서 이후 2-3%대의 낮은 저성장세를 이어오고 있으며 1인당 국민소득은 2018년 현재 3,493만원 수준

□ 국토이용과 기반시설

o 도시화와 산업화에 따른 인구의 도시권 유입으로 공장용지와 대지는 계속 증가하는 반면, 전·답은 감소 추세

- 지목별로는 임야 63.5%, 농지 19.4%, 공장용지 및 공공용지 등 도시적 용지 11.0%를 차지

- 용도지역별로는 농림지역 46.5%, 관리지역 25.6%, 도시지역 16.6%, 자연환경 보전지역 11.3%로 구성

[표 Ⅰ-5] 지목별 국토이용

(단위 : 백만㎡, %)

구분	2010		2012		2014		2016		2018	
	면적	비율	면적	비율	면적	비율	면적	비율	면적	비율
전	7,783	7.8	7,796	7.8	7,716	7.7	7,637	7.6	7,610	7.6
답	11,834	11.8	11,690	11.7	11,518	11.5	11,357	11.3	11,223	11.2
과수원	547	0.5	601	0.6	595	0.6	595	0.6	612	0.6
임야	64,504	64.5	64,216	64.1	64,081	63.9	63,918	63.7	63,711	63.5
대	2,744	2.7	2,827	2.8	2,930	2.9	3,041	3.0	3,143	3.1
공장용지	749	0.7	814	0.8	896	0.9	959	1.0	1,013	1.0
학교·도로·철도·하천·공원	6,236	6.2	6,401	6.4	6,581	6.6	6,734	6.7	6,884	6.9
기타	5,636	5.6	5,844	5.8	5,967	6.0	6,098	6.1	6,182	6.2
계	100,033	100.0	100,188	100.0	100,284	100.0	100,339	100.0	100,378	100.0

자료: 국가통계포털(http://kosis.kr), 행정구역별·지목별 국토이용현황.

o 2018년 현재 우리나라의 도로 연장은 총110,714km로 1970년 40,244km에서 약 2.75배 증가

- 고속도로 4,767km, 일반국도 13,983km, 지방도 91,964km로 구성

- 인구당 도로연장은 2.15km/천인으로 선진국들과 비교하면 여전히 낮은 수준이나, 고속도로의 지속적인 확충으로 고속도로IC에서 30분이내 접근가능 면적이 1970년 14.3%에서 2015년 70.7%로 확대

[표 Ⅰ-6] 도로 현황

구 분	연장(km)	포장율(%)
고속국도	4,767	100.0%
국 도	13,983	99.7%
지방도 등	91,964	91.8%
계	110,714	-

자료: 국토교통부 통계누리, 2018, 도로현황통계표(연도별 도로현황).

[그림 Ⅲ-9] 국가균형발전 프로젝트

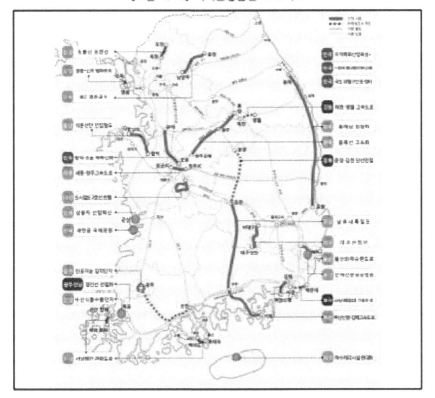

자료: 국가균형발전위원회, 2019.1. 예비타당성 조사 면제대상 사업으로 선정추진 중

지역 주도의 발전 촉진과 중앙-지방 간 협력 강화를 위한 지원제도 마련

지자체와 중앙정부가 공동의 이해관계를 가지며 균형발전정책에 부합하는 분야를 대상으로 지역발전투자협약제도의 운영 확대

□ 산업단지를 혁신 허브로 구조 전환

o 산업단지를 신산업 창출 및 제조업 혁신의 전진기지로 전환

- 반도체 등 미래 성장산업의 소재, 부품 제조업 활성화를 위한 기술개발 및 산업여건을 조성하고, 혁신성장이 가능한 제조업 혁신을 지원

- 산업단지 여건에 따라 기업, 연구교육시설이 집적된 제조혁신 클러스터를 조성하고, 신산업 전환을 위한 대체 산업단지 개발 검토

- 스마트 교통, 유통 및 안전관리 시설 도입 등 스마트 인프라 공급 지원을 확대하고, 복합용지로 개선될 수 있도록 지원

- 산업단지 신규 조성 또는 재생 시 역사·문화·건축·경관 등 지역별 특성에 맞는 개발이 이루어질 수 있도록 하고, 우수 사업모델 발굴 및 확산

o 제조업과 다양한 연관 산업의 집적을 유도하고 융복합 촉진을 위한 규제 완화 및 지원 강화

- 신산업 유치, 신기술과 산업간 융복합 촉진을 위해 필요한 경우 입지규제 등 규제의 획기적 개선

- 생산(지식산업센터), 창업(창업보육센터, 벤처집적시설), 연구개발, 주거 및 문화·상업시설 등 산업단지내 공간의 융복합화 촉진

o 중앙이 주도하는 국가산업단지 정책에서, 지역주도의 혁신형 일자리 창출을 위한 산업단지 정책으로 전환

□ 노후 산업단지 등 재생·구조고도화 추진

o 노후 산업단지 내부에 혁신거점을 조성하고 산업단지 전체에 효과를 확산

> - 노후 산업단지 내 휴·폐업 부지, 유휴부지 등에 대한 입지규제 완화, 토지용도 전환을 통해 노후 산업단지에 부족한 산업·지원시설과 주차장 등 기반시설을 고밀도 복합개발하여 혁신거점으로 조성

- 혁신거점에 창업지원·교류협력 공간 등을 조성하여 창업을 지원하고 부처 연계형 창업지원 프로그램을 확대

- 혁신거점 조성으로 활력을 불어넣는 한편 인근 노후공장 리모델링 사업 등 개별 공장에 대한 지원을 확대하여 입주기업의 업종 전환을 유도하고, 산업 단지와 주변지역을 연결하여 경쟁력 제고

o 노후산업단지의 재생 및 구조고도화 사업 등을 통해 산업입지 기능을 발전 시키고 혁신역량 강화 및 업종 고도화, 근로·정주환경 개선

- 부처별 하드웨어 사업(혁신거점 확충, 공장 리모델링, 기반시설·편의시설 확충 등)과 소프트웨어 사업을 망라하여 패키지로 지원

o 노후 산업단지와 주변지역을 하나의 생활권으로 통합하여 재생 추진

- 산업단지는 주변지역에 안정적인 일자리, 입주기업의 사회공헌 등을 통해 지속가능한 재생의 기반을 마련하고, 주변지역은 도시재생을 통해 쾌적한 정주여건, 생활SOC 등을 제공하여 산업단지의 매력도를 제고

- 종사자를 위한 직주근접형 주택, 경관 개선 사업, 노후공장 리모델링 지원, 도심 비적합 업종 전환 등을 통해 근로자가 실제 생활에서 만족할 수 있는 환경개선 사업을 확대

o 편리하고 안전한 미래형 산업단지 기반 및 환경 구축

- 산업단지 내 전 지역을 대상으로 스마트시티 통합 솔루션을 개발하고 지원 하여 입주기업과 근로자가 많이 활용하고 쉽게 체감하는 스마트 인프라와 서비스를 개발

- 산업단지 재생사업 등을 통해 입주기업과 지자체 등의 수요를 반영한 스마트시티 기술을 도입하여 개별 시설물(진입도로, 마이크로그리드, 내부도로, 교차로, 주차장 등)을 스마트화

□ 재생을 통한 관광산업 경쟁력 제고

○ 여가수요 및 트렌드 변화에 대응한 노후관광지 재생

- 관광지 수명주기 개념 도입을 검토하고, 미래수요 및 트렌드 변화에 대응
하여 관광지의 주요 기능 및 시설 개선 전략 마련

- 체험·모험 등 신규 콘텐츠를 활용하는 등 소프트웨어적 해결방안 모색, 노후
시설 개선과 주변 인프라 정비 등 노후 관광지 재생 종합방안 마련·추진

○ 노후 시설을 활용한 관광콘텐츠 발굴

- 폐산업·생산시설, 노후 상업·생활시설, 공공청사 이전부지 등 유휴공간 및
시설을 새로운 콘텐츠와 접목하거나 역사성과 스토리를 지닌 매력 있는
관광자원으로 재생

- 전통시장의 시설 개선과 주차장 설치, 폐교를 문화공간·야영장으로 개발하는
등 체험시설과 결합, 폐조선소 복합단지 조성 등 지역 유휴시설 개선

계획지침 Ⅲ-2-3

○ 지방자치단체는 지역 내 노후관광지 실태를 파악하고, 미래수요와 여건변화에 대응
할 수 있는 재생방안을 마련한다.

○ 지방자치단체는 지역이 보유한 문화·관광자원을 다른 시·군과 광역적으로 연계하여
공동 개발할 수 있는 방안을 검토한다.

2. 여건 변화와 전망

□ 인구감소시대의 도래와 도시공간 재편 수요 증가

○ 저출산·고령화로 인한 급속한 인구감소가 전망되고, 일부 도시는 기능이 쇠퇴
하면서 도시경쟁력 약화 전망

- 우리나라 인구는 2028년 5,194만 명을 정점으로 이후 절대인구감소가 전망
되며, 생산가능인구는 2017년 이후 실질적으로 감소 추세[69]

- 시·도별로는 2047년에 이르면 경기, 세종, 충남, 제주, 충북, 인천 6개 시·도를
제외한 11개 시·도의 인구 감소가 전망되고, 전국 시·군·구 및 읍·면·동 10곳 중
4곳은 인구감소로 인한 소멸 위험에 노출 전망[70]

- 인구 감소는 인구의 구조에도 영향을 주어 고령인구가 늘어날 전망이며,
도시경쟁력 약화와 공공서비스 수요 증가 예상

[그림 Ⅲ-20] 장래인구전망 : 총인구 및 인구성장률

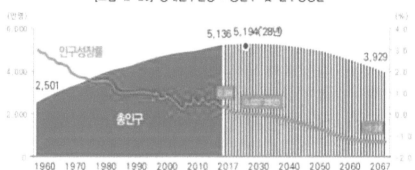

자료: 통계청, 2019.3.27, 장래인구특별추계: 2017-2067.

---

69) 통계청, 장래인구특별추계, 2019.3.
70) 한국고용정보원, 2018, 한국의 지방소멸.

■ 토지를 소유하고 있는 사람의 10%가 전체 사유지의 77%를 소유하고 있다.

□ 도시의 적정 개발과 관리 강화

o 인구 감소에 대비한 적정 개발과 계획적 관리 유도

- 도시계획 수립 시 과도한 인구예측을 현실화하고, 계획인구 외 인구구조, 지역 기능 등도 고려하여 도심 내외 공간의 계획적 관리

- 도심은 확장적 개발을 지양하고 복합·입체 개발을 유도하며, 주요 교통축을 중심으로 압축적인 도시 정비 추진

- 비시가화지역 내 토지이용현황을 분석하여 난개발 가능성 진단 지표를 개발하고, 지속적인 모니터링 체계를 구축하여 계획적 관리 추진

- 다가구·다세대 밀집, 주거·공장 혼재 등 무질서한 개발이 발생한 지역의 정비 사업 계획을 마련하고 지역주민과의 협의를 통한 재생·정비

o 개발압력이 높은 계획관리지역·녹지지역은 중점 관리

- 성장관리 대상지역의 개발수준, 정비방향을 고려해 중점·일반 관리로 세분화하는 등 차등적 관리 강화

- 개발압력 양상을 고려하여 성장관리방안을 마련하되, 농촌생활권의 지구 중심이나 개발이 집중될 것으로 예상되는 곳은 집중 관리

- 중점 관리가 필요한 곳은 지자체별로 세부적인 관리 지침을 마련하고, 일반 관리가 필요한 곳은 상업형, 여가휴양형 등 유형별 관리 추진

□ 개발제한구역의 환경적 기능 강화와 관리

o 개발제한구역 내 녹지 확충 및 매력 있는 여가공간 조성

- 개발제한구역의 환경적 가치를 제고하고 도시민들에게 매력 있는 장소를 제공하기 위해 위법 사용되고 있거나 훼손된 지역을 중심으로 공원·녹지 조성

- 보전가치가 낮고 일상생활 접근성이 높은 지역은 도서관, 생활체육시설 등 생활밀착형 사회기반시설을 설치하여 도시민을 위한 여가공간으로 활용 유도

o 개발제한구역 해제 시의 공공성 강화

- 개발제한구역을 활용한 공익사업 추진 시 도시권 내 기존 시가지와 연접한 지역을 우선 활용하는 도시계획 수립을 원칙으로 도시의 무분별한 확산 방지

- 개발제한구역의 환경적 가치를 주기적으로 평가관리하여 환경적 보전 가치가 높은 곳의 해제를 최소화함으로써 친환경적 공간으로 관리

o 체계적인 개발제한구역 관리체계 확립

- GIS·드론 등 새로운 기술 활용, 단속 전담인력 확보 등 국가·지자체의 관리 기반 강화를 통해 개발제한구역 내 불법행위에 대한 관리 강화

- 훼손지 복구·정비 활성화를 통해 개발제한구역 내 불법시설 정비를 촉진하고, 관리에 대한 인센티브를 확대하여 지자체의 자발적 관리 강화 유도

□ 수도권은 광역급행철도를 간선축으로 철도 중심의 대중교통망 확충

동북권	동남권	서남권	서북권
-광역급행철도망(GTX-BC) -외곽순환 복층화 검토 및 제2순환 완공 -S-BRT(왕숙), 환승센터 구축(덕정, 별내역 등)	-외곽지역 빠르게 연결하는 급행 간선망(GTX-A) -간선도로 확충 (구리-세종 오산-용인 등) -신시가지를 트램, BRT로 연결	-도심방향 광역급행망 확충 (GTX-BC, 신안산선) -외곽순환 복층화 검토 및 제2순환 완공 -S-BRT(부천대장 등), 환승 센터 축(부천운동장역 등)	-광역급행철도(GTX-A) -제2순환(김포-양주) 완공, 제1, 2순환망 (서울-문산 등) 연결

[그림 Ⅲ-38] 지방 대도시권 광역교통 구상(2030)

□ 지방 대도시권은 주요 교통축 중심 광역철도서비스 확대 및 대중교통 연계 강화

부산울산권	대구권	광주권	대전권
-남해-동해 지하고속도로 (사상-해운대) 검토 -양산-울산축 도시철도 및 광역철도 확충 -거점역 환승센터 (물산역, 태화강역) 구축	-대구권 광역철도 (구미-경산) 추진 -군위축-경산축 혼잡해소 위한 광역도로 신설 검토 -거점역 환승센터 (서대구역) 구축	-외곽순환 고속도로 단절 구간(본량-진원) 완공 -광주2호선(시청-광주역-시청) 구축 -거점역 환승센터 (광주송정역) 구축	-충청권 광역철도 구축 -서울-세종, 세종-청주 고속도로 건설 -환승센터(유성터미널) 구축 및 세종시 인접도시 (공주, 조치원) BRT 연결

자료: 국토교통부 대도시권광역교통위원회. 2019.10. 광역교통 비전 2030.

2) 도로공사 건설계획

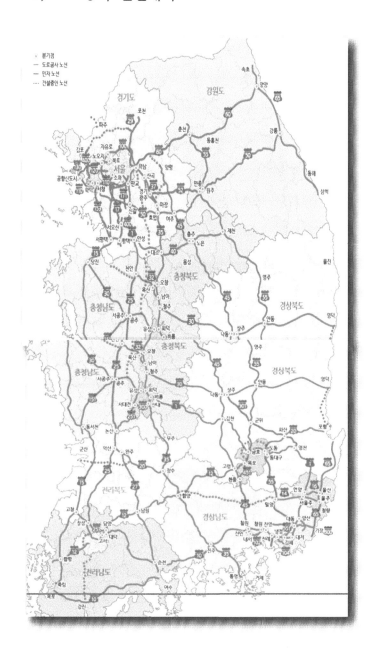

[그림 Ⅲ-40] 항만별 특화 전략

자료: 해양수산부. 2019. 제2차 신항만건설 기본계획(2019~2040) 참고 작성

2021-13	양평-이천고속도로 건설공사	건설처	안병선	054-811-3051	나	정상	
2021-14	세종-안성고속도로 건설공사	건설처	고진홍	054-811-3035	나	정상	
2021-15	새만금-전주 고속도로 건설공사	건설처	정진관	054-811-3073	나	정상	
2021-16	김포-파주 고속도로 건설공사	건설처	김아름	054-811-3057	나	정상	
2021-17	화도-양평 고속도로 건설공사	건설처	안병선	054-811-3051	나	정상	
2021-18	함양-울산 고속도로 건설공사	건설처	한석준	054-811-3071	나	정상	
2021-19	대구외곽순환 고속도로 건설공사	건설처	이선욱	054-811-3055	나	정상	

※ 지역발전방향은 시·도가 자율적으로 수립한 계획을 기초로 작성된 내용으로 추후 정부
계획, 타당성 조사, 공모사업 선정 등에 따라 과제 추진여부 결정

[그림 Ⅴ-1] 시·도별 발전 비전

2021-20	아산-천안 고속도로 건설공사	건설처	강권호	054-811-3053	나	정상	🔴
2021-21	광주외곽순환 고속도로 건설공사	건설처	한석준	054-811-3071	나	정상	🔴
2021-22	강진-광주 고속도로 건설공사	건설처	한석준	054-811-3071	나	정상	🔴
2021-23	파주-양주 고속도로 건설공사	건설처	김아름	054-811-3057	나	정상	🔴
2021-24	포항-영덕 고속도로 건설공사	건설처	강권호	054-811-3053	나	정상	🔴
2021-25	안성-구리 고속도로 건설공사	건설처	서우석	054-811-3031	나	정상	🔴
2021-26	동이-옥천 고속도로 확장공사	건설처	강권호	054-811-3053	나	정상	🔴

5. 지자체별 도시계획

1) 경기도

④ 대중교통 확충으로 수도권 내 30분 통행권 구축

○ 광역급행철도망과 순환철도망의 구축

- A노선(파주~삼성~동탄), B노선(송도~마석), C노선(양주~수원) 등 3개 노선 건설

- 대곡소사선과 별내선 개통 추진 및 교외선(능곡~의정부) 운행 재개, 의정부~
  남양주 철도 건설 검토

○ 공공성 강화를 위한 버스준공영제 추진과 BRT 및 트램 노선 확대

- 노선입찰제 방식 등 버스노선에 대한 공공의 역할 확대 및 철도 신설시 버스
  노선체계 개편

- 광명~시흥(전용형 1개)/시흥~구로, 구리~잠실, 고촌~강서, 성남~수서, 인천~시흥
  등(고급형 8개)/파주~은평, 양주~의정부, 별내~성북, 김포~강서 등(기본형 13개)
  등 22개 노선 간선급행버스체계(BRT) 구축 및 친환경 노면전차(트램) 도입 검토

○ 수도권 고속도로체계 완성과 혼잡구간 개선

- 수도권 제2순환 고속도로망 완성 및 부천·남양주 등 혼잡구간의 도로시설
  개선

- 인천 영종~강화~북한 간 경기만 고속도로와 경기~강원 접경지역 간 평화고속
  도로 건설

○ 자율주행자동차, 전기·수소자동차 등 신교통수단 인프라 구축

- AV(Auto Vehicle) 테스트베드 확대 및 AV 시범도로 확충하고, 전기·수소차
  충전소 확충

2) 인천광역시

⑤ 대도시권으로서 수도권의 경쟁력 제고 및 상생발전 도모

○ 수도권 광역거버넌스 구축과 집행력 강화방안 마련

- 수도권 광역거버넌스 신설, 수도권 제2순환고속도로 주변도시 간 서해안 거버넌스 구축

- 미세먼지 등 광역적 환경문제 대응을 위한 수도권 환경 현안 공동대응 상설기구, 수도권과 중앙정부의 서해평화협력 거버넌스 설치

- 서해안 해상교류 활성화에 대비하여 도서지역 등을 포함한 해상 지역계획 강화

○ 수도권 지자체간 연계·협력에 기반하는 다양한 광역사업을 추진

- 경인아라뱃길을 활용한 인천 해상자원~한강~여의도 등의 연계를 통해 인천 및 서울 서남권 산업문화자원 활성화 촉진

- 수도권 광역대중교통체계 강화를 위한 인천2호선(인천대공원)~신안산선(독산) 연장, 인천2호선 고양 연장, 청학역~구로역 간 제2경인전철 건설, 서울2호선(청라국제도시역~신도림역·홍대입구역), 서울5호선 검단·김포 연장, 수도권 서부권(인천) 급행철도 건설 검토

3) 충청도

충청북도: 포용과 혁신을 선도하는 강호축의 중심

가. 기본목표

> ○ 더불어 함께 사는 풍요로운 상생지역
> ○ 혁신성장을 주도하는 미래 신산업 중심지역
> ○ 감성이 충만한 문화관광 창출지역
> ○ 안전하고 청정한 지속가능한 지역

나. 발전방향

1 포용적 지역발전을 위한 공간구조 개편과 인프라 확충

○ 광역 산업·관광 및 교통 연결망 구축으로 국토 균형 발전에 기여, 유라시아 교통물류 기반 네트워크 보완

- 강원~충청~호남(강호축)을 연결하는 초광역 국토 교통망 구축(충북선 철도 고속화, 오송연결선 등), 백두대간 경관도로(백두대간 순환도로망) 추진 검토

- 강호축 연계 미래 신산업 광역 클러스터 조성, 백두대간 국민쉼터 조성 추진

- 강호축을 통한 한반도-유라시아 교통물류 네트워크 보완으로 평화국토 기여

○ 광역적 경쟁력 확보를 위한 지역 내, 지역 간 연계·협력 인프라 조성

- 충청권 신교통수단 도입으로 거점(대전~세종~오송~청주~청주공항) 간 연계 검토

- 중부고속도로 교통혼잡 완화 및 효율적 관리를 위한 확장(남이~호법) 검토

- 충북 동부축 간선도로망(영동~보은~괴산~충주~제천~단양) 구축 검토

- 동서 연결성 및 지역 연계 강화를 위한 제천~단양~삼척 간 동서고속도로, 오송~청주공항~보은~영덕 간 철도, 국가 간선도로망 남북3·4축 보완(증평~합천), 대전~옥천 광역철도, 감곡(동탄)~혁신도시~청주공항 철도 건설 검토

○ 중부권 거점공항인 청주공항 역할 확대

- 행정수도 및 제2항공화물 거점공항 역할을 위한 세종~청주공항 고속화 도로, LCC 전용 여객 터미널 신축, 공항 활주로 확대, 공항화물터미널 신축 검토

충청남도: 환황해권 시대를 여는 포용적이고 더 행복한 복지수도

가. 기본목표

> ○ 누구나 살고 싶은 포용사회 구현
> ○ 도민 행복경제 및 문화·환경기반 조성
> ○ 다층적 성장거점을 통한 균형발전 추구

나. 발전방향

① 공간통합적 지역발전 유도

○ 인구감소시대에 대응한 압축도시 공간구조를 형성하고 4차 산업혁명 시대에 대응한 스마트 도시권(Smart city & region)을 육성

- 압축도시 공간구조를 형성하기 위해 도시성장경계선 획정 검토, 개발축과 중심지에 근접할수록 밀도 상향, 비시가화 구역의 개발행위 억제 및 구도심의 내부충진식 재생을 유도

- 서북부지역(천안시, 아산시, 당진시, 서산시)을 중심으로 스마트 가로(街路), 스마트 팩토리, 스마트 국가지식산업단지 등 혁신형 스마트도시 조성

- 대도시 근교형 지역(공주시, 논산시, 계룡시, 금산군)을 중심으로 스마트도시 기반시설 네트워크(하이퍼루프, 무인자율주행 DRT 등) 구축 검토 등 스마트 도시권 조성

- 도농·농촌형 지역(보령시, 부여군, 서천군, 청양군, 홍성군, 예산군, 태안군)을 중심으로 스마트팜(Smart Farm) 및 신재생에너지 기반의 스마트빌리지 조성

○ 농어촌 커뮤니티 재편 및 미래 농어업인력 육성

- 농어촌마을 간 기존 커뮤니티 바탕으로 접근성 양호한 다양한 형태의 작은 거점 조성

- 과소마을 활성화 정책 및 4차 산업혁명 시대 창농사관학교 설립 및 운영

- 수도권에 대응하는 행복도시 네트워크 광역도시권을 육성하여 세종시와 함께 공주, 논산, 내포 등 주변지역도 국제기능·국가기능·광역기능을 특화

o 환황해 직교류 교통인프라 구축 및 국가핵심기간시설 교통 네트워크 체계화

- 환황해 및 남북 경제협력에 대비하고, 수도권 이남지역 간 연계성 강화를 위하여 서해안 스마트하이웨이(고창~대산~개성) 검토

- 전국 간선도로망(7×9 교통축)의 비대칭적인 동서축 간격 정비 검토(중부권 4-1축고속도로: 보령~상주, 중부권4-2축고속도로: 세종~내포신도시~서산공항~태안)

- 제3차 국가철도망구축계획의 신규사업, 추가검토사업(보령선: 보령~조치원, 대산항선: 석문산단~대산항), 충청권 광역철도 등 철도인프라 확충 검토

- 국토 중앙부 다양한 산업과 자원 연계, 고속철도 서비스 소외지역 해소 및 지역성장능력 확보를 위한 중부권 동서횡단 고속철도 구축 검토

o 기추진 국가정책 사업과 충남 여객·물류·관광거점 연계네트워크 구축

- 행정중심복합도시와 주변 거점지역(내포신도시, KTX공주역) 간의 광역 교통망 확충, 서해선 및 장항선 복선전철 연계한 내포신도시의 수도권 전철 연장과 고속철도 연계 검토

- 대산~당진 고속도로 건설과 연계 인접, 관광·물류거점 접근성 향상을 위하여 대산~이원 간 연륙교 건설 내포신도시와 여객·물류·관광 거점 연계 내포 철도 구축 검토

- 지역 관광산업과 연계한 대산항 국제여객선 취항 및 다목적부두 확대를 통한 수출입 거점항만 확보, 서산공항 민항유치 검토로 여객·물류·관광의 항공 서비스 소외지역 해소

- 중·장기적으로 보령 신항만(예정지 지정고시) 건설 및 당진항 석문·송산지구 항만개발 검토를 통해 중부권 수출입 관문 항만 기반 확보 추진

5. 서울특별시 2030 서울 플랜

1) 2030년 인구증가

이 장에서는 서울 Plan의 수도권과 연계한 사항에 대하여 중점적으로 알아보겠다.

서울은 광역 단체 및 지자체의 표본으로서, 행정 및 개발정책의 기준이라는 점에서 주의 깊게 살펴보아야 한다.

또한, 수도권일수록 서울과 연계한 인구정책 및 도로 교통 각종 인프라의 구축을 연결지어 볼 줄 알아야 투자의 핵을 알 수 있다.

- 통계청에서 발표한 서울시 장래인구추계 결과를 살펴보면, 2013년 서울시 추계인구는 999만명으로, 2030년(1,020만명)까지 약 21만명이 증가할 것으로 예상되어 향후 20년간의 인구변화는 안정화단계로 접어들 것으로 판단됨.[6]

- 서울의 인구밀도는 1965년 5.7천명/㎢에서 1990년 17.5천명/㎢으로 급격한 증가세를 나타냈으나, 1990년 이후 안정된 양상을 보이고 있음. 2030년까지 서울의 인구밀도는 16.8천명/㎢의 범위 내로 예측됨.

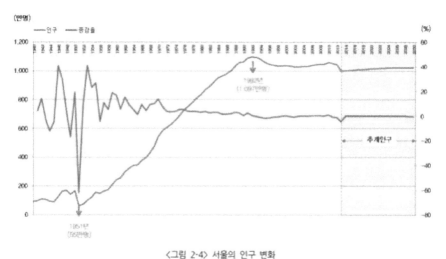

<그림 2-4> 서울의 인구 변화

자료 : 서울시, 서울통계연보(주민등록인구), 해당 연도(1940~2012) / 통계청, 장래인구추계, 해당 연도(2013~2030).

2) 고령인구 및 1·2인 가구의 증가

• 서울의 인구구조는 2000년대에 접어들면서 크게 변화함. 예를 들어 14세 미만 유년기와 청소년기의 인구비율 뿐 아니라 생산가능 연령인구비율이 지속적으로 감소하고 고령인구 비율은 증가하는 현상이 나타남. 2010년 이후 고령화현상은 가속화 될 것으로 예상되며, 2030년에는 고령인구가 22.9%를 차지하여 초고령 사회에 진입하게 될 것으로 예측됨.

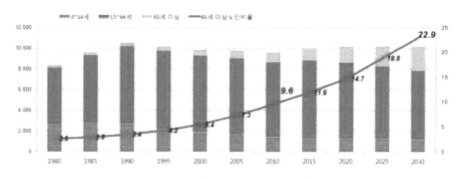

<그림 2-6> 서울시 연령대별 인구변화 추이

자료 : 통계청. 인구총조사. 해당 연도(1980~2010) / 통계청. 장래인구추계. 해당 연도(2015~2030).

• 1·2인 가구는 2010년 46.7%에서 2030년 61.1%로 급증할 것으로 예상됨. 이러한 변화는 주택시장, 교통환경, 복지수요, 소비시장 등 각 분야에서 수요의 전환을 가져올 것이므로 이에 대응한 다양한 정책의 개발이 요구됨.

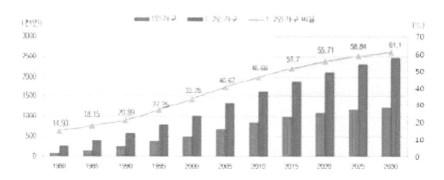

<그림 2-7> 서울시 1·2인 가구 추이 및 추계

3) 중심지 체계 개편

3도심 7광역중심 12지역중심

- 2030 서울플랜에서는 주민의 삶의 질 향상 요구, 권역 간 격차 심화, 서울대도시권으로의 광역화, 글로벌 대도시권 간 경쟁심화 등 공간구조와 관련한 과제를 선도적으로 해소하기 위해서 기존 단핵구조에서 다핵구조로의 전환을 제시함.

- 기존 중심지체계는 '1도심, 5부도심, 11지역중심'의 단핵의 단순 위계적 공간구조로서 위에서 제기한 과제를 해소하기에는 한계가 있음. 2030 서울플랜의 중심지체계는 '3도심, 7광역중심, 12지역중심'으로 다핵의 기능적 체계를 강조하여, 중심지별 특화육성과 중심지 간 기능적 연계를 통한 상생발전을 가능하도록 함.

- 중심지체계는 서울의 공간구조를 형성하는 기본요소로서 서울시 차원에서 직접 관리해야 할 중심지를 기준으로 구성. 서울대도시권 및 5개 권역생활권 차원에서 중추기능을 담당해야 할 도심, 광역중심, 지역중심은 서울시에서 전략적으로 관리함.

- 이외에 각 권역생활권 내에서 이루어지는 일상생활활동의 거점인 지구중심은 기정 2020 도시기본계획의 지구중심을 유지하되, 후속계획인 생활권계획 수립 시 자치구와의 협의 등을 통하여 필요 시 조정할 수 있도록 함. 즉, 지구중심의 지정과 관리를 자치구와 구민의 수요를 반영하여 협의·조정할 수 있도록 함.

〈그림 4-4〉 2030 서울플랜 중심지체계

4) 동북권 활성화를 위한 수서 KTX노선 연장

- 광역철도서비스 소외지역인 수도권 동북부지역의 교통복지 향상과 지역균형발전을 위해 현재 건설 중인 KTX 수서~평택 간 노선을 의정부까지 추가 연장하는 방안을 정부와 지속적으로 협의하여 추진하도록 함.

- 서울의 권역생활권 중 가장 많은 인구가 밀집하고 있는 동북권을 활성화하기 위하여 KTX의 연장을 추진하되, 청량리·왕십리, 창동·상계 등을 주요거점으로 연계하여 토지이용계획과 교통계획이 통합적으로 수립되도록 함.

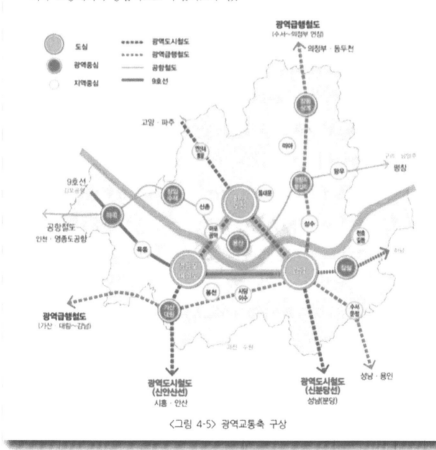

〈그림 4-5〉 광역교통축 구상

6. 수원시 2030 도시기본계획

1) 인구변화

1. 사회·경제적 여건 변화

① 인구 및 가구의 변화

○ '2030 수원시 도시기본계획'에서 제시한 2030년의 인구구조는 64세 이상 고령화 인구가 2010년 7.0%에서 21.0%로 증가하고, 14세 이하 인구는 17.7%에서 13.3%로 감소할 것으로 전망하였으며, 가구구조는 2010년에 412,253가구(2.61인/호)에서 핵가족과 1인 가구의 증가로 인해 2030년에는 571,739가구로 증가하나 가구당 인구수는 약 2.3인/호로 감소할 것으로 예상함

○ 현재, 2015년 까지 인구와 세대수는 지속적으로 증가 추세에 있으나 인구는 65세 이상 노인인구가 가파르게 증가하고 있는 반면, 14세 이사의 아동·청소년 수는 감소하고 있으며, 세대수는 소규모 가구 구성원의 가구 수 위주로 증가하고 있음

○ 특히, 2000년 이후 총 가구 수에서 1인 가구가 차지하는 비중이 빠르게 상승할 뿐만 아니라 빠른 상승세의 지속이 예상되어 이에 대비한 종합적인 주택정책 마련이 요구되고 있음

<표 IV-2-1> 수원시 인구변화

구분	1995	2000	2005	2010	2015
인구수 (인)	754,670	944,239	1,039,233	1,054,053	1,194,313
세대수 (세대)	216,432	285,231	343,659	374,008	427,554
세대당인구 (인/세대)	3.487	3.310	3.024	2.818	2.793

※ 자료 : 수원시 통계연보, 2016

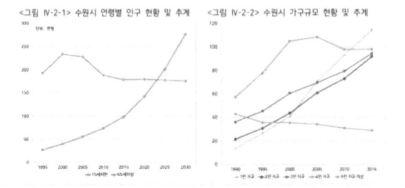

<그림 IV-2-1> 수원시 연령별 인구 현황 및 추계   <그림 IV-2-2> 수원시 가구규모 현황 및 추계

2) 주택보급률

○ '2030 수원시 도시기본계획'에서 제시한 주택보급률은 2010년 97.0%에서 2030년 115%로 지속적으로 증가될 것으로 예측함

○ 2015년 현재 수원시의 주택보급률은 103.1%로 이미 100%를 넘어 과잉 공급되었으나 신규 아파트에 대한 수요와 개인의 다수주택보유 등으로 주택보급률은 지속적으로 증가 할 것임

○ 주택보급률의 증가는 대부분 대규모 주택보급유형인 아파트의 공급에 의한 결과이며, 앞으로의 주택 정책은 양적확보에만 치중하는 것보다 기존 단독주택에 대한 환경개선과 다양한 주택유형의 건설 추진 등 주거의 다양성 확보를 위한 정책 추진이 필요함

3) 주요공공기관의 이전

○ 농촌진흥청, 국립농업과학원 등 농업관련 주요 기관들이 전북혁신도시 등으로 이전하여, 그로 인한 인력 및 제반요소 유출로 인한 쇠퇴가속 됨

<표 IV-2-2> 지방이전 공공기관

이전 공공기관	비고
농업진흥청	전북혁신도시 이전
국립농업과학원	전북혁신도시 이전
국립식량과학원	전북혁신도시 이전
국립원예특작과학원	전북혁신도시 이전
국립축산과학원	전북혁신도시 이전
한국농수산대학	전북혁신도시 이전
국립종자원	경북김천혁신도시 이전

<그림 IV-2-3> 지방이전 공공기관 위치

4) 주요개발사업의 외곽부 개발

○ 원도심 외곽으로 새로운 개발사업 및 경기도청사 이전 진행(원도심 쇠퇴 가중)되며 이들 개발사업 및 도청이전으로 인하여 도시의 기능 변화 및 주변 환경에 큰 영향을 줄 것으로 판단 됨

<표 Ⅳ-2-3> 외곽부 개발사업현황

구 분	위치	규모	주요도입시설	비고
경기도청이전	영통구 이의동 일원	부지면적: 118,200㎡ (연면적 : 약 99,000㎡)	도청사 및 의회	입주시기: 2020 년 이전 예정
수원비행장이전 (스마트폴리스)	권선구 세류2동 일원	522만 ㎡	첨단연구단지, 친환경 생태공원 등	사업기간 2019년~2024년
수원 R&D Science Park	권선구 입북동 일원	약 357,000㎡	지식기반 연구지원시설, R&D허브센터 등	사업기간 2019년 2024년

<그림 Ⅳ-2-4> 경기도청신청사

<그림 Ⅳ-2-5> 수원 스마트폴리스

<그림 Ⅳ-2-6> R&D Science Park

5) 원도심 쇠퇴등 도시구조 불균형

○ 수원시 전체 노후·불량건축물 비율이 2010년 대비 2017년 현재 8.4% 증가

○ 목표연도 2030 년도기준 73.1%까지 건축물 노후화 예상

<그림 Ⅳ-2-7> 노후·불량건축물 증가추이   <그림 Ⅳ-2-8> 노후·불량건축물 현황 및 전망

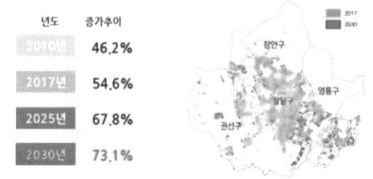

년도	증가추이
2010년	46.2%
2017년	54.6%
2025년	67.8%
2030년	73.1%

6) 구별 노후 불량건축물 현황

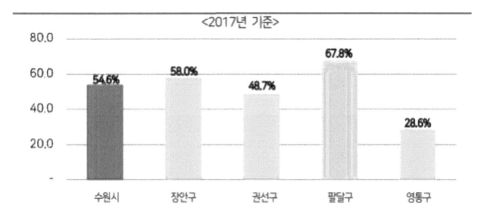

7) 주택현황

○ 2015년 수원시의 주택보급률은 103.1%로 전년도(2014)에 비해 1.2% 감소하였으며, 주택유형별로는 아파트 56.3%, 단독주택 32.6%, 연립 및 다세대 11.4%순으로 나타남

○ 최근 공동주택에 대한 주거선호도가 높게 나타나고, 택지개발 사업 및 주택건설 사업 등 공동주택위주의 사업추진으로 공동주택의 비중이 높게 나타남

<표 IV-3-2> 주택보급현황

구 분	2010	2011	2012	2013	2014	2015
인구(인)	1,104,670	1,118,220	1,147,955	1,178,509	1,209,169	1,221,975
가구 당 인구(인/가구)	3.0	2.9	3.0	3.0	3.0	3.0
가구수(가구)	374,008	382,584	389,115	395,757	402,512	463,154
주택수(호)	362,901	381,463	393,636	409,121	419,737	424,217
주택보급률(%)	97.0	99.7	101.2	103.4	104.3	103.1
부족주택수(호)	11,107	1,121	-	-	-	-

※ 자료 : 수원시 통계연보, 2016

<표 IV-3-3> 주택유형별현황

구 분		2010	2011	2012	2013	2014	2015
총 계		362,901	381,463	393,636	409,121	419,737	424,217
단독주택	소 계	133,033	135,746	134,614	135,609	136,409	137,187
	다가구	115,868	116,972	116,474	117,700	118,874	119,697
아파트		190,924	207,367	218,124	229,755	237,232	238,739
연립주택		10,150	10,460	10,539	10,629	10,635	10,588
다세대주택		26,842	27,890	30,359	33,128	35,461	37,703
비거주용건물내		1,952	-	-	-	-	-

※ 자료 : 수원시 통계연보, 2016

8) 주택수요예측

○ 장래 가구당 인구는 핵가족화와 독신세대의 증가에 따라 계속 감소할 것으로 예상되며, 국가계획 등을 고려 2030년 2.3인으로 설정

○ 목표연도 2030의 가구당 인구수는 제3차 수도권 정비계획 지표 115%(2020년 기준)를 순연하여 주택보급률을 설정하고, 주택수요 추정

<표 Ⅳ-3-4> 주택수요추정

구 분	2015년	2020년	2025년	2030년
수용인구(인)	1,230,000	1,270,000	1,290,000	1,315,000
가구원수(인)	2.6	2.5	2.4	2.3
주택총수(호)	473,077	508,000	537,500	571,739
주택실수요(호)	378,462	406,400	430,000	457,391
주택수요량(호)	384,139	430,784	475,150	526,000
주택보급률(%)	101.5	106.0	110.5	115.0

※주1) 가구수(세대수) : 총가구 - (단독가구+비혈연가구+집단가구+외국인가구)
   2) 주택실수요 = 주택총수 × 80%(기정 2020년 도시기본계획(변경)상 지표 적용)
   3) 주택수요량 = 주택실수요×주택보급률

9) 도시주거정비 공간구상

<표 Ⅳ-5-3> 생활권별 공간구상

구 분	구 상 내 용
화성생활권	• 수원역에서 행궁동을 잇는 재생축과 연계된 도심정비 • 세류동 등 도심주변 노후화 심화 지역을 중심으로 정비를 통한 주거환경개선 • 문화재구역의 특성을 보전한 주거지정비
동수원생활권	• 노후공동주택단지의 재건축을 통한 지속적인 정비 • 매탄동 저층주거지 재생을 통한 공동체 회복 및 주거환경개선 • 신규개발지역 양호한 주거환경 유지 관리 • 우만동 및 연무동 일원 주거지 및 상업지역 정비를 통하여 도시주거환경개선
북수원생활권	• 저층주거지중심의 주거환경정비 • 부도심 활성화의 거점역할 수행 할 수 있는 북수원시장 도시환경정비 가능지역 구상
서수원생활권	• 신규개발이 활발한 지역으로 양호한 주거환경 유지 • 서둔동 일원 저층주거지 중심의 주거지 정비 및 지속적인 유지관리 필요
남수원생활권	• 수원비행장이전으로 인한 도시환경변화에 대한 대응방안 모색

<그림 Ⅳ-5-3> 도시주거정비 공간기본구상도

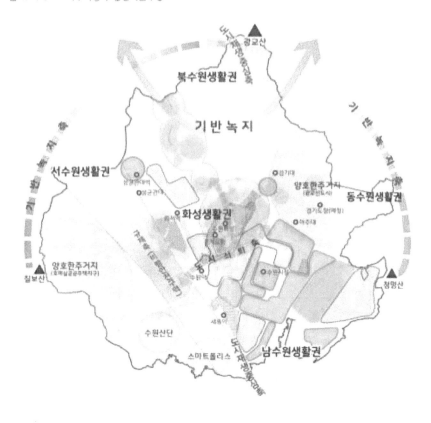

10) 정비예정구역의 선정

<표 V-3-6> 후보지지역 현황

구 별	동 별	구역명	면적 (㎡)	노후도 (%)	노후도 (연면적기준)	호수밀도 (호/ha)	과소필지 (%)	비 고
장안구 (5개소)	율전동	율전지구	77,795	68	60.4	41.0	24.1	미충족
	정자동	정자지구	51,901	67	29.4	46.4	40.5	가능지역
	파장, 송죽동	파장.송죽지구	53,759	63	41.2	45.6	20.3	미충족
	조원동	조원지구	44,784	77	48.0	55.8	23.7	미충족
	연무동	연무지구	43,813	76	46.4	71.0	15.8	가능지역
팔달구 (4개소)	화서동	화서지구	128,065	77	54.6	44.0	31.0	미충족
	고등동	고등지구	19,392	69	51.4	46.4	43.0	미충족
	인계동	인계지구	33,944	74	50.3	43.3	28.0	미충족
	지동	지동지구	37,218	32	53.9	37.9	25.0	미충족
권선구 (10개소)	고색동	고색지구	47,521	76	40.1	44.2	25.6	미충족
	세류동	세류1	44,085	75	56.4	50.1	44.1	가능지역
		세류2	35,413	82	70.0	53.7	41.9	가능지역
		세류3	88,509	85	69.7	48.1	25.1	가능지역
		세류4	38,651	84	67.2	47.3	15.3	가능지역
		세류5	40,123	70	51.9	40.9	32.0	미충족
		세류6	100,654	67	49.5	35.0	21.1	미충족
		세류7	84,567	78	60.1	47.7	17.5	미충족
		세류8	53,092	69	57.5	41.6	25.8	미충족
		세류9	17,082	73	64.3	40.4	29.6	미충족
영통구 (1개소)	매탄동	매탄동	67,997	57	47.1	39.3	14.1	미충족

7. 화성시 2025 장기 종합발전계획

1) 2020도시기본계획 3도심 -> 2035 6도심 변경

※ 2020년 화성도시기본계획에서는 3도심(동탄, 남양, 향남) 12지역인 반면, 2035년 화성도시기본계획
에서는 6도심(동탄, 병점, 향남, 봉담, 남양, 송산), 9지역 중심을 제시

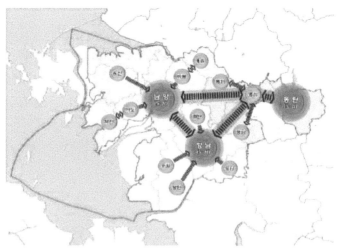

자료 : 2020 화성도시기본계획

[그림 3-1-7] 2020년 화성도시기본계획의 도시공간구조

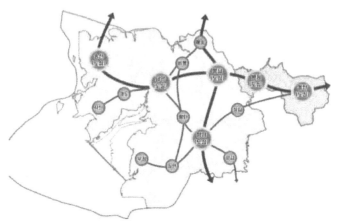

자료 : 2035 화성도시기본계획

[그림 3-1-8] 2035년 화성도시기본계획의 도시공간구조

2) 주요 개발사업현황

[표 3-1-7] 주요 개발사업 현황

(단위 : 천㎡, 호, 명)

구분	사업명	면적	세대수	계획인구	착공(예정)	준공(예정)	시행자
택지개발사업	동탄지구(2단계)	812	532	1,330	2001.12	2018.12	LH
	향남2지구	3,167				2016.12	
	동탄2지구	24,039	116,532	285,878	2011.04	2021.12	LH, 경기도시공사
	태안3지구	1,188	3,763	12,228	2006.02	2019.06	LH
공공주택지구 조성사업	봉담2지구	1,439	11,448	28,729	2013.12	2019.03	LH
	비봉지구	863	6,697	16,341	2016.09	2020.12	LH
도시개발사업	남양뉴타운	2,566	15,210	39,124	2009.08	2018.12	LH
	병점복합타운	375	1,589	3,196	2016.04	2018.12	LH
	매향리 평화생태공원	333				2018	
	대송단지 간척농지 개발사업	22.610				2018	
	에코팜랜드 조성사업	7,680				2020	
복합도시개발 사업	송산그린시티	55,585	60,000	150,000	2011.11	2030.12	수자원공사
	화옹지구	62,120	-	-	1991.06	2021.12	농어촌공사
	대송지구	19,050	-	-	2001.11	2018.06	농어촌공사
산업단지 조성사업	경기화성바이오밸리	1,745				2016.06	
	전곡해양	1,630				2016.06	

[그림 3-1-9] 주요 개발사업 현황도

3) 동서 간 불균형 문제점

□ **공동주택 위주의 개발로 주택유형 획일화**

- 동탄, 남양, 봉담, 향남, 송산 등 주요 거점별 대규모 택지개발사업들은 공동주택 위주의 개발로 주택유형이 획일화되어 있으며, 동부권에 비해 상대적으로 서부권의 주거환경이 열악하여 현대, 기아 등의 대기업 근무자들의 수원 및 서울지역으로 유출 심화

- 타운하우스, 단독주택 등 저층 친환경 주거지 등 다양한 양질의 주택단지를 조성하여 관내 우수한 산업인력의 외부 거주비율 감소 및 외부 인구 유입 필요

□ **구도심지역의 낙후**

- 읍면지역의 약 60%가 인구감소, 읍면지역의 23%가 노후건축물 과다로 다수의 쇠퇴지역 도출에 따른 구도심 활성화 대책 마련 필요

□ **미래 수요에 대비한 체계적 토지관리 미흡**

- 화성시는 성장형도시로 인구 급증에 따른 일반구 설치 등 공익적 목적의 개발 수요에 대응하기 위한 토지비축 등 체계적 토지관리 필요

[표 3-1-8] 도시주택 부문 현황 및 문제점

현황	문제점
• 동탄신도시 중심의 개발사업 진행	• 동서간 불균형 심화
• 비도시지역의 난개발 심화	• 난개발로 인한 도시환경 악화
• 아파트와 다세대 주택의 증가	• 공동주택 위주 개발로 주택유형 획일화
• 다수의 쇠퇴지역 도출	• 구도심지역의 낙후
• 도시용 토지면적 증가	• 미래 수요에 대비한 체계적 토지관리 미흡

4) 2025 장기발전계획의 핵심과제 도시재정비

[표 3-1-10] 2020년 화성시 도시·주거환경정비계획 상 정비예정구역

구분		위치	면적(㎡)	사업유형
합계		-	363,392	18개 구역
	소계	-	172,090	6개 구역
동부권	봉담 I-1구역	봉담읍 동화리 340 일원	14,860	주택재개발예정구역
	봉담 I-2구역	봉담읍 수영리 649-3 일원	19,929	주택재개발예정구역
	봉담III-1구역	봉담읍 와우리 160 일원	40,200	사업유형유보구역
	안녕 I-1구역	안녕동 46-4 일원	74,400	주택재개발예정구역
	진안 I-1구역	진안동 525-59 일원	10,963	주택재개발예정구역
	진안 I-2구역	진안동 524-7 일원	11,738	주택재개발예정구역
	소계	-	43,287	3개 구역
서부권	송산 I-1구역	송산면 사강리 610-5 일원	20,450	주택재개발예정구역
	남양 I-1구역	남양동 1263 일원	17,426	주택재개발예정구역
	남양 II-1구역	남양동 1245 일원	5,411	도시환경정비예정구역
	소계	-	148,015	9개 구역
남부권	우정 I-1구역	우정읍 조암리 227-2 일원	13,270	주택재개발예정구역
	우정 I-2구역	우정읍 조암리 360-2 일원	52,750	주택재개발예정구역
	우정 II-1구역	우정읍 조암리 270-38 일원	12,890	도시환경정비예정구역
	향남 I-1구역	향남읍 발안리 60-2 일원	26,913	주택재개발예정구역
	향남 II-1구역	향남읍 발안리 127-4 일원	5,952	도시환경정비예정구역
	향남 II-2구역	향남읍 발안리 114 일원	5,976	도시환경정비예정구역
	향남 II-3구역	향남읍 발안리 133-2 일원	6,742	도시환경정비예정구역
	향남 II-4구역	향남읍 발안리 135 일원	8,434	도시환경정비예정구역
	향남 II-5구역	향남읍 평리 118-10 일원	15,088	도시환경정비예정구역

주 : I-주택개발예정구역, II-도시환경정비예정구역, III-사업유형유보구역
자료 : 2020년 화성시 도시·주거환경정비기본계획

5) 2025 장기발전계획 추진상황 및 향후방향

[표 3-1-11] 2025 장기종합발전계획 추진상황 및 향후 방향(도시개발분야)

발전전략	주요과제	세부추진과제	추진여부	현재까지 진행상황 및 향후 방향
경관·미관 관리	자연·문화·역사를 간직한 도시경관	난개발 방지를 위한 자연 순응적 개발	△	• 성장관리방안 수립으로 체계적 관리(비도시 지역), 개발행위허가시 사후관리 관리
		역사성 보전 활용	△	• 도시계획, 경관, 건축, 공공디자인진흥위원회 운영
	가로경관 개선	화성 테마거리 조성*	△	• 차없는 거리 문화축제(동탄), 병점로드 페스티벌(병점) 등 화성시문화재단을 중심으로 지속적으로 주요 가로별 특색공간 조성 노력
쾌적한 주거환경 조성	신·구 시가지 주거환경 균형발전	도시재정비사업*	○	• 2020년 화성시 도시·주거환경정비기본계획에 따라 동부권(6곳), 서부권(3곳), 남부권(9곳) 등 18개 구역 정비
	주거환경의 질 제고	생태주거단지	○	• 1단계 동측지구(9㎢, 2018년 8월 기준 공정률 85%)으로 친환경 생태도시 조성
안전도시 기반 구축	종합적 방재계획 구축	재난 종합 상황 관리	○	• 재난 및 안전관리 기본법 개정으로 통합재난관리시스템 구축(13개 협업 기능별)
		안전문화운동 홍보	○	• 교통안전체험교육(화성 교통안전체험센터), 찾아가는 자전거 안전교육, 우리아웃 안전지킴이 교육 등 실시 • 화성안전교육센터 건립(2018.12월)
	안전한 도시	범죄예방관리센터*	○	• 화성시 도시안전센터 개소(2017년)로 교통정보센터, CCTV관제센터, 스마트시티 통합서비스 제공
U-City 도시기반 구축	유비쿼터스 시대에 적합한 도시기반 시설	U-정보통신구 설치*	○	• 시범사업 대상지에 공공정보통신구를 설치 • 빅데이터형 스마트시티(동탄), 환경연계형 스마트시티(조암) 조성 추진중
		무선랜 설치	○	• 동탄1,2(시범) 및 향남2·남양 스마트시티 공공정보서비스 제공 • 동탄2, 봉담2, 송산그린시티 스마트시티 구축 중
	행정정보화 실현	대민지원 포털 서비스	○	• 화성에서 온 TV, SNS 소통광장 등 다양한 유무선 채널을 통해 정보 제공
		정보화 기기 보급 및 정보화 교육	○	• 지역·세대간 정보격차 해소를 위한 시민정보화 교육사업 추진

주1 : 평가는 지속성, 연계성, 차별성, 협력성 등 다양한 평가지표를 통해 정성적으로 기술
주2 : 완료(◎), 추진중(○), 추진지연보류(△), 미추진(×)

▲ 추진지연보류　● 추진중

6) 화성시 스마트시티 구상(안)

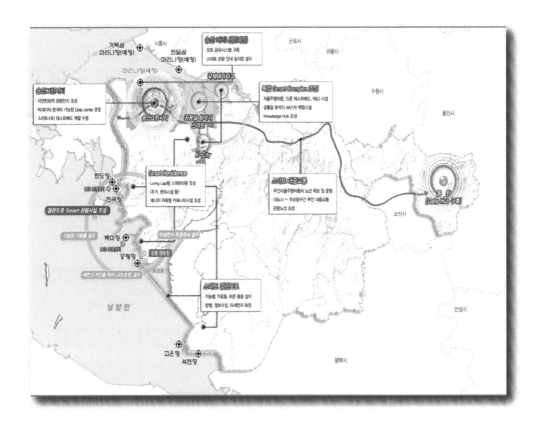

7) 수도권내 택지개발지구 인구밀도

[표 3-1-18] 수도권내 택지개발사업지구 인구밀도

지구명	지구면적(천㎡)	계획인구수(인)	인구밀도(인/ha)
남양주호평	1,092	29,264	268
파주교하	2,053	32,798	160
남양주진접	2,058	35,735	174
하남풍산	1,016	17,304	170
양주고읍	1,486	25,207	170
남양주별내	5,092	72,417	142
고양삼송	5,069	56,868	112
김포장기	878	14,275	163
김포양촌	10,972	140,000	128
평택장당	389	10,035	258
용인죽전	3,510	56,994	162
용인동백	3,284	51,646	157
화성동탄	9,037	120,730	134
화성향남	1,697	31,518	186
성남판교	9,294	87,840	95
화성청계	841	10,677	127
화성동지	809	8,323	103
용인흥덕	2,139	28,717	134
평택청북	2,026	24,498	121

자료 : 한국수자원공사 내부자료

8) 우정미래첨단산단 주변개발 구상

▪ 산업단지의 배후도시로 매향리 일대는 관광·휴양·레저벨트, 이화리는 우정산단과 기아자동차를 지원하는 일반 산업단지, 석천리 일대는 도시의 중심기능이 배치되어 주거와 상업시설로 구상

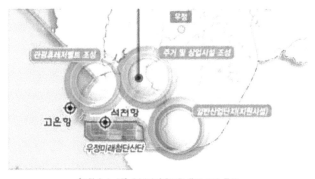

[그림 3-1-25] 우정미래첨단산단 주변 개발 구상

9) 남양 병점 송산 봉담 매송 화산 향남 우정 황계

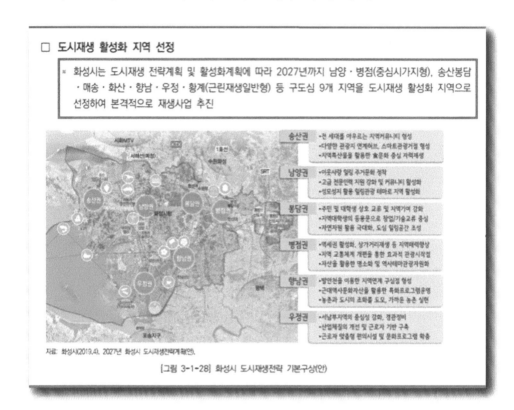

□ 도시재생 활성화 지역 선정

　▪ 화성시는 도시재생 전략계획 및 활성화계획에 따라 2027년까지 남양·병점(중심시가지형), 송산봉담·매송·화산·향남·우정·황계(근린재생일반형) 등 구도심 9개 지역을 도시재생 활성화 지역으로 선정하여 본격적으로 재생사업 추진

자료: 화성시(2019.4), 2027년 화성시 도시재생전략계획(안).

[그림 3-1-28] 화성시 도시재생전략 기본구상(안)

10) 도로망 현황

1. 도로망 현황

- 남북으로 경부고속도로, 서해안고속도로, 평택화성고속도로, 제2서해안고속도로가 동서로 수도권제2순환고속도로가 광역간선도로 축을 형성하고 있음

- 국도는 1호선, 39호선, 43호선, 77호선, 82호선 등 총 5개 노선이 남북으로 통과하고, 국가지원지방도 4개 노선, 지방도 13개 노선이 도시 간선 및 보조간선 축을 형성함

[표 3-2-1] 화성시 도로망 현황

구분	노선	구간	연장(km)	비고
고속도로 (5개 노선)	고속도로1호선	동탄 영천리~동탄 장지리	7.0	경부
	고속도로15호선	매송 원리~향남 구문천리	25.7	서해안
	고속도로17호선	양감 용소리~안녕동	19.4	평택화성
	고속도로171호선	화성 안녕동 ~오산 서랑동	0.9	오산화성
	고속도로153호선	송산 고정리~장안 장안리	30.5	제2서해안(시흥~평택)
	고속도로400호선	봉담 동화리~동탄 방교리	2.2	수도권제2순환(봉담~동탄)
국도 (5개 노선)	국도1호선	병점동~반정동	3.7	목포~신의주
	국도39호선	양감 요당리~매송 송라리	26.5	부여~의정부
	국도43호선	양감 신왕리~봉담 수영리	36.3	연기~고성
	국도77호선	신외동~우정 이화리	51.0	부산~인천
	국도82호선	우정 이화리~향남 발안리	22.7	평택~화성
국가지원 지방도 (4개 노선)	국지도23호선	동탄 장지리~동탄 영천리	10.4	천안~파주
	국지도82호선	향남 평리~동탄 장지리	33.4	화성~용성
	국지도84호선	매송 야목리~동탄 중리	30.2	강화~원주
	국지도98호선	매송면 야목리~매송면 천천리	3.7	수도권순환선
지방도 (13개 노선)	지방도301호선	우정읍 화산리~서신면 전곡리	30.6	우정~정왕
	지방도302호선	우정읍 이화리~장안면 장안리	5.9	이화~금광
	지방도305호선	서신면 상안리~송산면 고정리	14.9	서신~초지
	지방도306호선	양감면 용소리~양감면 정문리	7.7	양감~율면
	지방도309호선	향남면 구문천리~매송면 천천리	17.9	포승~과천
	지방도310호선	우정읍 화수리~정남면 수리리	25.0	금악~봉명
	지방도311호선	동탄면 청계리~동탄면 영천리	6.3	동탄~영덕
	지방도313호선	장안면 장안리~매송면 송라리	24.8	팽성~서신
	지방도314호선	정남면 용수리~정남면 덕절리	5.2	정남~양성
	지방도315호선	양감면 용소리~반월동	18.4	팽성~구성
	지방도317호선	동탄면 송리~동탄면 영천리	6.5	평택~기흥
	지방도318호선	서신면 전곡리~안녕동	26.5	서신~장호원
	지방도322호선	송산면 고모리~안녕동	34.7	대부~안녕

출처 : 화성시(2018.7), 화성시 도로건설·관리계획

- 화성시 관내에는 장래 국도 5개 노선, 국가지원 지방도 5개 노선에 대한 확충 계획이 수립되어 있음

가. 봉담-송산 고속도로 사업개요

- 사업규모 : 18.3km(왕복 4차로)

- 사업방식 : 수익형민자사업(BTO, Build-Transfer-Operate)

- 총사업비 : 6,911억 원('06. 7. 불변가격 기준)

- 통 행 료 : 1종기준 최장구간 1,771원(도공 요금대비 1.11배 수준)

- 공사기간 : 2017년 5월 ~ 2021년 5월

- 사 업 자 : 경기동서순환도로(주) (한화건설 등 11개사)

나. 동서간선도로(향남~양감IC)

- 사업규모 : 6.0㎞(왕복 4차로)

- 노선의 기종점
  - ▸ 기점 : 향남교차로(화성 향남2지구)
  - ▸ 종점 : 양감IC(수원-오산-평택 고속도로)

- 사업방식 : 화성향남2지구 광역교통개선사업

- 공사기간 : 2012 ~ 2019

- 사 업 자 : 한국토지주택공사

다. 향남-남양 연결 고속도로(미확정)

- 사업규모 : 14.5km(왕복 4차로)

- 노선의 기종점
  - ▸ 기점 : 향남택지2지구 / 종점 : 남양읍송림리

- 사업방식 / 사업자 : 민자사업 / 민간사업자

- 공사기간 : 2020 ~ 2024

라. 인천발 KTX 직결사업 기본계획

- 사업목적 : 수인선(어천역)과 경부고속선 간 연결선을 건설하여 KTX 열차 직결운행

- 사업시행자 : 한국철도시설공단이사장

- 사업내용 : 수인선-경부고속선간 연결, 송도역-어천역가 수인선 신호개량, 3개 역사 개량

- 사업비 : 3,936억원 (연결선 신설 2,443 기존선 개량 1,493)

- 사업기간 : 2016 ~ 2021년

- 노선의 기종점

  - 기점 : 송도역(인천광역시 연수구 옥련동 일원) / 종점 : KTX 경부고속선 본선(경기도 화성시 봉담읍 내리 일원)

[표 3-2-7] 주요 경유지 및 정거장 위치

주요경유지	행 정 구 역 상 위 치	비 고
송도역	인천광역시 연수구 옥련동 일원	기존역 증축
초지역	경기도 안산시 단원구 초지동 일원	기존역 증축
어천역	경기도 화성시 매송면 화성로 일원	기존역 증축
경부고속선	경기도 화성시 봉담읍 내리 일원	연결선 접속부

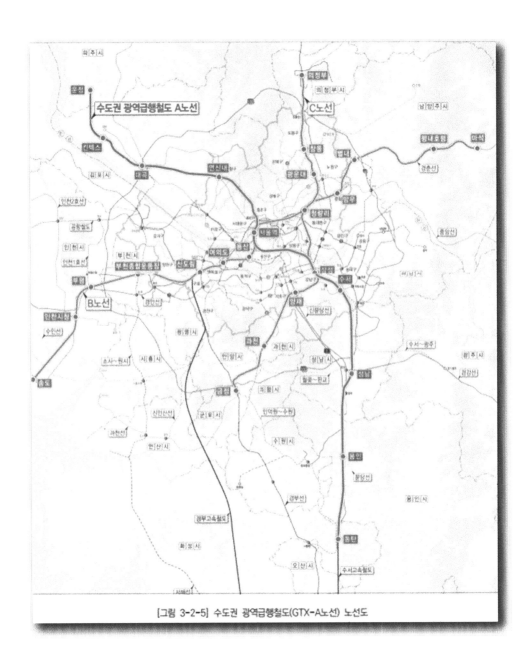

[그림 3-2-5] 수도권 광역급행철도(GTX-A노선) 노선도

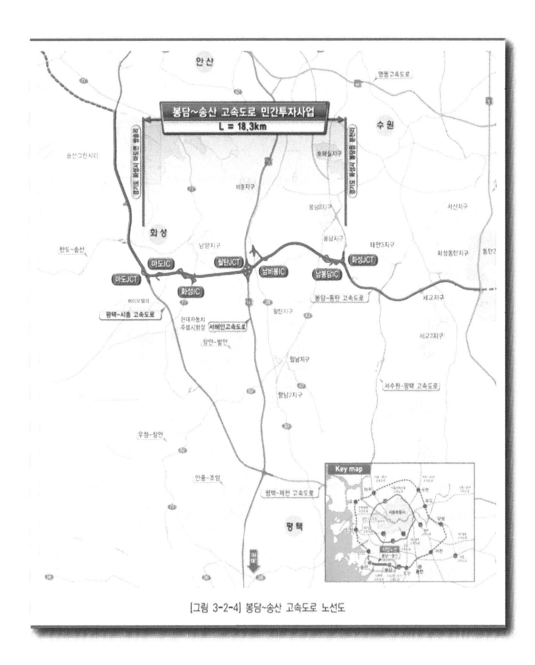

[그림 3-2-4] 봉담~송산 고속도로 노선도

11) 화성 간선도로 추가 필요

□ **화성시 간선도로시설의 부족**

  ▪ 화성시는 간선 도로망 3개, 간선 철도망 2개가 계획되어 있으며, 계획된 노선이 완공되면 토지이용 변화가 예상됨

  ▪ 화성시의 도시개발(인구증가, 산업단지 등)에 비하여 도로망의 공급이 부족하고, 화성시는 넓은 면적에 분산되어 개발되기 때문에 빠른 이동이 가능한 간선도로의 건설이 필요함

[표 3-2-10] 화성시 장래 도로 및 철도 계획

구 분	구 간 명	연장(차로)	비고
도로	봉담~송산고속도로(수도권제2외곽순환)	18.15km(4차로)	2021년 개통예정
	오산~이천고속도로(수도권제2외곽순환)	31.2km(4차로)	2021년 개통예정
	항남~양감IC 동서간선도로	6.0km(4차로)	2019년 개통예정
	항남~남양연결 고속도로	14.5km(4차로)	2024년 개통예정
철도	인천발 KTX (어천역개량, 수인선신호개량)		2021년 개통예정
	서해안복선전철 (항남역, 화성시청역, 송산역)	90.0km	2020년 개통예정
	수도권광역철도 GTX A노선	83.1km	2023년 개통예정

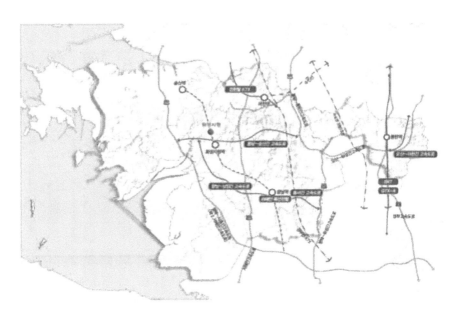

[그림 3-2-8] 화성시 장래도로 및 철도계획

12) 2025 화성시 도로 장기발전 및 향후방향

발전전략	세부 추진과제	추진여부	현재까지 진행상황 및 향후 방향
생활권 간 반시간 내 이동구현 (태안·향남· 남양생활권)	동·서간(태안~남양) 간선도로 신설	△	• "동탄-봉담-남양"을 연결하는 도시고속도로 추진 필요
	지역간 간선도로 신호연동화	×	• 도로신설 우선 정책으로 교통신호정책이 전무하였으나, 동탄 신도시 입주에 맞추어 적극적인 신호관리가 정책이 필요
모든 생활권 내 전철 유치	태안(동탄) 생활권의 분당선 연장 유치	△	• 동탄 GTX와, 인덕원~동탄선, 동탄의 2개트램 노선이 추진 중에 있어 분당선 유치는 장기적 관점에서 검토가 바람직함
	남양·향남 생활권의 서해안철도 조기 건설	×	• 남북한 철도연결 사업과 연계하여 조속히 추진할 수 있는 근거 마련
	동·서간(동탄~발안~남양) 경전철 건설 (단기 : BRT)	×	• 본 연구에서 우선 도시내 간선버스 운영 계획(동탄-병점-봉담-시청역)
	남·북간(호매실지구~ 발안~향남) 경전철 건설 (단기 : BRT)	○	• 남북간은 인덕원~동탄선(기본계획고시: 2018.3)과 서해선(공사 중) 복선전철 사업으로 추진 중임
	경부고속도상 환승센터(터미널) 건립	×	• 동탄2신도시 보다 남쪽에서 운행하는 광역버스 노선이 적어 효과가 제한적이고, 경부고속도로의 중앙버스전용차로와 직선 및 지하 계획으로 환승센터 설치 불가
생활권 간 편리한 대중교통체계 의 구축	심단 동서(봉담~병점~동탄) BRT 건설	△	• 동탄-병점 트램 추진 중이며, 본 연구에서는 간선버스로 계획(동탄-병점-봉담-시청역)
	남북(향남~병점) BRT 건설	×	• 본 연구에서 우선 도시내 간선버스 운영 계획(동탄-병점-향남역)
	하단 동서(향남~오산) BRT 건설	×	• 본 연구에서 우선 도시내 간선버스 운영 계획(동탄-병점-향남역)

13) 화성 (도시) 철도망 구상

가. 배경 및 필요성

- 화성시는 진행 중이거나 계획된 개발계획이 완료되면, 100만 명 이상의 상주인구를 가진 대도시가 될 것으로 예상됨 → 대도시 시민이 원활한 경제활동을 수행하기 위해서 갖추어야할 대중교통 수단분담률 50%를 달성하기 위해서 필요한 (도시)철도망 구상 필요

나. 세부 사업내용

- 대상노선 : 8개 노선 계획

  ‣ 운영 · 공사 : 3개 노선(수도권 1호선, 수인선, 서해선)

  ‣ 확정 계획 : 4개 노선(GTX-A노선, 동탄트램A, 동탄트램 B, 인덕원~수원(동탄선))

  ‣ 추가 계획 : 4개 노선(신분당선 연장, 신안산선 연장, 서동탄역~동탄역 연결, 봉담~병점 철도)

구 분	노선명	구간	연장(km)	개통시기
확정계획노선	GTX-A	운정~동탄	83.1	2021
	동탄 트램A	반월~오산	21.9	미정
	동탄 트램B	동탄2~병점	17.5	미정
	인덕원-수원선(동탄선)	인덕원-수원~동탄	37.1	2026
추가계획노선	신분당선 연장	광교~향남	29.1	-
	신안산선 연장	한양대역~안산	25.0	-
	서동탄-동탄 연결	서동탄~동탄	4.0	-
	봉담-병점간 철도	봉담~병점	14.0	-

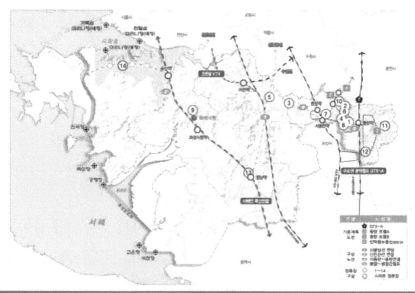

[그림 3-2-14] 화성시 철도망 구상도

14) 봉담~ 남양 ~ 서신(제부도) 도시고속도로 건설

가. 사업의 필요성

- 급격한 인구증가 지역인 동부와 행정중심시인 서부간의 통행량이 증가할 것으로 예상되나 이를 연결하는 도로가 부족함

- 경기도에서 관리하는 국지도 322호선의 확장사업의 경제적 타당성이 낮아 추진이 불투명하므로 도로 기능을 높이고, 선형이 개선된 노선의 신설이 필요함

나. 세부사업내용

- 동서간 도시고속도로 신설 (단계별로 건설)로 화성시의 동서간을 연결하는 간선도로망을 구축하여 화성시 동부지역과 제부도·궁평항의 접근성 개선

  ‣ 노 선 : 동탄(오산)~남양~서신(제부도)

  ‣ 연 장 : 33.3km(1단계 : 19.2, 2단계 : 14.1)

  ‣ 차로수 : 2~4차로(동탄~남양 : 4, 남양~서신 : 4, 서신~제부도입구 :2)

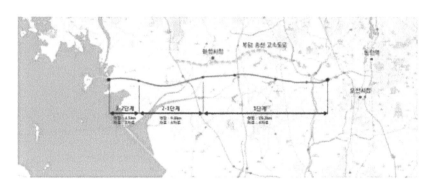

[그림 3-2-24] 화성시 동서간 도시고속도로 노선도

※ 2021. 11. 개통예정

(기점부 처리방안)

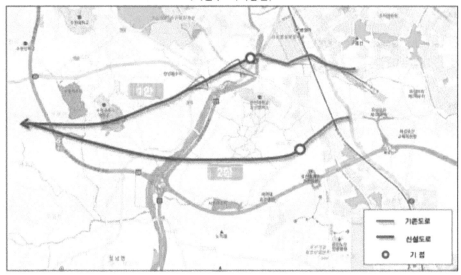

(종점부 처리방안)

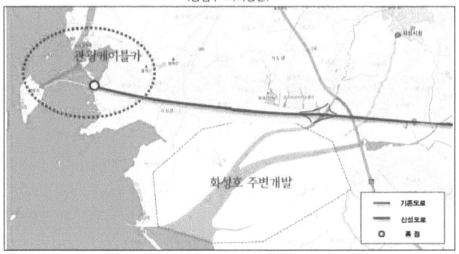

[그림 3-2-25] 화성시 동서간 도시고속도로 기·종점 처리방안

15) 향남 ~ 남양 도시고속도로

* "향남~남양 도시고속도로 신설"로 향남~남양~송산을 연결하는 간선도로 축을 구축

  ▸ 연장 : 14.5km / 차로수 : 4차로

[그림 3-2-26] 화성시 향남~남양 도시고속도로 노선도

16) 서해안권 대표 관광자원 개발

* 시화호에서부터 탄도호를 따라 탄도항, 전곡항에 이르는 수변지역 및 송산그린시티 일대를 대상으로
  서해안 해양레저관광의 거점을 조성하여 서해안권 주요 관광자원으로 활용

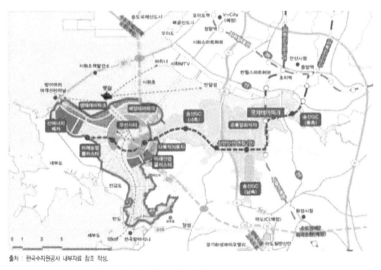

출처 : 한국수자원공사 내부자료 참조 작성.

[그림 3-3-6] 서해안 해양레저·관광 거점조성 구상(안) 종합

17) 궁평항 패밀리 레저 타운 조성

가. 배경 및 필요성

- 궁평리 해수욕장 일대에는 해송이 서식하고 있어, 해송의 관리를 통해 해안의 아름다운 경관포인트를 조성함으로서 관광지로서의 매력포인트 개선 필요

- 해송경관과 더불어 화성 8경 중 하나인 궁평리의'궁평낙조'를 볼 수 있는 지역으로서 수려한 자연경관을 활용한 친환경 패밀리 레저타운 조성을 통해 서해안 대표관광지로 육성

나. 세부 사업내용

□ 개요

- 현재 궁평항에 소재한 수산물판매장은 많은 관광객들이 찾는 먹거리시장으로, 여기에 수려한 자연경관을 활용하여 친환경 캠핑장과 편의시설을 확충하여 가족 단위의 자연휴양공간으로 조성함으로써 서해안권 대표관광자원의 하나로 육성

□ 자연휴양경관 조성

- 화성시의 대표적 명소인 궁평해변과 해송경관을 집중적으로 보전 및 유지관리하며, 궁평항이 가지고 있는 해변, 수산시장 등 '생동감'과 해송숲과 궁평낙조가 가지고 있는 '힐링'의 이미지를 결합하여 놀이 /휴양 공간으로서 가족단위 관광객에게 매력을 어필

  - ▶ (경관정비) 해변해송관리, 주변상가 경관관리, 관리실/사무실, 공공 이용시설 등 개선
  - ▶ (휴양공간조성) 산책로 조성, 찾아가는 해변도서관 설치

해송숲 및 산책로	주변 상가 경관 관리	찾아가는 해변도서관

출처 : (좌) https://forestforlife.tistory.com/141 / (中) 티케이(leveler2) 블로그 - 샌프란시스코 티뷰론 / (右) 동아일보 2017.8.4일자

[그림 3-3-24] 자연휴양공간 조성 예시

18) 화성시의 꾸준한 인구 증가로 2030 발전 토대 구축

□ **인구규모의 꾸준한 성장**

- 최근 10년간(`09~`18) 화성시의 인구추이를 살펴보면, 평균 5.5%의 인구증가율을 보이며 꾸준히 성장해오고 있으며, 읍면동별 면적 기준으로는 장안면(67.66㎢)이 가장 크고, 인구 기준으로는 향남읍 (82,302명)이 가장 많음

- 화성시는 인구 순유입율 전국 1위(2018년 기준 통계청 발표), 인구수 전국 시군구 중 8위(행정안전부 주민등록 인구 기준, 경기도 6위), 출산율 경기도 2위(`17년 통계청, 화성시 1.39, 경기도 1.06, 전국 1.05) 등 활발한 도시성장세를 보임

  ▸ 핵가족화로 인해 지난 10년간 연평균 인구증가율은 6.38%이며, 세대수 증가율은 7.18%로 인구증가율보다 세대수 증가율이 높게 나타나고 있음

  ▸ 각종 택지개발사업과 도시개발사업 등 의 영향으로 화성시 인구는 꾸준한 증가추세에 있음

  ▸ 2035 화성시 도시기본계획에 따르면 2035년 화성시 인구를 119만 6천만으로 예측(현 개발계획인구 100% 반영)

> 행정면적(개발가능면적 844㎢)은 서울시의 1.4배(경기도 2위)로 4읍 9면 13동의 대표적인 도농복합 도시라고 할 수 있음

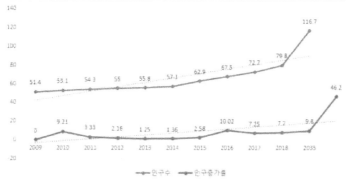

주 : 2035년 인구수는 화성시 2035 도시기본계획 인구추정치에 근거한 값임

[그림 3-11-1] 화성시 인구 증가 추이

19) 특례시 전환 경우 사무 변경

[표 3-11-8] 개별법 및 지방분권법상 인구 100만 이상 대도시 특례 사무

관련법률		사무명	비고
개별법	지방자치단체출연 지방연구원의 설립 및 운영에 관한법	• 지방연구원 설립 • 지방연구원 정관변경 승인 • 지방연구원 이사 선임 • 사업계획 등 승인 • 결산서 등 제출 • 경영평가 등 • 지방연구원협의회의 구성 • 검사 및 감독	
지방분권 및 지방행정체계개편에 관한 특별법	지방공기업법	• 지역개발 채권 발행 권한(단, 사전에 지방의회 승인 필요)	
	건축법	• 50층 이하의 건축물 허가권한	
	택지개발촉진법	• 택지개발촉진법에 따른 예정지구의 지정(단, 도지사가 지정한 경우에 한함, 지정시 도지사와의 협의 필요)	
	도시재정비촉진을 위한 특별법	• 도시재정비 촉진지구의 지정 및 재정비 촉진계획의 결정	
	박물관 및 미술관 진흥법	• 사립 박물관 및 사립미술과 설립 계획의 승인	
	농지법	• 도지사를 경유하지 않고, 농지전용허가 신청서 제출	
	개발제한구역의 지정 및 관리에 관한 특별조치법	• 개발제한구역의 지정 및 해체에 관한 도시관리계획(단, 사전에 도지사와 협의 필요)	
	지방자치법	• 정원 범위내에서 5급이하 직급별·기관별 정원 책정 • 일반직, 별정직 또는 계약직 지방공무원으로 보하는 부시장 1명 증원 • 기구·정원은 인구, 도시특성, 면적 등을 고려하여 대통령령으로 정할 수 있음	
	소방기본법	• 화재예방·경계·진압 및 조사와 화재, 재난·재해 그 밖의 위급한 상황에서의 구조·구급 등의 업무	창원시에 한정 ('12년 시행)
	지방세기본법	• 소방공동시설세를 도세에서 100만 이상 대도시 시세로 전환	

8. 평택시 2035 장기발전계획

[표 2-1-17 경기도내 주요 도시별 GRDP 현황(시장가격)]

구분		금액(백만원)	구성비(%)	증감률(%)	1인당금액(만원)
2013년	경기도	313,670,611	100.0	-	2,499
	평택시	22,031,076	7.0	-	4,825
	화성시	34,296,837	10.9	-	6,145
	오산시	4,334,974	1.4	-	2,051
2014년	경기도	329,558,989	100.0	1.05	2,593
	평택시	22,089,610	6.7	1.00	4,945
	화성시	39,455,203	12.0	1.15	6,891
	오산시	4,723,190	1.4	1.09	2,188
2015년	경기도	352,856,905	100.0	1.07	2,840
	평택시	23,102,366	6.5	1.05	5,084
	화성시	45,454,566	12.9	1.15	8,004
	오산시	4,990,810	1.4	1.06	2,406

자료 : 경기통계 (http://stat.gg.go.kr) 경제활동별 지역내 총생산 2015년기준
주) 구성비 : 경기도 GRDP 대비 비율

[표 2-1-21 산업별 입지계수분석비교(항만지역)]

구분	제조업	건설업	도소매업	운수업	숙박 및 음식업	금융 보험업	행정업	교육 서비스업	보건 및 사회복지
광양시	2.48	0.90	1.05	0.97	0.95	0.20	0.25	0.60	0.52
부산시	1.63	2.14	6.48	1.96	3.49	0.38	0.30	0.75	0.76
포항시	1.96	0.77	1.43	0.51	1.15	0.30	0.31	0.75	0.73
울산시	3.65	0.59	1.05	0.46	0.95	0.26	0.23	0.67	0.54
인천시	2.52	0.39	1.39	0.77	1.04	0.27	0.34	0.73	0.75
평택시	3.99	0.45	1.13	0.58	0.92	0.22	0.21	0.58	0.47

자료 : 통계청 2014 전국사업체조사

구분	총생산 (백만원)	현재인구 (인)	1인당생산 (천원)	비고
2005년	7,789,186	391,468	19,897,376	
2006년	12,338,552	406,052	30,386,630	
2007년	13,603,261	412,757	32,957,069	
2008년	14,240,505	417,503	34,108,749	
2009년	16,664,611	421,231	39,561,692	
2010년	20,481,374	431,827	47,429,582	
2011년	19,195,420	440,183	43,607,818	
2012년	19,783,309	447,337	44,224,620	지역총생산 전망의 신뢰성 강화를 위해 2010~2015년의 데이터를 활용 (증가율 2.6%)
2013년	22,031,076	456,630	48,247,106	
2014년	22,089,610	466,720	47,329,469	
2015년	23,102,366	479,176	48,212,694	
연평균증가율	19.7%	-	14.2%	

2019년 대비 인구가 많이 증가한 지자체		
1	경기도 화성시	3만9852명
2	경기도 김포시	3만6749명
3	경기도 시흥시	2만7213명
4	경기도 평택시	2만4280명
5	서울특별시 강동구	2만3903명

2019년 대비 인구가 많이 감소한 지자체		
1	경기도 광명시	1만7953명
2	경기도 안양시	1만7017명
3	인천광역시 부평구	1만6615명
4	경기도 부천시	1만1613명
5	서울특별시 강서구	1만1611명

[표 2-1-23 경제활동 인구전망]

구분	2015년	2020년	2025년	2030년	2035년
계획인구	479,176	740,000	850,000	870,000	900,000
경제활동가능인구(15세이상)	404,053	623,984	716,738	733,602	758,899
경제활동인구(인)	258,594	405,590	473,047	491,513	516,051
경제활동참가율(%)	64.0%	65.0%	66.0%	67.0%	68.0%
취업인구(천인)	248,509	390,583	456,490	475,293	500,570
	96.1%	96.3%	96.5%	96.7%	97.0%
실업자(천인)	10,085	15,007	16,557	16,220	15,482
	3.9%	3.7%	3.5%	3.3%	3.0%

※ 2020년 53만7300명 (19년 대비 2만4300명 증가(4.7%)

산업별 생산구조 전망

- 2015년 산업별 생산액 비중은 제1차 산업이 1.4%, 제2차 산업이 67.7%, 제3차 산업이 30.9%로 나타나고 있지만 1, 2차산업의 감소와 3차산업의 증가를 감안하여 2035년의 산업비중은 1차산업이 0.9%, 2차산업이 51.5%, 3차산업이 47.6%를 나타남

- 산업구조의 고도화에 따라 산업별로 고부가가치화가 진행되더라도 산업별로 불균형하게 진행되며 지역총생산(GRP)의 총액과 산업별 비중은 아래와 같이 전망됨

[표 2-1-25 경제규모 전망]

구분	단위	2015년	2035년
지역총생산	십억원	23,102	34,928
인구	인	479,176	900,000
1인당 지역생산	천원	48,212	38,809

[표 2-1-26 산업별 생산구조 전망]

구분		2015년	2035년
합계		23,102	34,908
1차산업	생산액(십억원)	330	314
	구성비(%)	1.4%	0.9%
2차산업	생산액(십억원)	15,646	17,978
	구성비(%)	67.7%	51.5%
3차산업	생산액(십억원)	7,126	16,635
	구성비(%)	30.9%	47.6%

지역의 발전 전망

● 대중국과의 교역증대에 대비한 물류기능의 분담거점과 수도권의 산업분산과 서해안 개발에 따라 평택시 발전이 전망됨

● 수도권 남부 산업·물류유통지역을 아산만권 광역권과 연계한 항만·유통기능 강화 및 수도권 내 첨단 중소기업에 대한 계획적 입지제공을 통한 물류거점지역으로 발전이 기대됨

● 고속철도의 지제역 입지와 경부복선 전철로 인하여 서울과 연계가 더욱 강화될 것임

● 평택항을 국가산업발전을 지원할 수 있는 권역거점항만으로의 육성과 황해경제자유구역이 지정되어 평택항과 그 배후지역의 발전이 가속화 될 전망임

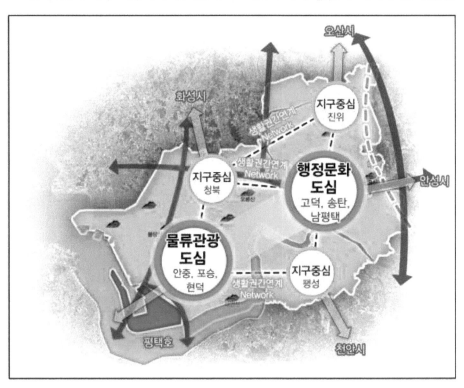

[그림 2-2-2 2035년 도시공간구조(대안 2)]

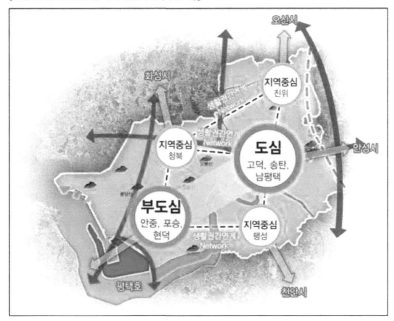

[그림 2-2-3 2035 도시기본계획 발전축]

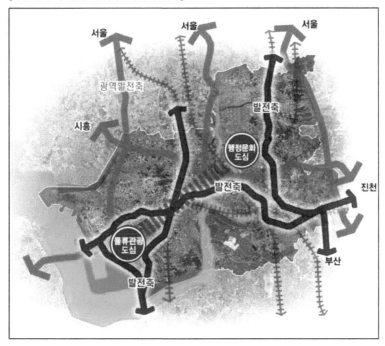

[표 2-3-2 생활권 구분]

구 분	행정동		읍·면·동
동부 생활권	진위+서탄	진위면, 서탄면	봉남리, 마산리, 은산리, 동천리, 청호리, 갈곶리, 야막리, 가곡리, 견산리, 하북리, 신리, 고현리 금암리, 사리, 수월암리, 내천리, 마두리, 회화리, 적봉리, 장등리, 금각리, 황구지리
	고덕	고덕면	좌교리, 당현리, 두릉리, 문곡리, 동청리, 해창리, 궁리, 동고리, 방축리, 여염리, 율포리
	송탄	신장동, 송북동, 송탄동, 중앙동, 서정동, 지산동	모곡동, 칠괴동, 가재동, 장안동, 칠원동, 도일동, 지산동, 독곡동, 신장동, 서정동, 장당동, 이충동, 지산동
	남평택	통복동, 세교동, 원평동, 비전1동, 비전2동, 신평동	통복동, 동삭동, 세교동, 지제동, 군문동, 신대동 비전동, 동삭동, 죽백동, 청룡동, 월곡동, 소사동, 용이동, 유천동, 합정동, 평택동
	팽성	팽성읍	객사리, 남산리, 추팔리,노와리, 평궁리, 신궁리, 두리, 신호리, 근내리, 석봉리, 원정리, 동창리, 내리, 대추리, 도두리, 함정리, 신대리, 본정리, 노양리, 노성리, 두정리, 석근리, 대사리, 송화리, 안정리
서부 생활권	청북+오성	오성면, 청북읍	숙성리, 양교리, 신리, 안화리, 양교리, 축리, 길음리, 당거리, 창내리, 현곡리, 삼계리, 고잔리, 옥길리, 후사리, 토진리, 백봉리, 어연리, 율북리, 한산리, 어소리, 고렴리, 교포리
	안중+포승+현덕	현덕면, 안중읍, 포승읍	인광리, 도대리, 운정리, 화양리, 황산리, 덕목리, 신왕리, 대안리, 기산리, 권관리, 장수리, 방축리 안중리, 금곡리, 대반리, 학현리, 삼정리, 용성리, 덕우리, 성해리, 송담리, 현화리, 내기리, 도곡리, 원정리, 만호리, 석정리, 홍원리, 희곡리, 신영리, 방림리

[표 2-3-3 생활권별 기능배분]

구분	경계설정	기능배분
동부생활권	• 부락산을 중심으로 하는 진위천의 북부에 위치하고 있는 진위면, 서탄면, 고덕면 등을 포함하는 지역 • 평택시의 남측 행정동으로 신평동과 팽성읍을 포함하는 지역	• 국제상업기능, 문화기능, 주거기능, 행정타운기능, 국제교류, 한미교류기능, 농촌체험·육성기능
서부생활권	• 진위천을 중심으로 평택시의 서쪽을 말하며, 오성면, 청북읍, 포승읍, 현덕면, 안중읍을 포함하는 지역	• 관광·휴양기능, 생산·유통기능, 항만배후도시, 전원도시기능, 농촌체험· 육성기능

[표 2-3-4 생활권별 개발방향]

구분	주요기능	개발방향
동부 생활권	• 문화기능 • 국제교류 • 주거기능 • 행정타운기능 • 유통기능 • 교육기능 • 국제상업기능 • 복합업무기능 • 한미교류기능	• 국제교류 · 국제상업 도시 육성 • 장래 평택시 신청사예정지를 지원하기 위해 행정, 업무, 주거, 상업 등이 종합적으로 개발되도록 연계구상(고덕국제신도시) • R&D 단지 조성 및 4년제 대학의 유치를 통한 지역경쟁력 제고 • 상업, 문화, 사회복지 기능이 완비된 도시로 개발 • 가용토지를 최대로 활용한 친환경적 신도시 개발(진위역세권, 지제역세권, 소사벌택지지구) • 조성된 공업용지의 공급으로 지역경제 활성화 도모 • K-6주변지역 국제상업도시로 육성 및 미군기지 이전에 따른 주거용지 확보 • 고덕(삼성)산업단지 개발에 따른 협력단지 조성 • 구도심의 재정비를 통한 도시이미지 제고
서부 생활권	• 항만배후도시기능 • 생산기능 （공업기능） • 관광·휴양기능 • 유통기능 • 전원도시기능	• 평택항 배후지역을 생산, 물류유통, 국제교류, 상업, 업무, 녹지기능을 부여하여 평택항 배후도시로 건설 • 기존의 평택호 유원지 및 인접 계획관리지역 일대를 종합레포츠 타운 개발을 위한 평택호 관광단지로 개발 • 포승국가산업단지 확대 개발 • 주거 교육기능을 갖춘 평택항 배후도시로 개발 • 주변자연환경과 조화된 중 · 저밀도의 쾌적한 전원도시개발 • 산업단지 개발로 지역경제 활성화도모 • 황해 경제자유구역 개발 및 안중역세권 개발

[표 2-3-7 생활권별 단계별 인구배분계획]

구분	2015년 (현재인구)	1단계 (2016~2020)	2단계 (2021~2025)	3단계 (2026~2030)	4단계 (2031~2035)
계획인구	479,176	740,000	850,000	870,000	900,000
동부생활권	370,399	580,000	670,000	680,000	690,000
서부생활권	108,777	160,000	180,000	190,000	210,000

[표 2-3-8 생활권별 밀도계획]

구분	2035년 인구(인)	시가화용지(ha)			시가화 예정용지 주거용 (ha)	주거밀도(인/ha)		시가화 용지 총밀도
		주거	상업	공업		순밀도	총밀도	
합계	900,000	4,645.4	783.2	4,470.7	1,953.4	193.7	136.4	90.92
동부	690,000	3,921.2	432.2	1,342.2	1,345.3	176.0	131.0	121.15
서부	210,000	724.2	351.0	3,128.5	608.1	290.0	157.6	49.96

주 : 순밀도 = 계획인구 ÷ 시가화용지(주거용지)

　　총밀도 = 계획인구 ÷ (시가화용지(주거용지) + 시가화예정용지(주거용지))

1. 용도별 현황

● 2015년 현재 비도시지역을 포함한 평택시 총 행정구역의 면적은 458.120 ㎢이며, 『국토의 계획 및 이용에 관한 법률』상 도시지역은 141.64㎢로 30.9%를 차지하고, 관리지역은 134.42㎢(29.3%), 농림지역 159.74㎢ (35.0%), 기타지역 22.32㎢(4.9%) 등으로 구성

● 도시지역 용도별 현황은 주거지역 40.040㎢(26.5%), 상업지역 6.137㎢ (4.1%), 공업지역 30.092㎢(20.0%), 녹지지역 74.566㎢(49.3%), 미지정 0.038㎢(0.1%)로 녹지지역이 대부분을 차지하고 있는 실정임

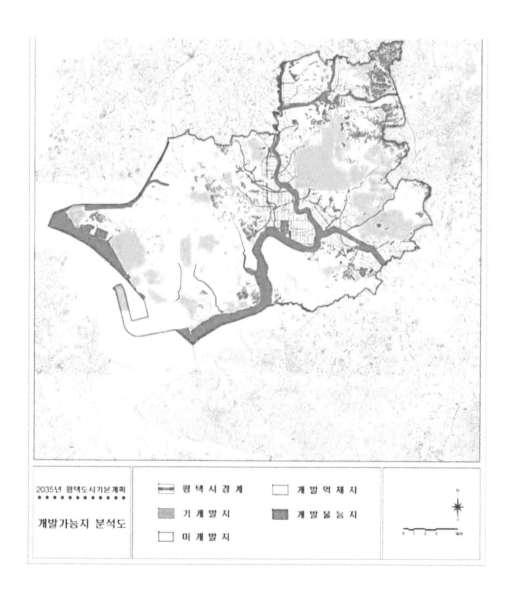

2035년 평택도시기본계획	▭ 평택시 경계	▭ 개발억제지
개발가능지 분석도	▨ 기 개 발 지	▨ 개 발 불 능 지
	▭ 미 개 발 지	

1. 주거용지

- ● 2035년 도시기본계획에서는 66.427㎢ 의 주거용지가 필요
- ● 본 계획에서는 46.454㎢ 를 주거용지로 반영
- ● 추가 필요 주거용지는 시가화예정용지로 지정하여 추후 주거용지로 개발

기정 주거용지 : 54.156㎢ (2020년 도시기본계획) 변경 주거용지 : 46.454㎢ (감 7.702㎢)

2. 상업용지

- ● 2035년 도시기본계획에서는 19.330㎢ 의 상업용지가 필요
- ● 도시관리계획상 용도지역(상업지역) 현실화 반영에 따른 7.832㎢ 를 상업용지로 반영
- ● 추가 필요 상업용지는 시가화예정용지로 지정하여 추후 상업용지로 개발

기정 상업용지 : 6.470㎢ (2020년 도시기본계획) 변경 상업용지 : 7.832㎢ (증 1.362㎢)

3. 공업용지

- ● 2035년 도시기본계획 변경에서는 54.959㎢ 의 공업용지가 필요
- ● 도시관리계획상 용도지역(공업지역) 현실화 및 일반산업단지, 도시개발사업 반영에 따른 44.707㎢ 공업용지로 반영하고
- ● 추가 필요 공업용지는 시가화예정용지로 지정하여 추후 공업용지로 개발

기정 공업용지 : 37.493㎢ (2020년 도시기본계획) 변경 공업용지 : 44.707㎢ (증 7.214㎢)

1단계 (2016년~ 2020년)	● 대중국 교역량을 효과적으로 처리하고 중화권 관광객 유치 활성화를 위해 황해경제자유구역 개발 ● 민간도시개발사업의 활성화 유도 ● 국제교류, 상업, 교육, 문화 환경 제공을 위한 고덕국제신도시 조성 ● 기존 추진중인 산업단지 반영(마산, 진위2, 신재생, 고렴 등) ● 지속가능한 복합휴양단지 조성을 위한 평택호관광단지 개발 ● 인접한 산업단지들의 개발에 따른 인구유입, 여건 변화를 위해 배후 주거지 개발(현곡지구, 가곡지구) ● 2020 도시기본계획 물량을 활용하여 현재 추진되고 있는 사업 반영
2단계 (2021년~ 2025년)	● 철도 개통으로 주변지역의 접근성 향상 및 종합적인 개발 필요성을 위해 주요 역세권개발 ● 국제교류, 상업, 교육, 문화 환경 제공을 위한 고덕국제신도시 조성 ● 대중국 교역량을 효과적으로 처리하고 중화권 관광객 유치 활성화를 위해 황해경제자유구역 개발 ● 미군기지이전에 따른 기지주변지역 경제 활성화 및 정주여건 개선을 위한 개발 ● 인접한 산업단지들의 개발에 따른 인구유입, 여건 변화를 위해 배후 주거지 개발(현곡지구, 가곡지구) ● 신규 산업단지 반영 및 공장밀집지역의 계획적 개발 유도 ● 2020 도시기본계획 물량을 활용하여 현재 추진되고 있는 사업 반영
3단계 (2026년~ 2030년)	● 항만의 도시, 레저, 문화기능을 확충하고 물류 및 전시 클러스터 조성을 위해 평택항배후도시 개발 ● 철도 개통으로 주변지역의 접근성 향상 및 종합적인 개발 필요성을 위해 주요 역세권개발 ● 미군기지이전에 따른 기지주변지역 경제 활성화 및 정주여건 개선을 위한 개발 ● 환황해권의 관문역할 및 동북아시아 진출 거점 항만 조성을 위해 평택항 개발
4단계 (2031년~ 2035년)	● 항만의 도시, 레저, 문화기능을 확충하고 물류 및 전시 클러스터 조성을 위해 평택항배후도시 개발 ● 환황해권의 관문역할 및 동북아시아 진출 거점 항만 조성을 위해 평택항 개발

[표 3-2-27 간선도로망 계획]

노선축		도로명		계획기간	개통년도	추진주체	비고
남북축	1축	동부우회도로 신설		중기	2021년	민간	-
		국도1호선우회도로 신설		중기	2023년	국토부 민간	-
	2축	국도1호선		중기	2022년	국토부	기개설 (일부확장)
	3축	진위역~오산시계 도로 연계도로, 진위천 강변도로		단기 장기	2018년 -	LH공사 -	-
		국도45호선		-	-	-	기개설
	4축	관리천변도로 아산영인~평택청북간 도로신설		장기 -	- -	국토부 -	- 기개설
	5축	국도39호선 확장	청북IC-요당IC 금곡삼거리-청북IC	- 장기	- -	- LH공사	기개설 일부확장
	6축	지방도313호선		단기	2018년	경기도	-
	7축	국도77호선 (내기삼거리-국도38호선)		장기	-	-	기개설 (일부확장)
동서축	1축	지방도306호선 (지방도306호선-송탄고가교)		단기	2018년	경기도	기개설 (일부확장)
	2축	지방도302호선		단기	2019년	경기도	-
		지방도302호선 신설(이화-삼계)		단기	2019년	경기도	-
	3축	국도38호선 우회도로 신설		장기	-	국토부	-
		국도45호선		-	-	-	기개설
	4축	국도38호선 확장		단기	2019년	국토부, LH공사	-
	5축	평택호 횡단도로 개설		단기	2020년	평택시	-
		지방도313호선		-	-	-	기개설

▣ 참고 : 황해경제자유구역의 전략적 개발

(경기도시공사80%, 평택도시공사20%)

[그림 3-1-10 평택BIX 기본구상도]

▣ 황해경제자유구역 현덕지구

개발사업 시행자 및 시행방법

■ 사업시행자

● 사업시행자의 명칭 : 대한민국중국성개발(주)

   - 소　　재　　지 : 경기도 평택시 현덕면 서동대로 96

■ 사업시행방법

● 황해경제자유구역 현덕지구 개발사업의 시행방식은 「수용 및 사용방식」으로 추진

개발목표 및 구상

■ 개발목표

● 중화권 관광객 메카로 육성-중국관광객 유치 활성화를 위한 대응 과제, 한국경제연구원, 2015년

   - 소　　재　　지 : 경기도 평택시 현덕면 서동대로 96

● 현덕지구는 중화권 관광객을 위한 각종 편익시설과 숙박시설을 조성하여 500만명 이상의 중화권 관광객을 유치할 계획

● 중국 관련 비즈니스 및 내한 관광객 서비스

   - 현덕지구 내의 종사자 및 외국인을 위한 주거단지를 조성하고 지구 내 유통·상업단지와 철도 및 시설녹지로 분리하여 쾌적한 정주환경 조성

[표 3-2-2 평택시 주요 도로망 현황]

도 로 명	구 간	차로수(양방향)
경부고속국도	안성JCT~오산IC	8
서해안고속국도	서평택IC~발안IC	6
평택~제천간 고속국도	서평택JCT~안성JCT	6
평택~화성간 고속국도	오성IC~향남IC	6
국도1호선	천안~오산	4
국도38호선	당진시·아산·평택·안성	4~6
국도39호선	시흥·화성·평택	2~6
국도43호선	세종·평택·철원	2~6
국도45호선	둔포·평택·송전	2~4
국도77호선	용인·평택·화성	2
지방도302호선	현곡리~원곡면	2~4
지방도306호선	평택~포곡	2
지방도313호선	현덕면~장안면	2
지방도314호선	진위면~남사면	2
지방도317호선	평택시~진위면	2

자료 : 도로교통량정보시스템, 각년도, 국토교통부

- 평택시를 중심으로 남북7축, 동서5축을 계획하여, 생활권 중심지간을 연결할 수 있도록 7×5 노선망을 계획함
- 간선도로망계획은 남북7개축, 동서5개축으로 계획하였으며, 지방도 302호선, 지방도 306호선, 평택호횡단도로 개설 등을 단기계획으로, 동부우회도로, 국도1호선 확장 등을 중기계획으로, 관리천변도로, 국도38호선 확장, 38호선우회도로 신설 등을 장기계획으로 계획함

[표 3-2-27 간선도로망 계획]

노선축		도로명		계획기간	개통년도	추진주체	비고
남북축	1축	동부우회도로 신설		중기	2021년	민간	-
		국도1호선우회도로 신설		중기	2023년	국토부 민간	-
	2축	국도1호선		중기	2022년	국토부	기개설 (일부확장)
	3축	진위역~오산시계 도로 연계도로, 진위천 강변도로		단기 장기	2018년 -	LH공사 -	-
		국도45호선		-	-	-	기개설
	4축	관리천변도로		장기	-	국토부	-
		아산영인~평택청북간 도로신설		-	-	-	기개설
	5축	국도39호선 확장	청북IC-요당IC	-	-	-	기개설
			금곡삼거리-청북IC	장기	-	LH공사	일부확장
	6축	지방도313호선		단기	2018년	경기도	-
	7축	국도77호선 (내기삼거리-국도38호선)		장기	-	-	기개설 (일부확장)
동서축	1축	지방도306호선 (지방도306호선-송탄고가교)		단기	2018년	경기도	기개설 (일부확장)
	2축	지방도302호선		단기	2019년	경기도	-
		지방도302호선 신설(이화-삼계)		단기	2019년	경기도	-
	3축	국도38호선 우회도로 신설		장기	-	국토부	-
		국도45호선		-	-	-	기개설
	4축	국도38호선 확장		단기	2019년	국토부, LH공사	-
	5축	평택호 횡단도로 개설		단기	2020년	평택시	-
		지방도313호선		-	-	-	기개설

[표 3-2-28 권역별 순환축 계획]

구분	도로명	도로구분	제원
동부권 순환축	지방도306호선	현황(일부확장)도로	2~4차로(공사중)
	진위천강변도로	현황도로	2차로(10m)(확장)
	국도38호선	현황(확장계획)도로	6차로
	국도1호선우회도로	계획도로	4~6차로(신설)
	동부우회도로	계획도로	4차로(신설)
서부권 순환축	지방도302호선	현황(확장계획)도로	4차로(20m)
	포승서로	현황도로	4차로(22m)
	포승공단순환로	현황도로	4차로(24m)
	평택항로	현황도로	6차로(35m)
	국도38호선	현황도로	4차로(22m)
	평택호 횡단도로	계획(신설)도로	4차로(공사중)
	국도39호선	현황도로	4~6차로

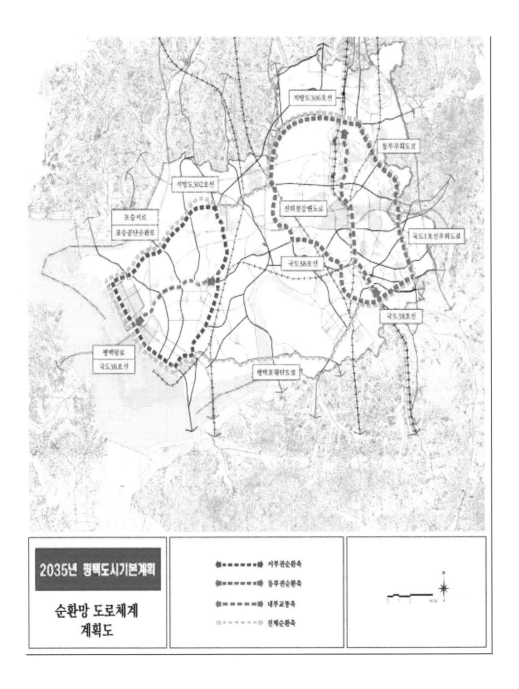

지방도306호선
동부우회도로
지방도302호선
전위천길병노로
포승서로
포승공단순환로
국도1호선우회도로
국도38호선
국도38호선
평택항로
국도38호선
평택호횡단도로

2035년 평택도시기본계획

순환망 도로체계
계획도

서부권순환축
동부권순환축
내부교통축
전계순환축

9. 안성시 2030 도시계획

[표 3-2-29 철도망 계획]

노선축	철도명	계획기간	개통년도	추진주체	비고
고속철도	경부고속철도	·	·	·	기개설
	수서고속철도	·	·	·	기개설
철도	경부선 및 복선전철	·	·	·	기개설
	지제 연결선	중기	2021년	한국철도시설공단	·
	서해선 복선전철	단기	2020년	한국철도시설공단	·
	포승~평택간 철도	단기	2019년	한국철도시설공단	·
	평택-부발간 철도	장기	·	한국철도시설공단	·

- 상위계획에서 검토된 3개 노선이 건설될 경우, 4×1 광역철도망이 구축됨
  - 동서축(1개축) : 포승~평택간 철도(공사중) 구축, 평택~부발선 철도(계획) 구축
  - 남북축(4개축) : 경부선(운영), 경부고속철도(운영), 수서고속철도(운영), 서해선 복선철도(계획) 구축, 고속철도 연결사업으로 지제 연결선(계획) 구축
- 현재 남북축으로 경부선 및 경부고속철도, 수서고속철도가 운영중이며, 서해선 복선철도, 지제 연결선이 완공되면, 수도권과 천안·아산만권의 원활한 연계체계가 이루어 질 것으로 예상됨
- 동서축으로 포승~평택간 철도, 평택~부발선 철도가 구축될 경우, 평택시를 중심으로 십자형의 광역철도망이 구축됨
- 단계별로는 서해선 복선전철, 포승~평택간철도 등이 단기계획, 지제 연결선은 중기계획, 평택~부발간 철도는 장기계획으로 수립하여 생활권간 연계강화가 도모

Urban Master Plan
2030년 안성도시기본계획

2015. 10

제3편 부문별계획 119

제1장 토지이용계획 121
1 현황분석 123
2 개발가능지 분석 127
3 기본방향 130
4 용도별 수요량 선정 131
5 토지이용계획 140
6 단계별 개발계획 152

제2장 기반시설계획 155
1 교통계획 157
2 대중교통계획 200
3 물류기반시설 220
4 정보·통신계획 228
5 공공시설계획 235
6 장기미집행시설에 관한 정책방향 240

[표 3-1-1-2] 행정구역별 개발가능지 면적

(단위:㎢)

구분	개발가능지	개발불능지	개발억제지	기개발지	총합계
고삼면	5.3	9.2	9.6	3.8	27.8
공도읍	0	0.5	23.8	7.6	31.9
금광면	0	43	24.4	4	71.5
대덕면	11.2	2.3	13.1	4.5	31.1
미양면	0	1.4	26.6	5.7	33.7
보개면	15	10.2	21.1	6.8	53.1
삼죽면	0	11.5	25.1	2.6	39.2
서운면	5.3	12.8	14.7	3.5	36.3
안성1동	0.1	0.2	3.7	2.6	6.5
안성2동	1.4	0.8	4.1	3.8	10.1
안성3동	2.4	0.3	0.3	5.2	8.2
양성면	11	15.2	20.4	6.5	53.2
원곡면	5.4	13.4	14.9	4.4	38.1

앞서 착공한 구리~안성 구간을 잇는 사업으로, 완전체는 세종~천안~안성~서울 강동~경기 구리를 잇는 총 128.5km, 왕복 6차로 노선이다.

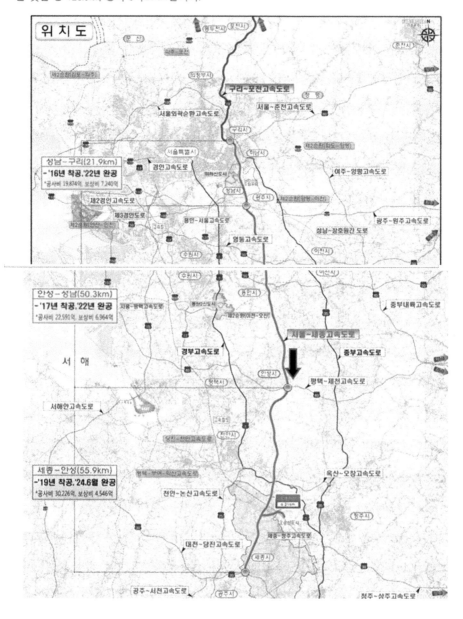

10. 용인시 2035 도시기본계획

2035년 도시기본계획

◉ 목차

- 표지
- 목차
- 1장 계획의 개요
- 2장 지역의 특성과 현황
- 3장 계획의 목표 및 지표설정
- 4장 공간구조의 설정
- 5장 토지이용계획
- 6장 기반시설
- 7장 도심 및 주거환경
- 8장 환경의 보전과 관리
- 9장 경관 및 미관
- 10장 공원녹지
- 11장 방재 및 안전계획
- 12장 경제산업사회문화의 개발 및 진흥
- 13장 계획의 실행
- 2035 용인도시기본구상도

[주변도시 도시기본계획 공간구조 구상 비교]

구분	중심지체계 / 공간구상	구상도
성남 (2020)	•3중심 - 3중심 : 판교, 분당, 수정·중원 •신·구가 조화되는 연계체계를 통해 각 지역별 역할을 분담하고 지역통합으로 공간구조 구상	

의왕 (2020)	•1핵 2도심
	  - 1핵 : 고천·오전
	   2도심 : 부곡, 내손·청계
	
	•의왕시의 경쟁력 확보를 위한 고천지역 조정대상 지역과 지역현안사업부지를 연계한 지역중심지 설정	

수원 (2030)	•1도심 5부도심 1지역중심 •동·서지역의 균형발전 및 지역경제 활성화를 위한 5부도심 설정 •도심, 부도심간 연계체계 구축	

[주변도시 도시기본계획 공간구조 구상 비교 (표 계속)]

구분	중심지체계 / 공간구상	구상도
화성 (2020)	•3도심 11지역중심 •서해안시대의 예상되는 여건변화에 폭넓게 대응 가능하도록 적극적 도시공간 구조 형성 •광역 및 지역특성을 고려한 도·농 복합의 도시공간구조 구축	
오산 (2020)	•1도심 2지역중심 •기존도심과 북부생활권, 중부생활권을 잇는 분산형 구조 •기개발용지와 신규개발용지와의 계획적인 연계를 통한 토지이용 효율화 도모	
평택 (2020)	•1도심 3부도심 3지역중심 •1도심 중심의 위계있는 도시발전가능 •개발을 분산시켜 도시의 무분별한 팽창 방지	

안성 (2030)	•1도심 2부도심 2지역중심
	  - 1도심 : 안성 / 2부도심 : 공도, 죽산
	    2지역중심 : 양성, 미양
	
	•통합적 도시공간구조 형성을 위한 기존 중심지체계 개편
	•지역중심, 부도심은 기존체계 유지, 신규 개발사업 등을 고려한 배분을 통한 부도심 활성화 유도	

이천 (2020)	•1도심 3개 지역중심
	  - 1도심 : 이천도시권 /
	    3개 지역중심 : 마장, 모가, 장호원
	
	•이천시의 실제 생활권을 고려하여 1도심 3지역 중심 중심지 체계 형성 (1개 대생활권으로 구분)
	•도시와 농촌의 통합 형태	

광주 (2030)	•1도심 2부도심 5지역중심
	  - 도심 : 경안 / 부도심 : 곤지암, 오포 /
	    5지역중심 : 신현, 퇴촌, 초월, 삼동, 도척
	
	•구도심 정비사업과 광주역세권 개발사업을 연계하여 도심기능 극대화 및 부도심 기능 강화를 통한 균형발전 도모	

[주변도시 연계방안]

구분	주변도시 내용	연계방안
성남	•창조경제밸리, 판교디지털밸리 등 기업중심 산업기반 형성	•대학연계 첨단R&D산업 고도화 •GTX용인역 일원 중심지 기능 강화
수원	•광교신도시, 신분당선 등과 연계한 도시기능 재편	•역세권을 중심으로 생활권 거점 구축·정비
화성	•수도권 남부 첨단산업신도시밸리(화성 (동탄)~용인(남사)~평택(고덕))의 거점 설정	•삼성전자 및 동탄신도시 접경지역 도심형 자족기능 강화
평택	•경부축을 중심으로 경쟁적 도시기능 강화	•광역교통축과 연계한 신도시 기능 확장 및 경쟁시설 배치
광주	•서울~세종 간 고속도로 축 연계한 도시확산 및 경안천 친환경 토지이용	•관광휴양기능, 서울~세종간 고속도로축 물류기능 연계·강화
이천	•영동 및 제2중부고속도로 축 도시화, 물류기반 형성	•양지IC를 거점으로 수도권 물류 경제권 기반 조성
안성	•농촌 중심 관광휴양기능의 농업기반 형성	•백암면 일원을 거점으로 농업 및 지역의 가치와 연계한 6차산업·관광기능 강화

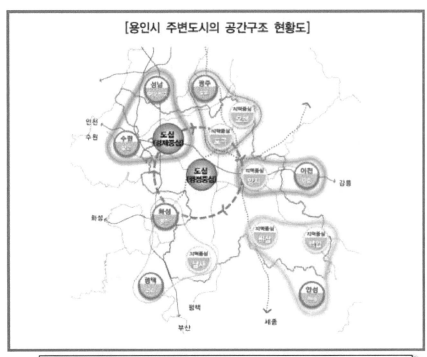

[용인시 주변도시의 공간구조 현황도]

[도시발전축 설정도]

용인시 전략사업 : GTX역세권/남사신도시/포곡모현/양지

1. 용인GTX 역세권 복합단지

▌개요

○ 위 치 : 기흥구 보정동, 마북동 일원

○ 면 적 : 약 2.7㎢

▌배경 및 목적

○ 경기도종합계획에서 제시된 수도권 Grand R&D 벨트와 연계한 첨단산업 육성
및 복합환승센터 설치 등을 통해 경제자족도시 구현

○ GTX 개통예정지 일원의 체계적인 개발을 통해 난개발을 방지하고 잠재력을
활용한 지속가능한 도시발전을 촉진

▌추진배경

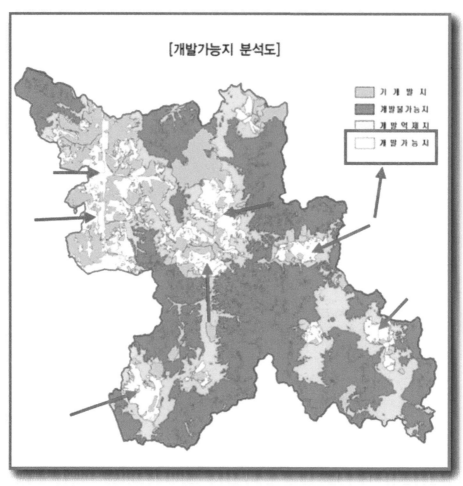

[개발가능지 분석도]

범례
기개발지
개발불가능지
개발억제지
개발가능지

[비도시지역 현황]

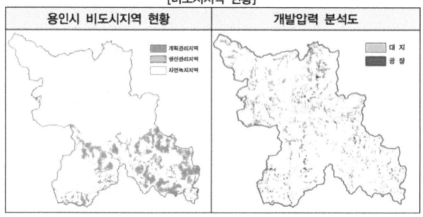

용인시 비도시지역 현황	개발압력 분석도

2. 남사신도시

▌개요

○ 위 치 : 처인구 남사면 일원

○ 면 적 : 약 6.2㎢

▌배경 및 목적

○ 주요지역과의 우수한 접근성을 활용한 첨단제조 산업을 육성함으로써 수원~
화성~평택과 연계한 용인 서남부권 성장동력 확보

○ 서북부(기흥, 수지구)에 비해 상대적으로 열악한 주거환경 개선 및 경제기반
확보를 위해 남사면을 중심으로 한 자족복합도시 건설로 자족기능 확충 및 균형
개발 유도

▌추진배경

3. 포곡·모현 문화관광 복합밸리

▌개요

○ 위 치 : 처인구 포곡읍 유운리 일원

○ 면 적 : 약 5.1㎢

▌배경 및 목적

○ 경기도종합계획에서 제시된 수원화성~한국민속촌~에버랜드 역사문화관광벨트와 연계한 포곡·모현일원 문화관광 복합밸리 조성

○ 서울~세종, 제2외곽순환고속도로 등 광역교통망 확충에 따른 성장동력 여건 변화

○ 축산단지 입지에 따른 악취문제 등 주민생활불편, 에버랜드를 통한 시너지효과 부족 등의 지역문제점 해소

▌추진배경

4. 양지 첨단유통 복합단지

▌개요

- ○ 위 치 : 처인구 양지면 양지리 일원

- ○ 면 적 : 약 0.9㎢

▌배경 및 목적

- ○ 경기도종합계획에서 제시된 경기남부지역 내륙 산업물류 클러스터와 연계한
  양지일원 기존의 복합유통기능 강화 및 지역 경쟁력 강화

- ○ 서울~세종, 제2외곽순환고속도로 확정에 따라 양지IC 일원 유통업무시설 등을
  거점으로 입지상 이점을 활용한 첨단유통기반 조성

▌추진배경

[개발압력 분석 결과]

구분	전체	대지		공장	
		면적(㎢)	비율(%)	면적(㎢)	비율(%)
합계	329.655	22.206	–	7.114	–
고매동	5.824	0.670	11.5	0.166	2.9
공세동	4.728	0.457	9.7	0.031	0.7
구갈동	2.831	0.028	1.0	0.015	0.5
농서동	0.870	0.060	6.9	0.045	5.2
동백동	2.652	0.230	8.7	0.001	–

구분	전체	대지		공장	
		면적(㎢)	비율(%)	면적(㎢)	비율(%)
마북동	4.126	0.613	14.9	0.021	0.5
보라동	2.648	0.207	7.8	0.010	0.4
보정동	5.283	0.634	12.0	0.023	0.4
상갈동	1.577	0.201	12.7	0.038	2.4
상하동	2.676	0.306	11.4	0.124	4.6
서천동	0.706	0.013	1.8	-	-
신갈동	3.439	0.275	8.0	0.026	0.8
언남동	2.233	0.132	5.9	0.018	0.8
영덕동	2.027	0.069	3.4	0.017	0.8
중동	2.952	0.216	7.3	0.023	0.8
지곡동	3.805	0.475	12.5	0.069	1.8
청덕동	3.171	0.172	5.4	0.025	0.8
하갈동	4.230	0.644	15.2	0.068	1.6
고기동	7.352	0.805	10.9	0.001	-
동천동	3.316	0.339	10.2	0.027	0.8
상현동	1.790	0.078	4.4	0.002	0.1
성복동	3.164	0.214	6.8	0.002	0.1
신봉동	4.599	0.397	8.6	0.014	0.3
죽전동	2.590	0.118	4.6	0.005	0.2
풍덕천동	0.722	0.069	9.6	-	-
고림동	4.611	0.487	10.6	0.108	2.3
김량장동	1.018	0.045	4.4	-	-
남동	5.719	0.473	8.3	0.007	0.1
마평동	2.275	0.181	8.0	0.042	1.8
삼가동	4.081	0.080	2.0	0.041	1.0
역북동	4.472	0.246	5.5	0.003	0.1
운학동	2.401	0.300	12.5	0.026	1.1
유방동	6.196	0.333	5.4	0.140	2.3
해곡동	1.083	0.066	6.1	0.039	3.6
호동	2.225	0.162	7.3	0.012	0.5
포곡읍	30.787	1.682	5.5	0.684	2.2
남사면	31.514	1.551	4.9	1.209	3.8
모현읍	36.916	1.567	4.2	1.085	2.9
백암면	29.742	1.601	5.4	0.608	2.0
양지면	33.666	2.347	7.0	0.663	2.0
원삼면	23.084	2.044	8.9	0.566	2.5
이동읍	30.554	1.619	5.3	1.110	3.6

[용인시 도로망 계획]

구분		사업명	구간	연장 (km)	차로수	시행시기
제2차 도로정비 기본계획 (2013.국토교통부)	1	제2외곽순환고속도로	오산~이천	31.2	4	2021
	2	서울~세종 고속도로	하남~세종	128.8	6	2022
용인 도로정비 기본계획 (2005, 용인시)	3	양지~포곡	양지면 제일리~포곡읍 금어리	5.2	4	2035
	5	신갈우회도로(국도42호선) 개설공사	기흥구 영덕동~기흥구 상하동	5.1	4	2018
	6	국도대체우회도로(국도42호선)	상가~대촌	7.6	4	2019
	7	남사~동탄(국지도23호선) 도로건설사업	남사~동탄	10.8	4	2017
	8-1	오모~포곡(국지도57호선) 도로건설사업	모현읍 동림리~모현읍 초부리	6.2	4	2019
	8-2	용인~포곡(국지도57호선) 도로건설사업	처인구 마평동~모현읍 초부리	9.1	4	2035
	9	국지도 82호선 확장 및 신설	청자~남사	6.9	4	2020
	10	국지도 84호선 신설 및 확장	동탄지구계~국도45호선	5.4	4~6	2020
	11	국지도 84호선 신설	이동읍 천리~경기도계	47.6	4	2020
	12	지방도310호 확·포장	오산~남사	5.3	4	2017
	13	지방도314호 확·포장	진위~남사	4.9	2~4	2017
	14	지방도321호 확·포장	용안~남사(2)	7.4	2	2017
	15	지방도315호 확·포장	보라~하길	1.3	6	2020
	16	경부고속도로 연결도로	봉면~남사IC	2.7	4	2020

구분		사업명	구간	연장(km)	차로수	시행시기
용인 도로정비 기본계획 (2005. 용인시)	18	국지도 57호선 신설 및 확장	원삼면 고당리~원삼면 목신리	8.6	4	2035
	19	지방도325호선 신설 및 확장	백암면 근삼리~백암면 석천리	7.14	4	2035
	20	외부순환도로망(2구간)		2.8	4	2035
	21	외부순환도로망(3구간)	이동읍 시미리~원삼면 가재월리	6.52	2→4	2035
	22	외부순환도로망(4구간)		4.03	2→4	2035
	23	지방도321호선 신설 및 확장	남사면 아곡리~남사면 봉명리	5.57	4	2035
	24	지방도318호선 확장	원삼면 독성리~백암면 고안리	11.20	4	2035
	25	양지면 우회도로	양지물류센터 주변	2.78	4~6	2035
	27	구성~죽전간 지하차도 연결도로	-	0.39	4	2035
	28	동백~모현간 연결도로	-	5.5	4	폐쇄
	30	국지도98호선 신설 및 확장	-	6.85	4	2035
	31	국지도57호선(1구간)	-	5.15	4	2035
	32	동천동 현대홈타운~농수산물간 고가도로	-	0.71	2	2035
	33	신갈택지개발지구내~시도3호선 연결도로	-	1.44	4	2017
	34	기흥 지곡동~이동 서리간 연결도로	-	3.59	2	2035
	35	수지 풍덕천동~동천동간 연결도로	-	3.4	4	2035
	36	기흥 고매IC~지곡동간 연결도로	-	3.52	2	2035
	37	국지도23호선 고매IC~국도42호선 연결도로	-	4.33	4	2035
용인 도시교통정비 기본계획 (2013. 용인시)	38	덕명로 확장	정식물~청명IC입구 (하갈교)	1.05	4→6	2018
금회 계획	39	마북~포곡간 연결도로	마북~포곡	10.6	4	2030
	40	마북로 확·포장	-	1.0	2→4	2030
	41	동백~마북~죽전간 연결도로	동백~마북~죽전	4.9	4	2025
	42	지방도 321호선 확장	남사~삼가	18.1	2→4	2025
	43	국지도 23호선 확장	남사~동탄	5.1	4→6	2030
	44	청덕교차로~국도43호선 연결도로	청덕교차로~오산리입구	4.6	4	2025

주 : 28.동백~모현간 연결도로는 「용인언남 기업형임대주택 공급촉진지구 광역교통개선대책」에서 제시한 청덕교차로~ 국도43호선연결도로와 중복 구간이 많아 본 계획에서 제외하였음

[용인시 철도망 계획]

구분		사업명	구간	연장(km)	시행시기
제3차 국가철도망 구축계획 (2016, 국토교통부)	45	수도권고속철도	수서 ~ 평택	61.1	-
	46	수도권광역급행철도(GTX)	삼성 ~ 동탄	39.5	2021
	47	인덕원~수원선 복선전철	인덕원 ~ 수원 (서동탄)	35.3	2035
경기도 10개년 도시철도 기본계획 (2013, 국토교통부)	48	경전철 연장선	기흥역 ~ 신분당선도청역	6.8	2035
	49	동탄1호선	광교 ~ 오산	22.6	2035
금회 계획	50	수서광주선 연장선	광주 ~ 에버랜드	14.2	2035
	51	남이 신교통수단	동탄1호선 ~ 남사	14.5	2030
	52	동백 신교통수단	어정(동백)역 ~ 성복역	10.1	2035

▌대규모 물류산업단지 조성

○ 지역적으로 분산되어 있는 개별입지 물류시설 등을 집적화할 수 있는 대규모 물류
  단지 조성을 통해 지역경제 활성화 유도

○ 국제물류유통단지
  - 위치 : 처인구 고림동 일원
  - 면적 : 약 1.8㎢
  - 총사업비 : 약 5천억원
  - 도입기능 : 물류시설, 상류시설, 지원시설, 기반시설 등

○ 양지 첨단상업복합단지
  - 위치 : 처인구 양지면 양지리 일원
  - 면적 : 약 0.9㎢
  - 도입기능 : 물류시설, 도심 근교형 복합아울렛 등

4강 지분물건의 이해

※ **땅 관련 격언**

1. 길이 아니면 가지마라
2. 장화신고 들어가 구두 신고 나와라
3. 유능한 포수는 새가 날아가는 방향으로 총을 겨눈다.
4. 묵은 땅과 버려진 땅도 다시 보자
5. 무릎에 사서 어깨에 팔아라

1. 형식적 경매

지분물건이란, 토지나 건물에 공유자가 여러 명 있는 경우 그 중 한 공유자(지분권자)의 지분이 의 부동산 경매에 나온 경우를 말한다. 지분물건은 말 그대로 전체의 일부분이기 때문에 효용가치가 낮아 감정가 자체도 낮고, 응찰자의 관심도 떨어져 유찰되기가 쉬운데, 그만큼 저가로 취득할 수 있는 장점이 있다.

반면, 지분으로서는 처분 매각, 대출 등의 효용가치가 낮아 낙찰 이후 이를 현금화 하기 위하여 공유물 분할 소송을 거쳐 전체의 면적에 대하여 경매를 진행한 다음, 자신의 지분만큼 법원으로부터 배당 받는 것을 형식적 경매라 한다.

2. 지분물건의 진행 절차

（1）학원 수업을 통해 지분물건의 실제 현황을 조사 분석하고 물건 선별 작업을 한다.

（2）금액에 따라 공동 투자나 개인 투자를 결정한 후 몇 가지 물건 중 투자를 정하여 수익성 분석 등 물건 세부분석을 한 후 입찰가를 결정한다.

（3）수익성 분석시 낙찰 후 전체 경매를 할 경우 낙찰가를 예상해야 해당 지분의 낙찰가를 결정할 수 있기 때문에 추후 낙찰예정가치를 알아야 한다.

지분물건의 낙찰 절차
① 물건 조사
② 투자 확정
③ 물건 세부분석
④ 입찰가 결정(수익성 분석)
⑤ 낙찰
⑥ 잔금납부 및 등기

지분물건의 현금화 절차
① 공유자에 대한 내용증명
② 소장 제출
③ 공유물 현금분할판결
④ 전체 지분 경매신청
⑤ 제 3자 낙찰
⑥ 법원 배당
⑦ 현금화
⑧ 투자금액별 수익배당

（4）낙찰을 받은 후, 잔금 납부를 하게 되는데, 낙찰 잔금 대출이 쉽지 않은 것은 지분물건의 단점이다.

（5）등기 이전 이후, 다른 공유자들에게 낙찰받은 사실과 매입 의사를 타진하는 내

용증명을 발송한다.

(6) 답변이 없거나 매각대금의 협상이 안 될 경우, 법원에 현금 분할을 위해 전체 물건을 매각하여 지분만큼 배당을 해달라는 취지의 소송을 제기한다.

(7) 소 제기 후 합의 등으로 매각이 안 될 경우 전부를 경매에 부쳐 이를 매각한 대금에서 지분별로 나누어 가지라는 판결이 나오는데, 소송기간은 송달만 잘되면, 통상 5개월 이내 끝난다.

(8) 판결 후 재판부의 확정증명 송달증명을 받은 후 판결에 근거하여 집행과에 경매신청을 하게 된다.

(9) 경매 접수 후 새로운 사건번호로 지분이 아닌 전체를 경매가 개시되며, 새로운 낙찰자의 낙찰대금에서 배당을 받게 된다.

3. 지분물건의 핵심 쟁점

(1) 낙찰을 받은 이후 재매각하여 수익을 얻을 것인지, 공유물 분할하여 신 번지를 창출하여 보유할 것인지 우선 정하여야 한다.

(2) 형식경매를 통하여 소위 '통물건'인 전부를 매각하였을 때 얼마에 낙찰될지를 감안하여 입찰가를 정해야 한다.

(3) 미래가치를 파악하기 위하여 아파트나 주택의 경우 추후 전부 매각 시에 인수하여야 할 선순위 권리의 인수금액에 대해 권리분석을 해야 한다.

(4) 토지의 경우 지분물건에 없던 장애요인이 전부경매를 부칠 경우 새롭게 나타날 수 있다. 따라서 장애요인, 즉 선순위 가처분, 선순위 가등기 등의 인수권리를 미리 사전에 권리분석 철저히 해야 전부매각시 낙찰가를 점칠 수 있고, 낙찰금액 에서 지분만큼 배당을 받을 수 있으므로 수익금액을 예측할 수 있다.

(5) 형식적 경매로 전부경매를 부칠 경우 공유자가 지나치게 많거나 고령의 공유

자가 있을 경우 사망하였을 경우 대습 상속자에게까지 송달이 되어야 하므로 소송 이 지연될 수 있다. 따라서 공유자의 수와 연령을 잘 살펴보아야 한다.

4. 공유자 우선매수청구권

1) 지분물건의 특징

지분물건의 특징이 주로 상속이나 부부 공유의 물건이 많다. 지분물건은 공유자 중 한 사람의 지분이 경매에 나오게 되는데 이럴 경우 공유자는 부동산을 지키기 위하여 공유자 우선 매수권을 행사하는 경우가 많다.

공유자 우선매수 청구권은 경매 물건의 입찰 과정에서 낙찰까지 단 한 번만 행사할 수 있기에 공유자들은 낙찰 가격에 민감하다.

2) 낙찰금액 그대로 공유자가 가진다.

공유자들은 응찰하지 않고 보증금과 입찰 금액을 기재하지 않은 입찰서만 준비하여 경매 법정에 참가하여 제3자가 응찰하여 낙찰 받은 그 금액을 고스란히 공유자 우선매수권을 행사하게 되면 낙찰자가 쓴 금액 그대로 공유자가 낙찰 받아가게 되는 것이다. 반면, 최고가를 쓴 낙찰자는 권리분석 및 입찰가 선정에 고생하였으나 '닭 쫓던 개' 형국이 되는 것이다.

3) 우선매수권 행사할 공유자 있나요?

응찰 후 개찰 시 집행관은 최고가를 쓴 낙찰자를 호명하여 앞에 세우고 "공유자 중 공유자 우선 매수권 행사할 공유자 있나요?" 묻는다.
이럴 경우 1위한 입찰자는 가슴이 조마조마하게 되고, 우선매수권 행사하겠다는 공유자가 손들고 나오면 어렵게 낙찰 받은 물건을 그 자리에서 다른 공유자에게 넘겨 주기에 , 학습효과로 추후 다음에 입찰하는 지분물건을 입찰 할 때는 공유자들이 우선 매수권 행사하기 버거운 금액으로 응찰하게 된다. 이럴 경우 수익성은 당연 저하될 것이다.

5. 지분물건 사례- 형식적 경매를 통한 매각 사례

오산 서동 산82-2

임야 5157㎡중1289㎡ ¼ (390평)

[18타경2539호] 감정가2억8300만/ 최저가1억3892만(49%)
　　　　　　　낙찰가 1억7550만(61.89%)

[2019-523095] 감정가12억2220만/최저가8억5554만(70%)
　　　　　　　낙찰가10억2970만(84.25%)

1/4 지분 2억5,740만 차익8,185만

취득등기1,200만 양도세2,800만　　[순이익4,200만(23%)]

※ 이 물건의 전체의 경매(2019타경 523095호) 낙찰 받은 사람은 금융권에서 낙찰대금 전부를 융자로 처리할 만큼 오산의 Hot 한 지역의 물건이다.

지분물건을 낙찰 받고, 다시 전부를 경매에 부칠 경우 제3자 명의를 통하여 전부를 매입하여 일반물건으로 매각할 경우 수익률이 더 높은 물건이다.

지분물건의 수익방법은

1. 지분물건의 분석(물건분석, 권리분석, 수익분석)을 우선한다.
2. 지분을 낙찰 받은 이후, 전체를 경매를 할 경우 제3자가 높은 응찰가를 쓸 수 았는지 전체의 분석을 한다.
3. 공유물현금분할청구의 소를 통해 소송을 진행할 때 공유자의 수에 따라 시간소요가 길므로 적당한 공유자와 사망하여 대습상속이 이루어지면 송달주소보정기간이 길므로 적정한 공유자 수, 지나치게 연로하지 않는지 피고가 될 공유자를 조사한다.
4. 개발 가능지나 수익성 있는 물건 위주로 지분물건을 취득하여야 한다.

지분물건 투자 조사내역서

오산시 서동 산82-2

< 컨설팅 조사서 >

■ 목 차 ■

1. 기본개요

2. 물건내역

3. 입지분석

4. 시세분석

5. 응찰가 분석

6. 수익성 분석

7. 법률사항 분석

8. 수익대비 리스크 분석

9. 본건의 특장점

10. 등기부상 권리관계 분석

11. 임대차 내역 및 지장물

12. 권리분석

13. 추후 진행상항 및 검토사항

14. 결어

투자법인 오케이법률경매(주)

매수대리 공인중개사 대표자 오천조

(수원법원등록 08-18-24)

1. 기본개요

1-1. 경매사건번호 : <u>18-2539</u>

수원17계
2018 타경 2539 임야

|사건내용

조 회 수 ·금일조회 3 (1) ·금회차공고후조회 13 (5) ·누적조회 106 (18)　　　( )는 5분이상 열람 [조회통계]

소 재 지	경기 오산시 서동 산82-2 [도로명주소]		
용 도	임야	감 정 가	283,635,000
토지면적	전체 5157 ㎡ 중 지분 1289.2 ㎡ (390평)	최 저 가	138,982,000 (49%)
건물면적	0㎡ (0평)	보 증 금	13,898,200 (10%)
경매구분	임의경매	소 유 자	이기봉외13
청 구 액	150,000,000	채 무 자	이기봉
채 권 자	배경자		

주의사항 ·지분매각 ·분묘기지권 ·입찰외 [특수件분석신청]

<< 가지고 계신 물건사진을 등록하면 사이버머니 지급 또는 광고를 게재해 드립니다 >>　|회원답사사진등록

■ 진행과정

구분	일자	접수일~
경매개시일	2018.02.05	4일
감정평가일	2018.02.13	12일
배당종기일	2018.04.18	76일
최초경매일	2018.06.19	138일

예상매각가 🔍

■ 매각과정 [입찰 6 일전]

[법원기일내역]

회차	매각기일	최저가	비율	상태	접수일~
①	2018.06.19 (10:30)	283,635,000	100%	유찰	138일
②	2018.07.19 (10:30) ↓30%	198,545,000	70%	유찰	168일
❸	**2018.09.06 (10:30)** ↓30%	**138,982,000**	**49%**	**진행**	**217일**
④	2018.10.18 ↓30%	97,287,000	34%	예정	

1-2. 물건사진

※ 경계선 일부 지장물, 분묘 2기 존재

※ 구거사용승낙 후 도로 접한 지역

제시 외 지상물 존재

1-3. 물건위치도

※ 토지이용규제정보서비스 참조

1-4. 위치도 평가

정남산업단지, 누읍지구, 오산세교2택지개발지구 인근의 개발 분포

2. 물건내역

2-1. 경매내역

특수물건종류	토지지분	물건지	오산시 서동 산82-2
지목(용도)	임야	면적	5157㎡ (1563평) 중1289㎡ (390평)
감정가	283,635,000	감정시점	18.2.13.
입찰보증금	13,898,200(10%)	응찰기준	3차(49%최저)
1차최저가		2차최저가	**198,545,000**
입찰일	18. 9. 6.	3차최저가	138,982.000(49%)
특기사항	농취증 입찰외		
감평서 요약	도시지역, 자연녹지, 소하천,성장관리권역		
진행계획 (낙찰후)	3차에서 최저가로 낙찰 받아 지분권자가 매각처리,현금분할 청구		

2-2. 일반내역

주소	오산시 서동 산82-2	지목	임
토지면적	390평	상태	자연림
공시지가 /㎡	95,000원/㎡	토지감정단가	220,000원/㎡
공시지가/평당	727,000원/평당	시세가	
도시계획/지역	도시지역, 자연녹지,	도로상태	북서측6m 도로 차량접근가능
경사도	완만한 농지	방향	
행위제한			
특기사항	북서측6m도로 있으나, 전원택지 개발지로서 사도. 지적도상 도로 없음, 18.1. 고시가 변경 85,000->95,000원 인상		

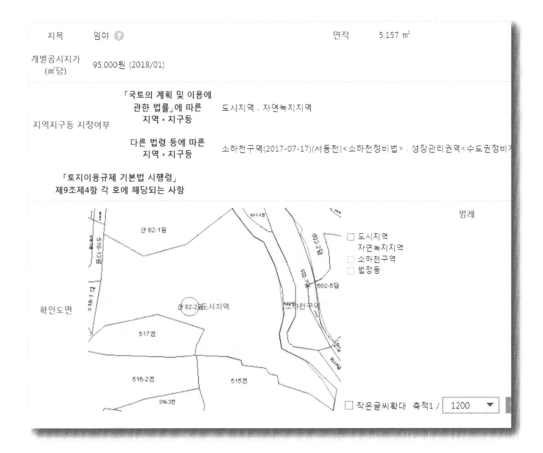

지목	임야 🅘		면적	5,157 ㎡
개별공시지가 (㎡당)	95,000원 (2018/01)			

지역지구등 지정여부	「국토의 계획 및 이용에 관한 법률」에 따른 지역·지구등	도시지역 , 자연녹지지역
	다른 법령 등에 따른 지역·지구등	소하천구역(2017-07-17)(서동천)<소하천정비법> , 성장관리권역<수도권정비

「토지이용규제 기본법 시행령」
제9조제4항 각 호에 해당되는 사항

3. 입지분석

지역분석	오산시, 수도권 인접하며 교통여건 유리, 주변 개발지 소재
주위환경 및 상권분석	일반 농경지, 인근 주변 소규모 공장, 산업단지 원거리 접. 추후 주택지, 공장설립
교통상황	버스정류소 인근 소재 , 현재 사도 접근 가능, 진입도 추후 개발 시 이득가능
도로조건	6m 접근 가능,
유동인구	
최유효이용여부	
향후발전성	재매각 처리

4. 시세분석

◈ 국토부실거래가 [경기 오산시 서동 | 최근3년]　　　　　　　　　　　　　　　　　　　국토부실거래가

지목	·전체 ·답	·대 ·과수원	·임야 ·잡종지	·전 ·기타토지

계약년월	계약일	거래금액	면적-㎡	㎡당 금액	지목	용도지역
2018.07	1~10	116,360,000	77 (23평)	1,511,169	임야	제2종일반주거지역
2018.06	21~30	65,000,000	77 (23평)	844,156	임야	제2종일반주거지역
2018.05	1~10	1,235,000,000	77 (23평)	16,038,961	임야	제2종일반주거지역
2018.03	21~31	(지분) 150,000,000	397 (120평)	377,834	임야	자연녹지지역
2018.02	11~20	301,500,000	647 (196평)	465,997	임야	자연녹지지역
2018.02	11~20	262,000,000	77 (23평)	3,402,597	임야	제2종일반주거지역
2017.12	11~20	3,000,000	77 (23평)	38,961	임야	제2종일반주거지역
2017.11	1~10	300,000,000	77 (23평)	3,896,104	임야	제2종일반주거지역
2017.11	1~10	529,570,000	77 (23평)	6,877,532	임야	제2종일반주거지역
2017.09	1~10	(지분) 40,640,000	85 (26평)	478,118	임야	자연녹지지역
2017.05	21~31	640,000,000	647 (196평)	989,181	임야	자연녹지지역

자료 국토부실거래가

■ 지분토지 377,834/㎡ 기준

현재 최저가 기준 107,830/㎡ −> + 270,000/㎡

60% 응찰 취득기준 (170,181,000원) 132,025/㎡ −> + 245,808/㎡

■ 지분토지 478,118/㎡

현재 최저가 기준 107,830/㎡ −> + 370,288/㎡

60% 응찰 취득기준 (170,181,000원) 132,025/㎡−> + 346,093/㎡

■ 감정가 기준 220,000/㎡

377,834−220,000= + 157,834/㎡

478,118−220,000= + 258,118/㎡

5. 응찰가 분석

감정가	283,635,000	100	
2차 최저가	198,545,000	70	

3차최저가	138,982,000	49	
감정가대비%	금액	감정가대비 차액	재경매 수익가능성금액
100 %	283,635,000		
70 %	198,544,500	85,090,500	
65 %	184,362,750	99,272,250	
60 %	170,181,000	113,454,000	
55 %	155,999,250	127,635,750	
50 %	141,817,500	141,817,500	
49 %	138,981,150	144,653,850	

5-1. 응찰가능금액

낙찰 희망률 따라 결정 ; 공유자 우선매수 가능성 농후함.

6. 수익성 분석 : 최저가 매입 후 감정가 매각 시 기준

6-1. 취득세등 공제 후 : 취득세등 필요비용 300만원 소요
6-2. 양도 시 수익성 : 60%취득, 70%매각시

차익3000만원 - 비용 1200만원 = 2000만원 최저 수익
(분할 이후 상승가 , 전체매각 상승평가 비교에서 제외)

 현금분할을 전제한 지분이 아닌 전체 평가금액은 실거래가에 육박하는 1.5배 이상의 금액으로 평가될 것으로 판단하면, 타 공유자 보다 지분을 많이 가지고 있으므로 매각시 배당의 수익은 위의 금액을 상당히 상회한다.

7. 법률사항 분석 : 수익대비 리스크 분석으로 대체

법률상, 공법상 별도의 하자가 없다. 수익성 리스크로 분석한다.

▍수익률분석   수원17계 2018-2539

* 3년 후 매각 기준으로 표준방식에 의해 분석하였습니다. 참고용으로만 활용하기 바랍니다.
* 회원께서 자료입력 후 재분석 하면 3개년차 현금흐름까지 정확히 분석이 가능합니다.

구분		상세내역	TOTAL	1년	2년	3년
초기투자비	매각가	자기자본	138,982,000	138,982,000		
		타인자본				
		총금액	138,982,000	138,982,000		
	세금	거래세(취득세등)	6,393,172	6,393,172		
	등기비(채권할인비포함) 0.2%		277,964	277,964		
	부담임차금					
	명도비					
	리모델링비 및 기타					
	컨설팅수수료		2,084,730	2,084,730		
	총투자비		147,737,866	147,737,866		
수 입	임대료					
	보증금					
	기타수입					
	재매도가격		352,358,874			352,358,874
	총수입		352,358,874			352,358,874
지 출	대출 이자					
	관리,운영경비					
	보증금상환					
	재매도비(0.5%)		1,761,794			1,761,794
	기타					
	총지출		1,761,794			1,761,794
수 익	세전 수익		202,859,214			
	세후 수익					
	수익률(년)			45.77%		

8. 수익대비 리스크 문제

토지에 대한 선호도가 높은 지역이므로 , 매각의 리스크는 없으나,
다만 응찰가의 비례하여 수익을 결정한다.
지분이 타 공유자보다 많으나 , 공유자가 많아 공유물 분할 보다는

전체 매각으로 현금분할로 유치하는 것이 바람직하다.

9. 본건의 특장점

오산시의 도시개발계획으로 본 건의 인근에 오산세교 2택지지구가 개발하고 있으며, 주변의 개발 가능성이 높아 전체 면적의 매각 시 낙찰가율이 높다고 보아진다.

10. 등기부상 권리관계분석

10-1. 소멸 관련 조사

등기부현황 (열람일자:2018-08-22)						
접수일자	권리종류	권리자	채권금액	말소		비고
2009-12-15	근저당권	배경자	80,000,000	말소	말소기준등기	
2013-06-20	근저당권	배경자	70,000,000	말소		
2013-07-09	근저당권	서창석	200,000,000	말소		
2015-04-22	압류	화성세무서		말소		
2016-08-12	압류	화성시		말소		
2018-02-05	임의	배경자		말소	경매기입등기	
등기부채권총액 : 350,000,000						

형식경매의 낙찰 이후 전체면적 경매신청의 경우 다른 공유자 지분상에 가처분이 있으나, 제척기간 3년이 경과하였고, 목적 달성한 가처분이기에 인수권리가 아니므로 전체면적의 낙찰가율이 과다하게 추락할 이유가 없다.
다만, 가처분이 선순위라는 사실만으로 권리분석이 불가한 경매 초보자가 응찰할 경우의 수는 줄어들 수밖에 없다.

10-2. 공유자 조사

공유자가 채무자 이기붕외 13명으로 공유자 우선매수 행사 가능성이 높으나, 공유자 우선매수권 행사를 저지하기 위하여 입찰가를 높게 작성하기에는 수익성의 타당성 문제가 따른다.

보유가 아니라 재매각의 초점에 주안을 두고 판단하여 입찰한다.

1. 소유지분현황 (갑구)

등기명의인	(주민)등록번호	최종지분	주 소	순위번호
이기봉 (공유자)	540409-*******	728분의 182	화성시 향남면 하길리 922	2
이기영 (공유자)	450703-*******	728분의 182	인천 남구 주안동 631-1	3
이기춘 (공유자)	621211-*******	728분의 14	경기도 안성시 공도읍 진사길 32,205동 1202호(주은청설아파트)	7
이명숙 (공유자)	501210-*******	728분의 26	서울특별시 마포구 월드컵로 207, 104동 123호 (성산동, 도시개발공사성산아파트)	5
이명순 (공유자)	560420-*******	728분의 26	서울특별시 강서구 초록마을로24길 15-7, 402호 (화곡동, 화성빌라)	5
이명자 (공유자)	610515-*******	728분의 26	인천광역시 연수구 청능대로 175, 113동 901호 (연수동, 연수1차우성아파트)	5
이명해 (공유자)	570928-*******	728분의 26	경기도 오산시 청학로173번길 21, 111동 801호 (수청동, 대우아파트)	5
이복자 (공유자)	681025-*******	728분의 26	경기도 평택시 이충로 16, 402동 703호 (이충동, 휴먼시아 추담마을)	5
이서희 (공유자)	840324-*******	728분의 7	충청남도 천안시 동남구 고재19길 21-1(원성동)	7
이윤영 (공유자)	650218-*******	728분의 26	경기도 평택시 송탄2로 34, 301호 (서정동, 삼성그린빌라)	5
이채윤 (공유자)	720705-*******	728분의 26	경기도 오산시 궐리사로59번길 31-4, 202호 (궐동, 홍일빌)	5
이한희 (공유자)	820315-*******	728분의 7	충청남도 천안시 동남구 고재19길 21-1(원성동)	7
이현숙 (공유자)	590220-*******	728분의 14	경기도 오산시 가장로 727-11(청학동)	7
전현숙 (공유자)	510408-*******	728분의 140	경기도 하남시 대청로 79, 113동 1903호 (신장동, 대명강변타운아파트)	4

등기부상의 권리관계는 하자가 없다.

11. 임대차내역 – 해당사항 없음

12. 권리분석

소멸기준 권리 이후의 모든 권리관계 소멸로 권리분석상 하자는 없다.
제시 외 지상물 및 분묘는 취득의 목적이 아니므로 현금 분할 청구하는 데 지장이 없다.

13. 추후 진행 및 검토사항

1) 입찰회차 지정 : 3차 지정 , 49% 최저가에서 검토
2) 입찰가 결정

3) 공유자가 많아 현금분할의 소송시간 지연 여부

4) 낙찰 후 통고서로 매입의사 공유자 선정 가능성 여부

14. 결어

☞ 입찰 전

　입지양호, 주변 전원단지 조성중, 분묘문제 되지 않음, 지장물 문제없음, 선순위 가처분 말소 가능, 실거래 높음, 부가가치 및 미래가치 상당, 전체경메시 낙찰자 효용가치 증대

☞ 입찰일

　입찰예정자 추정 : 5명 내외

　입찰가 결정 : 175,555,000원

　공유자입찰 참가가능성 : 입찰가 60% 초과 1억7천만원 초과시 불참가능성

☞ 기간소요 : 1년 6개월 이내 예정

☞ 전체경매 낙찰가능성금액 : 최저 10억 이상 (83% 내외)

☞ 수익금액 : 6,000만원 내외 (수익률 34%)

☞ 양도세 및 비용공제 후 순이익 : 4,000만원 내외 (순수익률24%)

가. 감정가 유사 양도 시 수익 검토

　취득일자 : 18.9.6.

　양도일자 : 20.6.30. 예측(1년 9개월)

　취득금액 : 175,555,000원

양도가액 : 260,000,000　　(감정가 283,000,000원)

취득세 등기외 필요경비 : 12,000,000

양도세 : 21,000,000

순이익 : 260,000,000 − 175,555,000 − 21,000,000 = 63,445,000

이익률 : 37% (월 수익 300만원)

취득가액	175,555,000원
취득세	7,022,200원
(+)농어촌특별세	351,110원
(+)지방교육세	702,220원
(+)감면농특세	0원
세액합계	8,075,530원

아래부터 법무사 이용시 필요 금액의 합계이며, 정확한 금액은 거래하는 법무사를 통하여 확인하시길 바랍니다.

(+)법무사보수료	349,354원
(+)부가세	34,935원
(+)채권할인	119,377원
(+)공부료	10,000원
(+)증지대	14,000원
(+)인지대	150,000원
(+)추가경비	0원
총합(기타 비용포함)	8,753,196원

양도가액	260,000,000원
(-)취득가액	175,555,000원
(-)기타필요경비	12,000,000원
(=)양도차익	72,445,000원
(-)장기보유특별공제	0원
(=)양도소득금액	72,445,000원
(-)양도소득기본공제	0원
(=)과세표준	72,445,000원
(×)세율	34%
(=)세율 적용값	24,631,300원
(-)누진공제액	5,220,000원
(=)양도소득세	19,411,300원
(+)주민세(10%)	1,941,130원
(=)1인 납부금액	21,352,430원

나. 매각절차

형식경매 실행 - 소장(공유물현금불소송 착수 - 판결 - 전체 면적 경매 개시

새로운 사건번호 부여 2019 타경 523095

20. 6. 26. 제3자 고 00 낙찰 낙찰대금 10억2900만 원

수원7계 2019 타경 523095 임야

| 사건내용

| 과거사건 | 수원17계 2018-2539 |

| 조 회 수 | ·금일조회 1 (0) ·금회차공고후조회 77 (50) ·누적조회 280 (67) | |는 5분이상 열람| 조회통계 |

소 재 지	경기 오산시 서동 산82-2 노로명검색
용 도	임야		감 정 가	1,222,209,000
토지면적	5,157.0㎡ (1,560.0평)		최 저 가	855,546,000 (70%)
건물면적	0㎡ (0평)		보 증 금	85,554,600 (10%)
경매구분	형식적경매(공유물분할)		소 유 자	오OOOOO
청 구 액	0		채 무 자	
채 권 자	오OO
주 의 사 항	·선순위가처분 입찰외 특수件분석신청

| 매각과정

회차	매각기일	최저가	비율	상태	접수일~
①	2020.05.27 (10:30)	1,222,209,000	100%	유찰	188일
		↓30% 855,546,000	70%	매각	218일
②	2020.06.26 (10:30)	매수인 고OO / 응찰 4명 매각가 1,029,700,000 (84.25%) 2위 917,000,000 (75.03%) 3위 865,110,000 (70.78%) 4위 860,150,000 (70.38%)			납부완료 (2020.08.07)
	2020.09.07			종결	291일

오OO 지분 1/4 에 대한 배당금 2억5000만원

다. 수익조사 정리

2019 타경 523095호 매각 양도세 및 수익계산

1. 매각액 : 1,029,700,000원 / 총면적 5,157.0㎡ = 환산시 ㎡당 199,670원

2. 오천조 님 지분(728분의 182) / 1289.2㎡ = 257,414,564원

3. 취득가액 : 175,555,000원(61.89% 낙찰)

4. 지출비용   1) 총비용 : 12,000,000원

            2) 인정공과 제외금

             : 근저당설정비용, 형식경매진행비 인지 송달료 우편 등

            3) 인정비용 8,304,029원

            4) 경매신청비 6,934,320원 (19타경523095)

5. 매각대금   257,414,564   (19타경523095)

6. 양도세액 기준금 : **64,121,215**

   매각대금- 취득가 - 매입취등록공과금 - 매각비용 - 기본공제

   257,414,564−175,555,000−8,304,029−6,934,320−2,500,000 = 64,121,215

7. 양도세 납부예정세액 **28,213,330**

64,121,215 x 0.44 = 28,213,330   (40% +지방세 4% = 44%)

8. 순수익 : 41,646,234원

취득비용 (257,414,564) −투입비용 (175,555,000+12,000,000)−양도세

(28,213,330) = 41,646,234

라. 소요기간

1. 절차

지분물건 응찰 19. 9. - 낙찰 - 공유물현금분할소송 - 형식경매 면적전부 개시 - 낙찰
20.6. - 법원으로부터 배당20. 7. - 양도세납부 - 종결

2. 소요기간 : 2018.9. ~ 20.7. (1년10월; 코로나 초기로 법정휴정기간 총4월)

6. 지분물건 수익사례 - 매매를 통한 수익 사례
(형식경매 아닌 일반매각)

수원6계 2018 타경 2997[2] 임야

| 사건내용 |

조 회 수	·금일조회 1 (0) ·금회차공고후조회 44 (22) ·누적조회 242 (35)	조회통계
소 재 지	경기 화성시 서신면 홍법리 산80-1 도로명주소	
용 도	임야	감 정 가	187,854,660
토 지 면 적	전체 3769㎡ 중 지분 3478.8㎡ (1052.3평)	최 저 가	45,104,000 (24%)
건 물 면 적	0㎡ (0평)	보 증 금	4,510,400 (10%)
경 매 구 분	강제경매	소 유 자	홍0000
청 구 액	21,857,534	채 무 자	홍00
채 권 자	전00		
주 의 사 항	지분매각 예고등기 맹지 특수物분석신청	

| 매각과정 |

회차	매각기일	최저가	비율	상태	접수일~
①	2018.07.04 (10:30)	187,854,660	100%	유찰	147일
②	2018.08.22 (10:30)	↓30% 131,498,000	70%	유찰	196일
③	2018.09.27 (10:30)	↓30% 92,049,000	49%	유찰	232일
④	2018.11.02 (10:30)	↓30% 64,434,000	34%	유찰	268일
⑤	2018.12.05 (10:30)	↓30% 45,104,000	24%	매각	301일
		매수인 홍00 / 응찰 1명 매각가 81,555,000 (43.41%)			납부완료 2019.01.16
	2019.02.19			종결	377일

기간소요 vs 수익

낙찰 등기 19 . 1. 16.
매각 등기 19. 6. 10. 5개월 소요

낙찰금및 취득비용 8,800만
매각비용 1억2,500만
차익 3,700만
순수익 2,200만 + 임야 150평(3,000만상당)
수익률 57%

지분 입찰 이전에 매수인을 미리 찾았을 경우, 혹은 공유자 중 매수가 가능한 사람이 있는 경우의 물건이다.

7. 지분물건 공유물 현금분할 소송 진행 절차

- 소장 작성안내

- 소장 제출법원

- 소송구조

- 소장 양식 안내

- 인지액 납부 및 환급

- 문자메시지 통지서비스 이용안내

☞ 원·피고 당사자의 성명, 명칭 또는 상호와 주소

☞ 대리인이 있는 경우 대리인의 성명과 주소

☞ 연락가능한 전화번호,팩스번호,E-Mail 주소

☞ 청구취지(청구를 구하는 내용, 범위등을 간결하게표시)

☞ 청구원인 (권리, 법률관계의 성립원인 사실을 기재)

☞ 부속서류의 표시(소장에 첨부하는 증거서류 등)

☞ 작성 연월일

☞ 법원의 표시/ 작성자의 기명날인 및 간인

(1) 낙찰 - 잔금납부등기 – 내용증명(등기부주소) – 송달 완료 또는 반송

(2) 소장제출(내용증명 첨부) – 인지대 송달료 보정명령 – 납부 –

(3) 주소보정명령 수령- 송달료 추가납부 – 주민센타방문 주민등록등본 수령

(4) 주소보정이행 제출

(5) 소장 피고 공유자 송달 완료

(6) 재판기일 통지서 발송자

(7) 송달 – 주소보정명령 – 야간송달 또는 공시송달

(8) 1회 기일 지정 또는 화해권고 발송

(9) 판결 또는 화해권고 확정

(10) 집행문 확정증명 송달증명 수령

(11) 형식경매접수 – 접수비용 산출

(12) 1차 경매기일대기 – 경매신청자는 배당 신청 하지 않음

(13) 가격추락 응찰자 없을 시 물건 보정 유리한 정보 사이트 개제

(14) 기일 변경 신청 판단

(15) 낙찰

(16) 배당기일 지정통지서 수령

(17) 배당기일 출석 – 배당표 받음 –은행 현금으로 수령

■ 참고자료 : 공유물분할청구의 소의 비용 계산하기

공유물분할청구의 소	목적물건의 가액에 원고의 공유지분 비율을 곱하여 산출한 가액의 3분의 1

인지액 계산방법

(1) 소장에는 소송목적 가액에 따라 아래 금액 상당의 인지를 첨부하여야 합니다.

소송목적의 값	청구 금액 인지액 계산법
1,000만원 미만	소송목적의 값 X 10,000분의 50 = 인지액
1,000만원 이상 ~ 1억원 미만	소송목적의 값 X 10,000분의 45 + 5,000원 = 인지액
1억원 이상 ~ 10억원 미만	소송 목적의 값 X 10,000분의 40 + 55,000원 = 인지액
10억원 이상	소송목적의 값 X 10,000분의 35 + 555,000원 = 인지액

송달료 납부

소장을 제출할 때에는 당사자 수에 따른 계산방식에 의한 송달료를 송달료수납은행 (대부분 법원구내 은행)에 납부하고 그 은행으로부터 교부받은 송달료납부서를 소장에 첨부하여야 하는데 각 사건의 송달료 계산방식은 다음과 같습니다.

사건	송달료 계산법(송달료 1회분=5,200원, 2021.9.1.부터)
민사 제1심 소액사건	당사자수 X 송달료 10회분
→ 민사 제1심 단독사건	당사자수 X 송달료 15회분
민사 제1심 합의사건	당사자수 X 송달료 15회분
민사항소사건	당사자수 X 송달료 12회분

8. 기타 지분물건 수익 사례

● 2015타경 8290 경기 안성 사곡동 (매매로 수익)

● 2017타경 44313 안성 금광면 옥정리

● 2017타경 11942 경기 광주시 도척면 상림리

● 2017-0857-001 수원 당수동 지분 농지공매

● 2017타경 8284 서산시 동문동 (매매로 수익)

● 2017타경 512152 화성시 서신면 용두리 (송산개발 수익)

● 2018타경 24 하남시 덕풍동

● 2018타경 2997② 화성시 서신면 홍법리(매매로 수익)

● 2015타경 26200② 양주시 광적면 석우리

● 2017타경 27481 양주시 광적면

● 2019타경 584 평택시 현덕면 화양지구

● 2019타경 26846 화성시 봉담면 마하리

● 2020타경 53202 화성시 정남면 오일리

● 2020타경 45941 안성시 대덕면 내리

대지	2021.01.18	북부3계 2019-2131[2] 서울 성북구 성북동1가 35-53 [일괄]35-21, 35-48, 35-49, 35-50, 외2 [지분매각] 토지 4㎡ (1평)	16,300,340 8,346,000 16,300,340	매각 (51%) (100%) 종결 2
단독주택	2021.01.18	대전8계 2019-18105 충남 금산군 금성면 양전리 283 [가래울길 67-3] [지분매각] 건물 54㎡ (16평) | 토지 208㎡ (63평)	30,943,860 10,614,000 11,660,000	종결 (34%) (38%) 종결 1
임야	2021.01.18	성남8계 2019-60207[2] 경기 성남시 중원구 도촌동 산5 [분묘 입찰외 지분매각 맹지] 토지 1,315㎡ (398평)	285,426,610 199,799,000 231,200,000	종결 (70%) (81%) 유찰 1
임야	2021.01.18	천안2계 2019-109628 충남 아산시 도고면 화산리 산13 [입찰외 지분매각 맹지] 토지 6,920㎡ (2,093평)	159,160,000 38,214,000 45,000,000	종결 (24%) (28%) 종결 2

자료 250 실제 물건과 수익사례

5강 권리분석과 말소기준권리

1. 기초개념

가. 말소기준

(1) 말소기준등기[11]
  - 경매개시결정등기, 저당권, 근저당권, 압류, 가압류, 담보가등기 중 가장 빠른
  등기가 말소기준등기

※ **전세권**은 건물 전부에 설정되어 있고, **배당요구**를 하였거나, **경매신청**을 하였을 경우 말소기준
등기가 될 수 있다(속초 2019타경 10649 아파트 참조).

---

11) **제91조(인수주의와 잉여주의의 선택 등)**
① 압류채권자의 채권에 우선하는 채권에 관한 부동산의 부담을 매수인에게 인수하게 하거
나, 매각대금으로 그 부담을 변제하는 데 부족하지 아니하다는 것이 인정된 경우가 아니면
그 부동산을 매각하지못한다. 샌생략

② <u>매각부동산 위의 모든 저당권은 매각으로 소멸된다.</u>

③ 지상권·지역권·전세권 및 등기된 임차권은 <u>저당권·압류채권·가압류채권에 대항할
수 없는 경우</u>에는 매각으로 소멸된다.

④ 제3항의 경우 외의 지상권·지역권·전세권 및 등기된 임차권은 <u>매수인이 인수</u>한다. 다
만, 그중 전세권의 경우에는 <u>전세권자가 제88조에 따라 배당요구를 하면 매각으로 소멸</u>된
다.

⑤ 매수인은 유치권자(유치권자)에게 <u>그 유치권(유치권)으로 담보하는 채권을 변제할 책임</u>
이 있다.

※ 실무상 대체로 근저당권이 말소기준권리의 다수를 차지하고 나머지는 (가)압류가 기준권리가 되는 사례가 거의 대부분이다.

경매에서 범하기 쉬한 오류들 KeyWord

1. **권리분석** : 인수권리, 인수금액, 명도저항, 목적물 인수장기화, 소송수행
2. **수익분석** : 수익발생기간 착오, 자금의 회전력, 수익률저조
3. **입찰가 분석** : 최저가대의 입찰시기, 경쟁자 통계 허수, 수익성대비 입찰
4. **잔금확보** : 대출불가, 잔금일시, 기회비용
5. **필수응찰과 선택응찰**

(2) 예시

1순위 - 임차인
2순위 - 근저당권
3순위 - 가처분
4순위 - 압류
....

말소기준권리는 근저당권이며, 경매 낙찰과 동시에 근저당권부터 이후 권리는 등기부상에 모두 말소된다. 위의 예시에서 4순위인 압류가 경매신청 하여도 기준권리는 등기부상의 1순위인 근저당이다(1순위인 임차인은 임차권명령등기에 의하지 않는 이상은 등기되는 물권이 아니다).

한편, 임차인의 전세보증금은 기준권리보다 앞서므로 낙찰자가 인수하여야 한다.

임차인은 임차부동산의 점유와 매수인 보증금 지급의 동시이행관계가 형성되어, 낙찰자가 보증금을 주지 않으면, 집을 비워 주지 않는다.

나. 권리분석이란? 말소기준등기 찾기!

> 권리분석의 첫 스타트는 말소기준권리 찾기
> 말소기준등기는 경매절차상의 이해관계인의 기준점

(1) **인수되는 등기** : 가등기(말소기준권리보다 앞설 경우)
(2) **말소기준등기** : 저당권, 근저당권, 가압류, 담보가등기, 강제경매개시결정등기, 전세권(조건부), 가처분, 전세권, 지상권, 법정지상권, 환매등기, 유치권
(3) **후순위로 소멸되는 등기** : 가등기, 가처분, 전세권, 지상권, 임차권, 저당권, 근저당권, 압류, 가압류, 담보가등기, 경매개시결정등기, 전세권, 환매등기

※ 환매등기 : 채무를 갚으면 부동산을 돌려 받는다는 뜻. 환매권설정은 매매등기와 동시에 등기, 동시에 등기 하지 않은 것은 무효.

◆ 권리 분석표 ◆

				전	후
등기부	갑구	압류(말소기준등기)		말소	
		가압류(말소기준등기)		말소	
		경매개시결정등기(말소기준등기)		말소	
		가처분		인수	말소
		가등기	소유권이전등기	인수	말소
			담보가등기 (말소기준등기)	말소	
		환매등기		인수	말소
	을구	(근)저당권(말소기준등기)		말소	
		전세권(말소기준등기)		인수/말소	말소
		지상권		인수	말소
		지역권		인수	말소
		임차권등기명령		인수	말소
미등기		임차권		인수	말소
		법정지상권		인수	
		유치권		인수	

다. 권리분석 오류 유형

(1) **소유권 상실 위험** : 선순위가등기, 선순위가처분, 후순위가처분 중 건물철거 및 토지인도 청구권보전을 위한 가처분 등

(2) **추가부담 발생 가능 권리** : 유치권, 대항력 있는 임차인, 선순위전세권, 관리비, 불법건축물, 이주비 등

(3) **사용제한 받을 수 있는 권리** : 법정지상권, 분묘기지권, 선순위지상권 등

2. 대항력12)

1) 대항력의 요건

```
주택의 인도 + 주민등록 => 이후 새벽 0시 기준 효력발생
```

① 이사만 하고, 점유하지 않고, 주민등록만 등재 -> 대항력 없음
② 이사 후 점유 하고 있으나, 주민등록 없는 경우 -> 대항력 없음
③ 경매 공매에서는 대항력 기산일이 말소기준권리 보다 빨라야 대항력 발생
(임대차보호법상의 대항력 요건과 경매의 차이)

2) 대항력의 존속기간

임차인이 낙찰자에게 대항하기 위한 대항력존속기간은 매각대금납부시까지 이다.
매각대금이 납부되지 않은 재경매 물건 등의 경우도 매각대금납부까지 유지해야 한다.

---

12) 제3조(대항력

① 임대차는 그 **등기가 없는 경우에도** 임차인이 **주택의 인도와 주민등록을 마친 때**에는 그 다음 날부터 제삼자에 대하여 효력이 생긴다. 이 경우 전입신고를 한 때에 주민등록이 된 것으로 본다.

② 주택도시기금을 재원으로 하여 저소득층 무주택자에게 주거생활 안정을 목적으로 전세임대주택을 지원하는 법인이 주택을 임차한 후 지방자치단체의 장 또는 그 법인이 선정한 입주자가 그 주택을 인도받고 주민등록을 마쳤을 때에는 제1항을 준용한다. 이 경우 대항력이 인정되는 법인은 대통령령으로 정한다. <개정 2015.1.6>

③ 「중소기업기본법」 제2조에 따른 중소기업에 해당하는 법인이 소속 직원의 주거용으로 주택을 임차한 후 그 법인이 선정한 직원이 해당 주택을 인도받고 주민등록을 마쳤을 때에는 제1항을 준용한다. 임대차가 끝나기 전에 그 직원이 변경된 경우에는 그 법인이 선정한 새로운 직원이 주택을 인도받고 주민등록을 마친 다음 날부터 제삼자에 대하여 효력이 생긴다. <신설 2013.8.13>

④ 임차주택의 양수인(그 밖에 임대할 권리를 승계한 자를 포함한다)은 임대인의 지위를 승계한 것으로 본다. <개정 2013.8.13>

⑤ 이 법에 따라 임대차의 목적이 된 주택이 매매나 경매의 목적물이 된 경우에는 「민법」 제575조제1항·제3항 및 같은 법 제578조를 준용한다. <개정 2013.8.13>

⑥ 제5항의 경우에는 **동시이행의 항변권**에 관한 「민법」 제536조를 준용한다.

3) 선순위 임차인

- 임차권은 존속기간 만료에 의해 소멸
- 임차기간 중에 경매가 진행될 경우 배당청구하면 임대차 기간 존속기간은 소멸되지만, 보증금 전부 반환받을 때 까지 임대차관계가 존속되는 것으로 의제한다.

대항력 있는 즉, 말소기준권리 보다 선순위 임차인이라면 경매가 들어와도 보증금 전액 받을 때까지 거주를 계속 할 수 있어 배당요구를 하지 않는다.

4) 후순위 임차인

후순위 임차인은 매각과 동시에 임대차 소멸되므로, 배당요구를 해야 한다.
배당요구 하지 않으면 보증금 받지 못하고 인도 당한다.

3. 대항력과 우선변제권[13] 차이

```
대항력 요건 = 거주 + 전입
대항력 =  대항요건 + 확정일자 -> 배당력 있어 낙찰자 인수
대항력 = 우선변제권 (채권의 물권화 과정이해)
        -> 배당요구를 해야 우선변제권 발생
```

1) 우선변제권 발생시점
   : 대항력 요건을 갖춘 시점과 확정일자를 받은 날 중 늦은 날이다.

---

13) 대항력 1981. 주택임대차보호법 도입
    최우선변제권 1983년 도입
    우선변제권 1989년 도입

예)

주민등록 (1월 1일) + 확정일자 (1월 3일) = 1월 3일

주민등록 (1월 2일) + 확정일자 (1월2일) 또는 그 이전 확정일자 (1월 1일) = 1월 3일 0시

 (주민등록 다음 날)

말소기준등기는 2013.09.22. 가압류이다
반면 대항력 기산일은 2013.09.16.일로 임차인은 대항력이 있다
그러나 확정일자가 늦어 배당순위는 가압류권자와 안분배당을 한다
매각금액이 1억 5천만원이라고 하면
임차인과 가압류권가 각각 7,500만원씩 배당받는다
매수인은 임차인의 미 배당금 1,500만원을 인수해야 한다

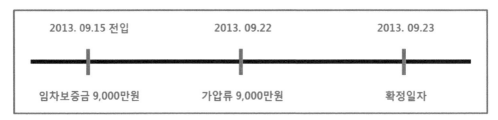

2013. 09.15 전입	2013. 09.22	2013. 09.23
임차보증금 9,000만원	가압류 9,000만원	확정일자

※ 가압류권자와 안분배당되는 이유는 물권화 되지 못하고 채권이기 때문이다.

2) 확정일자14)

 - 채권인 임차권에서 물권화 되어 우선변제권이 부여받는다. 즉, 후순위와 안분배당하는 것이 아니라, 우선변제 받는다.

3) 소액임차인 최우선변제

 - 전체 낙찰가의 1/2 범위 내에서 받음.
 - 최우선변제 : 경매개시이전까지 전입, 계약. 대항요건만 갖추어도 최우선변제된다. 확정일자 필요 없음

4) 상가 최우선변제금

※ 환산보증금 : 보증금 + (월세×100)

 예) 보증금 2000만원, 월20만원 = 2,000만+(20만×100) = 환산보증금 4,000만원

---

14) 확정일자는 시읍면사무소, 법원, 상가는 관할세무서

지역	환산보증금	최우선변제액
서울특별시	6,500만원	2,200만원
수도권 중 과밀억제권역	5,500만원	1,900만원
광역시,안산,용인,김포,광주시	3,800만원	1,300만원
그 밖의 지역	3,000만원	1,000만원

5) 소액임차인 최우선변제금

(다음 페이지의 **자료 209번** 표 참조)

6) 우선변제권과 최우선변제권의 차이

- 우선변제권 = 대항요건+ 확정일자
- 최우선변제권 = 지역별 소액임차인의 보증금

7) 임차권과 전세권 병합권리

경매에서는 유료사이트를 맹신하여 배당 등 권리분석을 하면 안된다.

예를 들어, 전세권자가 임차인으로 배당요구 하였을 경우 임차인 자격은 없어지지만, 전세권이라는 물권은 살아 있다. 즉, 임차인으로서는 배당요구함으로써 소멸하는 권리이나, 전세권은 배당요구와 관계없이 소멸기준의 선순위라면 인수될 권리이기 때문이다.

8) 가장임차인

가장임차인은 있는 것이 좋다. 경쟁자는 줄어들면서 가격도 내려가기 때문이다.

경매개시일자 2개월 이전 전입자라면 가장임차인일 확률이 높다.

또한 보통 경매 개시 결정 6월 이내 입주하는 세입자는 가장 임차인일 확률이 높고, 폐문부재로 송달이 잘 안되는 경우라면 확정적이다. 문건 내역을 살펴보고 현장 확인과 거주 여부 확인을 미리 하여야 한다.

주민센터 전입일자 확인과 문건 송달내역 확인도 필요하다.

9) 선순위 임차인이 있는 경우 유의점

배당요구를 하였으므로 당연히 말소된다고 생각해서는 안 된다. 인도 문제가 남아있기 때문이다.

선순위 임차인이 최우선 변제권이 있는 소액임차인이라면, 확정일자 없이도 대항력이 있다. 보통의 임차인은 일반 채권자와 동일하여, 배당청구 해야 배당을 받을 수 있다. 또한 확정일자를 갖춘 임차인은 최우선변제권과는 다른 우선변제권을 보유한다.

10) 전세권과 말소기준권리 이전 이후

전세권 말소기준 이전 : 배당청구 0 - 말소 (담보물권 선택) : 저당권 　　　　　　　　　　　　배당청구 × - 인수 (용익물권 선택) : 전세권 **전세권 말소기준　이후** : 말소

11) 금전채권(가압류등) 과 배당순위

금전채권:　순위 관계없이 말소 **용익물권**:　선순위 인수, 후순위 말소

4. 배당연습으로 권리분석 이해하기

1) 임차인의 배당요구

- 배당요구 종기일 까지 배당요구를 해야 임차보증금을 매각대금에서 받는다.
- 대항력 있는 임차인은 매수인(낙찰자)에게 보증금을 받을 때까지 임차물을 인도
  하지 않을 수 있으므로 배당요구를 하지 않아도 되지만, 대항력 없는 임차인은
  반드시 배당요구를 하여야 한다.
- 배당요구 종기일 이후 배당신청은 효력이 없다.
- 배당요구를 하면 임차인은 임차기간, 배당액과 관계없이 집을 비워줘야 한다.
  (선순위 임차인 제외)

2) 배당의 3요소

```
① 말소기준등기
② 소재지 - 최우선변제금액
③ 임대차 보호법 - 환산
```

3) 배당방법 : 순위배당, 안분배당, 흡수배당

4) 계산방법 : 배당액 x 청구금 ÷ 채권전체금액

물권 + 채권 = **물권 우선**
물권 + 물권 = **선입선출**
채권 + 채권 = **안분배당**

■ 연습 1 : 배당액 1억 채권총액 2억

순위 : A. 가압 5천 B. 근저당 5천 C. 가압 5천 D. 근저 5천

A. (채)가압류 5천 -> 1억 × 5천/2억=2500   안분배당(채) 공탁 후 소송배당[15]
B. (물)근저 5천   -> 1억 × 5천/2억 = 2500 –물권이므로 채권 우선

　　　　　　청구액 총5000 중 부족분 2500 이하배당에서 흡수

　　　　　　2500+2500 = 5000 배당

※ 총배당액 1억 중 7500만 배당 잔액 2500만

C. (채)가압 5천   -> 1억 × 5천/2억 = 2500

　　-> C와 D 는 안분배당; 공탁 2/2500 = 1250 씩

D. (물)근저 5천   -> 1억 × 5천/2억 = 2500   -> 1250

배당결과
A. 가압 5천- 2500 공탁
B. 근저 5천- 5천 배당
C. 가압 5천- 1250 공탁
D. 근저 5천- 1250 배당

| 등기부현황 (열람일자:2020-10-20)

접수일자	권리종류	권리자	채권금액 예상배당액	말소	비고
2015-03-23	소유권	이OO			전소유자:다스씨앤 매매:91,000,000원
2015-03-23	근저당권	신한은행 인계동	66,100,000 32,734,952	말소	말소기준등기
2019-06-19	가압류	고흥군수산업협동조합 군남동	215,682,166	말소	2019 카단 203125 수원(고흥)
2019-11-01	임의	신한은행 여신관리부		말소	경매기입등기

등기부채권총액 : 281,782,166

2019타경 24994[1] 수원 인계동 오피스텔

---

15) 가압류는 소송확정채권이 아니라 청구예정의 보전처분이므로 공탁하여 승소할 경우 수령

■ 연습 2 : 배당액 1억 채권총액 2억

순위 : A. 가압 4천 B. 근저 6천   C. 가압3천   D. 근저 7천

A 가압 4천 -> 1억 x 4천/2억= **2천** = 공탁; 재판 후 수령
(말소기준권리)
B 근저 6천 -> 1억 x 6천÷2억= 3천 + 3천= **6천만** 100%(흡수배당)

※ 배당후 잔액2천만원, 이하(C,D) 배당액 2천만원으로 배당, 이하 채권총액 1억

C 가압 3천 -> 1억 x 3천÷2억= 1,500만 이나
          : 배당액2천, 채권총액1억으로   -> **2천만 x 3천÷1억= 600만**-> 공탁
D 근저 7천 -> 1억 x 7천÷2억= 3,500만 이나
          : 배당액2천, 채권총액1억으로   -> **2천만 x 7천만÷1억= 1400만**

배당 결과
A. 가압4천- 2천 공탁
B. 근저6천 -6천 배당
C. 가압3천 - 600공탁
D. 근저7천- 1400배당

☛ **key point C와 D는 앞편과 계산이 왜 다르죠 ?**

접수일자	권리종류	권리자	채권금액 예상배당액	말소	비고
2013-02-27	소유권	하OO			전소유자:이온주
2017-04-25	근저당권	오케이저축은행 권수	327,600,000 327,600,000	말소	말소기준등기
2017-04-25	근저당권	오케이저축은행 권수	56,400,000 45,351,790	말소	
2020-02-26	가압류	비엔케이캐피탈	14,083,177	말소	2020 카단 200119 수원 용인시법원(호)
2020-03-12	가압류	서민금융진흥원 (구저축은행문제	5,509,919	말소	2020 카단 118 수원 용인시법원(호)
2020-03-27	임의	오케이저축은행		말소	경매기입등기
2020-05-29	가압류	웰컴저축은행	5,240,766	말소	2020 카단 200351 수원 용인시법원(호)

등기부채권총액 : 408,833,862

2020타경 57273 용인시 기흥구 고매동 아파트

 2021.01.20 아파트 (생활주택)	남부11계 2020-100519 서울 영등포구 영등포동2가 94-314 두리하임 7층 702호 [국회대로56길 33-1] [先임차권] 건물 27㎡ (8평) │ 토지 10㎡ (3평)	227,000,000 181,600,000 215,000,000	종결 (80%) (95%) 응찰 1
 2021.01.26 주상복합 (아파트)	남부10계 2020-103716 서울 강서구 화곡동 343-35 ,-36,-70,-89 성재센트리옴 4층 402호 [곰달래로23길 20] [先임차권] 건물 31㎡ (9평) │ 토지 11㎡ (3평)	170,000,000 108,800,000 164,950,000	종결 (64%) (97%) 응찰 2
 2021.01.27 다세대 (생활주택)	남부5계 2019-9566 서울 양천구 신정동 910-6 ,-12 아줄리옴 2층 202호 [중앙로52길 67] [先임차권] 건물 22㎡ (7평) │ 토지 10㎡ (3평)	185,000,000 118,400,000 145,550,000	종결 (64%) (79%) 응찰 1

자료 258 서울 아파트 낙찰 사례

■ 연습 3 : 배당액 9천, 서울소재, 채권총액 1억6800

> A. 가압1억 B. 임차인1800만(대항요건+확정)=우선변제권 C. 근저5천

A. 가압1억 : 말소기준

B. 임차인 1800만(대항요건+확정) : 우선변제권 -> 채권이 '확정'으로 물권화
    물권이 채권보다 우선

C. 근저5천 (2001. 9. 10.)

1순위 최우선변제 (서울 최우선변제금 1200, 최우선변제보증금 한도 3000)

1순위- B. 1200

2순위- A. (9000-1200) x 1억÷(1억6800-1200) = 5천 공탁

3순위- B. (9000-1200) x (1800-1200) ÷ (1억6800-1200)=300

    -> B가 받은 금액 1200+300= 1500

    -> B의 물권 총1800 중 300부족 흡수배당 300

    -> B 총배당 1800

4순위- C. (9000-1200) x 5천÷(1억6800-1200) = 2500

    -> B의흡수 -300 = 2200

배당 결과

A 5000

B 1800

C 2200

■ 연습 4 : 배당1억 , 채권 2억 (선순위 대항요건 참고)

> **A. 전입 및 거주 5천 B. 가압1억 C. 근저 5천. A.후순위확정일자**

A. 전입 및 거주 5천 <u>(조건 : 보증금 최우선변제 아님)</u>

B. 가압 1억 −말소기준

C. 근저 5천

A. 확정일자

−> A의 경우 대항요건과 확정일자 중 늦은 날 기준이므로 순위가 밀림

1순위 − B. 1억x1억÷2억 =5천 공탁

2순위− C. 1억x5천÷2억=2500 물권흡수 +2500 = 5000

※ B, C 1억 배당

3순위− A. 1억x5천÷2억= 2500 위 순위흡수 2500 = 0원

> A는 보증금을 받지 못해 이사가지 않을 것이므로, 사실상 기준권리 선순위 보증금 5천
> 인수 : 이사안감
> **따라서 낙찰1억+인수보증금5천만=1억5천만원 물건으로 생각해야 함.**

2021.03.03	**남부5계 2020-103082[2]** 서울 강서구 화곡동 355-31 ,-53 와이앤비 4층 401호 [곰달래로15가길 12]	306,000,000 156,672,000 164,990,000	종결 (51%) (54%)
다세대 (생활주택)	[先임차권] 건물 38㎡ (11평) | 토지 23㎡ (7평)	응찰 1	

2021.03.17	**남부11계 2020-749** 서울 구로구 오류동 31-216 삼성드림빌 A동 5층 501호 [고척로16가길 7-5]	156,000,000 63,898,000 72,600,000	종결 (41%) (47%)
다세대	[先임차권] 건물 28㎡ (8평) | 토지 19㎡ (6평)	응찰 1	

2021.03.17	**남부11계 2020-110714** 서울 구로구 구로동 1265 ,-1,-2,-3 구로두산 108동 2층 202호 [도림로 59]	448,000,000 448,000,000 486,770,000	종결 (100%) (109%)
아파트	[先임차권] 건물 45㎡ (14평) [20평형] | 토지 17㎡ (5평)	응찰 4	

자료 263 주거 아파트와 다세대 낙찰사례

■연습 5 : 배당액 1억, 채권2억 (말소기준권리 후순위 임차권)

A. 가압8천 B. 전입/거주 6천 C. 근저당 6천 B.확정일자

A. 가압8천 : 말소기준권리

B. 전입/거주 : 6천 – 1억x 6천/2억 대항요건만 (물권 아님)

C. 근저당 : 6천 – 1억x6천÷ 2억

B. 확정일자

배당순위

1순위– A. 가압 8천 1억x8천÷2억=4000

2순위– C. 근저 6천 1억x6천÷2억= 3000 +흡수 3000 = 6000

3순위– B. 전입÷거주 1억x6천÷2억= 3000 – 흡수 3000= 0

기준권리 후순위 전세 말소 1억원물건 : 인도명령 대상

세입자는 보증금 "0"원으로, 인도명령대상이나 집행에 애로점이 있을 것

| 2021.01.19 다세대 | 안산6계 2020-2024 경기 안산시 상록구 일동 102-7 4층 402호 [구룡로 80] 건물 59㎡ (18평) | 토지 28㎡ (9평) | 136,000,000 66,640,000 73,340,400 | 종결 (49%) (54%) 응찰 1 |

| 2021.01.19 아파트 | 고양11계 2020-6920[2] 경기 고양시 일산동구 중산동 1554-2 중산마을 305동 11층 1103호 [중산로 260] 건물 60㎡ (18평) [24평형] | 토지 73㎡ (22평) | 210,000,000 147,000,000 221,189,000 | 종결 (70%) (105%) 응찰 2 |

자료 266 다세대와 아파트의 낙찰 사례 2

▣ 부록 4 : 주택임대차보호법

주택임대차보호법 기준
[법률 제17363호, 2020. 6. 9., 일부개정]

주택임대차보호법 시행령 기준
[대통령령 제31243호, 2020. 12. 8., 타법개정]

제8조(보증금 중 일정액의 보호) ① 임차인은 보증금 중 일정액을 다른 담보물권자(擔保物權者)보다 우선하여 변제받을 권리가 있다. 이 경우 임차인은 주택에 대한 경매신청의 등기 전에 <u>제3조제1항</u>의 요건을 갖추어야 한다.

② 제1항의 경우에는 <u>제3조의2제4항부터 제6항</u>까지의 규정을 준용한다.

③ 제1항에 따라 우선변제를 받을 임차인 및 보증금 중 일정액의 범위와 기준은 <u>제8조의2</u>에 따른 주택임대차위원회의 심의를 거쳐 <u>대통령령</u>으로 정한다. 다만, 보증금 중 일정액의 범위와 기준은 주택가액(대지의 가액을 포함한다)의 2분의 1을 넘지 못한다. <개정 2009. 5. 8.>

[전문개정 2008. 3. 21.]

제10조(보증금 중 일정액의 범위 등) ① 법 <u>제8조</u>에 따라 우선변제를 받을 보증금 중 일정액의 범위는 다음 각 호의 구분에 의한 금액 이하로 한다. <개정 2010. 7. 21., 2013. 12. 30., 2016. 3. 31., 2018. 9. 18.>

1. 서울특별시: 3천700만원
2. 「<u>수도권정비계획법</u>」에 따른 과밀억제권역(서울특별시는 제외한다), 세종특별자치시, 용인시 및 화성시: 3천400만원
3. 광역시(「수도권정비계획법」에 따른 과밀억제권역에 포함된 지역과 군지역은 제외한다), 안산시, 김포시, 광주시 및 파주시: 2천만원
4. 그 밖의 지역: 1천700만원

② 임차인의 보증금 중 일정액이 주택가액의 2분의 1을 초과하는 경우에는 주택가액의 2분의 1에 해당하는 금액까지만 우선변제권이 있다.

③ 하나의 주택에 임차인이 2명 이상이고, 그 각 보증금 중 일정액을 모두 합한 금액이 주택가액의 2분의 1을 초과하는 경우에는 그 각 보증금 중 일정액을 모두 합한 금액에 대한 각 임차인의 보증금 중 일정액의 비율로 그 주택가액의 2분의 1에 해당하는 금액을 분할한 금액을 각 임차인의

제8조(보증금 중 일정액의 보호) ① 임차인은 보증금 중 일정액을 다른 담보물권자(擔保物權者)보다 우선하여 변제받을 권리가 있다. 이 경우 임차인은 주택에 대한 경매신청의 등기 전에 제3조제1항의 요건을 갖추어야 한다.

② 제1항의 경우에는 제3조의2제4항부터 제6항까지의 규정을 준용한다.

③ 제1항에 따라 우선변제를 받을 임차인 및 보증금 중 일정액의 범위와 기준은 제8조의2에 따른 주택임대차위원회의 심의를 거쳐 대통령령으로 정한다. 다만, 보증금 중 일정액의 범위와 기준은 주택가액(대지의 가액을 포함한다)의 2분의 1을 넘지 못한다. <개정 2009. 5. 8.>

[전문개정 2008. 3. 21.]

제11조(우선변제를 받을 임차인의 범위) 법 제8조에 따라 우선변제를 받을 임차인은 보증금이 다음 각 호의 구분에 의한 금액 이하인 임차인으로 한다. <개정 2010. 7. 21., 2013. 12. 30., 2016. 3. 31., 2018. 9. 18.>

1. 서울특별시: 1억1천만원

2. 「수도권정비계획법」에 따른 과밀억제권역(서울특별시는 제외한다), 세종특별자치시, 용인시 및 화성시: 1억원

3. 광역시(「수도권정비계획법」에 따른 과밀억제권역에 포함된 지역과 군지역은 제외한다), 안산시, 김포시, 광주시 및 파주시: 6천만원

4. 그 밖의 지역: 5천만원

[전문개정 2008. 8. 21.]

[제4조에서 이동, 종전 제11조는 제18조로 이동 <2013. 12. 30.>]

■ 부록 5 : 말소기준권리의 예시사례들

(1) 전세권이 말소기준권리가 되는 사례

속초2계 2019 타경 10649 아파트

| 사건내용

| 조 회 수 | ·금일조회 1 (0) ·금회차공고후조회 64 (10) ·누적조회 561 (52) | | | | ()는 5분이상 열람 조회통계 |

소 재 지	강원 속초시 교동 767-224 럭키설악타운 1동 4층 408호 (24849)강원 속초시 만천4길 1			
용 도	아파트	감 정 가	103,000,000	
토 지 면 적	46.3㎡ (14.0평)	최 저 가	35,329,000 (34%)	
건 물 면 적	76㎡ (23평)	보 증 금	7,065,800 (20%)	
경 매 구 분	임의경매	소 유 자	문OO	
청 구 액	80,000,000	채 무 자	문OO	
채 권 자	송OO			
주 의 사 항	·재매각물건 ·선순위전세권 특수件분석신청			

| 등기부현황 (열람일자:2019-12-28)

접수일자	권리종류	권리자	채권금액 예상배당액	말소	비고
2011-09-30	소유권	문OO			전소유자:남성규 매매:81,000,000원
2011-12-28	전세권	송OO	80,000,000 49,461,200	말소	말소기준등기
2019-07-01	임의	송설회		말소	경매기입등기
2019-08-13	가압류	서울보증보험 경원신용지원	95,000,000	말소	2019 카단 813817 서울중앙☞

등기부채권총액 : 175,000,000

중앙7계 2019 타경 106669 아파트

사건내용

조 회 수	·금일조회 1 (0) ·금회차공고후조회 138 (20) ·누적조회 344 (20)				

※는 5분이상 열람 **조회통계**

소 재 지	서울 동작구 상도동 531 힐스테이트상도센트럴파크 103동 11층 1105호 (07039)서울 동작구 상도로 346-1		
용 도	아파트	감 정 가	1,320,000,000
토 지 면 적	68.3㎡ (20.7평)	최 저 가	1,320,000,000 (100%)
건 물 면 적	118㎡ (36평)	보 증 금	132,000,000 (10%)
경 매 구 분	임의경매	소 유 자	정OO
청 구 액	500,000,000	채 무 자	최OO
채 권 자	서OO		
주 의 사 항	·선순위전세권 **특수件분석신청**		

등기부현황 (열람일자:2020-08-04)

접수일자	권리종류	권리자	채권금액 예상배당액	말소	비고
2012-12-31	소유권	정OO			전소유자:상도134지역주택조합
2015-04-24	전세권	이OO	650,000,000 650,000,000	말소	말소기준등기
2015-05-07	근저당권	서중호	500,000,000 500,000,000	말소	
2019-08-14	임의	서중호		말소	경매기입등기
2019-12-05	압류	서울시동작구		말소	

등기부채권총액 : 1,150,000,000

임차인현황

임차인/대항력		점유현황	전입/확정/배당	보증금/월세	예상배당액 예상인수액	인수
이OO	有	[주거/1105호전부] 1105호전부 전세권자 등기부상점유:2014.12.31-2016.12.30 점유2012.12.31	전입 2013-02-01 확정 2012-12-20 배당 2019-09-03	총 650,000,000 보 450,000,000	650,000,000	
이0000000			2 차 2014-12-29	보 200,000,000	200,000,000	
정OO		[주거/1105호] 1105호 임차권자 이금자의 가족	전입 2013-02-01			

임차인수 : 2명 / 보증금합계 : 650,000,000 / 월세합계 : 0

- 231 -

(2) 입찰검토자료 : 일반 진행물건 입찰조사자료 및 조사사항

① 건물만 입찰, 토지소유자 지료청구에 기한 건물철거 가능물건,
② 입찰 중 원점경매 시작, 토지주가 건물 낙찰자에게 토지매각조건 제시

안양2계 2019 타경 4114 오피스텔(주거용)

| 사건내용

과거사건	안양 2005-44427 , 안양 2010-8939 , 안양4계 2012-13942			
조 회 수	·금일조회 2 (0) ·금회차공고후조회 10 (1) ·누적조회 177 (16)			()는 5분이상 열람 조회통계
소 재 지	경기 안양시 동안구 호계동 923-5 노블 4층 402호 (14078)경기 안양시 동안구 경수대로 701			
용 도	오피스텔(주거용)	감 정 가	126,000,000	
토 지 면 적	10.7㎡ (3.2평)	최 저 가	80,640,000 (64%)	
건 물 면 적	34㎡ (10평)	보 증 금	16,128,000 (20%)	
경 매 구 분	강제경매	소 유 자	양혜지	
청 구 액	105,470,306	채 무 자	양혜지	
채 권 자	조은희			
주 의 사 항	·재매각물건 선순위전세권 특수件분석신청 ·소멸되지 않는 권리 : 최선순위 전세권자 겸 주택임차인인 조은희는 임차인으로서의 지위에 기하여 배당요구를 한 것이고 전세권자로서의 지위에 기하여 배당요구를 한 것은 아니므로 울구 13번전세권설정등기(2019.6.18접수제65385호)는 인수 됨. ※ 위 내용은 "전회차 물건명세서" 상의 내용이므로 재 공고시 변경될 수 있습니다			

안양1계 2019 타경 464 오피스텔(주거용)

| 사건내용

조 회 수	·금일조회 1 (0) ·금회차공고후조회 33 (4) ·누적조회 880 (62)		()는 5분이상 열람 [조회통계]
소 재 지	경기 안양시 동안구 비산동 1115 신안메트로칸 19층 1917호 (14047) 경기 안양시 동안구 평촌대로 239		
용 도	오피스텔(주거용)	감 정 가	192,000,000
토 지 면 적	5.5㎡ (1.7평)	최 저 가	32,211,000 (17%)
건 물 면 적	40㎡ (12평)	보 증 금	6,442,200 (20%)
경 매 구 분	임의경매	소 유 자	김○○
청 구 액	35,000,000	채 무 자	김○○
채 권 자	김○○		
주 의 사 항	재매각물건 선순위전세권 [특수件분석신청] ·소멸되지 않는 권리 : 율구 순위5번 전세권설정등기(2016.8.8.등기)는 말 소되지 않고 매수인에게 인수됨		

중앙21계 2020 타경 102199 아파트

| 사건내용

조 회 수	·금일조회 3 (0) ·금회차공고후조회 347 (23) ·누적조회 849 (45)		()는 5분이상 열람 [조회통계]
소 재 지	서울 강남구 청담동 67-1 청담린든그로브 101동 3층 301호 (06072) 서울 강남구 학동로97길 51		
용 도	아파트	감 정 가	4,360,000,000
토 지 면 적	143.6㎡ (43.4평)	최 저 가	2,790,400,000 (64%)
건 물 면 적	233㎡ (71평)	보 증 금	279,040,000 (10%)
경 매 구 분	임의경매	소 유 자	김중표
청 구 액	400,000,000	채 무 자	엘브이아이파트너스
채 권 자	(주)대정		
주 의 사 항	선순위전세권 [특수件분석신청] 소멸되지 않는 권리 : 2019.11.14. 접수 제 175817호 전세권설정 등기 는 말소되지 않고 매수인이 인수함		

수원7계 2019 타경 23830 주택

| 사건내용

과 거 사 건	수원 2009-43194 , 수원6계 2010-50853
조 회 수	·금일조회 1 (0) ·금회차공고후조회 28 (2) · 누적조회 620 (52)

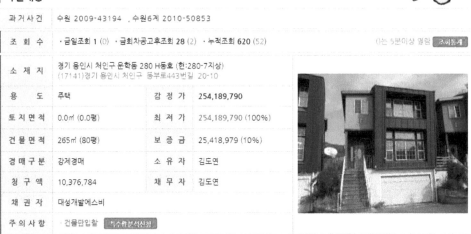

소 재 지	경기 용인시 처인구 운학동 280 H동호 (현:280-7지상) (17141)경기 용인시 처인구 동부로443번길 20-10

용 도	주택	감 정 가	254,189,790
토 지 면 적	0.0㎡ (0.0평)	최 저 가	254,189,790 (100%)
건 물 면 적	265㎡ (80평)	보 증 금	25,418,979 (10%)
경 매 구 분	강제경매	소 유 자	김도연
청 구 액	10,376,784	채 무 자	김도연
채 권 자	대성개발에스비		
주 의 사 항	·건물만입찰 특수권분석신청		

( )는 5분이상 열람 조회통계

회차	매각기일		최저가	비율	상태	접수일~
①	2020.04.21 (10:30)		254,189,790	100%	유찰	187일
②	2020.05.27 (10:30)	↓30%	177,933,000	70%	유찰	223일
③	2020.06.26 (10:30)	↓30%	124,553,000	49%	유찰	253일
④	2020.08.19	↓30%	87,187,000	34%	변경	307일
④	2020.09.18	-	87,187,000	34%	변경	337일
④	2020.10.29 (10:30)	-	87,187,000	34%	유찰	378일
⑤	2020.12.01	↓30%	61,031,000	24%	변경	411일
①	**2021.01.12 (10:30)**		254,189,790	100%	진행	453일
②	2021-02-18	↓30%	177,933,000	70%	예정	
③	2021-03-24	↓30%	124,553,000	49%	예정	
④	2021-04-23	↓30%	87,187,000	34%	예정	

물건내역

물건번호		▸ 물건상세조회 ▸ 매각기일공고 ▸ 매각물건명세서	물건용도	단독주택	감정평가액 (최저매각가격)	254,189,790원 (254,189,790원)
물건비고		1. 미준공 상태의 단독주택임. 2. 장기간 공실로 인하여 위생 및 급, 배수설비, 난방설비 등의 정상가동여부 유의 바람.(감정평가서) 3. 본건 에이치(H)동호 소재지는 지적분할로 인하여 현황 280-7번지상에 소재함(본건이 속한 토지의 용도지역은 자연녹지지역임) 4.신청채권자 겸 이 사건 목적물이 소재하는 토지 소유자 대성개발에스비 주식회사가 낙찰자에게 토지를 매도하겠다는 확약서를 2020.11.24.자로 제출함				
목록1		경기도 용인시 처인구 운학동 280 에이치동호 🖾	목록구분	건물	비고	미종국
물건상태		매각준비 -> 매각공고				
기일정보		2021.01.12		최근입찰결과	2020.10.29 유찰	

문건처리내역

접수일	접수내역	결과
2019.10.22	등기소 용OOOO 등기필증 제출	
2019.11.01	감정인 약OOOOOOOOO 감정서 제출	
2019.11.01	집행관 집OOO 현황조사보고서 제출	
2019.11.26	이해관계인 국OOOOOOO OOOOOO(OOOO) 교부청구서 제출	
2019.12.12	교부권자 고OOOOO 교부청구서 제출	
2019.12.20	교부권자 용OO 교부청구서 제출	
2019.12.26	채권자 대OOOOOOOOOO 사용증명 제출	
2020.07.17	채무자겸소유자 김OO 탄원서 제출	
2020.07.23	채무자겸소유자 김OO 보정서 제출	
2020.09.21	채권자 대OOOOOOOOOO 확약(각서)서 제출	
2020.11.18	채무자겸소유자 김OO 사건(경매)진행 중지 및 이의 신청 제출	
2020.11.23	채권자 대OOOOOOOOOO 열람및복사신청 제출	
2020.11.24	채권자 대OOOOOOOOOO 확약서 제출	

격언으로 보는 토지투자요령

요즈음은 토지에 관한 거래규제와 관련 세금의 강화로 토지투자에 대한 참여가 다소 누그러 들었지마는, 토지투자는 일반인의 가장 강력한 재테크로 아직도 많은 사람들의 관심의 대상이라고 보여 진다.

그런데 간혹 토지투자자가 관련 거래에 필요한 최소한의 상식과 지식도 없이 "묻지마 투자"로 덤벼드는 경우를 본다. 수십년 전 토지규제가 별로 없을 때, 개발붐으로 땅값이 연속 오를 때에는 <복부인>이 잘아는 중개업자의 말을 따라 돈만 들이밀고 투자해서 성공(?)하는 예도 적지는 않았다.

그러나 지금은 개발속도가 멈추었고, 토지행정이 완비되었으며, 규제가 대폭 강화된 데다가 세금까지 겹쳐 토지투자가 예전처럼 운 좋게 호황을 누리는 것이 그리 만만한 것은 아니다.

부동산 투자는 그 금액이 크고, 각종 규제가 많아 리스크가 있으며, 투자회수에 많은 시간이 소요되기 때문에 때로는 매우 위험한 거래에 속한다. 특히 땅은 각종 규제에 둘러싸여 있는 것이므로, 이용에 있어서나 투자에 있어서나 그 기본적인 것을 잘 알아야 실수를 안 하게 된다.

다음에 토지투자 초보자가 알아두면 좋을 토지에 관한 재미있는 격언을 몇 가지를 나열하여, 이를 중심으로 간략한 토지투자요령을 소개한다.

1. 길이 아니면 가지마라

토지는 입지와 도로 교통 그리고 접근성이 가장 중요하다. 아무리 경치가 좋고 주위환경이 이름다워도 땅이란 길이 없으면 값이 떨어진다. 아니 땅값이 떨어지는 정도가 아니라 거래가 전혀 안될 수도 있다. 그래서 옛부터 "길이 아니면 가지마라"라는 부동산 격언이 있는 것이다.

길에는 통과도로와 진입도로를 포함한다. 길은 그 지역에의 교통과 토지에의 접근성으로 평가되는 동시에, 건축허가를 받을 수 있는 필수적인 요건이다.

땅 투자에서는 제일 먼저 진입도로를 확인해야 할 것이다.

2. 장화 신고 들어가 구두 신고 나와라

일산 분당 평촌 등 1기 신도시시대에 유행했던 말로, 아파트는 개발초기에 입주하여 3년 혹은 5년 후에 빠져 나오라는 격언이다. 들판과 논 밭에 조성된 신도시 아파트는 입주 초기에는 주변도로는 물론 단지 내 도로도 정비되어 있지 않아 교통이 불편하고 주거환경이 열악하였다. 초기 입주 3년 까지는 새집증후군으로 시달리기도 한다. 그러나 3년~5년이 지나면서 주변의 문화 유통 의료시설이 들어오고,

근린상가가 형성되어 살기가 좋아 지며, 아파트 값이 큰 폭으로 오른다.

이 때는 팔고 나오라는 말이다. 치고 빠지는 투자시기와 적절한 투자 타이밍에 관한 격언이다.

근래에는 정부의 주택정책에 따라 상황이 시시각각 바뀐다. 옛날의 속담에 연연하지 않아야 한다. 지속적인 상승세가 연이어질 가능성도 참적해야 한다.

3. 유능한 포수는 새가 날아가는 방향으로 총을 겨눈다.

땅은 미래가치라고 한다. 토지는 입지와 개발전망이 대단히 중요하다. 입지란 토지의 모양, 향, 경계, 도로의 유무. 경사도, 지질, 주위환경 등을 포함하는 것이다.

토지의 물리적 현황을 알기 위하여는 지적도로 확인해야할 뿐 아니라 반드시 현장답사로 실물을 확인해야 한다.

그러나 입지의 주변환경도 세월에 따라 변동한다. 그래서 토지투자에 있어서는 현재도 중요하지만, 주변지역의 개발가능성과 발전 전망을 잘 살펴 보아야 정확한 투자가 이루어질 수 있다.

[현장답사를 하면서 주변환경과 개발가능성을 살펴본다]

4. 묵은 땅과 버려진 땅도 다시보자

토지는 공법규제가 많다. 공법상 개발이 금지된 토지는 지금은 아무 쓸모가 없으며, 단기적으로는 투자가치가 없는 것이다.

예컨대 공원지역, 개발제한구역의 임야, 보안림 등 공익용 산지, 상수원보호구역, 군사통제구역 내의 토지는 개발과 이용이 극도로 제한된다.

그러나 이런 땅도 세월이 흐름에 따라 장기적으로는 규제가 풀리고, 도로가 신설되고, 접근성이 좋아지기도 한다. 그래서 포기하지 말고 다시 보라는 것이다.

1998년도부터 개발제한구역은 차근히 해제 되기 시작했고, 개발총량과 추가개발면적등 정부의 계획과 지자체 계획을 살펴 보아야 한다.

5. 무릎에 사서 어깨에 팔아라

토지는 투자회수기간이 길어서 적당한 자기지금(종자돈)을 확보해야 할 것이며,

자기의 책임과 지식으로 투자결정을 하는 결단력이 필요하다.

그리고 일반적으로 토지는 5년 이상의 장기투자로 보아야 하므로, 토지가격의 변동에 너무 일회일비하지 말고 느긋하게 기다리는 여유가 필요하다.

여기에서도 정부와 광역, 지자체 등의 2035, 2040 도시계획을 잘 참고하면 5년 단위로 공청회를 통해 도시계획의 변경이 가능한 지역을 선점하여 투자할 경우 5년 이내에 수확을 올릴 수 있다.

막연한 장기투자를 계획할 토지와 5년 이내 수확을 낼 토지의 구분 분산투자가 필요하다.

토지구입 시 시세나 유사물건에 비해 싸게 사는 것이 목표겠지만, 때로는 물건이 좋고 마음에 든다면, 신속한 구매 결정도 필요할 것이다.

이 때에는 최저가가 아니라도 구입결단을 내는 것이 필요하다.

무릎에서 사고 어깨에서 팔라는 주식투자 격언은 토지에서도 써먹을만 하다.

03/

제한물권 일반

세상에 열정 없이 이루어진 것은 없다
Nothing great in the world has been accomplished without passion.

6강 물권과 법정지상권

---

1. 물권 기초 이론

1) 물권의 변동

부동산은 등기로 변동 공시하고, 동산은 점유로 고시한다.

2) 물권행위

부동산을 매매할 때 매도인이 돈을 받고 매수인에게 등기를 해주지 않은 상태에서 제 3자에게 매각하여 등기를 완료하였다면, 매수인은 돈을 지급하였으므로 채권으로서의 등기청구권을 행사할 수 있고, 제 3자는 등기라는 물권행위를 하였기에 채권은 물권을 우선하지 않으므로 매수인은 제3자에게 등기무효를 주장할 수 없다. 다만, 매수인은 매도인에게 손해배상을 청구할 수 있을 뿐이다. 물론 형사적 문제는 별론으로 한다.

3) 물권의 효력

① 우선적 효력
② 물권상호간의 우선적 효력
  : 동일물권이 동시 양립불가, 상이한 물권 순위로 판단
③ 채권에 우선하는 효력

4) 물권의 분류

(1) 민법상 물권 : 점유권, 소유권, 용익물권, 담보물권

  ① 용익물권 - 지상권, 지역권, 전세권
  ② 담보물권 - 저당권, 유치권, 질권

(2) 관습법상 물권 : 관습법상 지상권, 관습법상 분묘기지권
(3) 특별법상 물권 : 입목저당권 (입목에 관한 법률3조) , 공장저당권, 가등기담보권
              (가등기담보에 관한 법률) 등

2. 지상권

1) 지상권의 의의

타인소유 토지에 건물 기타 공작물, 수목을 소유하기 위하여 토지를 사용하는 권리(민 279조), 지상권 외에 임차권을 사용하기도 한다. 물권인 지상권은 채권인 임차권보다 강하지만, 경제적 강자인 토지주가 자기에게 불리한 지상권 보다 임차권을 선호한다.

2) 지상권의 효력

용익물권으로서 담보물권인 저당권처럼 피담보채권을 담보하는 효력이 없다. 지상권자

는 말소기준권리가 되지 못하므로 선순위 가압류, 저당권, 압류채권보다 선순위는 인수되고, 후순위는 저당권과 같이 소멸한다.

지상권 관련 민법 조항

제279조(지상권의 내용)
지상권자는 타인의 토지에 건물 기타 공작물이나 수목을 소유하기 위하여 그 토지를 사용하는 권리가 있다.

제280조(존속기간을 약정한 지상권)
① 계약으로 지상권의 존속기간을 정하는 경우에는 그 기간은 다음 연한보다 단축하지 못한다.
1. 석조, 석회조, 연와조 또는 이와 유사한 견고한 건물이나 수목의 소유를 목적으로 하는 때에는 30년
2. 전호이외의 건물의 소유를 목적으로 하는 때에는 15년
3. 건물이외의 공작물의 소유를 목적으로 하는 때에는 5년
② 전항의 기간보다 단축한 기간을 정한 때에는 전항의 기간까지 연장한다.

제286조(지료증감청구권)
지료가 토지에 관한 조세 기타 부담의 증감이나 지가의 변동으로 인하여 상당하지 아니하게 된 때에는 당사자는 그 증감을 청구할 수 있다.

제287조(지상권소멸청구권)
지상권자가 2년 이상의 지료를 지급하지 아니한 때에는 지상권설정자는 지상권의 소멸을 청구할 수 있다.

---

3. 법정지상권

저당권 설정 당시 건물이 존재하고, 저당권 설정 당시 토지와 건물이 동일인에 속하고 있다가 저당권실행으로 토지 건물이 각각 소유자를 달리하게 된 때, 건물소유자에게 인정되는 지상권을 법정지상권이라 한다.

- **저당권 설정 당시 건물이 존재할 것.**

  건물로서 요소를 갖추고 있는 이상 무허가 건물이거나 미등기 건물 이라 하여도 법정 지상권은 성립한다.

- **저당권 설정 당시 토지와 건물의 소유자가 동일할 것.**

  저당권 설정 당시 동일인 소유면 족하고 그 후 계속 동일소유자에게 속하여야 하는 것은 아니다)

- **토지나 건물에 설정된 저당권의 실행으로 인한 임의경매로 인하여 토지 소유권과 건물소유권이 분리될 것.**

4. 관습법상 법정지상권

1) 관습법상 법정지상권의 의의

관습법상의 법정지상권은 같은 사람이 소유하고 있던 토지와 건물 중 어느 하나가 다른 사람에게 귀속하게 되고 그 당사자 사이에 그 대지 사용권에 관하여 아무런 합의가 없을 때 건물소유자가 아무런 권리 없이 다른 사람의 토지를 사용하는 것이라 하여 건물을 철거하도록 한다면 사회경제상 불이익이 발생하므로 이러한 불이익을 제거하기 위하여 건물소유자에게 그 대지를 적법하게 이용할 수 있도록 하여 줌으로써 건물이 철거되는 것을 막기 위하여 인정된 제도이다.

- **토지와 건물이 동일인의 소유에 속하였을 것.**
- **매매 기타의 적법한 원인으로 소유자가 달라질 것.**
- **당사자 사이에 건물을 철거한다는 특약이 없을 것.**

2) 법정지상권 뒤집어 생각하기

부동산 관련 업무자로서 지상권을 접하는 부분들은 민법279조(지상권), 법280조(존속기간), 법287조(소멸청구권) 정도 알고 있다.

경매물건을 검색하다가 도로도 있고 멀쩡한 토지가 계속 유찰되어 감정가 대비 49%대까지 하락하여 살펴보면, 법정지상권 성립 인수라는 벽에 부딪혀 대다수가 검색에서부터 포기한다.

하지만 일부 선수들은 법정지상권을 그냥 넘기지 않고 자세히 살펴 수익을 내기도 한다. 기본적인 확인 사항들은 다음 세 가지가 있다.

---

①소송으로 법정지상권의 효력을 다투어 볼 여지가 있거나,
②지료(임료)를 받으며 기다리거나,
③지료 2회 미납일 경우 철거소송을 염두에 두고 입찰하는 경우

고수라면 다음 사항들에 대해 좀 더 세밀하게 접근해 볼 것이다.

---

① 지상권의 잔존기간을 알아 볼 필요가 있고,
② 지료청구소송을 시작할 경우 지료납부에 취약할 수 있는 케이스는 아닌지
③ 철거 협의가 가능할 만큼 사유가 있는지
④ 개발가능성 있는 유망지역으로 지상권, 지장물의 유무와 관계없이 토지보상 가능성
　 이 농후한 지역인지

---

3) 법정지상권과 유치권은 권리일 뿐, 그 자체의 가치는 "0" 원

권리를 행사하고, 낙찰자가 그에 응할 때 협의가가 제시되고, 그 때부터 돈으로서의 가격이 매겨지기 시작.

토지를 싸게 낙찰 받을 경우, 토지낙찰자는 지상권자보다 "갑"의 위치가 된다.

토지주와 건물주가 다를 경우 토지 나 건물은 효용의 가치, 미래가치가 떨어집니다. 토지를 싸게 낙찰 받은 토지주는 지상권자를 상대로 흥정하기 유리한 위치에 있다.

토지를 싸게 낙찰 받으면 지상권자의 건물을 다소간 시세보다 비싸게 사더라도 토지건물이 동일한 소유자가 되고 지상권이 소멸되면, 토지와 건물의 가치를 동시에 상승시킬 수 있다.

나지(나대지)의 지상권은 지상권자들이 아무리 위세를 펼쳐도 " 0"원 의 현실보다 협상

- 244 -

을 원하기에 여류를 가지고 기다리면 되고, 특히 보상지역, 개발지역은 지상권과 관계없이 토지 보상이 되기에 법정지상권이 있다 하여도 포기하지 않고 낙찰을 받을 연구를 할 필요성이 있다.

지상권자와 유치권자는 돈을 받길 원하는 사람이지
그 권리를 향유하고자 하는 것이 아니다.

5. 법정지상권 사례연습

(1) 가압류 당시 소유자는 다르나 경매 시 소유자 동일한 상황이다.

> **건물 : 소유자 a** (가압류) - c - d - e - i
> **토지 : 소유자 b** (가압류) - f - g - e

소유권이 전전 이전되어 매각 당시에는 소유권이 모두 e 소유하였는데, 강제경매를 통해 I가 낙찰을 받았다.

> Q. I는 관습법상의 법정지상권을 취득할까?
> A. 관습법상의 법정지상권은 매각 당시 소유자가 같으면 성립한다.

(2) 토지에 근저당권 설정 후 건물을 신축하였다.

나대지에 저당권 실행 이후 저당권설정자가 그 위에 건물을 건축하고 경매를 통해 그 토지와 건물의 소유자가 달라진 상황이다.

> Q. 이 경우 법정지상권이 성립할까?
> A. 법정지상권은 성립하지 않는다.
> 토지에 저당권이 설정될 당시 지상에 건물이 존재 하지 않았기 때문이다.

(3) 공동저당권 설정된 건물 철거 후 신축

① 단독저당권 설정 당시 존재하던 건물 멸실 후 신축
법정지상권이 성립한다.

② 공동저당권 설정 당시 존재하였던 건물 멸실 후 신축
법정지상권이 성립하지 않는다. 공동저당권자는 토지 건물 각각에서 교환가치를 취득하여 건물에 법정지상권이 성립해도 손해를 보지 않는다. 그러나, 신축건물에 토지와 동순위의 저당권을 설정하지 않았음에도 법정지상권을 용인하면 토지저당권자는 신축건물에서 법정지상권 만큼의 손해를 본다.

진행			현재상태
A 건물저당권	A 기존건물 철거 후 신축		**건물소유자 A**
A 토지저당권		B 토지 낙찰	토지소유자 B

표 78 이 경우 판례에 따르면 현재상태에서 A에게 법정지상권이 성립하지 않는다.

(4) 무허가건물, 미등기건물 법정지상권 성립
임시건물의 경우 지상권이 성립하지 않는다. 특히 농가주택 사례를 조심하자.

(5) 미등기 무허가 건물 양수인 법정지상권은 성립하지 않는다.
물권의 변동은 등기를 해야 효력이 생기기 때문이다. 따라서 등기하고 법정지상권의 요건을 갖추면 성립하게 된다.

(6) 토지에 대한 처분권한 가진 자의 건물신축

건물 b 소유 -> c 매수
토지 a 소유 -> b 가 매수하고 등기 안한 상태

토지를 B가 매수하고, 토지에 대한 등기를 하지 않은 상태에서 건물 신축하였는데 강제경매에서 C가 B소유의 건물을 매수하였다.

Q. 이 경우 C는 관습법상의 법정지상권 취득하는가 ?

A. C의 법정지상권은 성립하지 않는다.

　　토지-건물의 소유자 동일성 원칙 때문인데, 등기부상 소유자가 다르기 때문이다. 단, C가 낙찰 받기 전에 B가 이전등기하면 C는 법정지상권을 취득할 수 있다. 소유자 동일성 여부는 경매개시결정이 아니라 매각 당시를 기준으로 하기 때문이다.

(7) 토지근저당권자가 건축에 동의한 경우 : 불성립

Q. 토지근저당권 설정 당시 건물이 없었으나, 토지근저당권자가 건축에 동의하면 법정지상권이 성립할까?

A. 법정지상권은 성립하지 않는다.

　　저당권 설정 당시 건물이 있어야 하고, 토지와 건물의 소유자가 동일해야 한다.

(8) 건물 등기 명의를 타인에게 신탁 : 불성립

(9) 등기부상 토지건물의 소유자가 한 번도 일치한 적 없는 경우 : 불성립

(10) 법정지상권 성립 후 건물 소유권 양도 : 법정지상권 기간 존속

　법정지상권 성립 유무의 판단 시점은 경매(매매) 당시가 아닌 최초에 토지와 건물이 분리된 시점이고, 한 번 성립한 법정지상권은 그 후 경매든 매매든 토지 건물 소유자가 바뀌더라도 존속기간 동안 유지된다.

　입찰자는 등기부상 경매 시일 이전에 법정지상권 성립하는지 확인이 필수이다.

(11) 계약

건물 : 아버지 - 아들 a - 매매 c

토지 : 아버지 - 딸 b - 매매 d

> Q. d가 c 에게 건물을 철거하라 할 수 있을까?
>
> A. 법정지상권 성립하기 때문에, 철거하라 할 수 없다.
>
> 　　건물과 토지가 아버지 시점에서 동일 소유자였기 때문이다.

(12) 경매

법정지상권이 존재하는 건물 경매로 취득시, 법정지상권은 성립한다.

(13) 건물을 미등기한 상태에서 상속한 경우 : 법정지상권 성립

건물 : a 미등기 - b 상속 후 여전히 미등기

토지 : a 등기 - b 상속 및 등기 - c 낙찰

> Q. c의 낙찰 후, b에게 법정지상권이 성립할까?
>
> A. b의 법정지상권은 성립한다.
>
> 　　미등기 건물도 소유권이 성립하며, 상속의 경우 예외적으로 등기가 없이도 소유권
> 　　이 이전되기 때문이다.

(14) 건물 미등기 상태에서 매매한 경우 : 법정지상권 불성립

> 건물 : a - b 미등기
> 토지 : a - b 등기 - c 낙찰

매매는 민법186조 법률행위에 의한 물권변동으로 등기를 해야 효력있다. 따라서 등기하지 않는 b는 건물에 대해서는 처분권한만 있고, 여전히 소유자는 등기상 소유자인 a이다.

따라서 경매 당시 토지와 건물의 등기상 소유자가 달라 b에게는 법정지상권 없고, c는 건물의 철거를 주장하는 것이 가능하다.

즉, 매매의 경우 법정지상권이 성립하기 위해서는 소유권과 처분권이 동반 존재하여야 한다

(15) 건물 공유관계와 법정지상권 : 법정지상권 성립

> Case 1
> 건물 : a, b 공동소유
> 토지 : a 단독소유 - a 저당권 설정 - c낙찰
>
> Case 2
> 건물 : a, b소유 - a 지분 저당권설정 - c낙찰
> 토지 : a 소유

이 경우 법정지상권의 성립유무의 관건은 토지에 달려 있다. 새로운 소유자의 등장으로 기존 토지 소유자의 권리에 침해가 발생하느냐 따지는데, 위의 경우 토지가 단독 소유이기에 두 경우 모두 권리침해가 발생하지 않는다.

> Q1. Case 1에서 a,b의 법정지상권 성립하는가?
> A. 성립한다.
> Q2. Case 2에서 c의 법정지상권은 성립하는가?
> A. 성립한다.
>   두 경우 모두 b의 권리 침해를 방지해야 하기 때문이다.

(16) 토지 공동 소유, 건물 단독 소유 : 불성립

건물 : a 단독 - a 지분 저당권설정 - c 낙찰

토지 : a, b 공유

> Q. C에게 법정지상권이 성립하는가?
>
> A. b의 이익을 해하기 때문에 불성립

(17) 주거용 비닐하우스 - 전입요건 등 갖추면 법정지상권 성립가능성 있다

■ 부록 6 : 법정지상권 실전 사례

Case 1.

	수원6계 2016-508699		
	2017.06.01 경기 화성시 봉담읍 동화리 354 [동화북길43번길 8-3]	489,056,000	종결
	대지 [법정지상권 입찰외]	342,339,000 (70%)	320
	토지 496㎡ (150평)	378,880,000 (77.5%)	

수원6계 2016-508699 (대지)

소 재 지	경기 화성시 봉담읍 동화리 354 (18303) 경기 화성시 봉담읍 동화북길43번길 8-3				
경 매 구 분	강제경매	채 권 자	신용보증기금		
용 도	대지	채무/소유자	오현석	매 각 기 일	17.06.01 (378,880,000원)
감 정 가	489,056,000 (16.09.27)	청 구 액	92,171,998	종 국 결 과	17.08.08 배당종결
최 저 가	342,339,000 (70%)	토지면적	496.0 ㎡ (150.0평)	경매개시일	16.09.19
입찰보증금	10% (34,233,900)	건물면적	0.0 ㎡ (0.0평)	배당종기일	16.12.01
주 의 사 항	·법정지상권 ·입찰외 [특수件분석신청]				
조 회 수	·금일조회 1 (0) ·금회차공고후조회 69 (24) ·누적조회 321 (56)			( )는 5분이상 열람 [조회통계]	

가. 건물 토지 상황

- 강제경매 => 저당권 없음 => 임의경매 아님
- 채무명의 강제 이행 (판결,압류, 집행공정증서등 집행)
- 건물 미등기, 소유자 미상 => 건축물 대장도 없음.

■참고사항

·관련사건 청주지방법원 2015가단104350
·본건 지상에 소유자 미상의 건물(다세대주택(9세대))이 소재하나 매각에서 제외함. 위 다세대주택의 임대인은 김종구이며 본건 부동산과의 관계는 불분명함. 위 건물에 대하여 법정지상권 성립여지 있음.

[채용공지] 경매상담사 모즈

나. 등기부상 지상권자 미성립

- 등기부 등본 지상권자 13.8.22. (을구 5,6)
- 기존 건물의 세입자 입주일 보다 후순위. (매각물건명세서 참조)

매각물건명세서

사 건	2016타경508699 부동산강제경매		매각물건번호	1	작성일자	2017.05.18	담임법관(사법보좌관)	김주빈	🔴
부동산 및 감정평가액최저매각가격의 표시	별지기재와 같음		최선순위설정			2013.08.22. 근저당권	배당요구종기		2016.12.01

부동산의 점유자와 점유의 권원, 점유할 수 있는 기간, 차임 또는 보증금에 관한 관계인의 진술 및 임차인이 있는 경우 배당요구 여부와 그 일자, 전입신고일자 또는 사업자등록신청일자와 확정일자의 유무와 그 일자

점유자성 명	점유부분	정보출처구 분	점유의권 원	임대차기간(점유기간)	보증금	차 임	전입신고일자,사업자등록신청일자	확정일자	배당요구여부(배당요구일자)
류달혀	201호	현황조사	주거임차인				2008.12.30		
석병문	102호	현황조사	주거임차인				2012.07.09		
여원구	301호	현황조사	주거임차인		30,000,000		1997.04.10		
	301호	권리신고	주거임차인	1997.4.13.-2016.	30,000,000		1997.04.10.	1997.04.18.	2016.11.28
이기형	202호	현황조사	주거임차인		35,000,000		2006.12.27		
	202호	권리신고	주거임차인	2006.12.27.-2016.	35,000,000		2006.12.27.	1998.2.20.	2016.11.28
이연화	201호	현황조사	주거임차인				2009.08.17		
	201호	권리신고	주거임차인	1994.10.4.-2016.	65,000,000		2009.08.17.		2016.11.28
이옥사	401호	현황조사	주거임차인				2016.08.04		
이정원	비102호	현황조사	주거임차인		30,000,000		2012.08.24		

자료 285 채무자(근저당권설정자)의 토지 매입일자 13. 6. 20.

순위번호	등 기 목 적	접 수	등 기 원 인	권 리 자 및 기 타 사 항
2	소유권이전	2013년6월21일제97175호	2013년6월20일매매	소유자 오현식 820314-*******광주광역시 북구 풍동장 0-0(풍향동)거래가액 금110,000,000원

위 지상의 소유자 미상의 건물 임대차 자료로 그 이전 존재 추정.

따라서 (관습법상의) 법정지상권 문제임.

- 토지와 건물이 동일인의 소유에 속하였을 것.
- 매매 기타의 적법한 원인으로 소유자가 달라질 것.
- 당사자 사이에 건물을 철거한다는 특약이 없을 것.

다. 낙찰 받은 이유

    (1) 시세보다 1억원 이익

    (2) 토지의 효용가치

    (3) 폐쇄등기부 확인 관습법상 지상권 성립 불투명

        - 불투명시 지상권부존재 확정시 - 건물 철거 소송

        - 법정지상권 인정시 - 지료청구 및 건물 매입절차

    (4) 낙찰자 송태윤외 3명의 「외 3명」 이 지상권자일 확률 높음.

라. 본 물건 검토

    (1) 2회 때 응찰하지 않아도 3~4회까지 진행 (응찰수 1명 응찰)

    (2) 이해관계자 아니면 응찰 할 물건 아님.

마. 추후 법정지상권 검토시 유의점 : 토지 건물 등기부 등본 확인

- 저당권 설정 당시 건물 존재 확인
- 저당권 설정 당시 토지건물의 소유자가 동일한지 확인
  통상 토지 위 지상건물이 존재할 경우 토지건물을 모두 저당설정함.
- 토지 지상 위 건물이 없는 나대지 일 경우 담보설정 시 대지 위 지상권 설정하여
  토지의 지가 하락 및 법정지상권 존재를 다투는 일이 없도록 함.

Case 2.

여주1계 **2016-214**

2017.01.25 경기 양평군 옥천면 아신리 887-11 [일괄]887-
9, 887-10, 887-12, 887-13,
임야 [법정지상권 입찰외 일부지분]
토지 4,085㎡ (1,236평)

558,240,190 종결
191,477,000 (34%) 755
325,050,000 (58.2%)

· 건축물대장
· 특수권리분석
- 법정지상권

여주1계 2016-214 (임야)

병합/중복	2015-31907(병합-근로복지공단)				
소 재 지	경기 양평군 옥천면 아신리 887-11 [일괄]887-9, 887-10, 887-12, 887-13, [도로명주소]				
경 매 구 분	임의경매	채 권 자	추유순		
용 도	임야	채무/소유자	김용수/한신아이앤디	매 각 기 일	17.01.25 (325,050,000원)
감 정 가	**558,240,190** (16.02.19)	청 구 액	325,000,000	종 국 결 과	17.03.08 배당종결
최 저 가	**191,477,000** (34%)	토 지 면 적	4,084.6 ㎡ (1,236.6평)	경매개시일	16.01.22
입찰보증금	10% (19,147,700)	건 물 면 적	0.0 ㎡ (0.0평)	배당종기일	16.05.06
주 의 사 항	· 일부지분 · 법정지상권 · 입찰외 [특수件분석신청]				
조 회 수	· 금일조회 **1** (0) · 금회차공고후조회 **139** (48) · 누적조회 **756** (184)		( )는 5분이상 열람 [조회통계]		

참고 : 감정평가서 30중 21p 건축물 대장상 버섯재배사 추유순 소유

가. 법정지상권 분석

(1) 저당권 설정 당시 건물이 존재할 것.

저당권 설정 당시 건물 존재 확인
　　　저당권 설정일자 : 2004. 6.17.(채무자 김용수)
　　　건물 존재 확인 : 미등기건물 이면 건축물대장, 무허가건물이면 설치 사용일자

(2) 저당권 설정 당시 토지와 건물의 소유자가 동일할 것.

> **토지** : 등기부 갑구 1(전5) 지분자 김용수 확인
>
>   2005. 1. 18. 이전 전자등기부 이전 (폐쇄)
>
> **건물** : 2004. 6. 17. 건물 소유자가 김용수 확인요망
>
>   -> 현재 건축물대장이 추유순, 2005. 채권양도 그 이전 관계 입증 필요

(3) 토지나 건물에 설정된 저당권의 실행으로 인한 임의경매로 인하여 토지 소유권과 건물소유권이 분리될 것.

나. 낙찰자 입장

(1) 감정가 5억5,800만원, 낙찰가 3억2,500만원
  : 차익 2억3,300만
(2) 법정지상권 미성립 또는 추후 투자가치 확인
(3) 시세보다 저렴하여 차익 후 매각가능
(4) 건물소유자와 협의 및 소송준비
  ① 채무자 김용수 유리한 증인 확보가능성 농후
  ② 건물 존재 시기 및 근저당설정 당시 소유자 확인
  ③ 패소한다 하여도 지료청구로 추가 권리확보
  ④ 채권자는 채권확보로 가능성 농후

다. 검토

(1) 4차 까지 유찰 사유
① 2회 유찰 후 변경 1회 : 협의가능성 있었으나 불발
② 법정지상권

(2) 유리한 내역
- 공장설립승인지역 변경
- 주택건축가능(4층 이내)
- 도로 부지확보
  동소 887-12 (경매목록)

7강 유치권

1. 기본개념

유치권은 타인의 물건을 점유한 자가 그 물건에 관한 채권의 전부를 변제받을 때까지 그 물건을 유치하여 채무자의 변제를 강제하는 민법의 법정담보물권[16]이다.

1) 유치의 효력

'유치'한다는 것은 목적물의 점유를 계속해서 그 인도를 거절하는 것이다. 유치권은 목적물의 인도를 거절하여 채무자의 변제를 간접으로 강제를 목적한다.

2) 경매청구권

담보물권 중에서 유치권만은 우선변제권이 없으나 유치권자를 경매권자로서 인정하므로, 채무자가 무기한으로 변제하지 않을 때는 유치권자는 다만 유치에 그치지 않고 나아가 그 물건의 경매를 법원에 신청할 수가 있다. 경매에서 채무자나 최고가매수신고인을 포함한 제3자가 목적물의 인도받으려면 유치권자에게 먼저 변제하여야 하므로 우선변제권이 있는 것과 같다.

3) 저당권과 경합

저당권과 유치권이 경합하는 때 유치권자는 변제받지 않는 한 목적물을 인도하지 않아

---

16) 민법 제320조 제1항

도 되므로, 유치권은 저당권에 우선하게 된다. 당연히 전세권에도 우선하게 된다.

2. 경매에서 유치권

선수에게 기회, 초보에게 절벽

(1) 집행법원은 유치권 주장자가 점유를 하고 있는 경우 유치권 진정성립에 관한 판단 유보하고, 매각물건명세서에 점유자로 기재한다.

(2) 유치권 진정성립 여부는 당사자해결주의가 원칙이다. 따라서 유치권 신고는 허위 또는 과장신고가 많다.

3. 유치권의 성립요건

(1) 동산, 부동산, 유가증권을 목적물로 하고

(2) 채권과 목적물 사이 견련성[17] 이 있어야 하고,

(3) 채권의 변제기 도래

(4) 목적물 점유[18]

(5) 유치권 배제 특약[19] 없을 것.

※ 경매가 예상되면 개시결정(기입등기) 전에 공사 중지하고 유치권 행사
- 압류(경매)개시결정 이후에 채무자가 유치권자에게 점유를 이전하여 유치권행사를 가능하게 할 경우, 말소기준권리(저당권등) 이후 라면 경매절차에서 매수인(경락인)에게 대항할 수 없다.

※ 유치권자는 민법367조해당하는 특별한 경우외에는 우선변제청구권이 없으므로 배당받을 수 있는 지위에 있지 않다.

---

17) 채권이 목적물 자체로부터 발생하거나, 반환청구권관 동일한 법률관계
   예) 견련성 없는 경우 : 간판공사비 청구, 매매대금채권 ,건축자재채권, 임차보증금
18) 점유상실하면 유치권소멸, 직접점유, 간접점유(채무자 동의 임대) 무관
   유치권자 회사의 직원이 점유할 경우, 점유보조자로 간주 직접 점유
19) 금융기관에서 공사대금 대출할 때 유치권배제특약을 한다. 시행사, 시공사, 은행
   시공사와 계약한 하도급업자는 배제특약에서 당사자가 아니다. -유치권성립

4. 점유의 최소 필요 요건

(1) 유치권 행사가 점유개시 목적일 것.

(2) 출입구 시건장치 ,열쇠소지

(3) 유치권 표시 안내문 게시

(4) 목적부동산 컨테이너 등 상주, 관리, 경비용역계약 경비,

5. 유치권 성립 대상

(1) 필요비 −임차목적물 반드시 수리를 요함에 따라 임차인이 지출한 비용

(2) 유익비[20) − 임차목적물 객관적 가치 증대시킨 비용

(3) 공사대금[21) − 공사 미수령금

(4) 토지 형질변경 유치권행사 − 토목공사로 지가상승

　※ 불법건물 유치권자는 토지주에게 유치권으로 대항할 수 없다.

　※ 부속물 매수청구권 ; 방칸막이등 건물 자체공사가 아니기에 유치권 불성립

6. 유치권 행위

(1) 유치권자는 유치물의 보존에 필요한 사용 외에 채무자의 승낙 없이 유치물의 사용.
대여. 담보제공을 하지 못한다.− 의무위반 유치권 소멸

(2) 점유침탈 사례

① 낙찰자가 유치권자 실력배제

　　　− 갑이 공사대금 건물점유 유치권행사

　　　− 을이 낙찰, 등기이전

　　　− 갑을 내쫓음 , 갑이 점유침탈 당함.

　　　− 유치권 소멸

---

20) 임차물이 **영업을 위한 시설비**는 건물의 객관적 가치를 증대 시키지 않는다.− 유치권 효
　력 없다,

21) 공사대금 소멸시효; 공사가 중단된 때, 공사대금 채권행사할 수 있는 때부터 3년
그 기간 안에 가압류나 가처분하면 시효중단

② 유치권자가 침탈로부터 유치권 회복
- 갑 점유 회수 소송제기
- 승소, 유치권 부활 : 점유회복 전까지는 유치권소멸로 간주

7. 유치권 해결[22]

(1) 당사자 협의
(2) 유치권 부존재 확인의 소
(3) 인도명령, 명도소송
(4) 유치권소멸 : 피담보채권소멸은 담보물권도 소멸, 피담보채권소멸은 유치권소멸, 유치물 사용, 임대는 유치권의 행사방법 불과, 중단사유의 채무승인으로 보지 않는다.

※유치권 해결비용은 증빙자료 첨부-양도소득세 취득비용 감면

8. 유치권 불성립 판례

(1) 경매개시결정 이후 점유 - 압류처분금지 효력
(2) 임차인의 시설비, 인테리어 비용 - 건물의 객관적 가치 상승 아니므로
(3) 유치권의 양도, 양수는 안된다.
   단, 공사대금채권과 함께 양도는 유치권인정.
(4) 채무 초과 상태에서 공사 시행한 유치권 행사- 선의의 채권자에게 불이익
(5) 유치권자가 임대차계약체결 - 유치권상실, 임차권발생
(6) 계약서 원상회복의무 조항 - 유치권배제특약간주
(7) 권리금 반환청구권
(8) 임차인의 부속물 매수청구권
(9) 보증금반환청구권
(10) 유치권 포기의사 -번복, 이의절차 없다.

---

22) 과다청구, 허위청구, 진정불성립, -> 판단 잘 하면 타 입찰 경쟁자보다 저가낙찰 유리.

(11) 소유자 동의 없이 유치권자로부터 유치물 임차한 경우

(12) 미등기건물의 양수인이 불법점유(물건에 관한 채권 아님)

(13) 공사업자는 토지낙찰자에게 유치권 주장 불가(토지건물 다름)

(14) 건물에 대한 점유승계

(15) 건물임대차 위약금채권

9. 유치권 물건 도전 가능성 탐구하기

- 임차인이 사용목적의 시설 개수한 유치권 신고 물건
  (예 : 횟집 용도로 변경하느라 들어간 수족관등 공사대금)
- 빌라 아파트 등 인테리어 및 개보수 공사 대금 물건
- 공사대금 직접 물건이 아닌 자재대금 청구 물건
- 공사중단한 물건의 사용전용 가능 물건 – 유치권 협의
  (예; 상가 공사빌딩을 오피스텔 용도변경)
- 사우나 건물의 때밀이, 구두 점포입점자 들이 청구한 유치권

📋 진행물건

사건번호↑	용도별	소재지↑	감정평가액↑	최저경매가↑	유찰회수↑	매각기일↓	조회수↑	감정가대비↑

🗂️ 전체보기　🗂️ 선택보기　📄 열람처리　🖨️ 인쇄　⭐ 관심물건등록　🔍 1건씩확대보기　📷 사진 📋목록　10개로 보기 ▼

☐ 사건번호	매각기일 용도	물건기본내역	감정가 최저가	상태	조회수	추가정보
☐ **평택1계** 2016·5595 [병합/중복 2015 -10194]	2017.04.03 전	경기 평택시 팽성읍 객사리 40 [일괄]175-21, 40-21, [유치권 법정지상권 입찰외] 토지 882~ (267평)	877,590,000 430,019,000 557,000,000 응찰 6	**종결** (49%) (63%)	1,143	· 특수권리분석
☐ **평택1계** 2015·10194	2016.11.07 전	경기 평택시 팽성읍 객사리 40 [일괄]40-21, 1 75-21, [유치권 법정지상권 입찰외] 토지 882~ (267평)	877,590,000 614,313,000	**종결** (70%)	539	· 특수권리분석

※ 최근 일주일 내에 열람했던 물건의 사건번호는 █ 색으로 나타납니다.

평택1계
2015 타경 10194 전

사건내용

병합/중복	2016-5595(중복-성남중앙신협)

조 회 수 · 금일조회 1 (0) · 금회차공고후조회 394 (103) · 누적조회 540 (115)　　　( )는 5분이상 열람 조회통계

소 재 지	경기 평택시 팽성읍 객사리 40 [일괄]40-21, 175-21, 도로명주소		
용 도	전	감 정 가	877,590,000
토지면적	882.0㎡ (266.8평)	최 저 가	614,313,000 (70%)
건물면적	0㎡ (0평)	보 증 금	61,431,300 (10%)
경매구분	형식경매(유치권)	소 유 자	배O
청 구 액	689,973,530	채 무 자	배O
채 권 자	이OO		
주의사항	· 유치권 · 법정지상권 · 입찰외 특수件분석신청		

<< 가지고 계신 출검사진을 등록하면 사이버머니 지급 또는 광고를 게재해 드립니다 >>

▪ 진행과정

구분	일자	접수일~
경매개시일	2015.08.21	1일
감정평가일	2015.09.02	13일
배당종기일	2015.11.09	81일
최초경매일	2016.09.26	403일
최종매각일		

▪ 매각과정

회차	매각기일		최저가	비율	상태	접수일~
①	2016.09.26 (10:00)		877,590,000	100%	유찰	403일
②	2016.11.07	↓30%	614,313,000	70%	변경	445일
	2017.06.22				종결	672일

☑ 유치권에 기한 형식경매

☑ 동시 경매 (중복경매) 근저당설정

☑ 유치권 소멸주의 ; 매각으로 인한 소멸 원칙

☑ 형식경매와 실질경매(근저당설정) 중복시 유치권경매 중단, 실질경매 진행

☑ 유치권 소멸 하지 않고 인수

☑ 단, 유치권자가 전액 배당, 중복경매 취하 경우 유치권 소멸

여주5계
2016 타경 6533[1] 주택

|사건내용

조 회 수 ·금일조회 1 (0) ·금회차공고후조회 158 (54) ·누적조회 1,094 (170)　〈 〉는 5분이상 열람 [조회통계]

관련 물건번호	1 종결	2 종결		
소 재 지	경기 양평군 용문면 조현리 271-5 1동호 (12511) 경기 양평군 용문면 중원산로 41-1			
용 도	주택	감 정 가	313,202,940	
토지면적	660.0㎡ (199.6평)	최 저 가	153,469,000 (49%)	
건물면적	전체 137.5㎡ (41.6평) 제시외 19.4㎡ (5.9평)	보 증 금	15,346,900 (10%)	
경매구분	임의경매	소 유 자	임○○	
청 구 액	1,389,700,000	채 무 자	임○○	
채 권 자	군○○○○			
주의사항	·유치권 [특수件분석신청]			

《〈 가지고 계신 물건사진을 등록하면 사이버머니 지급 또는 광고를 게재해 드립니다 〉》　◎ 회원답사사진보기

■ 진행과정

구분	일자	접수일~
경매개시일	2016.07.07	1일
감정평가일	2016.07.26	20일
배당종기일	2016.10.11	97일
최초경매일	2017.04.26	294일
최종매각일	2017.07.05	364일
매각허가일	2017.07.12	371일

■ 매각과정

회차	매각기일	최저가	비율	상태	접수일~
①	2017.04.26 (10:00)	313,202,940	100%	유찰	294일
②	2017.05.31 (10:00) ↓30%	219,242,000	70%	유찰	329일
	↓30%	153,469,000	49%	매각	364일
③	2017.07.05 (10:00)	매수인 김○○ / 응찰 2명 매각가 170,100,000 (54.31%)			납부완료 (2017.08.01)
	2018.09.19			종결	805일

|특수권리분석 ※ 이해관계자 제보 등을 반영한 지지옥션의 주관적 분석 의견임

·유치권 (분석일자:17.04.26)

본 건 주택에 전입세대로 조사된 '이배일'이 유치권을 신고했는데, 법원 현황조사 당시, 유치권을 주장하는 점유자나 이를 알리는 게시문 등 어떠한 표식(表式)도 일체 확인된 사실이 없었습니다. 매각대상 건물이 2012년 6월에 보존등기되었고, 특히, 단독주택은 건물 자체 공사대금이나 증축공사대금 외에 유치권이 성립하는 실무사례도 거의 없는데, 공사대금 소멸시효기간 3년이 경과하도록 본건에 (가)압류를 하는 등 채권회수 노력도 전혀 없었고, 공부(公簿)상 증축한 사실도 확인할 수 없다는 점 등을 감안하면, 유치권이 성립하기는 어려울 것으로 예상됩니다.

수원11계

2017 타경 1713[1] 오피스텔(상가)

|사건내용

조 회 수 · 금일조회 2 (0) · 금회차공고후조회 54 (22) · 누적조회 489 (57)   ( )는 5분이상 열림 조회통계

관련물건번호	<	1 종결	2 후취	>

소 재 지	경기 용인시 기흥구 중동 852-2 동백씨엘뷰 2층 201호 [일괄]201-1호, (17006) 경기 용인시 기흥구 동백중앙로 177		
용 도	오피스텔(상가)	감 정 가	553,000,000
토지면적	32.7㎡ (9.9평)	최 저 가	270,970,000 (49%)
건물면적	121㎡ (37평)	보 증 금	27,097,000 (10%)
경매구분	임의경매	소 유 자	(0000
청 구 액	516,000,000	채 무 자	(0000
채 권 자	유0000000000		
주의사항	· 유치권 [특수件분석신청]		

<< 가지고 계신 물건사진을 등록하면 사이버머니 지급 또는 광고를 게재해 드립니다 >>   회원압사진보기

■ 진행과정

구분	일자	접수일~
경매개시일	2017.01.19	1일
감정평가일	2017.02.10	23일
배당종기일	2017.04.17	89일
최초경매일	2017.05.18	120일
최종매각일	2017.08.09	203일
매각허가일	2017.08.16	210일
납부기한	2017.09.22	247일
경매종결일	2018.03.22	428일

■ 매각과정

회차	매각기일	최저가	비율	상태	접수일~
①	2017.05.18 (10:30)	553,000,000	100%	유찰	120일
②	2017.06.21 (10:30)	↓30% 387,100,000	70%	유찰	154일
③	2017.08.09 (10:30)	↓30% 270,970,000	49%	매각	203일
		매수인 이○○외1 / 응찰 3명 매각가 335,000,000 (60.58%) 2위 292,000,000 (52.80%) 3위 272,100,000 (49.20%)			납부완료 (2017.08.25)
	2018.03.22			종결	428일

|특수권리분석 ※ 이해관계자 제보 등을 반영한 지지옥션의 주관적 분석 의견임

· 유치권 (분석일자:17.05.18)

점유관계 미상인 `데일리시큐리티 주식회사`로부터 관리비 미수채권에 관한 상사유치권신고가 있다는 물건명세서 내용이 있습니다. 법원 현황조사내역에 따르면 `상가건물임대차 현황서상 임차인 조하연이 등재되어 있으나, 현황 공실상태이다`는 조사내용만이 있고, 유치권을 주장하는 점유자나 이를 알리는 게시문 등 어떠한 표식(表式)도 일체 확인된 사실이 없다는 점을 감안하면, 유치권 신고인의 미점유를 추정할 수 있겠습니다.
점유가 유치권의 성립요건이자 존속요건인데, 경매개시결정일 이후에 점유를 이전받은 경우에는 유치권이 성립할 수 없다는 대법원판례(2006다22050호)가 있습니다.
또한, 상사유치권의 성립요건이 ①당사자 쌍방이 상인일 것 ②유치대상물이 채무자 소유일 것 ③상행위로 발생한 채권일 것 ④변제기에 있을 것입니다. 특히, 이 사건 최초 근저당권 설정일(2012.03.16) 이전에 `상행위로 인한 채권이 발생하고 점유를 계속하고 있어야 한다`는 점을 감안했을 때, 유치권이 성립하기는 쉽지 않을 것으로 예상됩니다.

수원11계
2016 타경 32376[3] 다세대(생활주택)

| 사건내용

과 거 사 건	수원 2015-23115

조 회 수	·금일조회 1 (0) ·금회차공고후조회 44 (19) ·누적조회 406 (44)	〈 〉는 5분이상 열람	조회통계

관련 물건번호	<	1 종결	2 종결	3 종결	4 종결	>

소 재 지	경기 용인시 기흥구 언남동 366 준아트빌366 7층 A701호 (16917) 경기 용인시 기흥구 구성로77번길 3			
용 도	다세대(생활주택)	감 정 가	290,000,000	
토지면적	30.3㎡ (9.2평)	최 저 가	142,100,000 (49%)	
건물면적	85㎡ (26평)	보 증 금	14,210,000 (10%)	
경매구분	임의경매	소 유 자	류OO	
청 구 액	883,583,562	채 무 자	류OO	
채 권 자	성OOOOO			
주의사항	·유치권 **특수件분석신청**			

<< 가치고 계신 출건사진을 등록하면 사이버머니 지급 또는 광고를 게재해 드립니다 >>

■ 진행과정

구분	일자	접수일~
경매개시일	2016.11.22	4일
감정평가일	2017.01.20	63일
배당종기일	2017.02.08	82일
최초경매일	2017.04.12	145일
최종매각일	2017.11.22	369일
매각허가일	2017.11.29	376일
납부기한	2018.01.04	412일
경매종결일	2018.04.05	503일

■ 매각과정

회차	매각기일		최저가	비율	상태	접수일~
①	2017.04.12 (10:30)		290,000,000	100%	유찰	145일
②	2017.05.18 (10:30)	↓30%	203,000,000	70%	유찰	181일
③	2017.06.21	↓30%	142,100,000	49%	변경	215일
③	2017.09.12	-	142,100,000	49%	변경	298일
			142,100,000	49%	매각	369일
③	2017.11.22 (10:30)	매수인 고OO / 응찰 1명 매각가 142,200,000 (49.03%)				납부완료 (2017.12.27)
	2018.04.05				종결	503일

|특수권리분석 ※ 이해관계자 제보 등을 반영한 지지옥션의 주관적 분석 의견임

·유치권 (분석일자:17.05.11)

점유관계 미상인 `강호영`이 공사대금(3억 9천5백만원)을 명목으로 유치권을 신고한 상태입니다. 법원 현황조사내역에 따르면, 본건에 현황조사차 `현장을 방문하였으나 폐문 부재였고, 해당 주소에 전입세대가 없다`는 조사내용만 있습니다.

즉, 유치권을 주장하는 점유자나 이를 알리는 게시문 등 어떠한 표식(表式)도 일체 확인된 사실이 없다는 점을 감안하면, 유치권 신고인의 미점유를 추정할 수 있겠습니다.

점유가 유치권의 성립요건이자 존속요건인데, 경매개시결정일 이후에 점유를 이전받은 경우에는 유치권이 성립할 수 없다는 대법원 판례(2006다22050호)가 있습니다.

이 오피스텔이 2015년 4월에 보존등기 되었고, 이후 2년이 경과하는 동안 본건에 (가)압류를 해 놓는 등 채권회수를 위한 노력도 전혀 없었습니다. 1회 유찰되고 2회차 매각기일에 임박하여 갑자기 신고한 점까지 종합하여 판단해 보면, 유치권이 성립하기 어려울 것으로 예상됩니다.

▶GG Tip 도시형생활주택 : 서민과 1~2인 가구를 위하여 2009년에 도입한 도시형생활주택으로 각종 주택건설기준과 부대시설의 설치기준을 적용하지 않거나, 완화한 규정이 적용되기 때문에 주차의 어려움을 예상해볼 수 있고, 층간(이웃간) 소음문제도 확인해보시기 바랍니다.

- 267 -

수원8계
2017 타경 16319 공장

사건내용

조 회 수 · 금일조회 1 (0) · 금회차공고후조회 94 (34) · 누적조회 513 (73)　　　( )는 5분이상 열림　조회통계

소 재 지	경기 용인시 처인구 이동읍 묘봉리 281-1 ,-2 A동호 [일괄]-2, B동호, C동호, D동호, E동호, 외5 (17138) 경기 용인시 처인구 이동읍 묘봉로173번길 51-36		
용 도	공장	감 정 가	**2,107,888,900**
토지면적	7,490.0㎡ (2,265.7평)	최 저 가	**1,032,865,000 (49%)**
건물면적	전체 1,360.5㎡ (411.6평) 제시외 66.5㎡ (20.1평)	보 증 금	103,286,500 (10%)
경매구분	임의경매	소 유 자	염OO
청 구 액	1,497,853,424	채 무 자	덕OOO
채 권 자	우OOO		
주의사항	· 유치권 · 입찰외　**특수件분석신청**		

<< 가지고 계신 물건사진을 등록하면 사이버머니 지급 또는 광고를 게재해 드립니다 >>

■ 진행과정

구분	일자	접수일~
경매개시일	2017.06.29	1일
감정평가일	2017.07.12	14일
배당종기일	2017.09.12	76일
최초경매일	2017.11.09	134일
최종매각일	2018.01.18	204일
매각허가일	2018.01.25	211일
납부기한	2018.02.28	245일
경매종결일	2018.03.05	250일

■ 매각과정

회차	매각기일	최저가	비율	상태	접수일~
①	2017.11.09 (10:30)	2,107,888,900	100%	유찰	134일
②	2017.12.12 (10:30)	↓30% 1,475,522,000	70%	유찰	167일
		↓30% 1,032,865,000	49%	매각	204일
③	2018.01.18 (10:30)	매수인 (주)위스톤 / 응찰 3명 차순위신고　농업회사법인 주 · 디오푸드　1,238,810,000 매각가 1,270,000,000 (60.25%) 2위 1,238,810,000 (58.77%) 3위 1,191,000,000 (56.50%)			납부완료 (2018.02.12)
	2018.03.05			종결	250일

특수권리분석 ※ 이해관계자 제보 등을 반영한 지지옥션의 주관적 분석 의견임

· 유치권 (분석일자:18.01.16)

임차인으로 조사된 `농업회사법인 (주)디오푸드`에서 유치권을 신고했는데, 현황조사 당시에 유치권을 주장하는 점유자나 게시문 등 어떠한 표식(表式)이 일체 확인된 바 없었고, 일반적으로 임차인에게 원상복구의무가 있는데, 이 경우 유익비상환청구를 포기한 것으로 간주하는 대법원판례(94다20389호)가 있습니다.

매각대상 건물이 2004년(일부 2007년)에 사용승인되었는데, 공장은 건물 자체 공사대금 외에 유익비(건물의 객관적인 가치증가비용)나 필요비(현상 유지보수비용) 지출로 인하여 유치권이 성립하는 실무사례가 많지 않고, 2회 나 유찰되고 3회차 매각기일에 임박하여 갑자기 신고한 점까지 감안하면, 유치권이 성립하기는 어려울 것으로 예상됩니다.

· 입찰외 (분석일자:18.01.16)

토지와 건물(공장)을 일괄매각하는 임의경매사건인데, 감정평가서를 보면 `입찰외 E동호 공장(목록7)에 설치된 폐수처리시설은 임차인이 보수, 설치한 것으로 조사되었으므로, 매각에서 제외한다`는 평가의견이 있습니다.

그런데 매각대상에서 제외되었고 임차인이 설치했다는 점에서 이동이 가능한 동산으로 볼 수도 있으며, 특히 임차인의 원상복구의무 등을 감안했을 때, 이 입찰외 물건으로 인하여 부동산을 인도받는데 어려움은 없을 것으로 판단됩니다. 임차인과 합의에 이를 수 없을 때에는 인도명령결정문을 집행권원으로 강제집행을 신청하여 대응하면 되겠습니다.

수원4계
2017 타경 29476 창고

사건내용

관심물건 [유치권] 메모: - 수정

조 회 수 · 금일조회 7 (2) · 금회차공고후조회 71 (18) · 누적조회 412 (70)   ( )는 5분이상 열람 조회통계

소 재 지	경기 화성시 정남면 망월리 349 (18514) 경기 화성시 정남면 금복길 34		
용 도	창고	감 정 가	426,893,090
토지면적	972.0㎡ (294.0평)	최 저 가	298,825,000 (70%)
건물면적	402㎡ (122평)	보 증 금	29,882,500 (10%)
경매구분	강제경매	소 유 자	임채용
청 구 액	723,439,109	채 무 자	임채용
채 권 자	최원순		
주의사항	· 유치권 · 입찰외 특수件분석신청		

<< 가지고 계신 물건사진을 등록하면 사이버머니 지급 또는 광고를 게재해 드립니다 >> | 회원답사사진등록

■ 진행과정

구분	일자	접수일~
경매개시일	2017.12.01	1일
감정평가일	2017.12.29	29일
배당종기일	2018.02.26	88일
최초경매일	2018.12.04	369일

예상매각가 ☞
[   ] 원 입력

■ 매각과정 [입찰 8 일전]
법원기일내역

회차	매각기일		최저가	비율	상태	접수일~
①	2018.12.04		426,893,090	100%	변경	369일
①	2019.01.11 (10:30)		426,893,090	100%	유찰	407일
②	2019.02.21 (10:30)	↓30%	298,825,000	70%	진행	448일
③	2019.03.27	↓30%	209,178,000	49%	예정	
④	2019.04.26	↓30%	146,425,000	34%	예정	

10. 유치권에 기한 임의경매 신청사례

1) 2019타경35638(21- 935 사건) 2022.1.19. 낙찰

전주4계 2019 타경 34638 목욕시설근린상가

| 사건내용

병합/중복	2021·935(중복·윤○○)
조 회 수	·금일조회 1 (0) ·금회차공고후조회 53 (21) ·누적조회 884 (129) ()는 5분이상 열람 조회통계
소 재 지	전북 전주시 완산구 삼천동1가 744-1 ,-2,-3,-4,-10,-11,-12 [일괄]744-2, 744-3, 744-4, 외3 (55104)전북 전주시 완산구 안행3길 4-9
용 도	목욕시설근린상가	감 정 가	3,153,324,950
토지면적	1,413.8㎡ (427.7평)	최 저 가	1,081,590,000 (34%)
건물면적	전체 2,393.3㎡ (724.0평) 제시외 134㎡ (40.5평)	보 증 금	108,159,000 (10%)
경매구분	임의경매	소 유 자	(0000
청 구 액	1,201,238,570	채 무 자	최○○
채 권 자	원0000		
주의사항	·유치권 특수권분석신청		

			1,081,590,000	34%	매각	924일
④	2022.01.17 (10:00)	매수인	박○○ / 응찰 2명 차순위신고 주)원천 1,435,000,000			납부완료 (2022.02.24)
		매각가	1,517,000,000 (48.11%)			
	2022.04.13				종결	1,010일

이 경매 물건의 경우 낙찰자 박영목(박00)이 2022.1.17. 낙찰을 받고, 20억 이상을 대출을 받은 것으로 기재되어 있다. 유치권이 표기되어 있었으나, 대부분의 유치권의 경우처럼 성립하지 않는 허위의 유치권이라고 판단한 것이다.

실제로 지지옥션의 특수권리 분석란에도 점유 여부가 불확실하다 하여 유치권 성립이 어려운 것처럼 오해의 여지가 있게 분석을 기재해 두었다.

| **특수권리분석** ※ 이해관계자 제보 등을 반영한 지지옥션의 주관적 분석 의견임

· 유치권 (분석일자 : 19.12.09)
이 사건에 점유관계 미상인 '(주)창조에스아이'에서 유치권을 신고한 상태입니다.

법원 감정평가서에 따르면, '본 건은 향후 일반목욕장 등으로 이용 예정이며, 내외부 시설개보수 공사가 진행중이다'는 평가의견이 있는데, 이 평가의견과 약간의 공사현장이 보이는 현황 사진을 감안하면, 유치권존부(存否) 문제로 인한 분쟁발생을 예상해볼 수도 있겠습니다. 다만, 법원 현황조사 당시 유치권을 주장하는 점유자나 이를 알리는 게시문 등 어떠한 표식(表式)도 일체 확인된 사실이 없었다는 점에서 신고인의 점유여부가 불확실합니다.

점유가 유치권 성립요건이자 존속요건인데, 경매개시결정일 이후에 점유를 이전받은 경우에는 유치권이 성립할 수 없다는 대법원판례(2008다70763호)가 있습니다.

이 건물이 1995년에 보존등기되었고, 근린생활시설 등 집합건물은 건물 자체 공사대금 외에 유익비(건물의 가치증가 비용)나 필요비(현상 유지보수비용) 지출로 인하여 유치권이 성립하는 실무사례도 거의 없습니다.
1회차 매각기일에 앞서 갑자기 신고한 점까지 감안하면, 유치권이 성립하기는 어려울 것으로 예상됩니다.

| **참고사항**

· 1.일괄매각, 제시외건물 포함
· 2.현황조사 및 감정평가일 현재 건물 내외부시설 개보수공사가 진행중인 상태임
· 3.2019. 11. 4. 주식회사 창조에스아이로부터 공사대금 1,705,000,000원에 대하여 유치권신고가 제출되었음(한편 유치권자인 주식회사 창조에스아이가 본건 소유자를 상대로 제기한 공사대금 1,529,280,300원의 지급명령[서울중앙지법 2020차전283344]이 2020.7.9자로 확정되었음
· 4.2020.6.19 김형순으로부터 제시외건물 8-2(감정서상 'ㄴ'찜질방)에 대한 매각제외신청서가 제출되었음(단 구체적인 증거자료는 첨부되어 있지 않으며, 본건 소유자와 확인서만 첨부되어있음)
· 2019.11.4(주)창조에스아이로부터 공사대금1,705,000,000원에 대하여 유치권신고가 있으나 그 성립여부는 불분명함.

그러나 이는 지지옥션의 분석 오류로, **공사대금 채권확정으로 유치권의 인정은 이미 확정된 상태였기 때문에 이번 물건의 경우에는 허위의 유치권이 아니었다.** 이에 결국 이 물건은 다시 유치권에 기하여 아래 사건으로 경매에 부쳐지게 되었다.

2) 2022- 32106 전주시 완산구 근린시설 (대기 사건)

30	강제경매개시결정(2 9번가압류의 분압류로의 이행)	2021년2월8일 제13491호	2021년2월8일 전주지방법원의 강제경매개시결 정(2021타경935)	채권자 윤성자 560216-****** 경기도 고양시 일산서구 송산로 567-58, 101동 302호(덕이동, 고양벨리스
31	가압류	2021년8월25일 제82640호	2021년8월25일 전주지방법원의 가압류 결정(2021카단1 035)	청구금액 금18,223,482 원 채권자 대성권력 주식회사 110111-1885677 전북 고창군 고창읍 신상길 46, 101호
32	소유권이전	2022년3월7일 제19986호	2022년3월7일 임의경매로 인한 매각	소유자 박영복 620901-****** 서울특별시 금천구 시흥대로 165, 102동 303호 (시흥동,남서울힐스테이트아파트)

조회수	· 금일 1 누적 17	· 5분이상 열람 금일 0 누적 0			조회통계

소재지	전북 전주시 완산구 삼천동1가 744-1 ,-2,-3,-4,-10,-11,-12 외7				
경매구분	임의경매	경매신청자	창조에스아이	경매개시일	2022.03.22
청구액	1,847,035,418원	채무자		현재상태	대기
용도	근린시설	소유자	박영묵	배당종기일	2022.07.12

[건물] 전라북도 전주시 완산구 삼천동1가 744-1외 6필지

순위번호	등 기 목 적	접 수	등 기 원 인	권리자 및 기타사항
		제24884호	전주지방법원의 임의경매개시결정(2022타경32106)	110111-6283727 서울 관악구 호암로18나길 27 (신림동) 4층 402호

24	근저당권설정	2022년3월7일 제19988호	2022년3월7일 설정계약	채권최고액 금1,440,000,000원 채무자 박영목 　　서울특별시 금천구 시흥대로 165, 102동 　　303호 (시흥동,남서울힐스테이트아파트) 근저당권자 홍양농업협동조합 204936-0002776 　　전라남도 고흥군 포두면 우주로 590 공동담보목록 제2022-187호
25	근저당권설정	2022년3월7일 제19989호	2022년3월7일 설정계약	채권최고액 금150,000,000원 채무자 박영목 　　서울특별시 금천구 시흥대로 165, 102동 　　303호 (시흥동,남서울힐스테이트아파트) 근저당권자 유재림 630820-******* 　　충청북도 청주시 청원구 수암로78번길 12, 　　다동 304호 (우암동,삼일아파트) 공동담보목록 제2022-188호
26	근저당권설정	2022년3월7일 제19990호	2022년3월7일 설정계약	채권최고액 금600,000,000원 채무자 박영목 　　서울특별시 금천구 시흥대로 165, 102동 　　303호 (시흥동,남서울힐스테이트아파트) 근저당권자 이복희 570228-******* 　　경기도 의정부시 용현로 143, 303동 903호 　　(민락동,산들마을현대아파트) 공동담보목록 제2022-189호
27	근저당권설정	2022년3월7일 제19991호	2022년3월7일 설정계약	채권최고액 금200,000,000원 채무자 박영목 　　서울특별시 금천구 시흥대로 165, 102동 　　303호 (시흥동,남서울힐스테이트아파트) 근저당권자 이정순 461009-******* 　　서울특별시 강서구 곰달래로35길 43, 　　ㅂ101호 (화곡동)

자료 291 낙찰자 박영목이 20억 이상 대출을 받고 설정한 근저당권설정

8강 선순위 가처분

1. 보전처분의 의미

가처분, 가압류는 보전처분으로서 판결을 받기 이전에 물권의 권리 변동을 하여 불이익을 당하지 않도록 하기 위한 사전처분이다.

보전처분은 권리 또는 법률관계에 쟁송이 있을 것을 전제로 하며, 이러한 쟁송에 대한 판결의 집행을 쉽게 하거나, 판결이 있을 때까지 손해발생을 방지할 목적으로 채무자의 재산을 동결하거나 임시적 법률관계를 형성시키는 재판을 의미한다.

가처분은 권리에 대한 사전처분이며, 가압류는 금전의 채권에 대한 사전처분이다.
원칙적으로 인수이나, 소멸할 수 있는 예외 규정이 있다.

2. 선순위 가처분 권리분석

1) 제소기간 도과로 소멸

가처분은 본안소송에서 얻고자 하는 집행권원(판결 등)의 집행을 보전함에 그 목적이 있어 당연히 본안의 소가 제기될 것이 예상된다.

그러나 일단 가처분이 발령되면 채권자는 굳이 본안의 소를 제기할 필요를 느끼지 않고 보전만으로 만족하여 채무자의 자발적 이행을 기다리는 경우가 많다. 결국 채무자는 채권자가 본안의 소를 제기할 때 까지 가처분으로 인한 불이익을 감수해야 한다.

채무자에게 채권자로 하여금 상당한 기간(2주일 이상)내에 본안의 소를 제기하고 이를 증명하는 서류를 제출할 것을 명하도록 법원에 신청할 권리를 주고, 채권자가 이 명령을 이행하지 않으면 피보전권리를 조속히 실현할 의사가 없다고 보아 채무자의 신청에 의하여 가처분을 취소할 수 있다.

채권자가 법원이 정한 제소기간 내에 제소증명서 등을 제출하지 않으면 채무자는 가처분의 취소를 신청할 수 있다.

민사집행법 제287조(본안의 제소명령)

① 가압류법원은 채무자의 신청에 따라 변론 없이 채권자에게 상당한 기간 이내에 본안의 소를 제기하여 이를 증명하는 서류를 제출하거나 이미 소를 제기하였으면 소송계속사실을 증명하는 서류를 제출하도록 명하여야 한다.

② 제1항의 기간은 2주 이상으로 정하여야 한다.

③ 채권자가 제1항의 기간 이내에 제1항의 서류를 제출하지 아니한 때에는 법원은 채무자의 신청에 따라 결정으로 가압류를 취소하여야 한다.

④ 제1항의 서류를 제출한 뒤에 본안의 소가 취하되거나 각하된 경우에는 그 서류를 제출하지 아니한 것으로 본다.

⑤ 제3항의 신청에 관한 결정에 대하여는 즉시항고를 할 수 있다. 이 경우 민사소송법 제447조의 규정은 준용하지 아니한다.

2) 사정변경에 따른 취소 일반

가처분 발령 후 가처분의 이유가 소멸되거나 그 밖에 사정이 바뀌어 가처분을 유지함이 상당하지 않게 된 때에는 채무자는 가처분의 취소를 구할 수 있다.

경매사건은 대부분 여기에 해당한다.

(1) 피보전권리에 관한 것

피보전권리의 전부 또는 일부가 변제, 상계, 소멸시효 완성 등으로 소멸하거나 변경된 경우.

(2) 가처분 집행 후 3년간 본안 소송을 제기하지 않았을 때

가처분 집행 후 3년간 본안 소송을 제기하지 않았을 때에는
채무자 또는 이해관계인의 신청에 따라 결정으로 가처분을 취소하여야 한다.

민사집행법 제288조 (사정변경 등에 따른 가압류 취소)

① 채무자는 다음 각호의 어느 하나에 해당하는 사유가 있는 경우에는 가압류가 인가된 뒤에도 그 취소를 신청할 수 있다. 제3호에 해당하는 경우에는 이해관계인도 신청할 수 있다.
   1. 가압류이유가 소멸되거나 그 밖에 사정이 바뀐 때
   2. 법원이 정한 담보를 제공한 때
   3. 가압류가 집행된 뒤에 3년간 본안의 소를 제기하지 아니한 때

② 제1항의 규정에 의한 신청에 대한 재판은 가압류를 명한 법원이 한다. 다만, 본안이 이미 계속된 때에는 본안법원이 한다.

③ 제1항의 규정에 의한 신청에 대한 재판에는 제286조제1항 내지 제4항·제6항 및 제7항을 준용한다

3) 사정변경으로 인한 가처분 취소의 사례

가. 목적 달성

(1) 선순위가처분권자와 강제경매신청채권자 동일

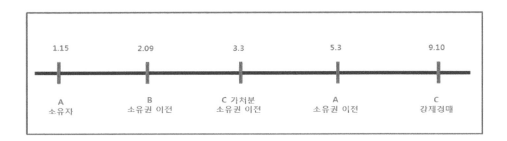

A가 채무면탈을 목적으로 B에게 소유권을 이전하자, A의 채권자인 C가 채권자취소권에 의하여 B에 대한 소유권이전등기의 말소를 구하는 가처분을 하였다. 이후 C가 본안소송에서 승소하여 B명의의 소유권이전등기를 말소한 후 A를 상대로 C가 강제경매를 신청하였다.

이 때, C의 가처분은 그 목적을 달성하여 해제신청과 말소촉탁을 기다리는 가처분이다.

(2) 이혼으로 인한 위자료 및 재산분할 청구권

이혼을 원인으로 한 재산분할 청구를 위해 가처분을 한 후, 남자나 여자 (대개는 여자)쪽에서 강제경매를 신청하는 경우이다. 경매를 통해 매각대금을 수령하면 재산분할의 목적을 달성했기 때문에 가처분은 말소의 대상이 된다.

(3) 목적을 달성한 선순위 가처분 말소방법

① 원칙

근저당권자가 근저당권설정등기 청구권을 보전하기 위해 선순위 가처분 후 ,

본안소송에서 승소하여 판결로 근저당권 설정등기를 하였다.

가처분권자가 가처분을 한 법원에 가처분의 목적달성을 이유로,

가처분등기의 말소촉탁을 신청하면 법원사무관 등의 말소촉탁으로 말소한다.

② 예외

가처분권자가 본안소송에서 승소하고도 실익이 없어 원상회복을 하지 않는 경우다.

가처분권자 스스로 말소촉탁을 하지 않아 선순위 가처분 상태에서 매각이 진행되어 매수인이 정해졌다.

매수인은 가처분등기의 말소에 이익이 있는 자에 해당되므로

근저당권설정등기로 가처분이 목적달성하였음을 소명하여

집행법원이나 가처분을 한 법원의 법원사무관에게 가처분의 말소촉탁을 신청할 수 있다.

등기예규 제1061호에 의하면

"가처분권리자의 승소판결에 의한 소유권이전등기가 경료된 경우,

당해 가처분등기는 그 가처분등기의 말소에 관하여 이익을 갖는 자가

집행법원에 가처분의 목적 달성을 이유로 한 가처분등기의 말소촉탁을 신청하여

그 신청에 기한 집행법원의 말소촉탁에 의하여 말소하여야 한다."라고 하여

가처분등기의 말소에 관하여 이익을 갖는 자가 말소촉탁을 할 수 있도록 규정하고 있다.

나. 3년 이내 본안 소송을 제기하지 않았을 때

(1) 본안 소송 제기 전

경과기간	설정기간
10년	과거 ~ 2002.6.30
5년	2002.07.01. ~ 2005.07.27
3년	2005.07.28. ~ 現在

가처분 채권자가 가처분 집행 후 3년간 본안소송을 제기하지 않았을 경우, 채무자나 이해관계인(매수인 등 제3취득자)이 '사정변경에 의한 가처분(가압류) 취소신청'을 할 수 있다.

경과기간이 지나면 취소요건이 완성되며, 그 뒤 본안소송이 제기되어도 가처분(가압류)을 취소할 수 있다.

단 가처분 후 3년간 본안소송을 제기하지 않았다하여 취소결정이 없더라도 당연히 가처분이 취소되는 것은 아니다. 가처분 후 3년이 경과되었지만 가처분 취소결정이 있기 전에 가처분권자에 의해 이루어진 소유권이전등기는 유효하다.

(2) 본안소송에서 승소 판결을 받은 경우

피보전권리에 대한 보전의 필요성이 소멸되었기 때문에 가처분을 취소할 수 있다.

민사집행법 제 288조(사정변경 등에 따른 가압류 취소)

① 채무자는 다음 각호의 어느 하나에 해당하는 사유가 있는 경우에는 가압류가 인가된 뒤에도 그 취소를 신청할 수 있다. 제3호에 해당하는 경우에는 이해관계인도 신청할 수 있다

    1. 가압류 이유가 소멸되거나, 그 밖의 사정이 바뀐 때

    2. 목적을 달성한 가압류 일 때

    3. 가압류가 집행된 뒤에 3년간 본안의 소를 제기하지 아니한 때

②제1항의 규정에 의한 신청에 대한 재판은 가압류를 명한 법원이 한다. 다만, 본안이 이미 계속된 때에는 본안법원이 한다.

③제1항의 규정에 의한 신청에 대한 재판에는 제286조제1항 내지 제4항·제6항 및 제7항을 준용한다.

· 선순위가처분 (분석일자:20.08.18)
매각대상 부동산 등기부등본상에 선순위 가처분(갑구 순위번호 2번. 접수 2019년 3월 26일)이 있는데, 가처분의 피보전권리가 `근저당권설정등기 청구권(채권자 늘푸른엔피엘대부주식회사)`입니다.

그런데 등기부를 보면, 가처분등기후 가처분권자가 2020년3월23일 `설정계약`을 등기원인으로 근저당권설정등기(등기부등본 을구 3번)를 경료한 사실을 확인할 수 있습니다. 이 근저당권에 기하여 임의경매를 신청했고, 매각물건명세서상 `소멸되지 않는 권리`도 없다는 점까지 감안했을 때, 선순위 가처분은 목적을 달성한 가처분으로 매각으로 인하여 소멸될 것으로 판단됩니다.

2021.01.27
답

여주5계 2020-32133
경기 이천시 호법면 유산리 302
[先가처분 농취증]
토지 3,081㎡ (932평)

200,265,000
140,186,000 (70%)
160,000,000 (80%)
종결
용찰 8

2021.02.01
연립

동부2계 2020-50239
서울 강동구 성내동 464-16 대명 가동 2층 205호 [성내로6가길 53]
[先가처분]
건물 104㎡ (31평) | 토지 78㎡ (24평)

568,000,000
568,000,000 (100%)
681,600,000 (120%)
종결
용찰 2

2021.02.04
답

안산4계 2020-52111
경기 안산시 상록구 본오동 655-22
[先가처분 농취증 지분매각]
토지 364㎡ (110평)

48,388,060
23,710,000 (49%)
33,011,000 (68%)
매각
용찰 4

2021.02.25
답

의정부15계 2020-77714
경기 연천군 전곡읍 간파리 77
[先가등기 先가처분 농취증 맹지]
토지 1,140㎡ (345평)

79,800,000
27,371,000 (34%)
46,600,000 (58%)
종결
용찰 7

고양3계 2019 타경 5693 다세대

사건내용

병합/중복	2018-14188(중복-이향주)
조 회 수	·금일조회 1 (0) ·금회차공고후조회 149 (161) ·누적조회 1,129 (264)

( )는 5분이상 열람   조회통계

소 재 지	경기 고양시 덕양구 행주내동 156-3 ,-6,-9 A동 2층 201호 [일괄]-순 A동 301호, 3층 A동 302호, 4층 A동 401호, B동 201호, 외19 (10440)경기 고양시 덕양구 행주로17번길 11-18

용 도	다세대	감 정 가	6,491,000,000
토 지 면 적	1,559.0㎡ (471.6평)	최 저 가	3,180,590,000 (49%)
건 물 면 적	1,689㎡ (511평)	보 증 금	318,059,000 (10%)
경 매 구 분	임의경매	소 유 자	김복현
청 구 액	1,372,146,146	채 무 자	김복현
채 권 자	통조림가공수협		
주 의 사 항	유치권 선순위가처분 대지권미등기 특수件분석신청		

회차	매각기일		최저가	비율	상태	접수일~
①	2020.08.25		6,491,000,000	100%	변경	483일
①	2020.11.10 (10:00)	·	6,491,000,000	100%	유찰	560일
②	2020.12.15	↓30%	4,543,700,000	70%	변경	595일
②	2021.02.02 (10:00)	·	4,543,700,000	70%	유찰	644일
		↓30%	3,180,590,000	49%	매각	679일
③	2021.03.09 (10:00)	매수인	(유)현민에이앤씨 / 응찰 5명			기한후납부
		매각가	4,100,000,000 (63.16%)			
		2위	3,973,000,000 (61.21%)			
		3위	3,825,000,000 (58.93%)			

의정부6계 2020 타경 85036 대지

사건내용

과거사건	의정부 2018-79526		
조 회 수	·금일조회 1 (0) · 금회차공고후조회 258 (74) · 누적조회 429 (74)		()는 5분이상 열람 조회통계
소 재 지	경기 구리시 갈매동 605 도로명주소		
용 도	대지	감 정 가	9,709,964,400
토지면적	1,238.2㎡ (374.6평)	최 저 가	9,709,964,400 (100%)
건물면적	0㎡ (0평)	보 증 금	970,996,440 (10%)
경매구분	형식적경매(공유물분할)	소 유 자	김OOOO
청 구 액	0	채 무 자	
채 권 자	안OO		

· 선순위가처분 (분석일자:21.04.28)

매각물건명세서를 보면, `소멸되지 않는 권리 : 갑구 5번 가처분등기 (2018.05.10.접수)는 말소되지 않고 매수인이 인수함, 이에 대해 가처분권자 김영례로부터 매각시 가처분 말소동의서(2021.03.12. 자)가 제출되어 있습니다.

즉, 선순위 가처분권자가 `가처분말소동의서를 제출했다`는 점을 감안하면, 목적을 달성한 가처분으로써 취소(취하)할 수 있는 가처분으로 판단됩니다(민사집행법 제228조, 대법원판례 99다37887호 참고).

다만, 매각물건명세서상 `소멸되지 않는 권리`라는 특별매각조건이 있으므로 사후에 가처분권자를 통하여 `가처분취하신청서`를 제출하거나, `가처분결정취소신청(매수인이 신청)`을 제기하여 대응하면 되겠습니다.

9강 선순위 가등기

1. 소유권이전청구권 가등기

순위보전을 위한 가등기는 매매예약을 원인으로 하는 가등기와 매매계약을 원인으로 하는 가등기로 나눌 수 있다.

매매예약은 아직 계약체결의 상태에 이르지는 못했지만 매수인이 향후 매매계약을 완성할 수 있는 예약완결권을 행사할 수 있다.

반면 매매계약은 이미 매매계약이 체결된 상태를 말한다.

민법 제564조 (매매의 일방예약)

① 매매의 일방예약은 상대방이 매매를 완결할 의사를 표시하는 때에 매매의 효력이 생긴다.
② 전항의 의사표시의 기간을 정하지 아니한 때에는 예약자는 상당한 기간을 정하여 매매완결여부의 확답을 상대방에게 최고할 수 있다.
③ 예약자가 전항의 기간내에 확답을 받지 못한 때에는 예약은 그 효력을 잃는다

1) 원칙

(1) 매매예약

가등기가 보전하는 청구권은 채권적 청구권으로 이는 행사할 수 있는 때인 매매예약완결일로부터 10년의 시효완성으로 소멸된다.

매매예약완결권의 법적 성질은 소유자의 동의와 관계없이 매매계약을 성립시킬 수 있는 형성권이다. 일방의 의사표시만으로 효력이 발생하는 형성권은 시효의 중단이나 정지제도가 없는 제척기간 대상이다.

제척기간은 일정한 기간이 경과하면 당사자의 의사와 관계없이 소멸한다.

대법원 2003. 1. 10. 선고 2000다26425 판결
[소유권이전청구권가등기말소등기][공2003.3.1.(173),561]

【판시사항】
[2] 매매예약완결권의 행사기간과 기산점

【판결요지】
[2] 매매의 일방예약에서 예약자의 상대방이 매매예약 완결의 의사표시를 하여 매매의 효력을 생기게 하는 권리, 즉 매매예약의 완결권은 일종의 형성권으로서 당사자 사이에 그 행사기간을 약정한 때에는 그 기간 내에, 그러한 약정이 없는 때에는 그 예약이 성립한 때로부터 10년 내에 이를 행사하여야 하고, 그 기간을 지난 때에는 예약 완결권은 제척기간의 경과로 인하여 소멸한다.

---

(2) 매매계약

가등기가 보전하는 청구권은 10년의 소멸시효 완성으로 소멸된다. 따라서 선순위 가등기일지라도 가등기설정 후 10년이 지났다면 매수인은 소유권에 기한 방해배제청구권으로서 그 가등기권리자에 대하여 본등기청구권의 소멸시효를 주장하여 그 가등기의 말소를 구할 수 있다.

> **대법원 1991.3.12. 선고 90다카27570 판결**
> **[가등기말소등기등][집39①민,265;공1991.5.1.(895),1178]**
>
> 【판시사항】
> 다. 가등기에 기한 소유권이전등기청구권이 시효의 완성으로 소멸된 경우 그 가등기 이후에 부동산을 취득한 제3자가 그 소유권에 기한 방해배제청구로서 그 가등기권자에 대하여 본등기청구권의 소멸시효를 주장하여 그등기의 말소를 구할 수 있는지 여부(적극)
>
> 【판결요지】
> 다. 가등기에 기한 소유권이전등기청구권이 시효의 완성으로 소멸되었다면 그 가등기 이후에 그 부동산을 취득한 제3자는 그 소유권에 기한 방해배제청구로서 그 가등기권자에 대하여 본등기청구권의 소멸시효를 주장하여 그 등기의 말소를 구할 수 있다.

(3) 매매예약과 매매계약의 차이점

가등기 원인이 매매예약인 경우 기간의 약정이 없는 때는 10년이 지나면 소멸을 청구할 수 있다. 즉 예약완결권은 제척기간 내에 행사해야 하기 때문에 시효중단이 없다. 반면 매매계약의 가등기는 시효중단 효가 있어 매수인이 목적물을 인도받아 사용하는 경우 소멸시효가 진행되지 않는다.

10년이 지났더라도 이해관계인이 가등기의 소멸을 청구할 수 없는 경우가 있다. 단, 매매예약인지 매매계약인지는 계약의 실체적 내용을 가지고 알 수 있지, 등기원인만으로는 구분할 수 없다.

실무에서 접하게 되는 가등기의 대부부은 등기원인이 매매예약이다.

2) 예외

선순위 가등기권자가 목적부동산을 인도받아 점유하고 있는 경우, 소유권이전등기청구권의 소멸시효가 진행되지 않는다. 점유는 직접점유든 간접점유든 불문하고 소멸시효가 진행되지 않는다.

만일 점유가 도중에 점유를 상실하면 그로부터 10년이 지나야 소유권이전등기청구권의 소멸시효가 완성된다.

> **대법원 1995.2.10. 선고 94다28468 판결 [소유권이전등기][공1995.3.15.(988),1298]**
>
> **【판시사항】**
> 가. 취득시효완성으로 인한 소유권이전등기청구권은 그 토지에 대한 간접점유가 계속되고 있는 동안에도 시효로 소멸하지 아니하는지 여부
>
> **【판결요지】**
> 가. 토지에 대한 취득시효완성으로 인한 소유권이전등기청구권은 그 토지에 대한 점유가 계속되는 한 시효로 소멸하지 아니하고, 여기서 말하는 점유에는 직접점유뿐만 아니라 간접점유도 포함한다고 해석하여야 한다.

3) 매매예약과 매매계약

(1) 매매예약

매매예약의 단계에서는 완전한 계약이 성립되지 않았기 때문에, 예약 이후에 예약완결권이 제척기간 내 행사 여부 후 본 계약 해제 여부를 소멸시효 도과 순으로 검토한다.

즉 매매예약 가등기는 예약완결권이 제척기간 이내에 행사 여부가 관건이다.

(2) 매매계약

이미 계약이 체결된 상태이기 때문에 그 후 매매계약이 해제됐는지, 혹은 장기간 권리 미행사로 이전등기청구권이 10년 시효로 소멸됐는지를 검토한다.

2. 담보가등기

1) 청산시 주의할 점

(1) 청산금 평가액 통지대상

가등기담보권자가 담보권실행으로 소유권을 취득하기 위해서는 그 채권의 변제기 후에 소정의 청산금 평가액 또는 청산금이 없다고 하는 뜻을 채무자 등에 통지하여야 한다. 이 때의 채무자 등에는 채무자와 물상보증인 뿐만 아니라 담보가등기 후 소유권을 취득한 제3취득자도 포함되며, 통지는 이들 모두에게 해야만 효력이 발생한다.

(2) 청산금 산정시기

청산금액의 산정시기는 가등기담보 약정 당시의 부동산 가액이 아닌 실제 청산 통지 당시의 부동산 가액이 기준이 된다. 예를 들어 갑이 부동산 가액이 3억원인을 부동산에 2억원의 차용채무를 담보하기 위하여 을 소유 부동산의 1/2 지분에 대해 담보가등기를 설정하였다.

이 때, 담보가등기권자 갑은 차용금채무 2억원 약정 당시 가액 1억 5,000만원을 초과하므로 청산절차를 거치지 않고 본등기를 할 수 있는가?

청산절차를 거치지 않은 갑의 본등기는 무효가 될 수 있다. 청산금 산정기준 시기는 담보가등기 약정 당시의 부동산가액(3억원)이 아닌 실제 청산이 이루어진 당시의 가액을 기준으로 한다. 이 사례에서 실제 청산 당시에는 부동산 가격이 상승하여 6억원이 되었는데, 이렇게 되면 갑이 가등기 한 1/2 지분 가액이 3억원으로, 차용금 채무 2억원을 초과하게 된다.

(3) 청산금

담보권 실행의 통지시 채권자가 주관적으로 평가한 통지 당시의 목적부동산의 가액과 피담보채권액을 명시하여 채권자에게 통지한다. 채권자가 나름대로 평가한 청산금의 액수가 객관적인 청산금의 평가액에 미치지 못하더라도, 담보권 실행의 통지로서의 효력이나 청산기간의 진행에 영향이 없다.

3. 선순위 가등기 말소 방법

선순위 가등기일지라도 등기된 지 10년이 지났으면 그 가등기는 매수인이 인수하지 않아도 된다. 그러나 경매를 통해 말소되는 권리가 아니어서, 매수인이 별도로 가등기권자를 상대로 소송을 통하여 가등기를 말소해야 한다.

매수인은 가등기권자를 피고로 하여 '소유권이전청구권가등기 말소'소송을 제기하여 판결문을 받아 선순위 가등기를 말소할 수 있다. 이는 가등기 자체가 소멸시효가 있는 것이 아니라 소유권이전청구권을 채권적 청구권으로 보아 10년의 소멸시효에 걸리기 때문이다.

따라서 부동산을 취득한 매수인은 그 소유권에 기한 방해배제청구로서 가등권자에게 본등기청구권의 소멸시효를 주장하여 그 가등기의 말소를 구할 수 있다.

04/

분묘기지권과 농지, 산지

스스로에게 한계를 두지 마라
Don't put a ceiling on yourself.

10강 분묘기지권

---

1. 개요

1) 분묘

 내부에 사람의 유골, 유해 등을 매장, 제사나 예배의 대상으로 하는 장소를 말한다. 분묘기지권이 성립하기 위해서는 분묘 내부에 시신이 안장되어 있어야 한다.

2) 분묘기지권

 타인이 토지에 분묘를 설치한 자가 그 분묘를 소유하기 위하여 분묘의 기지부분인 토지를 사용할 수 있는 권리이다.

 관습에 의해 인정된 지상권과 유사한 물권이다.

2. 법정지상권과 분묘기지권의 차이점

1) 존속기간

법정지상권은 건물의 종류에 따라 최소 5년에서 30년 동안 존속기간의 보장을 받지만, 분묘기지권은 수호, 제사를 계속하는 한 기간의 제한이 없다(2001. 장사 등에 관한 법률의 제정 이후 제한이 있다).

2) 지료

대법원 2017다228007 지료 청구 사건

대법원(재판장 대법원장 김명수, 주심 대법관 노정희)은 2021. 4. 29. 장 사법 시행일 이전에 타인의 토지에 분묘를 설치한 다음 20년간 평온·공 연하게 그 분묘의 기지를 점유함으로써 분묘기지권을 시효로 취득하였더라도, 분묘기지권자는 토지 소유자가 분묘기지에 관한 지료를 청구하면 그 청구한 날부터의 지료를 지급할 의무가 있다고 보아, 종전의 대법원 판례(대법원 1992. 6. 26. 선고 92다13936 판결 등)를 변경

3. 분묘기지권의 소멸

존속기간의 약정이 있는 경우 그 약정 사유의 발생으로 소멸한다. 이장이나 폐묘 시는 더 이상 분묘기지권을 존속시킬 이유가 없으므로 소멸하며, 분묘에 대해 지료 지급을 약정한 경우 분묘기지권자가 2년 이상 지료를 지급하지 않으면 토지소유자는 분묘기지권의 소멸을 청구할 수 있다.

분묘기지권자가 토지소유자에게 권리를 포기하는 의사표시를 하면 곧 바로 소멸한다. 의사표시 외에 점유까지도 포기하여야만 분묘기지권이 소멸하는 것은 아니다.

4. 성립요건

☞ 장사 등에 관한 법률 제정 전 (2001년 1월 12일 까지)

① 토지 소유자 승낙 없이 분묘 설치 후 20년간 평온-공연하게 점유, 시효취득한 경우

② 자기 소유 토지 분묘 설치 후 특약 없이 토지만을 타인에게 처분

☞ 장사 등에 관한 법률 제정 후 (2001년 1월 13일 이후)

① 토지 소유자의 승낙이 있는 경우

② 자기 소유 토지 분묘 설치 후 특약 없이 토지만을 타인에게 처분한 경우

5. 특징

    (1) 사용대가 무상
    (2) 봉분형태 분명

- 봉분 등 외부에서 분묘의 존재를 인식할 수 있어야 하며 가묘는 인정되지 않는다.
- 평장되어 있거나 임장되어 있어 객관적으로 인식할 수 있는 외형을 갖추고 있지 아니한 경우 분묘기지권이 인정되지 않는다

6. 권리와 의무

1) **권리** : 분묘기지권자는 토지사용권을 갖는다.

    (1) 토지사용권은 분묘소유자에 한한다.
    (2) 소유할 수 없는 자는 사실상 그 분묘를 장기간 관리하였다 하여도 사용권을 취득하지 못한다.
    (3) 분묘를 수호하고 봉사하는 목적을 달성하는 데 필요한 범위내에서 타인의 토지를 사용할 수 있다.

2) **의무** : 약정이 있는 경우 지료를 지급해야 한다.

7. 존속기간

- 분묘기지권의 존속기간은 민법의 지상권에 관한 규정을 따르지 않는다.
- 분묘기지권은 장사 등에 관한 법률 시행 이전 및 이후, 약정에 따라 존속기간이 다르다.

1) 2001년 1월 12일 이전 분묘

- 토지소유자의 승낙을 얻어 분묘를 설치했거나 존속기간을 약정한 경우, 그 약정기간동안 존속한다.
- 기간을 정하지 않았거나, 토지소유자의 승낙 없이 분묘설치하고 시효취득한 경우, 분묘의 수호와 봉사를 계속하고, 그 분묘가 존속하는 한 분묘기지권은 영원히 존속한다.

2) 2001년 1월 13일 이후 분묘

- 장사 등에 관한 법률에 의해 분묘기지권의 시효취득이 불가능
- 분묘의 설치기간 최소 15년에서 최장 60년으로 제한
- 기간이 종료된 분묘는 의무적으로 화장 또는 납골
- 토지소유자의 승낙 없이 당해 토지에 설치한 분묘는 토지사용권 분묘 보존을 위한 권리 주장하지 못한다.

■ 분묘가 일시적으로 멸실된 경우
토지소유자가 분묘를 파헤쳐 유골을 꺼낸 후 이를 화장하여 납골당에 안치함으로 인해 분묘가 멸실된 경우라도 유골이 존재하여 분묘의 원상회복이 가능하면, 일시적인 멸실에 해당하여 분묘기지권은 소멸하지 않고 여전히 존속한다.(대법05다44114)

8. 묘지개장

1) 연고 있는 불법묘지 개장

(1) 토지소유자의 개장 신청

연고자 있는 불법묘지에 대해 토지소유자가 묘지의 개장을 원할 경우,

- 관할시장, 군수에게 불법묘지 개장 허가를 신청할 수 있다.
- 토지 소유자는 불법묘지를 개장하고자 할 때 관할시장으로부터 허가를 받아야 하며, 토지소유자가 불법 분묘의 연고자를 알고 있는지가 개장허가의 요건이 되지는 않는다.
- 토지소유자가 불법묘지 연고자를 아는 경우도 개장허가 신청 대상이 된다.

(2) 이행강제금 부과

불법묘지의 연고자가 묘지의 이전, 개수 명령을 받고 이를 이행하지 아니하는 때에는 500만원 이하의 이행강제금을 1년, 2회 반복 부과할 수 있다. 묘지 연고자가 분묘 개장을 약속했다가 불응, 분묘굴이소송을 하거나 분묘철거가처분신청등 조치가능.

2) 분묘기지권 내의 이장과 새로운 분묘의 설치

(1) 원칙

분묘기지권의 대상이 되는 분묘는 이미 설치되어 있는 분묘만을 의미한다. 부부 중 일방이 먼저 사망하여 분묘가 설치되어 분묘기지권이 성립한 상태에서, 그 후에 사망한 사람을 합장하기 위해 쌍분형태의 분묘를 설치하는 것은 허용되지 않는다.

마찬가지로 부부 일방이 먼저 사망하여 이미 그 분묘가 설치되고 분묘기지권이 미치는 범위 내에서 뒤에 사망한 다른 일방을 단분 형태로 합장하여 분묘를 설치하는 것도 불가하다(대법01다28367).

(2) 예외

동일한 종손의 선대분묘가 집단으로 설치되어 있는 경우, 각 분묘마다 분묘기지권을 인정하는 것보다는 집단으로 설치된 분묘와 그 토지가 결합되어 있다고 보아 분묘의 일부가 그 분묘기지권이 미치는 범위 내에서 이장된 것이라면 그 분묘기지권은 존속된다고 본다(대법94다15530).

9. 분묘기지권의 범위와 분묘의 처리

1) 범위

분묘가 직접 설치된 기지에 한하지 않고, 분묘의 수호와 제사를 지내기 위해 필요한 주위의 까지도 그 효력이 미치며, 범위는 각 구체적인 경우에 따라 개별적 정한다.

2) 무연고 분묘처리

토지소유자의 승낙 없이 설치한 분묘가 묘지설치자 또는 연고자의 승낙없이 설치한 분묘는 분묘기지권이 성립하지 않아 관할하는 지자체의 허가를 득하여 개잘할 수 있다.

3) 연고자를 알 때

토지소유자 등은 개장을 하고자 할 때에는 미리 3월 이상의 기간을 정하여 분묘의 설치자, 연고자에게 통보하여야 한다.

4) 연고자를 모르는 경우

분묘의 연고자를 알 수 없는 무연고 분묘는 중앙일간신문을 포함한 2개 이상의 일간신문에 공고[23]한다.

분묘의 연고자를 알 수 없는 무연 분묘일 경우,

- 묘지 또는 분묘의 위치 및 장소
- 개장사유, 개장 후 안치장소 및 기간
- 공성묘지 또는 사설묘지 설치자의 성명, 주소 및 연락방법
- 그 밖의 개장에 필요한 사항

이상의 내용을 중앙일간신문을 포함한 2개 이상의 일간신문에 2회 이상 공고하되, 두 번째 공고는 첫 번째 공고일로부터 1개월이 지난 다음에 하여야 한다.

5) 연고자 확인방법

	2021.01.18 임야	성남8계 2019-60207[2] 경기 성남시 중원구 도촌동 산5 [분묘 입찰외 지분매각 명지] 토지 1,315㎡ (398평)	285,426,610 199,799,000 231,200,000	종결 (70%) (81%) 응찰 1
	2021.01.19 임야	고양11계 2019-13823 경기 고양시 덕양구 내곡동 산15 [분묘 입찰외 지분매각] 토지 199㎡ (60평)	39,700,000 39,700,000 53,333,300	종결 (100%) (134%) 응찰 5
	2021.01.20 임야	수원12계 2020-2990[2] 경기 용인시 수지구 신봉동 산132 [분묘 입찰외 지분매각] 토지 12,562㎡ (3,800평)	1,406,983,200 1,406,983,200 1,521,111,000	종결 (100%) (108%) 응찰 1
	2021.01.22 임야	의정부3계 2019-20408 경기 남양주시 조안면 조안리 산139-1 [일괄]산138, [분묘 입찰외 지분매각 명지] 토지 3,749㎡ (1,134평)	136,913,000 67,087,000 73,110,000	종결 (49%) (53%) 응찰 2

---

1. 묘지 또는 분묘의 위치 및 장소
2. 개장사유, 개장 후 안치장소 및 기간
3. 묘지 설치자의 성명, 주소 및 연락방법
4. 그 밖의 개장에 필요한 사항의 내용을 2회 이상 공고하되,
5. 두 번째 공고는 첫 번째 공고일로부터 1개월이 지난 다음에 하여야 한다.

입찰하기 전 묘지 소재지 시, 군, 구청, 읍, 면, 동사무소에서 묘적부, 묘적설치허가 관리대장 등 묘지관련 공부를 열람하면 연고 있는 분묘인지 확인이 가능하다. 또한 묘지 소재지 인근 주민들에게 수소문해서 연고여부와 설치시기 등을 확인할 수 있다.

▣ 부록 7 : 장사 등에 관한 법률 (발췌분)

제27조(타인의 토지 등에 설치된 분묘 등의 처리 등)

① 토지 소유자(점유자나 그 밖의 관리인을 포함한다. 이하 이 조에서 같다), 묘지 설치자 또는 연고자는 다음 각 호의 어느 하나에 해당하는 분묘에 대하여 보건복지부령으로 정하는 바에 따라 그 분묘를 관할하는 시장 등의 허가를 받아 분묘에 매장된 시신 또는 유골을 개장할 수 있다. <개정 2015.1.28>
   1. 토지 소유자의 승낙 없이 해당 토지에 설치한 분묘
   2. 묘지 설치자 또는 연고자의 승낙 없이 해당 묘지에 설치한 분묘

② 토지 소유자, 묘지 설치자 또는 연고자는 제1항에 따른 개장을 하려면 미리 3개월 이상의 기간을 정하여 그 뜻을 해당 분묘의 설치자 또는 연고자에게 알려야 한다. 다만, 해당 분묘의 연고자를 알 수 없으면 그 뜻을 공고하여야 하며, 공고기간 종료 후에도 분묘의 연고자를 알 수 없는 경우에는 화장한 후에 유골을 일정 기간 봉안하였다가 처리하여야 하고, 이 사실을 관할 시장등에게 신고하여야 한다. <개정 2015.1.28.>

③ 제1항 각 호의 어느 하나에 해당하는 분묘의 연고자는 해당 토지 소유자, 묘지 설치자 또는 연고자에게 토지 사용권이나 그 밖에 분묘의 보존을 위한 권리를 주장할 수 없다.

④ 토지 소유자 또는 자연장지 조성자의 승낙 없이 다른 사람 소유의 토지 또는 자연장지에 자연장을 한 자 또는 그 연고자는 당해 토지 소유자 또는 자연장지 조성자에 대하여 토지사용권이나 그 밖에 자연장의 보존을 위한 권리를 주장할 수 없다.

⑤ 제2항에 따른 봉안기간과 처리방법에 관한 사항은 대통령령으로 정하고, 통지·공고 및 신고에 관한 사항은 보건복지부령으로 정한다. <개정 2015.1.28>

제28조(무연분묘의 처리)

① 시·도지사 또는 시장·군수·구청장은 제11조에 따른 일제 조사 결과 연고자가 없는 분묘(이하 "무연분묘"라 한다)에 매장된 시신 또는 유골을 화장하여 일정 기간 봉안할 수 있다. <개정 2015.1.28>

② 시·도지사 또는 시장·군수·구청장은 제1항에 따른 조치를 하려면 보건복지부령으로 정하는 바에 따라 그 뜻을 미리 공고하여야 한다.

③ 시·도지사 또는 시장·군수·구청장은 제1항에 따라 봉안한 유골의 연고자가 확인을 요구하면 그 요구에 따라야 한다.

④ 제1항에 따른 봉안에 관하여는 제12조제3항을 준용한다.

별지 : 장사 등에 관한 법률 시행규칙 별지 제 3호 서식

■ 장사 등에 관한 법률 시행규칙 [별지 제3호서식] <개정 2016. 8. 30.>

개 장 [ ]신고서
[ ]허가신청서

※ [ ]에는 해당되는 곳에 √표를 합니다. (앞쪽)

접수번호		접수일		발급일		처리기간 • 개장신고 : 2일 • 개장허가 : 3일	
사망자	성 명		주민등록번호		–	사망연월일	. . .
	묘지 또는 봉안된 장소				매장 또는 봉안연월일		
	개장장소				개장방법 (매장·화장 등)	□ 매장 → 매장 □ 매장 → 화장 □ 매장 → 봉안 □ 매장 → 자연장 □ 봉안 → 매장	
	개장의 사유				매장(봉안) 기간	~	
신고인 (허가 신청인)	성 명		주민등록번호		–	사망자와의 관계	
	주 소				전화번호		

「장사 등에 관한 법률」 제8조·제27조 및 같은 법 시행규칙 제2조·제18조에 따라 개장신고(허가신청)를 합니다.

년 월 일

신고인(신청인) (서명 또는 인)

시·도지사, 시장·군수·구청장 귀하

신고인 제출 서류	개장신고의 경우	1. 기존 분묘의 사진 2. 통보문 또는 공고문(설치기간이 종료된 분묘의 경우만 해당합니다)
	개장허가의 경우	1. 기존 분묘의 사진 2. 분묘의 연고자를 알지 못하는 사유 3. 묘지 또는 토지가 개장허가 신청인의 소유임을 증명하는 서류 4. 「부동산등기법」 등 관계 법령에 따라 해당 토지 등의 사용에 관하여 해당 분묘 연고자의 권리 가 없음을 증명하는 서류 5. 통보문 또는 공고문
담당 공무원 확인사항		1. 토지(임야)대장 2. 토지등기부 등본

제 호				
개 장		**[ ]신고증명서** **[ ]허 가 증**		
사망자	성 명		사망연월일	. . .
	묘 지 또 는 봉안된 장소		매장 또는 봉안연월일	. . .
	개 장 장 소		개 장 방 법	[ ] 매장 [ ] 화장
신고인 (신청인)	성 명	주민등록번호 –	사망자와의 관계	
	주 소		전화번호	

「장사 등에 관한 법률」 제8조·제27조 및 같은 법 시행규칙 제2조·제18조에 따라 위와 같이 개장신고(허가)를 하였으므로 신고증명서(허가증)를 발급합니다.

년 월 일

시·도지사, 시장·군수·구청장   관인

210㎜×297㎜[백상지 80g/㎡]

처리 절차

이 신고서(신청서)는 아래와 같이 처리됩니다.

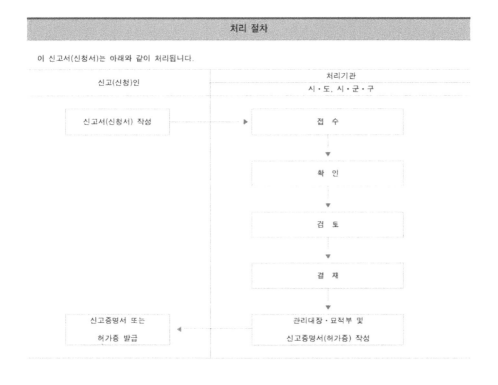

신고(신청)인	처리기관 시·도, 시·군·구
신고서(신청서) 작성	접 수
	확 인
	검 토
	결 재
신고증명서 또는 허가증 발급	관리대장·묘적부 및 신고증명서(허가증) 작성

개 발 비 용

■ 농지전용비용

농지 전용비 = 면적 ㎡ × ㎡ 당 공시지가 × 0.3
단, 5만원/㎡ 이상은 = 면적 ㎡ × 5만원

예) 공시지가 3만원/㎡, 100평(330㎡) 농지를 대지로 개발할 경우
    : 330 × 3만×0.3= 297만원
예) 공시지가 6만/㎡, 100평(330㎡) = 330㎡ × 5만원 = 1,650만원

■ 산지개발비용

(대체산림조성비) = 전용면적 × 〔단위면적당고시금액 + (㎡ 당 공시지가 × 0.01)〕

예) 공시지가 3만원/㎡, 100평(330㎡) 임야를 대지로 개발할 경우
    : 330 × 〔4,250/㎡ + (3만 × 0.01)〕 = 140만원

※ **단위면적당 고시금액** (2020. 4.9.개정)
    준보전산지 6,860원/㎡
    보전산지　　 8,910원/㎡
    산지전용제한지역 13,720원/㎡

※ **납부기간**
    1천만 원 미만 ; 20-30일
    1천-5천만 원 미만 ; 30일-60일
    5천만 이상 ; 60-90일 이내

▣ 부록 8 : 맹지에 대하여

우리는 통상 맹지는 길이 없는 토지로 표현한다. 지적상의 도로가 없으면 건축허가가 안나니, 쓸모없는 땅이라고 판단하고 입찰을 포기하기도 한다.

그러나 선수가 되기 위해서는 맹지를 판별하는 능력이 있어야 한다. 싸게 낙찰받아 맹지를 해소한 다음, 제가격으로 매각하거나 소유하는 경우도 있다. 맹지를 잘 알면 기회를 잡을 수 있다.

그 맹지를 구분하는 방법을 아래와 같이 살펴본다.

---

1. 차량접근 가능

　　길은 없다. 차량만 들어간다, 땅주인은 사정이 있으니 통과해준다.

2. 도로인접

　　불과 1m, 토지와 접촉 면적 여부

3. 구거

　　국가 소유 도로 적용 받을 수 있다. 2년에 1회씩 사용료 납부하면 된다.

4. 인접 필지 통행 출입 가능성

　　다른 사람 땅을 통해 맹지 탈출이 가능하다. 기존의 사용 현황에 따라 쉽게 승인 받을 수도 있다.

5. 포장도로 통행 가능

　　일정 시간 지나면 사도라도 통행권이 인정된다.

6. 비포장도로 통행 가능을 통해 맹지 탈출이 가능

7. 지적도상 맹지이나 통행가능한 경우가 있다.

- 밭 사용,
- 관습상 도로 사용 - 막을 수 없거나 쓸 사용처가 별로 없다. 승낙서 가능
- 구거통행 출입은 무조건 도로로 봐도 무방하다. 입찰 전 자산관리공사 방문

8. 도로가 낮아 출입 불가할 때는 땅을 파서 차고로 사용할 수도 있다.

9. 도로가 높아도 지하를 만들어 토목을 하면 허가를 받을 수 있다.

10. 지자체별로 도로넓이 규정이 다르기 때문에 확인이 필요하다.

마산3계 2018 타경 7951 임야

| 사건내용

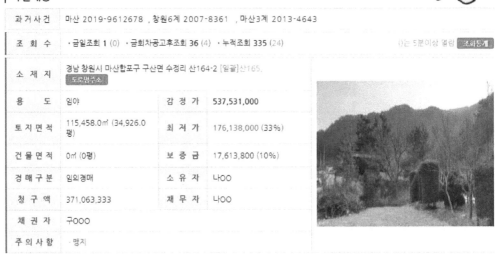

과 거 사 건	마산 2019-9612678 , 창원6계 2007-8361 , 마산3계 2013-4643		
조 회 수	· 금일조회 1 (0) · 금회차공고후조회 36 (4) · 누적조회 335 (24)		()는 5분이상 열람 조회통계
소 재 지	경남 창원시 마산합포구 구산면 수정리 산164-2 [일괄]산165, 도로명주소		
용 도	임야	감 정 가	537,531,000
토 지 면 적	115,458.0㎡ (34,926.0 평)	최 저 가	176,138,000 (33%)
건 물 면 적	0㎡ (0평)	보 증 금	17,613,800 (10%)
경 매 구 분	임의경매	소 유 자	나○○
청 구 액	371,063,333	채 무 자	나○○
채 권 자	구○○○		
주 의 사 항	· 맹지		

	2021.01.18 답	성남8계 2019-58839[1] 경기 성남시 분당구 야탑동 447-2 [농취증 입찰외 맹지] 토지 919㎡ (278평)	189,314,000 92,764,000 100,170,000 응찰 4	종결 (49%) (53%)
	2021.01.18 답	성남2계 2019-59023[1] 경기 성남시 분당구 금곡동 310-4 [법정지상권 토지만 농취증 입찰외 맹지] 토지 610㎡ (185평)	1,272,460,000 890,722,000 1,675,000,000 응찰 4	종결 (70%) (132%)
	2021.01.18 임야	성남8계 2019-59610 경기 성남시 분당구 운중동 산86-21 [맹지] 토지 3,028㎡ (916평)	381,528,000 186,949,000 232,740,000 응찰 2	종결 (49%) (61%)

자료 320 실제 맹지물건의 사례들

11강 농지와 산지

I. 농지와 산지 현황과 개발

우리나라 남한의 국토는 10만㎢ 로서 임야가 62%, 도시 11%, 농지12%, 기타 지역인데 과거의 농경시대를 살았던 우리나라가 도시개발과 도로 철도 등의 사회기반 시설확장으로 농지는 20%에서 절반이 줄었고, 산악지대가 73%에 달하던 1960년대에 대폭 줄었다.

2035' 제5차 국토개발계획과 각 지방자치단체의 개발계획을 보면 수도권 뿐 만 아니라 세종시를 중심으로 하는 국토 균형적 개발에 박차를 기하고 있는 충청권과 각 지방광역도시를 중심으로 하는 균형적 도시개발을 위해 그린벨트해제 및 농업진흥구역 및 농업보호구역의 용도변경은 필수로 작용하고 있음을 알 수 있다.

농지와 임야를 개발하지 않고는 작은 국토를 효율적인 경쟁력을 갖춘 나라로 만들 수 없기에 농지와 산지에 대한 관심도는 상당히 높아지고 있는 실정이다.

II. 농지

1. 농업진흥구역과 농업보호구역

농업진흥구역은 농업생산을 목적으로 지정하므로 원칙적으로 농업생산 농업인 주택 그 안에 거주하는 주민집단시설 복리시설만 허용하되, 예외적으로 농수산물가공시설, 농어촌산업시설과 일부공공시설만 허용된다.
농업보호구역은 진흥구역의 농업환경을 보호하기 위해 지정한 지역이므로 환경오염배출시설 설치 제한한다.

2. 농업보호구역

1) 전원주택지로 적합한 농업보호구역

농업보호구역은 대체로 저수지 상류부근 일대에 지정되고, 축사 공장등 오염물질 배수가 불가한 지역으로서 전원주택지로서 전망이나 환경이 우수하다.
땅값도 타 용도지역보다 저렴한 편이므로 전원택지로서 고려하여 볼만 하다.
경기 남부지역의 안성, 제천, 충주, 진천 등지가 위치 좋은 호수가 많은 것도 살펴볼 이유가 있다.

2) 농업보호구역에서 가능한 개발행위

① 농업진흥구역에서의 허가 토지행위
② 농업인 소득증대에 필요한 시설로서 대통령령으로 정하는 건축물 공작물
    – 관광농원, 주말농원, 태양에너지발전시설
③ 농업인 생활여건 개선시설
    – 일반음식점, 골프연습장 제외

참고 : **건축법 시행령 별표 1**

제1호 가목 단독주택

제3호 가목 1,000㎡ 미만 수퍼마켓, 소매점

　　　라목 의원,

　　　바목 공공도서관

　　　사목 마을공동구판장

　　　자목 지역아동센터

제4호 가목 기원 (일반음식점 제외)

　　　다목 서점

　　　라목 골프연습장 제외, 500㎡ 미만테니스장, 체력단련장, 에어로빅, 볼링, 당구, 실내낚시터,
　　　　　물놀이형시설 등

　　　마목 300㎡ 미만 공연장등

　　　바목 부동산중개업소, 소개업소등

　　아목 500㎡ 미만 게임제공시설

　　자목 500㎡ 미만 학원 사진관 직업훈련소 동물병원 등

3) 한계농지와 영농여건불리농지

① 농지를 농업목적 외 타용도 가능 취지 동일

완전한 별개의 용어이나, 취지와 목적은 동일하다. 엄격한 자경의무 완화해주는 정책.
양자 모두 농업생산성이 낮은 경사지, 소규모 폐광지 주변 대상으로 농사외의 타용도로
사용할 수 있게 하여 유휴 휴경농지 등의 농지활용도를 높이고 귀농 귀촌 인구를 늘리
며, 농가소득으로 증대하는 취지에서 동일하다.

② 영농여건불리 농지 도입

한계농지는 필지단위가 아닌 지구지정으로 추진의 불합리성 대두 WTO, FTA등 시대 반
영 못하고, 농촌인구 감소, 고령화 반면, 도시에서는 주5일제 도입으로 주말농장 관심증
대로 2009년 농지법 개정으로 영농여건불리농지(영불농) 제도 도입

- 전체 농지의 7% 해당
- 경기도 성남, 고양, 의정부, 오산, 화성 등은 영농여건불리농지 제도 불포함,
- 경기 파주 김포 양주 포천 용인 안성 평택 영농여건불리농지 고시

- 자경하지 않고 타인에게 임대가능지

③ 영농여건불리농지 확인 방법

- 각 시군의 홈페이지 지정고시 검색, 농지 관련 부서 문의
- 토지이용규제정보서비스 필지별 확인 가능

④ 영농여건불리농지 지정요건(중복적 요건 모두 충족)

- 시군의 읍면 지역의 농지
- 농업진흥지역 밖의 농지
- 최상단부터 최하단부까지 평균경사율 15% 이상 농지 (경사지)
- 20,000㎡(6,000평) 미만 농지
- 시장 군수가 영농여건 불리 생산성 낮다고 인정한 지역
  : 농업용수, 농로 생산기반시설 정비 불리 생산성 낮음, 농기계 이용 어려움, 통상적 영농관행 등의 이유

⑤ 농업경영계획서 불필요

영농여건불리농지는 취득할 경우 농업경영계획서를 작성하지 않고 농지취즉자격증명을 신청할 수 있고, 영농여건불리농지를 전용하여 주택을 건축할 때는 시장군수에게 농지전용신고만으로도 가능하다. 귀농지나 투자대상으로 고려.

⑥ 문제점

영농여건불리 농지의 법제도가 실행된 지 10여년 되었지만, 아직도 국토계획법 지자체 조례등과 연계하여 중복규제가 있으므로 직접 해당 지자체 확인한 후 취득해야 한다.

예)
농림지역 영농불농 경우 지자체 조례의 제한으로 실제 농림지역에서 개발 어렵다
대부분이 경사지인 경우 진입도로 문제
방치된 천수답 임야로 활용 가능성
개간으로 조성된 산비탈 과수원인 경우 10년 농사의무 요건 지역 개발 가능충족

---

3. 농지취득자격증명

1) 농지 소유권 이전등기에 관한 사무처리지침 (대법원등기 예규 제1236호)

(개정 2007. 12. 27. 등기예규 개정)

① 대상토지

토지대장상 전 답 과수원인 토지에 대하여 소유권 이전 등기를 신청하는 경우 해당농지 조성시기 등록전환 지목변경 불문하고 이를 적용한다.

② 농지취득자격증명을 첨부할 필요가 없는 경우

- 국가 지자체 등기신청
- 상속, 포괄유증, 취득시효완성, 공유물 분할, 농업법인합병, 등기명의회복

도시지역 내의 농지에 대한 소유권이전등기신청

도시지역 중 녹지지역안의 농지에 대하여는 도시계획시설사업에 필요한 농지에 한함 (국토의 계획 및 이용에 관한 법률 83조 3호 참조)

지목이 농지이나, 토지의 현상이 농작물의 경작 또는 다년생 식물재배지로 이용되지 않음이 관할관청이 발급하는 서면에 의하여 증명되는 토지에 관하여 소유권이전등기 신청하는 경우

---

4. 농업자격취득증명 관한 소유권이전등기의 대법원 선례

- 등기선례 7-49

유효기간 : 농취증의 발급일로부터 별도의 유효기간은 없다, 발급 이후 3개월이 도과하여 등기이전 신청하면 된다. 다만, 진위 여부 의심이 될 경우 등기공무원은 신규발행을 추가로 요구할 수 있다.

- 등기선례 5-719

  부부간 증여를 원인으로 한 농지의 소유권이전등기시 농취증 제출

- 등기선례 7-468

  도시계획구역 중 보전녹지지역 내에 소재한 농지 건축허가를 받은 경우 개발행위허가를 받은 것으로 의제되어 농취증 불필요.

- 등기선례 5-736

  지목이 농지이나 초지법에 의해 조성된 초지가 아닌 초지에 대한 소유권이전시 농취증 필요. (초지법에 의한 초지인 농지는 농취증 불요)

- 등기선례 5-731

  1) 농지전용허가나 토지형질변경 허가를 받은 농지에 대한 소유권이전시에도 농취증 필요시 첨부
  2) 도시계획구역 중 녹지지역, 개발제한구역 또는 도시개발예정구역 내에 소재한 농지에 대하여 소유권이전하는 경우, 도시계획법 제4조 규정에 의한 토지형질변경허가를 받은 때에는 농취증 첨부할 필요가 없다.

- 등기선례 7-469

  도시계획구역 중 자연녹지지역 내에 소재하고 있는 농지에 대하여 도시계획시설 표시가 완충녹지로 되어 있는 경우 도시계획시설 사업에 필요한 농지로 농취증 첨부할 필요 없다.

- 등기선례 6-555

  농지원부로 농취증 증명을 대신할 수 없다, 농취증을 첨부하여야 한다.
  다만, 농지원부 소지자는 농업인이므로 농취증 발급이 어렵지 않다.

- 등기선례 6-557

  판결에 의하여 농지 소유권이전등기 신청하는 경우에도 농취증 첨부하여야 한다.

- 등기선례 5-750

  공부상 지목이 농지이나 현황은 분묘 수기가 있고 일부 도로로 사용 중일 경우
  농지로 볼 수 없다는 뜻이 기재된 면장의 확인서가 첨부된 소유권이전등기 신청 시

농취증 첨부 필요 없다.

─등기선례 7-465

신탁을 원인으로 하여 소유권이전등기 시 신탁목적에 관계없이 농취증 첨부

─ 등기선례 5-717

농지의 명의신탁해지를 원인으로 하는 이전등기 소송승소판결을 받아도 농취증 첨부
하여야 한다.

─ 등기선례 200503 ─8

회사합병으로 소유권 이전 시 소멸하는 법인이 소유하고 있는 농지에 대하여 농취증
필요 없다.

─ 등기선례 8─ 338

농지 소유권이전말소 경우 농취증 필요 없다.

─ 등기선례 5-733

농지에 대하여 공유물 분할 약정을 원인으로 한 소유권이전등기 농취증 필요없다.

5. 농지의 처분의무가 면제되는 휴경 사유

(1) 농지법 제 23조 소유농지 임대 사용대 하는 경우
(2) 법 제26조 임대인 지위승계한 양수인이 임대차 잔여기간 동안 계속 임대
(3) 자연재해 영농 불가능
(4) 농지개량 또는 영농준비로 휴경하는 경우
(5) 병역법에 따라 징집 또는 소집 되어 휴경
(6) 질병 취학으로 휴경
(7) 선거로 공직 취임 하는 경우
(8) 부상으로 3월 이상 치료 필요
(9) 교도소 등 수용 중인 경우

(10) 3월 이상 국외 여행

(11) 농업법인 청산중일 경우

(12) 농산물 생산조절 출하조절

(13) 연작으로 피해 예상 작목 경작 피해예방

(14) 가축전염병 예방법 19조 축사 가축 사육 못할 경우

(15) 곤충사육 및 제한 폐기 경우

III. 산지

1. 산지와 임야

임야는 지목상의 명칭으로서 원래 산림원야(山林原野)의 준말이다. 법에 따라 산림 , 산지로 부르기도 한다.

산지는 입목 , 죽이 집단적으로 생육하고 있는 토지, 임도 등을 말하며, 임야란 산림 및 원야를 이루고 수림지 , 죽림지 , 암석지 , 자갈 , 모래땅, 습지 황무지 등의 토지를 말한다.

2. 임야의 종류

현행법상 임야는 규제정도에 따라 보전산지와 준보전산지 로 구분되는데, 보전산지는 다시 공익용 산지와 임업용산지로 구분한다. 우리나라 임업용 산지의 나무로서 건축자재로서는 더 이상 가치가 나가지 않고 있다. 벌채 운반비 등의 경비가 상당하여 수입목 보다 경쟁력이 떨어지고 있기 때문이다.

1) 공익용산지

자연공원 문화재보호구역 백두대간 사찰림 그린벨트 상수원보호구역 무인도 자연휴양림 등 임업생산과 재해방지 수원 보호 자연생태계 보호 자연경관보전 국민보건휴양증진 등의 공익기능을 위하여 필요한 산지로서 개인의 개발이 엄격히 금지되고 있다.

2) 규제를 기준으로 한 면적

공익용 산지가 산지의 26%, 임업용산지가 51%, 준보전산지가 23% 이다.
임야 중 금융권 대출 가능지는 개발가능지 와 준보전산지가 주류를 점한다.

3) 국유와 사유 면적

국유림이 24%, 공유림이 7%, 사유림이 69%로서 개인이 보유하고 있는 산지가 2/3 이상을 점한다. 사유림으로 보유하고 있는 종중이나 법인 사찰 등을 포함하여 약200만명 정도이며 1인당 2ha, 약 6,000평 정도로서 그 중 절반이 부재지주 이다.

3. 임도

1) 임도의 면적

임도의 지목은 도로가 아니라 임야이다. 우리나라 임도의 밀도는 2.6(m/ha)로서 ,
일본 5.4 미국 11.8 스웨덴 11.6 에 비해 매우 낮은 수준이다. 환경 레저 휴양 건강 등의 요구에 부응하기 위해 임도의 개발의 필요성은 높아지고 있으나, 실제 임도개설 비용은 2억 원/km 정도 고가이기에 어려운 실정으로 개인의 산지의 경우 버섯 재배사 사찰 휴양전원지 등 의 목적으로 개인이 임도를 개설하는 편이기에 산불 예방과 필요목적을 위한 임도개설을 편법으로 하고 있는 경우가 많다.

2) 임도개설절차

임도는 간선임도, 지선임도, 작업임도로 구분하는데 자기소유의 산지라 하더라도 산지소유자가 마음대로 개설할 수 없다. 단, 산림자원의 조성 및 관리에 관한 법률과 산지관리법의 관련 규정 및 산림청 예규 임도설치 및 관리등에 관한 규정(대통령령 제1115호, 2012.4.3..최종개정) 요건과 기준에 부합되어야 한다.
임도설치는 법개정 이후 산지전용신고 대신 산지일시사용신고만 하면 된다.

임도개설의 주요절차는
임도개설대상, 설치타당성평가, 산지소유자동의, 산지일시사용신고 등이며, 산지의 임도 시공 및 관리는 산림공학기술자가 한다.

3) 임도설치대상지 (규정 제4조)

임도설치우선 선정기준은 다음과 같다.
- 조림 육림 간벌 주벌 등 산림사업 대상지
- 산불예방 병해충방제 산림보호 관리 대상지
- 산림휴양지 이용 산촌진흥 필요 임지
- 농산촌 마을 연결
- 기존 임도 간 연결 임도와 도로 연결 순환임도 필요지

4) 임도설치 제한 지역

- 산지전용이 제한되는 지역이 포함된 경우
- 임도거리가 10% 이상이 경사 35도 이상의 급경사를 지나게 되는 경우
  단, 절취한 토석을 급경사구간 밖으로 배출하는 경우 임도설치 가능
- 임도의 거리가 10% 이상이 도로법에 따라 도로로부터 300M이내인 지역을 지나가게 될 경우
- 임도거리의 20% 이상이 마사토를 구성된 지역을 지나게 되는 경우
- 임도의 30% 이상이 암반석으로 구성된 지역을 지나게 되는 경우
- 도로법 농어촌 도로정비법에 따라 확정 고시된 농로 도로와 중복되는 경우

4. 임도를 이용한 전원주택 신축가능 범위

* 공익용 산지와 임업용 산지 (산지관리법 시행령 별표 4)

농림어업인이 자기 소유의 산지에서 직접 농림어업을 경영하면서 실제로 거주하기 위하여 신축하는 주택 및 부대시설은 부지면적 660㎡ 이하의 단독주택 건축이 가능하다.

단, 주택진입로는 폭3m, 길이 50m 로 제한된다.

5. 토임 – 산인데 산 번지가 없는 토지

토임이란 산인데 토지 번지 앞에 "산" 번지가 없는 토지를 말하고, 임야대장이 아니라 토지대장을 발급받아야 한다, 도면은 임야도가 아닌 지적도를 발급 받아야 한다.

토임은 대체로 3,300㎡ 이하의 임야이거나, 경작지 도시주변 위치 구릉지 같은 임야로서 택지, 공장용지, 농지로 이용되는 것이 있다. 이런 임야를 등록전환하려면 형질변경허가를 받아 준공을 한 후 지목변경과 함께 등록전환이 된다.

지목이 임야인데 오랫동안 불법개간하여 농지로 사용하였을 경우, 현황에 입각하여 농지로 등록전환이 될 수도 있다.

6. 등록전환

임야가 축적 3,000~6,000 분의 1로 임야도에 등록 되어 있다가 600~1,200분의 1인 지적도로 옮겨지는 것을 등록전환이라 한다. 이런 토지를 토임이라 하기도 한다.

1) 원칙

등록전환 할 수 있는 토지는 산지관리법 건축법에 의해 토지의 형질변경, 건축물 사용승인 등으로 인하여 지목을 변경할 토지를 대상으로 하는 것이 원칙이다.

2) 예외

대부분의 토지가 등록 전환되어 나머지 토지를 임야도에 계속 존치하는 것이 불합리 한 경우 , 임야도에 등록된 토지가 사실상 형질변경 되었으나 지목변경을 할 수 없는 경우 , 도시관리 계획선에 따라 토지를 분할하는 경우에는 지목변경 없이 등록전환을 신청할 수 있다.

7. 임야활용

1) 농업, 임업인 으로서의 개발요령

농업인이 되기 위하여는 농지를 임차하는 방법 등 여러 가지 방법이 있지만, 대체로 농지 1,000㎡를 소유하거나, 330㎡ 의 농지에 비닐하우스 경작하거나 하는 방법이 있다.

실제 귀농인은 아니지만, 산지를 농지로 활용하는 방법을 살펴보면,
준보전산지가 대체로 도로와 가까우므로 10~20% 포함된 임업용 보전산지를 매입하여 개발하는 것이 경제적 효과가 크다.

농림업에 종사하는 사람은 농막이나 축사 버섯재배사 잠사 저장시설 등을 지을 경우에는 신고만으로 산림을 훼손할 수 있다. 가능한 규모는 주택만 지을 경우 600㎡(180평) 창고 부대시설까지 설치할 경우 1,500㎡(450평) 이내의 범위에서 전용이 허용된다, 또한, 농업기계, 시설보관 등의 농막이나 농로도 신고만으로도 가능하다.

2) 선 개발 후 타용도 사용

농림업인이 아닌 경우 버섯재배사를 지은 다음 농장을 만든 후 관리사를 짓는 경우도 있다 산림 경영관리사는 부지 60평까지 가능하다.
도시지역의 준보전산지가 개발여건이 가장 우수하지만 준보전산지는 비싸거나 구하기 용이하지 않을 경우 , 임업용산지가 우리나라 산지의 53%가 되기에 임업용 산지를 개발하는 것이 경제적 이익이 될 수 있다.

면적 10,000㎡ 미만 경사도 30도 미만의 산지를 입목의 벌채 없이 산지전용을 하여 산채 약초 야생화 관상수를 재배하고자 하는 경우 조림 후 15년이 경과한 조림지에서 가축 방목도 신고만으로도 가능하다. 너무 넓으면 관리가 어렵고 규제도 있다.
개인이 30,000㎡(9,000평) 이상을 개발하려면 지구단위계획을 수립해야 하고, 개인소유의 본인 산이라 하여도 연접개발제한에 묶일 수 있다.
산의 경사도는 통상 20도를 넘지 않은 야산이나 민둥산이 좋다, 수목이 빼곡한 산은 산지전용허가신청(신고) 할 때 허가가 힘들어진다.

3) 신고방법

훼손실측구역도 (6,000분의 1, 또는 3,000분의 1) 임도시설의 경우 설계도서 임야소유권등기부 사용수익권을 증명할 수 있는 자료 제출

8. 산지전용허가 기준의 경사도

경사도는 평균 경사도를 개발행위 허가시 제출한다.

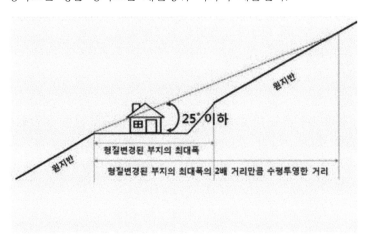

※작성 표의 예시

구분	면적㎡	구성비 %	평균경사도
10도 미만			
10~15			
15~20			
20~25			
25~30			

1) 경사도 구분(감정평가서의 경사도 용어 자료 활용)

완경사지	경사 15도 미만
경사지	경사 15~20도 미만
급경사지	경사 20~25도 미만
험준지	경사 25~30도 미만
절험지	경사 30도 이상

2) 지자체 조례 강화 사례

① 현행 산지관리법상 개발가능한 임야의 경사도는 최대25도 이하이다.
　그러나, 지자체별로 조례로 강화되는 사례로는 고양시는 15도 미만, 용인시는 17.5

도 미만, 용인시 처인구는 20도 미만, 광주시는 20도, 남양주시는 22도 미만으로 강화되어 있다.

② 전용하려는 산지를 면적 100㎡ 의 지역으로 분할하여 각 분할지역의 경사도를 측정하였을 때 경사도가 25 도 이상인 지역이 전체 지역의 40% 이하 인 경우 개발행위 제한을 받는다,

③ 660㎡ 미만의 산지전용에는 25도 규정을 적용하지 않는다.
  - 그러나, 해당필지를 분할할 경우 적용받는다,

9. 임업인 자격취득

1) 임업 및 산촌진흥촉진에 관한 법률상의 임업인의 범위

- 3 ha (1ha 는 3,000평, 30,000㎡) 이상의 산림에서 임업은 경영하는 자
- 1년 중 90일 아상 임업에 종사하는 자
- 임업경영을 통한 임산물 연간 판매액이 120만 원 이상인 자
- 산림조합법 제18조에 따른 조합원으로서 임업을 경영 하는 자

2) 산림조합법상의 임업인의 범위

- 산림조합 가입
- 주소지, 또는 임야 소재지 조합
- 임업경영을 통한 연간 판매액이 100만 원 이사상인 자
- 산림용 종묘 생산자
- 300㎡ 이상 포지를 확보 하고 조경수 또는 분재소재 생산
- 대추나무 1,000㎡ 이상 재배하는 자
- 호두나무 1,000㎡ 이상 재배하는 자
- 밤나무 5,000㎡ 이상 재배하는 자
- 잣나무 10,000㎡ 이상 재배하는 자

- 연간 표고자목을 20㎥ 이상 재배하는 자
- 3 ha (1ha 는 3,000평, 30,000㎡) 이상의 산림에서 임업은 경영하는 자
- 1년 중 90일 아상 임업에 종사하는 자

10. 임업용 산지에서의 개발가능행위

1) 보전산지에서의 행위 제한 (산지관리법 제12조)

제12조(보전산지에서의 행위제한)

① 임업용산지에서는 다음 각 호의 어느 하나에 해당하는 행위를 하기 위하여 산지전용 또는 산지일시사용을 하는 경우를 제외하고는 산지전용 또는 산지일시사용을 할 수 없다. <개정 2012. 2. 22., 2013. 3. 23., 2016. 12. 2.>

1. 제10조제1호부터 제9호까지, 제9호의2 및 제9호의3에 따른 시설의 설치 등

---

1. 국방·군사시설의 설치

2. 사방시설, 하천, 제방, 저수지, 그 밖에 이에 준하는 국토보전시설의 설치

3. 도로, 철도, 석유 및 가스의 공급시설, 그 밖에 대통령령으로 정하는 공용·공공용 시설의 설치

4. 산림보호, 산림자원의 보전 및 증식을 위한 시설로서 대통령령으로 정하는 시설의 설치

5. 임업시험연구를 위한 시설로서 대통령령으로 정하는 시설의 설치

6. 매장문화재의 발굴(지표조사를 포함한다), 문화재와 전통사찰의 복원·보수·이전 및 그 보존관리를 위한 시설의 설치, 문화재·전통사찰과 관련된 비석, 기념탑, 그 밖에 이와 유사한 시설의 설치

7. 다음 각 목의 어느 하나에 해당하는 시설 중 대통령령으로 정하는 시설의 설치

가. 발전·송전시설 등 전력시설

나. 「신에너지 및 재생에너지 개발·이용·보급 촉진법」에 따른 신·재생에너지 설비. 다만, 태양에너지 설비는 제외한다.

8. 「광업법」에 따른 광물의 탐사·시추시설의 설치 및 대통령령으로 정하는 갱내채굴

9. 「광산피해의 방지 및 복구에 관한 법률」에 따른 광해방지시설의 설치

9의2. 공공의 안전을 방해하는 위험시설이나 물건의 제거

9의3. 「6·25 전사자유해의 발굴 등에 관한 법률」에 따른 전사자의 유해 등 대통령령으로 정하는 유해의 조사·발굴

---

2. 임도·산림경영관리사(山林經營管理舍) 등 산림경영과 관련된 시설 및 산촌산업개발시설 등 산촌개발사업과 관련된 시설로서 대통령령으로 정하는 시설의 설치

3. 수목원, 산림생태원, 자연휴양림, 수목장림(樹木葬林), 그 밖에 대통령령으로 정하는 산림공익시설의 설치

4. 농림어업인의 주택 및 그 부대시설로서 대통령령으로 정하는 주택 및 시설의 설치

5. 농림어업용 생산·이용·가공시설 및 농어촌휴양시설로서 대통령령으로 정하는 시설의 설치

6. 광물, 지하수, 그 밖에 대통령령으로 정하는 지하자원 또는 석재의 탐사·시추 및 개발과 이를 위한 시설의 설치

7. 산사태 예방을 위한 지질·토양의 조사와 이에 따른 시설의 설치

8. 석유비축 및 저장시설·방송통신설비, 그 밖에 대통령령으로 정하는 공용·공공용 시설의 설치

9. 「장사 등에 관한 법률」에 따라 허가를 받거나 신고를 한 묘지·화장시설·봉안시설·자연장지 시설의 설치

10. 대통령령으로 정하는 종교시설의 설치

11. 병원, 사회복지시설, 청소년수련시설, 근로자복지시설, 공공직업훈련시설 등 공익시설로서 대통령령으로 정하는 시설의 설치

12. 교육·연구 및 기술개발과 관련된 시설로서 대통령령으로 정하는 시설의 설치

13. 제1호부터 제12호까지의 시설을 제외한 시설로서 대통령령으로 정하는 지역사회개발 및 산업발전에 필요한 시설의 설치

14. 제1호부터 제13호까지의 규정에 따른 시설을 설치하기 위하여 대통령령으로 정하는 기간 동안 임시로 설치하는 다음 각 목의 어느 하나에 해당하는 부대시설의 설치

가. 진입로

나. 현장사무소

다. 지질ㆍ토양의 조사ㆍ탐사시설

라. 그 밖에 주차장 등 농림축산식품부령으로 정하는 부대시설

15. 제1호부터 제13호까지의 시설 중 「건축법」에 따른 건축물과 도로(「건축법」 제2조제1항제11호의 도로를 말한다)를 연결하기 위한 대통령령으로 정하는 규모 이하의 진입로의 설치

16. 그 밖에 가축의 방목, 산나물ㆍ야생화ㆍ관상수의 재배(성토 또는 절토 등을 통하여 지표면으로부터 높이 또는 깊이 50센티미터 이상 형질변경을 수반하는 경우에 한정한다), 물건의 적치(積置), 농도(農道)의 설치 등 임업용산지의 목적 달성에 지장을 주지 아니하는 범위에서 대통령령으로 정하는 행위

2) 임업용산지에서의 행위제한 (대통령 시행령 제12조)

제12조(임업용산지안에서의 행위제한)

①법 제12조제1항제2호에서 "대통령령으로 정하는 시설"이란 다음 각 호의 어느 하나에 해당하는 시설을 말한다. <개정 2005. 8. 5., 2007. 2. 1., 2007. 7. 27., 2008. 7. 24., 2009. 11. 2., 2009. 11. 26., 2010. 12. 7.>

1. 임도ㆍ작업로 및 임산물 운반로

2. 「임업 및 산촌 진흥촉진에 관한 법률 시행령」 제2조제1호의 임업인(「산림자원의 조성 및 관리에 관한 법률」에 따라 산림경영계획의 인가를 받아 산림을 경영하고 있는 자를 말한다), 같은 조 제2호 및 제3호의 임업인이 설치하는 다음 각 목의 어느 하나에 해당하는 시설

가. 부지면적 1만제곱미터 미만의 임산물 생산시설 또는 집하시설

나. 부지면적 3천제곱미터 미만의 임산물 가공ㆍ건조ㆍ보관시설

다. 부지면적 1천제곱미터 미만의 임업용기자재 보관시설(비료·농약·기계 등을 보관하기 위한 시설을 말한다) 및 임산물 전시·판매시설

라. 부지면적 200제곱미터 미만의 산림경영관리사(산림작업의 관리를 위한 시설로서 작업 대기 및 휴식 등을 위한 공간이 바닥면적의 100분의 25 이하인 시설을 말한다) 및 대피소

5. 「임업 및 산촌 진흥촉진에 관한 법률」 제25조에 따른 산촌개발사업으로 설치하는 부지 면적 1만제곱미터 미만의 시설

②법 제12조제1항제3호에서 "대통령령으로 정하는 산림공익시설"이란 다음 각 호의 어느 하나에 해당하는 시설을 말한다. <개정 2007. 7. 27., 2009. 11. 26., 2010. 12. 7., 2012. 8. 22., 2015. 11. 11., 2016. 12. 30., 2018. 10. 30.>

1. 산림욕장, 치유의 숲, 숲속야영장, 산림레포츠시설, 산책로·탐방로·등산로·둘레길 등 숲길 및 전망대(정자를 포함한다)

2. 자연관찰원·산림전시관·목공예실·숲속교실·숲속수련장·유아숲체험원·산림박물관 ·산악박물관·산림교육센터 등 산림교육시설

3. 목재이용의 홍보·전시·교육 등을 위한 목조건축시설

4. 국가, 지방자치단체 또는 비영리법인이 설치하는 임산물의 홍보·전시·교육 등을 위한 시설

③법 제12조제1항제4호에서 "대통령령으로 정하는 주택 및 시설"이라 함은 농림축산식품 부령으로 정하는 농림어업인(이하 "농림어업인"이라 한다)이 자기소유의 산지에서 직접 농 림어업을 경영하면서 실제로 거주하기 위하여 부지면적 660제곱미터 미만으로 건축하는 주택 및 그 부대시설을 말한다.

④제3항의 규정에 의한 부지면적을 적용함에 있어서 산지를 전용하여 농림어업인의 주택 및 그 부대시설을 설치하고자 하는 경우에는 그 전용하고자 하는 면적에 당해 농림어업인 이 당해 시·군·구(자치구에 한한다)에서 그 전용허가신청일 이전 5년간 농림어업인 주택 및 그 부대시설의 설치를 위하여 전용한 임업용산지의 면적을 합산한 면적(공공사업으로

인하여 철거된 농림어업인 주택 및 그 부대시설의 설치를 위하여 전용하였거나 전용하고자 하는 산지면적을 제외한다)을 당해 농림어업인 주택 및 그 부대시설의 부지면적으로 본다.

⑤법 제12조제1항제5호에서 "대통령령으로 정하는 시설"이란 다음 각 호의 어느 하나에 해당하는 시설을 말한다.

1. 농림어업인, 「농업·농촌 및 식품산업 기본법」 제3조제4호에 따른 생산자단체, 「수산업·어촌 발전 기본법」 제3조제5호에 따른 생산자단체, 「농어업경영체 육성 및 지원에 관한 법률」 제16조에 따른 영농조합법인과 영어조합법인 또는 같은 법 제19조에 따른 농업회사법인(이하 "농림어업인등"이라 한다)이 설치하는 다음 각 목의 어느 하나에 해당하는 시설

가. 부지면적 3만제곱미터 미만의 축산시설

나. 부지면적 1만제곱미터 미만의 다음의 시설

① 야생조수의 인공사육시설

② 양어장·양식장·낚시터시설

③ 폐목재·짚·음식물쓰레기 등을 이용한 유기질비료 제조시설[「폐기물관리법 시행령」 별표 3 제3호다목1)다)에 따른 퇴비화 시설에 한정한다]

(4) 가축분뇨를 이용한 유기질비료 제조시설

(5) 버섯재배시설, 농림업용 온실

다. 부지면적 3천제곱미터 미만의 다음의 시설

① 농기계수리시설 또는 농기계창고

② 농축수산물의 창고·집하장 또는 그 가공시설

③ 누에 등 곤충사육시설 및 관리시설

라. 부지면적 200제곱미터 미만의 다음의 시설(작업대기 및 휴식 등을 위한 공간이 바닥면적의 100분의 25 이하인 시설을 말한다)

① 농막

② 농업용·축산업용 관리사(주거용이 아닌 경우에 한한다)

2. 「농어촌정비법」 제82조 및 같은 법 제83조에 따라 개발되는 3만 제곱미터 미만의 농어촌 관광휴양단지 및 관광농원

⑥법 제12조제1항제8호에서 "대통령령으로 정하는 공용·공공용 시설"이란 다음 각 호의 어느 하나에 해당하는 시설을 말한다. <개정 2005. 8. 5., 2007. 11. 15., 2008. 2. 29., 2010. 12. 7., 2013. 3. 23.>
4. 액화석유가스를 저장하기 위한 시설로서 농림축산식품부령이 정하는 시설

5. 「대기환경보전법」 제2조제16호에 따른 저공해자동차에 연료를 공급하기 위한 시설

⑦법 제12조제1항제10호에서 "대통령령으로 정하는 종교시설"이란 문화체육관광부장관이 「민법」 제32조의 규정에 따라 종교법인으로 허가한 종교단체 또는 그 소속단체에서 설치하는 부지면적 1만5천제곱미터 미만의 사찰·교회·성당 등 종교의식에 직접적으로 사용되는 시설과 농림축산식품부령으로 정하는 부대시설을 말한다.

⑧법 제12조제1항제11호에서 "대통령령으로 정하는 시설"이란 다음 각 호의 어느 하나에 해당하는 시설을 말한다.
1. 「의료법」 제3조제2항에 따른 의료기관중 종합병원·병원·치과병원·한방병원·요양병원. 이 경우 같은 법 제49조제1항제3호부터 제5호까지의 규정에 따른 부대사업으로 설치하는 시설을 포함한다.

2. 「사회복지사업법」 제2조제4호에 따른 사회복지시설

3. 「청소년활동진흥법」 제10조제1호의 규정에 의한 청소년수련시설

4. 근로자의 복지증진을 위한 시설로서 다음 각 목의 어느 하나에 해당하는 것

가. 근로자 기숙사(「건축법 시행령」 별표 1 제2호 라목의 규정에 의한 기숙사에 한한다)

나. 「영유아보육법」 제10조제4호에 따른 직장어린이집

다. 「수도권정비계획법」 제2조제1호의 수도권 또는 광역시 지역의 주택난 해소를 위하여 공급되는 「근로복지기본법」 제15조제2항에 따른 근로자주택

라. 비영리법인이 건립하는 근로자의 여가·체육 및 문화활동을 위한 복지회관

5. 「근로자직업능력 개발법」 제2조제3호의 규정에 따라 국가·지방자치단체 및 공공단체가 설치·운영하는 직업능력개발훈련시설

⑨법 제12조제1항제12호에서 "대통령령으로 정하는 시설"이란 다음 각 호의 어느 하나에 해당하는 시설을 말한다.
1. 「기초연구진흥 및 기술개발지원에 관한 법률」 제14조의2제1항에 따라 인정받은 기업부설연구소로서 과학기술정보통신부장관의 추천이 있는 시설

2. 「특정연구기관 육성법」 제2조의 규정에 의한 특정연구기관이 교육 또는 연구목적으로 설치하는 시설

3. 「국가과학기술자문회의법」에 따른 국가과학기술자문회의에서 심의한 연구개발사업중 우주항공기술개발과 관련된 시설

4. 「유아교육법」, 「초·중등교육법」 및 「고등교육법」에 따른 학교 시설

5. 「영유아보육법」 제10조제1호의 국공립어린이집

⑩법 제12조제1항제13호에서 "대통령령으로 정하는 지역사회개발 및 산업발전에 필요한 시설"이란 관계 행정기관의 장이 다른 법률의 규정에 따라 산림청장등과 협의하여 산지전용허가·산지일시사용허가 또는 산지전용신고·산지일시사용신고가 의제되는 허가·인가 등의 처분을 받아 설치되는 시설을 말한다. 다만, 다음 각 호의 어느 하나에 해당하는 시설은 제외한다.

1. 「대기환경보전법」 제2조제9호의 규정에 의한 특정대기유해물질을 배출하는 시설

2. 「대기환경보전법」 제2조제11호에 따른 대기오염물질배출시설 중 같은 법 시행령 별표 1의 1종사업장부터 4종사업장까지의 사업장에 설치되는 시설. 다만, 「산업입지 및 개발에 관한 법률」 제2조제8호에 따른 산업단지에 설치되는 대기오염물질배출시설(「대기환경보전법」 제26조에 따른 대기오염방지시설과 주변 산림 훼손 방지를 위한 시설이 설치되는 경우로 한정한다)은 제외한다.

3. 「물환경보전법」 제2조제8호에 따른 특정수질유해물질을 배출하는 시설. 다만, 같은 법 제34조에 따라 폐수무방류배출시설의 설치허가를 받아 운영하는 경우를 제외한다.

4. 「물환경보전법」 제2조제10호에 따른 폐수배출시설 중 같은 법 시행령 별표 13에 따른 제1종사업장부터 제4종사업장까지의 사업장에 설치되는 시설. 다만, 「산업입지 및 개발에 관한 법률」 제2조제8호에 따른 산업단지에 설치되는 폐수배출시설(「물환경보전법」 제35조에 따른 수질오염방지시설과 주변 산림 훼손 방지를 위한 시설이 설치되는 경우로 한정한다)은 제외한다.

5. 「폐기물관리법」 제2조제4호의 규정에 의한 지정폐기물을 배출하는 시설. 다만, 당해 사업장에 지정폐기물을 처리하기 위한 폐기물처리시설을 설치하거나 지정폐기물을 위탁하여 처리하는 경우에는 그러하지 아니하다.

6. 다음 각 목의 어느 하나에 해당하는 처분을 받아 설치하는 시설. 다만, 「국토의 계획 및 이용에 관한 법률」 제51조에 따른 지구단위계획구역을 지정하기 위한 산지전용허가·산지일시사용허가 또는 산지전용신고·산지일시사용신고의 의제에 관한 협의 내용에 다음 각 목의 어느 하나에 해당하는 처분이 포함되어 이에 따라 설치하는 시설은 제외한다.

가. 「주택법」 제15조에 따른 사업계획의 승인

나. 「건축법」 제11조에 따른 건축허가 및 같은 법 제14조에 따른 건축신고

다. 「국토의 계획 및 이용에 관한 법률」 제56조에 따른 개발행위허가

⑪ 법 제12조 제1항 제14호에서 "대통령령으로 정하는 기간"이란 1년 이내의 기간을 말한다. 다만, 목적사업의 수행을 위한 산지전용기간·산지일시사용기간이 1년을 초과하는 경우에는 그 산지전용기간·산지일시사용기간을 말한다. <신설 2010. 12. 7.>

⑫ 법 제12조제1항제15호에서 "대통령령으로 정하는 규모 이하의 진입로"란 절토·성토한 비탈면을 제외한 유효너비가 4미터 이하이고, 그 길이가 50미터 이하인 진입로를 말한다.

⑬법 제12조제1항제16호에서 "대통령령으로 정하는 행위"란 다음 각 호의 어느 하나에 해당하는 행위를 말한다.

1. 「농어촌 도로정비법」 제4조제2항제3호에 따른 농도, 「농어촌정비법」 제2조제6호에 따른 양수장·배수장·용수로 및 배수로를 설치하는 행위

2. 부지면적 100제곱미터 미만의 제각(祭閣)(제례용도로 사용하기 위하여 가옥형태로 건축한 것을 말한다. 이하 같다)을 설치하는 행위

3. 「사도법」 제2조의 규정에 의한 사도(私道)를 설치하는 행위

4. 「자연환경보전법」 제2조제9호의 규정에 의한 생태통로 및 조수의 보호·번식을 위한 시설을 설치하는 행위

5. 농림어업인등 또는 「임업 및 산촌 진흥촉진에 관한 법률」 제29조의2에 따른 한국임업진흥원(이하 "한국임업진흥원"이라 한다)이 같은 법 시행령 제8조제1항에 따른 임산물 소득원의 지원 대상 품목(관상수는 제외한다)을 재배(성토 또는 절토 등을 통하여 지표면으로부터 높이 또는 깊이 50센티미터 이상 형질변경을 수반하는 경우에 한정한다. 이하 이 항에서 같다)하는 행위. 다만, 농림어업인등이 재배하는 경우에는 5만제곱미터 미만의 산지에서 재배하는 경우로 한정한다.

6. 농림어업인등이 5만제곱미터 미만의 산지에서 「축산법」 제2조제1호에 따른 가축을 방목하는 경우로서 다음 각 목의 요건을 갖춘 행위

가. 조림지의 경우에는 조림후 15년이 지난 산지일 것

나. 대상지의 경계에 울타리를 설치할 것

다. 입목·대나무의 생육에 지장이 없도록 보호시설을 설치할 것

6의2. 제6호에 따라 가축을 방목하면서 해당 가축방목지에서 목초(牧草) 종자를 파종하는

행위

7. 농림어업인등이 3만제곱미터 미만의 산지에서 관상수를 재배하는 행위

8. 「공간정보의 구축 및 관리 등에 관한 법률」 제8조에 따른 측량기준점표지와 「해양조사와 해양정보 활용에 관한 법률」 제9조에 따른 국가해양기준점 표지를 설치하는 행위

9. 「폐기물관리법」 제2조제1호에 따른 폐기물이 아닌 물건을 1년 이내의 기간동안 산지에 적치하는 행위로서 다음 각목의 요건을 모두 갖춘 행위

가. 입목의 벌채·굴취를 수반하지 아니할 것

나. 당해 물건의 적치로 인하여 주변환경의 오염, 산지경관 등의 훼손 우려가 없을 것

10. 법 제26조의 규정에 의한 채석경제성평가를 위하여 시추하는 행위

11. 「영화 및 비디오물의 진흥에 관한 법률」, 「방송법」 또는 「문화산업진흥 기본법」에 따른 영화제작업자·방송사업자 또는 방송영상독립제작사가 영화 또는 방송프로그램의 제작을 위하여 야외촬영시설을 설치하는 행위

12. 부지면적 200제곱미터 미만의 간이농림어업용시설(농업용수개발시설을 포함한다) 및 농림수산물 간이처리시설을 설치하는 행위

⑭산림청장은 지역여건상 제1항제2호·제5호, 제3항, 제5항 및 제7항에 따른 부지면적의 제한이 불합리하다고 인정되는 경우에는 중앙산지관리위원회의 심의를 거쳐 100분의 200의 범위 안에서 그 부지면적의 제한을 완화하여 적용할 수 있다.

05/

대항력

가장 큰 도전은 바로 꿈꿔오던 삶을 사는 것
The biggest adventure you can ever take is to live the life of your dreams.

12강 기타 대항력

1. 임차인의 대항력과 매수인의 수익성

서울 마포구 연남동에 있는 다세대 주택 10가구가 통으로 경매에 나왔다. 최초감정가 7억 9,500만원에서 유찰을 거듭해 1억 3,623만원까지 떨어졌다. 이유는 임차인 10명 가운데 8명이 대항력이 있어 이들의 보증금 6억 3,700만원을 인수해야 하기 때문이다

결국 1억 9,000만원에 낙찰되어 대항력 있는 임차인은 보증금 6억 3,700만원 중 8,700만원만 배당받았다.

매각 후 임차인은 매수인이 미 배당금 5억 5,000만원을 돌려 줄 것이라 예상하였으나, 임차인에게 돌아온 건 잔금 낸 날로부터 부당이득금을 매수인에게 지급하고 집을 비우라는 마른하늘에 날벼락 같은 명도소장이었다.

상황의 전환 !

매수인은 애초 대항력 있는 임차인의 돈을 물어줄 심산으로 저가에 낙찰받았으나, 낙찰을 받고 나니 생각이 싹 달라졌다.

문제는 매수인이 1심에서 승소했다는 점이다. 이에 임차인은 변호사 선임 이후 약 2년에 걸친 지리한 공방 끝에 항소심에서는 승소했다.

표면상 결국 임차인의 승리로 보이지만, 사실 임차인은 매수인의 작전에 휘말린 셈이다.

매수인의 작전은은 다른 게 아니다. 전세 보증금만 8억이 넘기에 내 돈 한 푼 안 들이고 5층짜리 다세대 주택을 마련한 후 2년 이상의 시간을 번 것이다.

소송기간 동안 집 값이 13억으로 상승하였으니, 2심에서 패소한 변호사 비용과 이자를 부담하는 것은 수익에 비해서는 껌값이었던 셈이다.

2. 가족의 전입과 세대주의 전입

2016.05. 임대차 계약을 한 세입자는 지방에서 서울로 근무지를 옮기는데 늦어지자, 가족들만 먼저 보내고 자신은 8월이 돼서야 올라왔다.

이처럼 임차인이 임대차 계약 후 부인과 자녀들만 먼저 전입신고를 하고 세대주인 자신은 나중에 전입하면 부인과 자녀의 전입일자 대신 합가한 일자를 기준으로 세대주의 주민등록이 기재된다.

그러나 대항력은 가족이 최초 전입한 일자가 기준이 된다. 대항력 요건으로서의 주민등록은 임차인 본인 뿐만 아니라 배우자나 가족의 주민등록도 포함되기 때문이다

가족의 주민등록은 남겨둔 채 임차인이 일시적으로 주민등록을 다른 곳으로 옮긴 경우역시 대항력이 유지된다.

입찰 참가자는 '주소별 세대열람'을 통해 세대합가 여부를 알 수 있다. 주소별 세대열람은 대법원 경매정보홈페이지 등에서 입찰물건을 출력 후 주민자치센터를 방문하여 가능하다

3. 친인척간의 임대차 : 대항력 유무

친인척간의 임대차는 대항력이 인정되는 경우와 인정되지 않는 경우로 나눌 수 있다. 말소기준등기는 2006.03.16. 외환은행 저당권으로, 이후에 설정된 저당권과 가압류는 모두 소멸된다. 서성자는 2000.06.23. 전입하여 외관상 대항력이 있어 보인다.

그러나 속내를 들여다 보면 서성자는 소유자의 장모다. 이 때 대항력이 성립할까?

첫째, 대항력이 성립되는 경우는 다음과 같다.
형제간, 성년의 부자간, 친인척간, 자녀가 부모나 처가에 전세사는 경우등
둘째, 대항력이 성립되지 않는 경우는 다음과 같다.
부부사이, 부모와 미성년 자녀간, 부모가 자식집에서 전세사는 경우 (소유자는 며느리 임차인은 시어머니 등)

따라서 이 경우 두 번째에 해당하여 대항력이 성립하지 않는다.

■ 주민등록법 시행규칙 [별지 제15호서식] <개정 2020. 11. 30.>

주민등록 전입세대 열람 신청서

※ 뒤쪽의 유의 사항을 읽고 작성하기 바랍니다. (앞쪽)

접수번호		접수일자		처리기간	즉시

신청인 (위임받은 사람)	성명		(서명 또는 인)	주민등록번호	
	주소 (시·도)	(시·군·구)		연락처	

법인 신청인	기관명			사업자등록번호	
	대표자		(서명 또는 인)	연락처	
	소재지				
	방문자 성명	주민등록번호		연락처	

열람 대상 물건 소재지

용도 및 목적		증명 자료	

「주민등록법」 제29조제1항 및 같은 법 시행규칙 제14조제1항에 따라 주민등록 전입세대 열람을 신청합니다.

년   월   일

시장·군수·구청장 또는 읍·면·동장 및 출장소장 귀하

위임장

「주민등록법」 제29조제1항 및 같은 법 시행규칙 제14조제1항에 따라 주민등록 전입세대 열람 신청을 위와

같이 위임합니다.

년   월   일

개인 신청인 (위임한 사람)	성명		(서명 또는 인)	주민등록번호	
	주소			연락처	

법인 신청인 (위임 법인)	기관명			사업자등록번호	
	대표자		(서명 또는 인)	연락처	
	소재지				

첨부 서류	1. 위임한 사람의 주민등록증(법인인 경우에는 대표자의 신분증명서, 법인 인감증명서 또는 사용 인감계) 등 신분증명서(담당 공무원이 위임장의 진위 여부 확인을 위해 요청하는 경우) 2. 신청 자격 증명 자료(행정정보 공동이용을 통해 확인이 불가능한 경우)	수수료 1건 1회 300원

[ ] 행정정보 공동이용 동의서(소유자) [ ] 전·월세 거래 정보 시스템 이용 동의서(2014. 1. 1.이후 임차인)

본인은 이 건의 업무 처리를 위해 담당 공무원이 「전자정부법」 제36조제1항에 따른 행정정보의 공동이용을 통해 관할 행정청이 등기부 등본 등으로 본인 소유 여부 등을 확인하거나 「주택임대차보호법」 제3조의6제2항에 따른 전·월세 거래 정보 시스템의 확정일자 부여 사실로 임차인 여부 등을 확인하는 것에 동의합니다.

• 동의하지 않는 경우에는 신청인이 직접 관련 서류를 제출해야 합니다.

신청인(위임한 사람)   (서명 또는 인)

210mm×297mm[백상지(80g/㎡) 또는 중질지(80g/㎡)]

자료 326 주민등록 전입세대 열람신청서 양식

4. 선순위 임차인 조사 요령

1) 주민자치센터에서 주민등록 전입세대 열람을 한다

열람을 통해 소유자 외 제3자가 전입됐는지 확인한다. 담당자에게 점유자와 소유자의 관계 및 세대원 유무 등을 확인해 볼 수 있다.

2) 근저당권 설정 금융기관을 방문하여 근저당권 설정시 임대차 현황 (무상거주확인서 내지 불거주확인서, 임대차사실확인서 등을 파악한다.

대부분의 가장 또는 허위 임차인은 이 단계에서 알 수 있다

3) 관리사무소 등을 방문하여 밀린 관리비와 공과금 등을 확인한다.

공과금 납부 주체가 누구인지 알아본다.

4) 세입자를 만나 진정한 임차인 유무와 임차보증금을 확인한다

가장 정확한 자료를 얻을 수 있으나 임차인 만나기가 쉽지 않다. 하지만 용감하면 때로는 생각지 않은 큰 보상(과외의 성과)을 받을 수 있다.

5) 점유자를 만나지 못하면 경비원이나 이웃주민들을 통해 점유자의 실거주 여부를 확인한다

5. 부부간의 임대차

1) 혼인관계 부부

원칙적으로 부부간은 대항력이 인정되지 않는다.

협의 이혼 다음날부터 대항력을 주장할 수 있다. 이혼한 시점이 대부분 말소기준등기보다 늦어 대항력을 주장할 수 없다.

그러나 이혼 후에도 동거를 하고 있다면— 즉, 서류상으로만 이혼하면 사실혼으로 인정되어 주택임대차보호법이 적용되지 않는다. 주택임대차보호법은 임차인 사망시 사실혼 관계의 배우자가 임차인의 권리를 승계하기 때문이다

또 하나, 부부간의 임대차에 있어 임차인이 '소유자의 처'냐, '채무자의 처냐' 아니면, '채무자 겸 소유자의 처냐에 따라서도 상황이 달라진다

먼저 '채무자 겸 소유자의 처'는 대항력이 인정되지 않는다 '소유자의 처'도 대항력이 인정되지 않는다. 그러나 '채무자의 처'일 경우에는 해석이 달라진다. 채권, 채무관계와 임대차 관계는 별건으로 가능하기 때문이다. 주택임대차보호법이 임차인의 범위에서 채무자를 제한하는 규정이 없어단지 채무자의 처라는 이유만으로 임차인을 배제할 수 없기 때문이다.

2) 사실혼 관계 부부

상속인 유무에 따라 달라진다.

6. 소유자가 임차인으로 변경 대항력

갑이 3억원에 주택을 을에게 매도하면서 1억원에 임차하는 조건으로 계약을 체결하였고, 을은 잔금 2억원 중 1억원은 은행 대출을 통해 치렀다.

이 경우 전 소유자 갑의 대항력 기산일이 포인트이다

먼저 갑의 주민등록은 두 가지로 나눌 수 있다
    ① 2007.05.21. ~ 2013.09.15. ; 소유자의 주민등록
    ② 2013.09.16. 0시 ~ 현재 ; 임차인의 주민등록

이 때 권리분석은 임차인의 주민등록만 대상이다. 따라서 전소유자 갑의 대항력 취득일은 2013.09.16. 0시이다. 따라서 말소기준등기보다 늦으므로 안심하고 참여해도 된다. 실무에서 말소기준등기보다 전입일자는 빠르나 대항력 없는 3대 사례 중 하나이다.

3대 사례란?
어제는 소유자 오늘은 임차인(점유개정), 부부간의 임대차, 친인척간의 임대차를 말한다

7. 다가구주택과 다세대 주택의 대항력

> A : 다가구 주택 201호 거주
> B : 다세대 주택 201호 거주
>
> **Q. 두 경우의 차이가 뭘까?**

A와 B 는 201호에 거주한다는 공통분모가 있지만, 대항력 구비 요건은 다르다. A가 거주하는 주택은 다가구주택으로 건축법상 단독주택에 해당돼 주민등록은 '지번'까지만 기재하면 된다. 201호는 거주자의 '편의상'구분하여 놓은 호수에 불과하기 때문이다.

반면 B의 다세대 주택은 공동주택에 해당되 '명칭이나 동,호수'까지 기입해야만 대항력이 생긴다.

실무에서 신축 주택의 경우 등기상의 호수와 현관문의 호수가 다른 경우가 많다. 집주인이 빠른 분양을 위해 반 지하를 101호로 1층을 201호로 표기했으나,실제 건축물대장에 1층이 101호로 등재하는 경우가 있다. 이 경우 임차인이 1층 101호에 임대차계약시 101

호로 전입신고를 해야지, 201호로 전입신고를 하면 대항력을 취득할 수 없다.

8. 주민등록의 정정과 대항력

1) 주민등록 정정

임차인은 바른 주소로 주민등록을 정정했을 때 대항력이 생긴다

① 단독주택

단독주택은 주민등록상의 주소가 단독주택의 번지로 정정된때 대항력이 생긴다

② 공동주택

공동주택은 주민등록상의 주소가 공동주택의 (명칭) 동, 호수가 일치하는 것으로 정정된 때 대항력이 생긴다

③ 다가구용 단독주택

임차인이 5월 3일 다가구용 단독 주택 101호로 전입신고 후 7월 1일 근저당권이 설정되었다.
Q. 이후 임차인이 9월 1일 같은 주택의 301호로 다시 전입신고를 한 경우의 대항력은?

다가구용 단독주택의 101호에서 같은 주택의 301호로 이사한 후 다시 전입신고 (301호)를 하였더라도 대항력은 임차인이 주택의 지번을 정확히 기재하여 전입신고를 마친 최초의 전입일이 기준이 된다.

그러나 공동주택은 나중에 전입신고(301호)한 날이 기준이 된다.

2) 특수주소변경

특수주소변경이란 주택법 규정에 의한 공동주택의 호수를 표기할 때 지번 다음에 명칭, 동, 호수를 표기하는 것으로, 주민등록법상으로는 거주지 이동없이 명칭, 동, 호수가 변경된 것을 말한다.

전입신고는 새로운 주소에 거주한다는 점에서 다르다. 특수주소변경이 있는 경우 주민등록표에 특수주소변경을 하였다는 취지를 기재한다. 연립주택의 명칭과 동, 호수를 추가하는 경우에도 기존의 주민등록표 서울시 서초구 서초동 1234번지의 1호를 서울시 서초구 서초동 1234번지의 1호 장미연립 1동 301호 특수주소변경 이라고 기재한다.

동, 호수를 정정하는 경우에는 기존의 주민등록표 서울시 서초구 서초동 1234번지의 1호 장미연립 1동 201호를 서울시 서초구 서초동 1234번지 1호 장미연립 1동 301호 특수주소변경이라고 기재한다.

◆ **주민등록의 정정과 대항력** ◆

주민등록이 사실과 다르게 기재된 경우 과실의 주체에 따라 대항력 유무가 달라진다.

먼저 주민등록 의무자인 임차인의 잘못된 신고에 의한 정정인 경우 특수주소변경에 의해 올바르게 신고했으나 주민등록이 됐을 때 대항력이 발생한다.

반면 임차인은 바르게 신고했으나 담당공무원의 실수로 사실과 다른 사항이 등록된 경우 특수조건변경을 전제로 당초 주민등록 전입신고일로 소급하여대항력이 생긴다

3) 직권말소

주민등록이 임차인의 의사와 관계없이 주민등록법 등 관련 규정에 따라 직권말소된 경우, 대항력은 상실한다.

단, 직권말소 후 소정의 이의 절차에 따라 말소된 주민등록이 회복된 경우, 임차인의 주민등록 유지 의사가 명백하다면 소급하여 대항력이 유지된다. 다만 그 직권말소가 주민등록법 소정의 이의 절차에 의하여 회복된 것이 아닌 경우에는 직권말소 후 재등록이 이루어지기 이전에 주민등록이 없는 것으로 믿고 임차주택에 관하여 새로운 이해관계를 맺은 선의의 제3자에 대하여는 임차인은 대항력을 주장할 수 없다.

9. 여러 가지 기타 대항력

1) 다가구 주택에서 다세대 주택

오 장군이 2012.03.02. 다가구주택에 전입신고를 하고 거주하던 중, 임대인이 2013.04.11. 다세대 주택으로 용도를 변경하였다.

Q. 이처럼 최초 전입 당시에는 다가구 주택이어서 지번까지만 전입신고를 하고 거주하던 중 임차주택이 다세대 주택으로 용도가 변경된 경우,
임차인은 전입당시 취득한 대항력이 유지되는가?

이런 문제는 다가구 주택과 다세대주택의 대항력 요건이 다르기 때문이다. 원칙은 추 장군이 대항력을 인정받기 위해서는 특수주소변경을 해야 한다.

그러나 대법원판결은 특수주소변경을 하지 않더라도 대항력을 인정해 준다고 한다.

2) 집합건축물대장이 없는 다세대 주택

대항력 유무를 판단하는 기준은 '집합건축물관리대장'의 작성유무이다. 건축물관리대장이 만들어져 있으면 임차인은 동, 호수까지 기재해야 한다.

그러나 실제 구분건물의 요건을 구비하고 구분등기까지 마쳤다 하더라도 집합건축물관리대장이 작성되지 않았다면, 임차인은 지번까지 전입신고를 해도 대항력을 인정받는다.

3) 대항력 있는 임차권의 전차인 대항력

임대인의 동의를 받아 대항력 있는 임차인으로부터 임차권을 양도 또는 전대받아 전입신고를 마친 경우, 전차인은 자신의 대항력 구비일이 아닌 임차인이 대항력을 취득한 시기를 자신의 대항력 취득시기로 주장할 수 있다.

단, 전차인이 주민등록을 하지 않고 임차인이 주민등록을 한 경우 임차인은 대항력이 없다. 왜냐하면 실제로 거주하지 않는 간접점유자인 임차인은 주민등록의 대상이 되는 임차주택 또는 거소를 가진 자가 아니기 때문이다.

	임차인	전차인	대항력
주택의 인도	X	O	없음
주민등록	O	X	

4) 대항력 요건을 갖추지 않은 임차권 양도 시 전차인의 대항력

임대인의 동의를 받아 그 임차권을 양도 또는 전차한 경우, 전차인이 그 주택에 입주하여 주민등록을 마치면 전차인은 그 때부터 대항력을 취득하게 된다. 이 경우 임차인의 대항력 취득일은 전차인의 대항력을 취득한 날 부터 시작한다

	임차인	전차인	대항력
주택의 인도	X	O	없음
주민등록	X	O	

5) 토지와 건물 근저당권 설정일 다름

토지 근저당 설정일 : 5월 1일
건물 근저당 설정일 : 7월 1일
임차인 전입일 : 6월 1일

경매물건을 분석하다 보면 사례처럼 토지와 건물의 근저당 설정일이 다른 물건을 접하게 된다. 이 경우 말소기준등기가 누가 되느냐에 따라 희비가 엇갈린다.

말소기준등기가 토지 근저당권이라면 매수인은 임차인의 보증금을 인수하지 않아도 된다. 그러나 말소기준등기가 건물 근저당권이라면 임차인은 대항력이 있고, 매수인은 임차인은 임차인의 보증금을 인수해야 한다.

토지와 건물의 근저당권 설정일이 다른 경우 임차인이 매수인한테 대항력을 행사할 수

있느냐 여부는 '건물'이 기준이다.

6) 담보가치 조사 당시 임차인 부인

군포시 당정동에 있는 84㎡ 아파트가 경매에 나왔다. 최초감정가 3억 4,000만원에서 2회 유찰돼 최저 매각가는 2억 1,760만원까지 떨어졌다.
시세가 감정가 수준임에도 유찰을 거듭한 이유는 임차인 때문이었다.

이 물건의 말소기준등기는 2006.06.14. 흥국생명 근저당권이다.
그러나 임차인 추 장군은 이 보다 앞선 같은 해 4월 13일에 전입했다.

임차인은 보증금이 1억원이나 됨에도 확정일자를 받지 않았고 배당요구도 하지 않았다.
외관상 대항력이 있어 매수인은 매각가 외에 보증금을 고스란히 물어줘야 할 판이다.

이처럼 선순위 전입자가 있는 경우, 금융기관에서는 대출 전 진정한 임대차 여부를 조사한다. 사건의 경우 대출금액도 임차인이 없다는 전제하에 채권최고액이 설정됐다. 채권자에게 확인한 결과 임차인은 채무자겸 소유자의 오빠로 대출당시 무상거주확인서를 제출한 상황이었다. 결국 이 물건은 경합을 벌여 2억 6,520만원에 낙찰되었다.

무상임대차계약서나 불거주확인서 관련해 주의할 점은 이를 서류가 채권은행에 제출되었다 하더라도 본인이 직접 확인할 때 까지 절대적으로 믿어서는 안된다는 것이다.

흔치 않지만 채무자 겸 소유자가 급박한 사정을 이유로 임차인 대신 무상임대차계약서나 불거주 확인서에 서명을 하는 수가 있다. 이런 경우 임차인의 진정한 의사가 아니기 때문에, 임차인의 대항력은 살아있다

7) 기존 채권을 임차보증금으로 전환

① 주거목적으로 사용

대항력 요건은 임대차 계약을 체결하고 주택의 인도와 주민등록 유무로 판단한다.

임차보증금이 어디서 근거로 하는냐로 판단하는 것이 아니다. 임차인이 임대인에게 돈을 빌려주고 그 돈을 받을 수 없자, 빌려준 돈을 임차보증금으로 전환하여 임대차계약을 체결하고 전입신고를 마친 경우 대항력이 인정된다. 대항력을 인정하더라도 다른 채권자들의 이익을 해하지 않기 때문이다.

② 주거목적으로 사용하지 않음

임차인이 대항력요건을 갖추었더라도 실제 임대차 계약의 주된 목적이 '기존채권의 회수'에 있다면 대항력이 인정되지 않는다. 공사업자가 공사비를 못받아 소유자와 짜고 근저당권 설정 이전으로 임대차계약서를 작성해 놓은 경우가 그 예이다. 임대차는 임차인으로 하여금 목적물을 사용, 수익하게 하는 것이 계약의 기본내용이다.

임차인(공사업자)이 임대차계약을 체결하고 세대원 전부의 유일한 거주공간이라면 주택임대차보호법이 적용돼 대항력이 있다.

반면 가족의 일부가 살지만 임대차가 단지 채권을 회수하기 위한 목적이라면, 대항력이 인정되지 않는다

8) 토지 또는 건물만 매각

① 토지와 건물 소유자가 동일한 경우

경매개시결정 당시 토지와 건물의 소유자가 동일할 경우, 토지 매수인에게 건물임차인은 대항력을 주장할 수 없다. 단, 매수인의 건물철거청구에 불응하여 인도를 거부할 수 있다.

건물만 매각시 임차인은 건물 매수인에게 대항력 유무에 따라 보증금의 반환을 청구할 수 있다.

② 토지와 건물 소유자가 다른 경우

법정지상권이 성립되지 않아 토지 매수인에게 대항력을 주장하지 못한다. 대신 건물 매수인에게 대항력을 주장할 수 있으나, 법정지상권이 성립되지 않는 건물을 매수할 사람이 없다고 보면 임차인의 권리는 사실상 보호받지 못한다.

9) 재개발에 따른 주택 멸실

종전 주택에 대항력 요건과 확정일자를 갖추고 거주하던 임차인은 종전 주택이 멸실되더라도 재개발에 의한 신축 건물에 대항력과 우선변제권이 그대로 유지된다. 임차인은 신축 건물 경매시 배당요구를 하면 우선변제권을 행사할 수 있다.

임차주택의 멸실에도 불구하고 신축건물에 대항력과 우선변제권이 그대로 유지된다는 특별규정이다.

10) 대항력 기산일 (다음날 0시) 예외
– 소유권이전등기 즉시 대항력 발생

① 전차인 전입신고 후 임차인 소유권 취득

전차인이 전입신고를 마치고 거주하던 중 임차인이 소유권을 양도받고 근저당권을 설정하였다
임차인 명의의 소유권이전등기 즉시 전차인은 대항력을 취득한다
전차인은 매수인에게 대항할 수 있다

② 매수인 대항력 없는 종전 임차인과 새로 임대차 계약 체결 후 매각대금 납부

갑이 94년 10월 10일 확정일자를 받고, 95년 7월 31일 1순위 근저당권설정되었다. 이후 96년 7월 3일 갑은 뒤늦게 전입신고를 하였고, 97년 2월 21일 1차 임의경매가 개시되었다.

이어 97년 10월 8일 갑이 매수인 을과 임대차계약을 체결하였다.

97년 10월 9일을 대금완납 후 10월 10일 소유권이전 및 병의 근저당권 설정등기를 하

였다.

이후 99년 1월 11일 2차 임의경매가 개시되어 2000.05.18. 매수인 정이 대금완납 및 소유권이전등기를 하였다.

이 때 갑의 주민등록은 을의 소유권취득 이전부터 을과 갑 사이의 임대차 관계를 공시하는 기능을 수행하고 있었으므로, 임차인 갑은 을이 매각대금을 납부하여 소유권을 취득하는 즉시 대항력을 취득한다.

병의 근저당권은 갑의 대항력 취득 이후에 마친 것이어서 갑은 2차 경매에서의 매수인 정에게 대항할 수 있다.

○ **대항력 기산일이 당일 즉시인 경우**

항목		비고
법률	임차권등기명령	주임법 제3조의 3 ⑤, 상임법 6조 ⑤
	주택임대차 등기	민법 621조
	전세권	민법 303조
판례	전차인 전입신고 후 임차인 소유권취득	대판 2000다58026
	대항력 없는 임차인 임대차계약후 대금납부	대판2002다38361

10. 가장임차인 식별 요령

> **강원도 춘천 칠전동 다세대 주택의 사례**
>
> 최초 감정가 5,200만원에서 한 차례 떨어져 최저가는 3,640만원 상황이다.
> 3명이 입찰에 참여해 1등이 4,300만원에 낙찰받았다.
> 말소기준등기는 2003.05 신한은행 근저당권이고, 2008.06 임차인이 3,000만원에 입주하고 채 두 달도 안되 신한은행에서 임의 경매를 신청했다.
> 임차인은 경매신청 채권자가 배당배제 신청을 해 배당을 한 푼도 받지 못했다. 채권자가 그를 가장 임차인으로 판단한 것이다.

채권자가 그를 가장 임차인으로 본 이유는 다음과 같다.

- 임차인이 전입할 당시 채무자가 채무초과상태였고 시세가 7,000만원도 안되는 물건에 이미 근저당권 5,000만원, 가압류 3,000만원이 설정된 상태에서 3,000만원의 임대차는 진정성이 의심되다는 점
- 또한 채무자 겸 소유자가 이미 경매실행 사실을 안 시점에서 임대차계약이 체결되고, 임대차 계약도 쌍방합의라는 점
- 그 밖에 임차인이 보증금의 절반은 현금으로 나머지 절반은 수표로 지급했다고 하나 은행을 통하지 않고 직접 임대인에게 전달했다는 점

등을 들어 채권자는 배당배제 신청을 했고 집행법원은 이를 받아들였다.

  권리분석과정에서 가장임차인 때문에 골머리를 앓은 적이 있을 것이다. 많은 사람들이 심증은 가장인데 물증이 없어 들어갈까 말까 고민에 고민을 거듭하곤 한다. 약한 고리를 잘 공략하면 대박이지만 어설프게 손대면 쪽박을 찰 수 있기 때문이다.
경매 대중화만큼 가장임차인의 골도 깊다.오죽하면 경매는 '가장임차인과의 전쟁'이라는 말이 생겼을까?

  임차인의 가장유무를 판단하는 것은 쉽지 않다. 실무에서 자주 접하는 가장 임차인 식별 방법을 알아보자.

① 임대차계약서

- ☑ 열의 아홉은 임대차계약서가 중개업자 없이 쌍방합의로 작성됐다.
- ☑ 계약일은 10년 전이나 계약서 양식은 최신 양식을 사용하였다.
- ☑ 중개업자가 날인한 인감이 계약서 작성 이후에 관한 관청에 등록된 경우도 있다.
- ☑ 임대차 계약서는 10년 전이나 핸드폰 번호는 최근 것 (010- xxxx - xxxx)을 기재 하였다.
- ☑ 내용이 부실하다

② 전입일자

- **경매개시결정등기가 임박해 전입신고를 했거나 1개월 전후로 신고한 경우**
  - 경매개시결정 3개월 전에 전입한 임차인에 대해 배당배제한 사례도 있다.
- **임대차계약서 작성일자와 전입신고일 사이에 상당한 시차가 있는 경우**

채무자는 적어도 경매재시결정을 6개월 전부터 경매 진행 여부를 알 수 있어 맘 먹기에 따라 얼마든지 가장임차인을 둘 수 있다.

③ 확정일자

확정일자는 두 종류로 나눌 수 있다. 먼저 보증금이 고액인 경우 확정일자 받은 날이 경매개시결정 기입등기 임박해서거나 아니면 개시결정 이후다.

보증금이 소액이이면 최우선변제권에 해당할 수 있다.

④ 보증금

가장 임차인이 밝혀내는 최고카드다. 인도소송 중 열의 아홉은 실제 보증금이 오간 증빙자료(온라인 송금 영수증, 은행 입금영수증 등)를 제시하지 못한다.
보증금액이 시세와 맞지 않는 경우도 주의해서 보아야 한다. 가장임차인의 한계가 전입신고는 10년 전에 했는데, 임차보증금은 현재시점(신고 당시)으로 하는 경우가 있다.

이처럼 시세에 비해 터무니 없이 비싸도 문제지만, 때로는 터무니 없이 저렴한 가격에 신고된 경우도 있다. 고가 아파트에 보증금은 달랑 4,000만원으로 신고한 경우다.

계약관행과 달리 보증금 계약일에 일시불로 지불한 경우, 궁지에 몰리면 빌려준 돈으로 임대차계약을 체결했다고 한다.

결국소송시 임차보증금 입금 내역을 입증하지 못하고, 이들은 대부분 현금으로 주었다고 한다.

⑤ 임대차관계
- 부부관계이거나, 부모와 자식관계, 사위집에 장모가 전세사는 경우, 형제간, 동서간, 친인척 간.
- 사장과 종업원의 관계, 임차인이 미성년자로 경제능력이 없는 경우 등

⑥ 주택의 구조

방 하나에 한 가구씩 전입한 경우는 그래도 매너 있는 편이다. 실제로 방 2개인 25평형 아파트에 3가구가 옹기종기 모여 산다고 하거나, 방 5개인 아파트에 임차인 5명 포함 6가구가 거주한다고 신고한 경우도 있다.

⑦ 각종 고지서

관리비, 도시가스, 전기요금, 신문대금, 우편물 등 각종 고지서가 누구 명의로 발급되는지 확인한다.

⑧ 기타

- ✓ 임대차계약 당시 임차주택에 과도한 근저당권이나 가압류가 설정된 경우
  - 집행법원에서 발송한 우편물(배당요구 및 권리신고서, 배당기일통지서)을 누가 수령하는지 살펴보도록 하자.
- ✓ 임대차계약서 상의 필체가 1인인 경우
- ✓ 임차인들이 법원에 제출한 배당요구서의 필체가 같은 경우,
- ✓ 금융기관으로부터 무상거주확인서 또는 배당배제신청서가 제출된 경우
- ✓ 그 밖에 주민등록초본을 통해 살던 집의 거주기간 등
- ✓ 근로소득원천징수영수증에 직계존속으로 등재 여부
- ✓ 대출시 주민등록등본에 동거인으로 등록된 사실 등 (이 경우 후에 세대분리를 한다)

11. 가장 임차인 형사처벌

임대차계약서가 없음에도 실체 임대차관계가 있는 것처럼 신고하는 것이 자연스런 현상처럼 만연되고 있다. 특히 최우선변제에 해당하는 소액임차인은 약 90%가 가짜라고 할 정도로 그 정도가 심하다.

그럼에도 그간 관대했던 이유는 경매에 처한 딱한 사정과 매수인 역시 채권자가 다 받아가든 가장임차인이 일부 받든 인도를 생각해 모른 체 하였다.

그러나 갈수록 수법이 진화하자 채권자들이 적극적으로 권리주장을 하고 있다. 이에 대해서는 사기죄, 강제집행면탈죄 , 위계에 의한 경매방해죄가 성립할 수 있다.

> **사례 1**
> 실제 임대차관계가 없음에도 최우선변제 자격이 있는 것처럼 허위로 임대차계약서를 작성한 사례이다. 아들과 짜고 방 1칸에 2,000만원에 계약하여 배당을 받아간 경우인데, 이는채권자들에게 손해를 입히고 기망하여 경매의 공정성을 해치는 행위이다.
> 이에 서울남부지방법원에서는 위의 사안에서 형법상 사기죄와 강제집행면탈죄를 적용하여 6개월의 실형을 선고했다
>
> **사례 2**
> 주택 소유자가 전처 명의로 허위임대차계약서(이혼 위자료 담보조로 1억 5,000만원)를 작성 후 집행법원에 전처가 주택임대차호법상 대항력 있는 주택임차인인 것처럼 권리신고를 하였다. 이에 입찰참가자로 하여금 그 보증금액만큼 입찰가를 저감시켜 공정한 경매를 방해한 죄를 물어 징역 10개월의 실형을 선고했다
> (인천지법 부천지원 2001.05.18. 선고 2001고단 23 판결)

	2021.04.12 아파트 (생활주택)	의정부7계 2020-80697 경기 의정부시 의정부동 167-14 디에스타워 3층 308호 [평화로483번길 44] [先임차권] 건물 18㎡ (5평)	토지 5㎡ (1평)	73,000,000 51,100,000 57,000,000 유찰 1	종결 (70%) (78%)
	2021.04.19 다세대	동부4계 2019-55757 서울 송파구 거여동 560-3 테미하우스 2층 203호 [오금로54길 26] [재매각 先임차권] 건물 34㎡ (10평)	토지 8㎡ (3평)	249,000,000 127,488,000 127,488,000 유찰 1	종결 (51%) (51%)
	2021.04.19 아파트	북부1계 2020-103931 서울 성북구 안암동4가 23-3 안암 2층 205호 [안암로9가길 9-16] [先임차권] 건물 64㎡ (19평) [24평형]	토지 17㎡ (5평)	198,000,000 158,400,000	기각 (80%)
	2021.04.20 아파트 (생활주택)	서부3계 2019-6665 서울 은평구 대조동 6-25 영화 4층 401호 [통일로67길 12-8] [先임차권] 건물 44㎡ (13평)	토지 16㎡ (5평)	240,000,000 78,643,000	취하 (33%)
	2021.04.20 다세대	수원1계 2020-9946 경기 수원시 장안구 송죽동 443-5 금성주택 나동 B01호 [파장천로12번길 96] [先임차권] 건물 37㎡ (11평)	토지 25㎡ (8평)	35,000,000 24,500,000 30,888,800 유찰 1	종결 (70%) (88%)

자료 328 선순위 임차권 물건 사례

13강 주택임대차보호법

1. 주거용 건물의 판단기준

사회통념상 건물로 인정하기에 충분한 요건을 구비하고 주거용으로 상용되고 있다면, 건물의 종류나 구조, 본건물인지 부속건물인지 묻지 않는다.

즉 건축물 관리대장이나 부동산 등기사항전부증명서와 같은 공부상의 용도로 판단하는 것이 아니며, 실제 주거용 건물로 사용하고 있는가에 의한 사실상의 용도로 판단한다.

1) 주된 용도가 주거용

가장 중요한 판단기준이다. 주거용과 비주거용으로 겸용인 경우, 주거용 부분이 주가 되고 부수적으로 비주거용 부분을 이용하는 경우에는 이를 전부 주거용 건물로 본다.

단, 반대의 경우에는 적용대상이 아니다.

2) 일정면적 이상 주거용으로 사용

겸용 주택의 경우 임차 면적이 주거용 면적의 1/2을 넘지 않더라도 그 사용면적이 상당함에 이르면 주거용으로 인정한다. 또한 주택의 일부를 점포로 개조하여 주거와 영업을 겸용하더라도 주택임대차호보법의 적용을 받을 수 있다
그러나 비주거용 건물의 일부를 주거용으로 사용하는 경우에는 법의 적용을 받지 못한다

3) 유일한 주거수단

용도와 면적이 판단 기준에 다소 못 미치더라도 임차한 공간이 임차인에게 유일한 주거

공간인지, 또 가족과 함께 거주하는지 여부 등이 중요한 판단기준이다

2. 주택여부 기준시점

주택인지 여부의 기준시점은 임대차계약 체결시점을 기준으로 한다. 단, 계약체결 당시에는 비주거용 건물이었으나 임대인의 승낙을 얻어 주거용으로 개조한 경우, 개조한 때부터 주택임대차보호법이 적용된다

1) 주택임대차 보호법 적용 받는 건물 범위

가. 불법 건축물

근린생활 시설로 건축허가를 받은 상가의 발코니를 트고 방과 화장실 주방을 설치해 원룸으로 불법 용도변경 했더라도 법의 보호를 받을 수 있다.

주택임대차보호법의 입법취지상 보호대상 여부는 공부상 건축물의 용도와 같은 형식이 아닌 실제 용도에 따라 판단한다.

나. 가건물

비닐하우스 거주자도 주택임대차 보호법의 적용을 받을 수 있다.

대법원 2009.6.18. 선고 2008두10997 전원합의체 판결
[주민등록전입신고수리거부처분취소][공2009하,1028]

【판시사항】
[1] 시장·군수 또는 구청장의 주민등록전입신고 수리 여부에 관한 심사의 범위와 대상

【판결요지】
[1] 주민들의 거주지 이동에 따른 주민등록전입신고에 대하여 행정청이 이를 심사하여 그 수리를 거부할 수는 있다고 하더라도, 그러한 행위는 자칫 헌법상 보장된 국민의 거주·이전의 자유를 침해하는 결과를 가져올 수도 있으므로, 시장·군수 또는 구청장의 주민등록전입신고 수리 여부에 대한 심사는 주민등록법의 입법 목적의 범위 내에서 제한적으로 이루어져야 한다. 한편, 주민등록법의 입법 목적에 관한 제1조 및 주민등록 대상자에 관한 제6조의 규정을 고려해 보면, 전입신고를 받은 시장·군수 또는 구청장의 심사 대상은 전입신고자가 30일 이상 생활의 근거로 거주할 목적으로 거주지를 옮기는지 여부만으로 제한된다고 보아야 한다. 따라서 전입신고자가 거주의 목적 이외에 다른 이해관계에 관한 의도를 가지고 있는지 여부, 무허가 건축물의 관리, 전입신고를 수리함으로써 당해 지방자치단체에 미치는 영향 등과 같은 사유는 주민등록법이 아닌 다른 법률에 의하여 규율되어야 하고, 주민등록전입신고의 수리 여부를 심사하는 단계에서는 고려 대상이 될 수 없다.

2) 주택으로 인정하는 기준

주거용과 비주거용을 겸용한 경우, 그 임대차의 목적, 전체 건물과 임대차 목적물의 구조와 형태, 임차인의 임차목적물의 이용관계, 그리고 임차인이 그곳에서 일상생활을 등을 고려하여 합목적적으로 판단한다.

3. 임대차 계약

1) 임대인

임대인은 임차주택의 소유자일 필요는 없으나, 임차주택에 대한 처분권한이 있거나 적법한 임대권한을 가진자이어야 한다.

가. 소유자

소유자는 단독소유자, 공동소유자를 불문한다

나. 부부일방 명의의 주택

남편(아내)이 임대차계약서 상의 임대인이고 아내(남편)가 주택의 소유자인 경우, 소유자를 임대인으로 보아야 하기 때문에 위임장이 없는 경우 남편(임대차계약서상 임대인)을 적법한 임대인으로 보기 어렵다.

다. 공유자중 일부와 임대차계약

Q. A, B, C 3인이 각 ⅓의 지분비율로 공유하고 있는 주택을 A, B 2인으로부터 임차하였다. 이 때, C 에 대하여도 임차권을 주장할 수 있는가?

민법 제265조는 공유물의 관리에 관한 사항은 지분의 과반수로써 결정하도록 규정하고 있는데, 공유주택의 임대행위는 위 관리행위에 해당한다.

따라서 임차인은 ⅔의 공유지분을 보유한 A, B와 임대차계약을 체결하였기 때문에 C가 임대인에서 제외되었더라도 C에 대하여 유효한 임차권을 가지고 대항할 수 있다.

민법 제265조 (공유물의 관리, 보존)
공유물의 관리에 관한 사항은 공유자의 지분의 과반수로써 결정한다. 그러나 보존행위는 각자가 할 수 있다.

라. 사실상의 소유자

대법원 1987.3.24. 선고 86다카164 판결 [전세금][집35①민,193;공1987.5.15.(800),708]

【판시사항】

미등기무허가 건물을 양도받아 사실상 소유권을 행사하는 양수인이5 주택임대차보호법 제3조 제2항 소정의 임대주택 양수인에 해당하는지 여부(적극)

【판결요지】

주택임대차보호법의 목적과 동법 제3조 제2항의 규정에 비추어 볼 때, 건물이 미등기인 관계로 그 건물에 대하여 아직 <u>소유권이전등기를 경료하지는 못하였지만</u> 그 건물에 대하여 <u>사실상 소유 자로서의 권리를 행사하고 있는 자</u>는 전소유자로부터 위 건물의 일부를 임차한 자에 대한 관계에서는 위 사실상 소유자가 동법 제3조 제2항 소정의 주택의 양수인으로서 <u>임대인의 지위를 승계하였다고 볼 수 있다.</u>

마. 소유자는 아니지만 적법한 임대권한을 가진 자 - 명의신탁자

대법원 1999. 4. 23. 선고 98다49753 판결 [건물명도][공1999.6.1.(83),1005]

【판시사항】

[1] 주택의 명의신탁자와 임대차계약을 체결한 임차인에 대하여 명의수탁자가 자신이 소유자임을 내세워 주택의 명도를 구할 수 있는지 여부(소극)

【판결요지】

[1] 주택임대차보호법이 적용되는 임대차는 반드시 임차인과 주택의 소유자인 임대인 사이에 임대차계약이 체결된 경우에 한정된다고 할 수는 없고, 주택의 소유자는 아니지만 주택에 관하여 적법하게 임대차계약을 체결할 수 있는 권한(적법한 임대권한)을 가진 명의신탁자 사이에 임대차 계약이 체5결된 경우도 포함된다고 할 것이고, 이 경우 임차인은 등기부상 주택의 소유자인 명의수탁자에 대한 관계에서도 적법한 임대차임을 주장할 수 있는 반면 명의수탁자는 임차인에 대하여 그 소유자임을 내세워 명도를 구할 수 없다.

바. 원시취득자인 건축업자

대법원 1996. 6. 28. 선고 96다9218 판결 [건물소유권명도][공1996.8.15.(16),2349]

【판시사항】
갑이 을의 대지를 매수하여 주택을 건축하되 그 대지대금의 담보를 위하여 건축허가 및 등기를 을 명의로 한 경우, 갑으로부터 건물을 임차한 병에 대한 을의 명도청구의 가부(소극)

【판결요지】
건축주가 타인의 대지를 매수하여 연립주택을 신축하면서 대지 소유자와의 합의에 따라 대지 매매대금 채무의 담보를 위하여 그 연립주택에 관한 건축허가 및 그 소유권보존등기를 대지 소유자의 명의로 하여 두었다면, 완성된 연립주택은 일단 이를 건축한 건축주가 원시적으로 취득한 후 대지 소유자 명의로 소유권보존등기를 마침으로써 담보 목적의 범위 내에서 대지 소유자에게 그 소유권이 이전되었다고 보아야 하고, 이러한 경우 원시취득자인 건축주로부터 연립주택을 적법하게 임차하여 입주하고 있는 임차인에 대하여 대지 소유자가 그 소유자임을 내세워 명도를 구할 수는 없다.

2) 임차인

가. 자연인

① 임차인의 승계인

임차인이 상속권자 없이 사망시, 그 주택에서 가정공동생활을 하던 사실상의 혼인관계에 있는 자가 임차인의 권리의무를 승계한다.

임차인 사망시 상속권자가 그 주택에서 공동생활 하지 아니한 때는 가정공동생활을 하던 사실상의 혼인관계와 2촌 이내 친족이 공동으로 상속한다

② 전차인

전차인은 임차인의 임차보증금 범위 내에서 주택임대차보호법의 적용을 받을 수 있다. 그러나 주택임대차보호법상 대항력 요건을 갖추지 못했거나 임대인의 동의가 없을 때는 보호를 받지 못한다.

나. 법인

(1) 원칙

1. 주택임대차보호법의 입법취지가 국민의 주거생활 보호다 보니 법인은 주택임대차 보호법의 보호대상이 아니다

(2) 예외

㉮ 국민주택기금 재원 법인 - LH, SH 등

국민주택기금을 재원으로 하여 저소득층 무주택자에게 주거생활 안정을 목적으로 전세임대주택을 지원하는 법인이 주택을 임차한 후, 지방자치단체의 장 또는 그 법인이 선정한 입주자가 주택을 인도 받고 주민등록을 마쳤을 때 대항력을 취득한다.

대항력이 인정되는 법인은 한국토지주택공사와 지방공기업법에 따라 설립된 지방공사가 있다.

지방공사중에는 서울특별시 SH공사와 경기지방공사가 있다 (2007.11.4. 시행)

㉯ 중소기업인 법인

중소기업기본법 제2조에서 정한 중소기업인 법인이 소속 직원의 주거용 주택을 임차한 후 법인이 선정한 직원이 주택을 인도받고 주민등록과 확정일자를 마치면 대항력을 취득한다 (2014.1.1. 시행)

중소기업 기본법 제2조(중소기업자의 범위)

① 중소기업을 육성하기 위한 시책(이하 "중소기업시책"이라 한다)의 대상이 되는 중소기업자는 다음 각 호의 어느 하나에 해당하는 기업(이하 "중소기업"이라 한다)을 영위하는 자로 한다. <개정 2011.7.25., 2014.1.14., 2015.2.3.>

1. 다음 각 목의 요건을 모두 갖추고 영리를 목적으로 사업을 하는 기업

가. 업종별로 매출액 또는 자산총액 등이 대통령령으로 정하는 기준에 맞을 것

나. 지분 소유나 출자 관계 등 소유와 경영의 실질적인 독립성이 대통령령으로 정하는 기준에 맞을 것

2. 「사회적기업 육성법」 제2조제1호에 따른 사회적기업 중에서 대통령령으로 정하는 사회적기업

3. 「협동조합 기본법」 제2조제1호에 따른 협동조합 중 대통령령으로 정하는 협동조합

4. 「협동조합 기본법」 제2조제2호에 따른 협동조합연합회 중 대통령령으로 정하는 협동조합연합회

②중소기업은 대통령령으로 정하는 구분기준에 따라 소기업(小企業)과 중기업(中企業)으로 구분한다.

③제1항을 적용할 때 중소기업이 그 규모의 확대 등으로 중소기업에 해당하지 아니하게 된 경우 그 사유가 발생한 연도의 다음 연도부터 3년간은 중소기업으로 본다. 다만, 중소기업 외의 기업과 합병하거나 그 밖에 대통령령으로 정하는 사유로 중소기업에 해당하지 아니하게 된 경우에는 그러하지 아니하다.

④중소기업시책별 특성에 따라 특히 필요하다고 인정하면 「중소기업협동조합법」이나 그 밖의 법률에서 정하는 바에 따라 중소기업협동조합이나 그 밖의 법인·단체 등을 중소기업자로 할 수 있다.

다. 재외동포

재외국민이 재외동포법에 의하여 국내거소신고 및 거소이전신고를 마치면 재외동포법 9조에 의하여 주민등록을 마친 것과 동일하게 보아 대항력을 주장한다.

그러나 재외동포법 제9의 규정은 국내거소신고증이나 국내거소 사실증명으로 주민등록증 등에 의한 사실증명에 갈음할 수 있다는 의미일 뿐, 재외국민의 거소 이전신고를 주택임대차보호법 제3조1항의 대항력 요건인 주민등록과 같은 규정이라고 해석할 수 없어 재외국민은 대항력을 주장할 수 없다.

재외동포법 제9조 (주민등록증과의 관계)

법령에 규정된 각종 절차와 거래관계 등에서 주민등록증, 주민등록표 등본·초본, 외국인등록증 또는 외국인등록 사실증명이 필요한 경우에는 국내거소신고증이나 국내거소신고 사실증명으로 그에 갈음할 수 있다.

대법원 2013.9.16. 자 2012마825 결정 [부동산인도명령결정에대한즉시항고][미간행]

【판시사항】

재외국민 갑이 국내에서 임차하여 거주하는 주택에 구 '재외동포의 출입국과 법적 지위에 관한 법률'에서 정한 거소이전신고를 함으로써 구 주택임대차보호법 제3조 제1항의 대항력을 취득하였는지 문제 된 사안에서, 구 '재외동포의 출입국과 법적 지위에 관한 법률' 제9조가 재외국민의 거소이전신고를 구 주택임대차보험법 제3조 제1항에서 정한 대항요건인 주민등록에 갈음하도록 하는 규정이라고 해석하기 어렵다고 본 원심 판단을 정당하다고 한 사례

라. 한국인

출입국관리법 규정에 따라 90일을 초과하여 국내 체류하는 외국인은 외국인 등록을 하여야 하는데, 이 때 외국인등록을 주민등록으로 본다. 또한 외국인이 체류지 변경시하는 변경신고를 전입신고로 본다.

따라서 외국인도 출입국관리법에 따른 외국인 등록을 하면 법의 보호를 받을 수 있다.

출입국관리법 제88조의 2 (외국인등록증 등과 주민등록증 등의 관계)
② 이 법에 따른 외국인등록과 체류지 변경신고는 주민등록과 전입신고를 갈음한다.

3) 일시사용을 위한 임대차

여관 등의 장기투숙자, 학원수강, 휴가여행 등 단기적인 거주를 목적으로 하는 임대차는 일시사용을 위한 임대차로 보아 주태임대차보호법의 적용 대상이 아니다.

일시사용을 위한 임대차인지 여부는 기간을 주로 판단하고 그 외 목적 , 동기 등도 함

께 판단한다

대법원 1994.1.28. 선고 93다43590 판결 [손해배상(기)][공1994.3.15.(964),824]

【판시사항】
숙박업자의 투숙객에 대한 보호의무의 내용과 이를 위반한 경우의 책임

【판결요지】
공중접객업인 숙박업을 경영하는 자가 투숙객과 체결하는 숙박계약은 숙박업자가 고객에게 숙박을 할 수 있는 객실을 제공하여 고객으로 하여금 이를 사용할 수 있도록 하고 고객으로부터 그 대가를 받는 일종의 일시사용을 위한 임대차계약으로서, 여관의 객실 및 관련시설, 공간은 오로지 숙박업자의 지배 아래 놓여 있는 것이므로 숙박업자는 통상의 임대차와 같이 단순히 여관의 객실 및 관련시설을 제공하여 고객으로 하여금 이를 사용수익하게 할 의무를 부담하는 것에서 한 걸음 더 나아가 고객에게 위험이 없는 안전하고 편안한 객실 및 관련시설을 제공함으로써 고객의 안전을 배려하여야 할 보호의무를 부담하며 이러한 의무는 숙박계약의 특수성을 고려하여 신의칙상 인정되는 부수적인 의무로서 숙박업자가 이를 위반하여 고객의 생명, 신체를 침해하여 손해를 입힌 경우 불완전이행으로 인한 채무불이행책임을 부담한다.

4. 존속기간

1) 임대차 기간

 기간의 정함이 없거나 기간을 2년 미만으로 정한 경우는 2년으로 본다. 단, 2년 미만으로 약정시 임차인은 2년 미만으로 정한 기간이 유효함을 주장할 수 있다.

 즉 임차인이 약정기간까지 살 수도 있고 2년까지 살 수도 있다.

 기간을 2년 이상으로 정한 경우, 기간이 만료되거나. 합의해지 또는 법정해지가 되지 않은 한 임대차는 종료되지 않는다

2) 임대차관계의 존속의제

 임대차가 종료되도 임차인은 보증금을 반환 받을 때까지 임대차관계가 존속하는 것으로 본다. 단 임차인은 계속 거주하는 한 차임지급의무를 부담하나, 거주하지 않고 이사한 경우에는 차임지급의무를지지 않는다.

 이 점이 계약기간 중이면 실체 거주여부를 불문하고 차임을 지급하는 본래의 임대차와 다르다.

3) 계약의 갱신

가. 묵시적 갱신

 임대인의 경우 임대차기간 만료 전 6개월에서 1개월까지 임차인이라면 임대차기간 만료 전 1월까지 상대방에 대하여 갱신거절의 통지 , 조건을 변경하지 않으면 갱신하지 않

겠다는 뜻의 통지를 하지 않은 경우에는, 그 기간이 만료된 때 전 임대차와 동일한 조건으로 다시 임대차한 것으로 본다.

이를 묵시적으로 갱신된 주택임대차라고 하며, 이 경우 기간의 정함이 없는 것으로 본다. 그 기간은 주택임대차보호법 제4조 1항에 의하여 임차인은 2년의 기간을 주장할 수 있으나, 임대인은 그러하지 아니하다.

즉, 이 경우 임차인은 언제든지 임대인에 대하여 계약해지 통지가 가능하고. 임대인이 그 통지를 받은 날로부터 3월이 경과하면 계약 해지의 효력이 발생한다.

다만, 임차인이 2기의 차임액에 달하도록 차임을 연체하거나 기타 임차인으로서의 의무를 현저히 위반한 임차인에 대하여는 위 묵시갱신의 규정을 적용하지 아니한다.

또한 임차인이 1년 약정 후 그 기간이 경과하자 다시 묵시의 갱신을 주장하여 새로이 2년의 임차기간을 주장할 수 없다

주택임대차보호법 제4조(임대차기간 등)
② 임대차기간이 끝난 경우에도 임차인이 보증금을 반환받을 때까지는 임대차관계가 존속되는 것으로 본다.

나. 경매 시 존속기간

① 대항력 없는 임차인

대항력 없는 임차인은 압류(경매개시결정기입등기)의 효력발생으로 임대차가 소멸되기 때문에 존속기간 유무에 관계없이 매수인에게 인도해야 한다

② 대항력 있는 임차인
대항력 있는 임차인은 압류 즉 경매과 관계없이 존소기간의 보장을 받는다. 그러나 대항력 있는 임차인이 배당요구를 하면 임대차가 종료된다.

배당요구는 임대차 해지의 의사표시다. 단, 대항력과 우선변제권이 있는 임차인이 우선변제권을 행사하여 배당요구를 하였으나, 매각대금에서 보증금액 전액 변제받지 못한 경우 보증금을 전액 변제받을 때까지 임대차가 유지된다.

대항력이 있는 임차인의 존속기간은 두 가지로 나뉜다

㉮ 배당요구를 한 경우
남은 기간에 관계없이 배당기일에 임차보증금을 전액 배당받거나, 매수인으로부터 보증금을 전액 받으면 배수인에게 인도해야 한다.

㉯ 배당요구를 하지 않은 경우
임차인은 2년의 임대차 기간을 주장할 수 있어 매각과 관계없이 남은 기간 동안 거주할 수 있다

5. 임차인의 사망과 주택임차권의 승계

임차인이 상속인 없이 사망한 경우에는 그 주택에서 가정공동생활하던 사실상의 혼인관계에 있는 자가 임차인의 권리와 의무를 승계한다.

임차인이 사망한 때에 사망 당시 상속인이 그 주택에서 가정공동생활을 하지 아니한 경우에는 그 주택에서 가정공동생활을 하던 사실상의 혼인 관계에 있는 자와 2촌 이내의 친족이 공동으로 임차인의 권리와 의무를 승계한다.

사실혼 관계자가 없는 경우에는 상속인이 권리와 의무를 승계한다.

임대차 관계에서 생긴 채권, 채무는 임차인의 권리의무를 승계한 자에게 귀속되며, 상속인은 임차인이 사망한 후 1개월 이내에 임대인에게 반대의사를 표시하여 승계를 거부할 수 있다.

반면 상가건물임대차보호법은 임차인 사망시 임차권 승계규정이 없다

주택임대차보호법 제9조 (주택임차권의 승계)

① 임차인이 상속인 없이 사망한 경우에는 그 주택에서 가정공동생활을 하던 사실상의 혼인 관계에 있는 자가 임차인의 권리와 의무를 승계한다.
② 임차인이 사망한 때에 사망 당시 상속인이 그 주택에서 가정공동생활을 하고 있지 아니한 경우에는 그 주택에서 가정공동생활을 하던 사실상의 혼인 관계에 있는 자와 2촌 이내의 친족이 공동으로 임차인의 권리와 의무를 승계한다.
③ 제1항과 제2항의 경우에 임차인이 사망한 후 1개월 이내에 임대인에게 제1항과 제2항에 따른 승계 대상자가 반대의사를 표시한 경우에는 그러하지 아니하다.
④ 제1항과 제2항의 경우에 임대차 관계에서 생긴 채권·채무는 임차인의 권리의무를 승계한 자에게 귀속된다.

6. 차임 등 정보제공 요청권

임대차 계약을 체결하려는 자는 동사무소 등 확정일자 부여기관에게 선순위 임대차 현황(전입, 확정일자, 보증금 및 차임) 등에 대한 정보제공을 요청할 수 있다 (2014.1.1. 시행).

	2021.01.18 다세대	성남8계 2019-9202 경기 광주시 송정동 80-7 송정빌라 8동 4층 가호 (현관:401호) [수하길 15-4] 건물 65㎡ (20평)	토지 34㎡ (10평)	110,000,000 53,900,000	기각 (49%)
	2021.01.18 다세대	성남8계 2019-61132[3] 경기 광주시 오포읍 신현리 883-14 동심포레스트타운 305동 1층 102호 (등기부상:주건축물1동) [상태길 66-17] 건물 53㎡ (16평)	토지 60㎡ (18평)	149,000,000 149,000,000 149,000,000	종결 (100%) (100%) 응찰 1
	2021.01.18 다세대	성남2계 2020-2023 경기 성남시 중원구 상대원동 2994-20 ,-35 예건 4층 401호 [희망로380번길 11-1] 건물 60㎡ (18평)	토지 28㎡ (8평)	223,000,000 156,100,000 203,990,000	종결 (70%) (91%) 응찰 2
	2021.01.18 근린주택	성남2계 2020-2283 경기 하남시 덕풍동 470-41 [대성로 305-9] 건물 327㎡ (99평)	토지 116㎡ (35평)	787,748,550 551,424,000 717,998,777	종결 (70%) (91%) 응찰 1
	2021.01.18 다세대	성남2계 2020-2863 경기 광주시 퇴촌면 관음리 328-7 진웅하이츠빌리지 4층 401호 [천진암로 653-7] 건물 77㎡ (23평)	토지 66㎡ (20평)	108,000,000 75,600,000 75,790,000	종결 (70%) (70%) 응찰 1

자료 329 다세대 및 근린주택 낙찰사례

■ 임대차보호법 발췌본(계약갱신권)

제6조(계약의 갱신)

① 임대인이 임대차기간이 끝나기 6개월 전부터 2개월 전까지의 기간에 임차인에게 갱신 거절(更新拒絶)의 통지를 하지 아니하거나 계약조건을 변경하지 아니하면 갱신하지 아니한 다는 뜻의 통지를 하지 아니한 경우에는 그 기간이 끝난 때에 전 임대차와 동일한 조건으로 다시 임대차한 것으로 본다. 임차인이 임대차기간이 끝나기 2개월 전까지 통지하지 아니한 경우에도 또한 같다. <개정 2020. 6. 9.>

② 제1항의 경우 임대차의 존속기간은 2년으로 본다. <개정 2009. 5. 8.>

③ 2기(期)의 차임액(借賃額)에 달하도록 연체하거나 그 밖에 임차인으로서의 의무를 현저히 위반한 임차인에 대하여는 제1항을 적용하지 아니한다.

제6조의2(묵시적 갱신의 경우 계약의 해지)
① 제6조제1항에 따라 계약이 갱신된 경우 같은 조 제2항에도 불구하고 임차인은 언제든지 임대인에게 계약해지(契約解止)를 통지할 수 있다. <개정 2009. 5. 8.>

② 제1항에 따른 해지는 임대인이 그 통지를 받은 날부터 3개월이 지나면 그 효력이 발생한다.

제6조의3(계약갱신 요구 등)

① 제6조에도 불구하고 임대인은 임차인이 제6조제1항 전단의 기간 이내에 계약갱신을 요구할 경우 정당한 사유 없이 거절하지 못한다. 다만, 다음 각 호의 어느 하나에 해당하는 경우에는 그러하지 아니하다.

1. 임차인이 2기의 차임액에 해당하는 금액에 이르도록 차임을 연체한 사실이 있는 경우

2. 임차인이 거짓이나 그 밖의 부정한 방법으로 임차한 경우

3. 서로 합의하여 임대인이 임차인에게 상당한 보상을 제공한 경우

4. 임차인이 임대인의 동의 없이 목적 주택의 전부 또는 일부를 전대(轉貸)한 경우

5. 임차인이 임차한 주택의 전부 또는 일부를 고의나 중대한 과실로 파손한 경우

6. 임차한 주택의 전부 또는 일부가 멸실되어 임대차의 목적을 달성하지 못할 경우

7. 임대인이 다음 각 목의 어느 하나에 해당하는 사유로 목적 주택의 전부 또는 대부분을 철거하거나 재건축하기 위하여 목적 주택의 점유를 회복할 필요가 있는 경우

　

가. 임대차계약 체결 당시 공사시기 및 소요기간 등을 포함한 철거 또는 재건축 계획을 임차인에게 구체적으로 고지하고 그 계획에 따르는 경우

나. 건물이 노후·훼손 또는 일부 멸실되는 등 안전사고의 우려가 있는 경우

다. 다른 법령에 따라 철거 또는 재건축이 이루어지는 경우

　

8. 임대인(임대인의 직계존속·직계비속을 포함한다)이 목적 주택에 실제 거주하려는 경우

9. 그 밖에 임차인이 임차인으로서의 의무를 현저히 위반하거나 임대차를 계속하기 어려운 중대한 사유가 있는 경우

　

② 임차인은 제1항에 따른 계약갱신요구권을 1회에 한하여 행사할 수 있다. 이 경우 갱신되는 임대차의 존속기간은 2년으로 본다.

　

③ 갱신되는 임대차는 전 임대차와 동일한 조건으로 다시 계약된 것으로 본다. 다만, 차임과 보증금은 제7조의 범위에서 증감할 수 있다.

　

④ 제1항에 따라 갱신되는 임대차의 해지에 관하여는 제6조의2를 준용한다.

　

⑤ 임대인이 제1항제8호의 사유로 갱신을 거절하였음에도 불구하고 갱신요구가 거절되지 아니하였더라면 갱신되었을 기간이 만료되기 전에 정당한 사유 없이 제3자에게 목적 주택을 임대한 경우 임대인은 갱신거절로 인하여 임차인이 입은 손해를 배상하여야 한다.

　

⑥ 제5항에 따른 손해배상액은 거절 당시 당사자 간에 손해배상액의 예정에 관한 합의가 이루어지지 않는 한 다음 각 호의 금액 중 큰 금액으로 한다.

　

1. 갱신거절 당시 월차임(차임 외에 보증금이 있는 경우에는 그 보증금을 제7조의2 각 호 중 낮은 비율에 따라 월 단위의 차임으로 전환한 금액을 포함한다. 이하 "환산월차임"이라

한다)의 3개월분에 해당하는 금액

2. 임대인이 제3자에게 임대하여 얻은 환산월차임과 갱신거절 당시 환산월차임 간 차액의 2년분에 해당하는 금액

3. 제1항제8호의 사유로 인한 갱신거절로 인하여 임차인이 입은 손해액

10. 주택임대차보호법상 소액임차인 최우선변제금

1) 소액임차인 최우선변제금이란?

소액임차인이란, 주택임대차보호법상 지역별로 특정 금액 이하의 보증금이 있는 주택을 임차한 임차인을 말합니다. 소액임차인은 사회적 최약자로서 법의 보호를 받기 어려운 경우가 많다.

이에 사회적 약자를 보호하는 차원에서 그 보증금 중 일부 금액에 대해 일반적인 우선변제권이나 물권보다 높은 순위의 최우선 변제권을 인정해 주는데, 이를 소액임차인 최우선변제금이라 한다.

2) 소액임차인 최우선변제금의 기준

소액임차인의 최우선변제금은 지역별로 조금씩 다르다. 그 기준은 다음의 소액임차금 범위표와 같은데, 기준이 되는 날짜는 앞에서 서술한 대항력을 갖춘 시기를 말한다.

소액임차금 범위표

주거용	상가용			
				단위: 만원
기준일	**지역**		**보증금**	**최우선변제액**
1984.01.01 ~ 1987.11.30	서울특별시 및 직할시		300	300
	기타지역		200	200
1987.12.01 ~ 1990.02.18	서울특별시 및 직할시		500	500
	기타지역		400	400
1990.02.19 ~ 1995.10.18	서울특별시 및 직할시		2,000	700
	기타지역		1,500	500
1995.10.19 ~ 2001.09.14	서울특별시 및 광역시(군지역 제외)		3,000	1,200
	기타지역		2,000	800
2001.09.15 ~ 2008.08.20	과밀 억제권역(인천광역시 포함)		4,000	1,600
	광역시(군지역과 인천광역시지역 제외)		3,500	1,400
	기타지역(광역시 군 포함)		3,000	1,200
2008.08.21 ~ 2010.07.25	과밀 억제권역(인천광역시 포함)		6,000	2,000
	광역시(군지역과 인천광역시지역 제외)		5,000	1,700
	기타지역(광역시 군 포함)		4,000	1,400
2010.07.26 ~ 2013.12.31	서울특별시		7,500	2,500
	수도권 과밀억제권역		6,500	2,200
	광역시(과밀억제권역에 포함된 지역과 군지역 제외) 안산, 용인,김포,광주		5,500	1,900
	기타지역(광역시 군 포함)		4,000	1,400

2014.01.01 ~ 2016.03.30	서울특별시	9,500	3,200
	수도권 과밀억제권역	8,000	2,700
	광역시(과밀억제권역에 포함된 지역과 군지역 제외) 안산,용인,김포,광주	6,000	2,000
	기타지역(광역시 군 포함)	4,500	1,500
2016.03.31 ~ 2018.09.17	서울특별시	10,000	3,400
	수도권 과밀억제권역	8,000	2,700
	광역시(과밀억제권역에 포함된 지역과 군지역 제외) 안산, 용인, 김포, 광주, 세종	6,000	2,000
	기타지역(광역시 군 포함)	5,000	1,700
2018.09.18 ~ 2021.05.10	서울특별시	11,000	3,700
	수도권 과밀억제권역(용인,화성,세종 포함)	10,000	3,400
	광역시(과밀억제권역에 포함된 지역과 군지역 제외) 안산, 김포, 광주, 파주 포함	6,000	2,000
	기타지역(광역시 군 포함)	5,000	1,700
2021.05.11 ~	서울특별시	15,000	5,000
	수도권 과밀억제권역(세종, 용인, 화성, 김포 포함)	13,000	4,300
	광역시(과밀억제권역에 포함된 지역과 군지역 제외) 안산, 광주, 파주, 이천, 평택 포함	7,000	2,300
	기타지역(광역시 군 포함)	6,000	2,000

수도권 과밀억제권역

* 서울특별시, 의정부시, 구리시, 하남시, 고양시, 수원시, 성남시, 안양시, 부천시, 광명시, 과천시, 의왕시, 군포시, 시흥시(반월특수지역은 제외한다)
* 인천광역시(강화군, 옹진군, 서구 대곡동·불로동·마전동·금곡동·오류동·왕길동·당하동·원당동, 인천경제자유구역 및 남동 국가산업단지는 제외한다)
* 남양주시(호평동, 평내동, 금곡동, 일패동, 이패동, 삼패동, 가운동, 수석동, 지금동 및 도농동만 해당한다)

과밀억제권역, 성장관리권역 및 자연보전권역의 범위(제9조 관련)

과밀억제권역	성장관리권역	자연보전권역
1. 서울특별시 2. 인천광역시[강화군, 옹진군, 서구 대곡동·불로동·마전동·금곡동·오류동·왕길동·당하동·원당동, 인천경제자유구역(경제자유구역에서 해제된 지역을 포함한다) 및 남동 국가산업단지는 제외한다] 3. 의정부시 4. 구리시 5. 남양주시(호평동, 평내동, 금곡동, 일패동, 이패동, 삼패동, 가운동, 수석동, 지금동 및 도농동만 해당한다) 6. 하남시 7. 고양시 8. 수원시 9. 성남시 10. 안양시 11. 부천시 12. 광명시 13. 과천시 14. 의왕시 15. 군포시 16. 시흥시[반월특수지역(반월특수지역에서 해제된 지역을 포함한다)은 제외한다]	1. 인천광역시[강화군, 옹진군, 서구 대곡동·불로동·마전동·금곡동·오류동·왕길동·당하동·원당동, 인천경제자유구역(경제자유구역에서 해제된 지역을 포함한다) 및 남동 국가산업단지만 해당한다] 2. 동두천시 3. 안산시 4. 오산시 5. 평택시 6. 파주시 7. 남양주시(별내동, 와부읍, 진전읍, 별내면, 퇴계원면, 진건읍 및 오남읍만 해당한다) 8. 용인시(신갈동, 하갈동, 영덕동, 구갈동, 상갈동, 보라동, 지곡동, 공세동, 고매동, 농서동, 서천동, 연남동, 청덕동, 마북동, 동백동, 중동, 상하동, 보정동, 풍덕천동, 신봉동, 죽전동, 동천동, 고기동, 상현동, 성복동, 남사면, 이동면 및 원삼면 목신리·죽릉리·학일리·독성리·고당리·문촌리만 해당한다) 9. 연천군 10. 포천시 11. 양주시 12. 김포시 13. 화성시 14. 안성시(가사동, 가현동, 명륜동, 숭인동, 봉남동, 구포동, 동본동, 영동, 봉산동, 성남동, 창전동, 낙원동, 옥천동, 현수동, 발화동, 옥산동, 석정동, 서인동, 인지동, 아양동, 신흥동, 도기동, 계동, 중리동, 사곡동, 금석동, 당왕동, 신모산동, 신소현동, 신건지동, 금산동, 연지동, 대천동, 대덕면, 미양면, 공도읍, 원곡면, 보개면, 금광면, 서운면, 양성면, 고삼면, 죽산면 두교리·당목리·칠장리 및 삼죽면 마전리·미장리·진촌리·기솔리·내강리만 해당한다) 15. 시흥시 중 반월특수지역(반월특수지역에서 해제된 지역을 포함한다)	1. 이천시 2. 남양주시(화도읍, 수동면 및 조안면만 해당한다) 3. 용인시(김량장동, 남동, 역북동, 삼가동, 유방동, 고림동, 마평동, 운학동, 호동, 해곡동, 포곡읍, 모현면, 백암면, 양지면 및 원삼면 가재월리·사암리·미평리·좌항리·맹리·두창리만 해당한다) 4. 가평군 5. 양평군 6. 여주시 7. 광주시 8. 안성시(일죽면, 죽산면 죽산리·용설리·장계리·매산리·장릉리·장원리·두현리 및 삼죽면 용월리·덕산리·율곡리·내장리·배태리만 해당한다)

■ 주택임대차보호법

제8조(보증금 중 일정액의 보호) ① 임차인은 보증금 중 일정액을 다른 담보물권자(擔保物權者)보다 우선하여 변제받을 권리가 있다. 이 경우 임차인은 주택에 대한 경매신청의 등기 전에 제3조제1항의 요건을 갖추어야 한다.
② 제1항의 경우에는 제3조의2제4항부터 제6항까지의 규정을 준용한다.
③ 제1항에 따라 우선변제를 받을 임차인 및 보증금 중 일정액의 범위와 기준은 제8조의2에 따른 주택임대차위원회의 심의를 거쳐 대통령령으로 정한다. 다만, 보증금 중 일정액의 범위와 기준은 주택가액(대지의 가액을 포함한다)의 2분의 1을 넘지 못한다. <개정 2009. 5. 8.>

■ 주택임대차보호법 시행령

제10조(보증금 중 일정액의 범위 등) ① 법 제8조에 따라 우선변제를 받을 보증금 중 일정액의 범위는 다음 각 호의 구분에 의한 금액 이하로 한다.

1. 서울특별시: 5천만원
2. 「수도권정비계획법」에 따른 과밀억제권역(서울특별시는 제외한다), 세종특별자치시, 용인시, 화성시 및 김포시: 4천300만원
3. 광역시(「수도권정비계획법」에 따른 과밀억제권역에 포함된 지역과 군지역은 제외한다), 안산시, 광주시, 파주시, 이천시 및 평택시: 2천300만원
4. 그 밖의 지역: 2천만원
② 임차인의 보증금 중 일정액이 주택가액의 2분의 1을 초과하는 경우에는 주택가액의 2분의 1에 해당하는 금액까지만 우선변제권이 있다.

제11조(우선변제를 받을 임차인의 범위) 법 제8조에 따라 우선변제를 받을 임차인은 보증금이 다음 각 호의 구분에 의한 금액 이하인 임차인으로 한다. <개정 2010. 7. 21., 2013. 12. 30., 2016. 3. 31., 2018. 9. 18., 2021. 5. 11.>
1. 서울특별시: 1억5천만원
2. 「수도권정비계획법」에 따른 과밀억제권역(서울특별시는 제외한다), 세종특별자치시, 용인시, 화성시 및 김포시: 1억3천만원
3. 광역시(「수도권정비계획법」에 따른 과밀억제권역에 포함된 지역과 군지역은 제외한다), 안산시, 광주시, 파주시, 이천시 및 평택시: 7천만원
4. 그 밖의 지역: 6천만원

14강 상가임대차보호법

1. 적용범위

- 이 법은 상가건물(부가가치세법, 소득세법, 법인세법의 규정에 의해 사업자 등록의 대상이 되는 건물)의 임대차에 적용한다,
- 단, 보증금이 대통령령이 정하는 보증금액을 초과하는 임대차에는 적용하지 아니한다

상가건물임대차보호법 작용 보증금액 (시행령 제2조)
    ①보증금액이 서울은 9억원 이하,
    ②수도권중 과밀억제권역, 부산은 6억9천만 원 이하,
    ③광역시와 세종, 파주, 화성,안산, 용인 김포 광주시는 5억4천만 원,
    ④그 밖의 지역은 3억7천만

사업자 등록 대상 건물 + 보증금액 일정 범위

1) 상가건물에 대한 임대차

　상가건물임대차보호법의 적용대상이 되는 건물은 사업용 내지 영업용 건물이어야 하고, 비사업용 내지 비영업용 건물은 적용되지 않는다.
　종중이나 동창회사무실, 교회등의 건물임대차는 상가건물임대차보호법의 적용되지 않는다.
　임차한 건물의 전체가 영업용으로 사용되는 경우는 물론, 주된 부분을 영업용으로 사용하는 경우에도 적용된다.

2) 보증금액의 일정액

주택임대차와 달리 상가건물임대차는 임차보증금의 제한이 있다.

또한 차임이 있는 경우 월 단위의 차임액으로 하며, 차임에 100을 곱한 환산금액 (보증금 + 월차임 X 100) 이 적용 여부 기준이 된다.

◆ 차임 환산시 부가가치세의 포함여부◆

차임 환산시 부가가치세가 포함되느냐는 사안에 따라 다르다.

① 인정되지 않는 경우

임대차계약서에 '부가가치세 별도' 라는 기재가 있는 경우에는 차임의 범위가 분명하므로 부가가치세가 포함되지 않는다.

② 인정되는 경우

임대차계약서에 부가가치세에 대한 언급이 없는 경우 부가가치세를 포함하여 환산보증금을 산정해야 한다.

건물명도

[수원지법 2009.4.29, 선고, 2008나27056, 판결 : 확정]

【판시사항】

임차인이 부담하기로 한 부가가치세액이 상가건물 임대차보호법 제2조 제2항에 정한 '차임'에 포함되는지 여부(소극)

【판결요지】

임차인이 부담하기로 한 부가가치세액이 상가건물 임대차보호법 제2조 제2항에 정한 '차임'에 포함되는지 여부에 관하여 보건대, 부가가치세법 제2조, 제13조, 제15조에 의하면 임차인에게 상가건물을 임대함으로써 임대용역을 공급하고 차임을 지급받는 임대사업자는 과세관청을 대신하여 임차인으로부터 부가가치세를 징수하여 이를 국가에 납부할 의무가 있는바, 임대차계약의 당사자들이 차임을 정하면서 '부가세 별도'라는 약정을 하였다면 특별한 사정이 없는 한 임대용역에 관한 부가가치세의 납부의무자가 임차인이라는 점, 약정한 차임에 위 부가가치세액이 포함된 것은 아니라는 점, 나아가 임대인이 임차인으로부터 위 부가가치세액을 별도로 거래징수할 것이라는 점 등을 확인하는 의미로 해석함이 상당하고, 임대인과 임차인이 이러한 약정을 하였다고 하여 정해진 차임 외에 위 부가가치세액을 상가건물 임대차보호법 제2조 제2항에 정한 '차임'에 포함시킬 이유는 없다.

> ◆ 권리금 ◆
>
> 거래관행상 권리금은 대부분 기존임차인과 새로운 임차인 사이에 수수되는 것이므로, 임대인과 임차인의 권리, 의무관계를 규율하는 상가건물임대차보호법의 적용 대상이 아니다.

2. 대항력

1) 대항요건

상가건물의 인도 + 사업자등록의 신청

상가건물 임차인이 이 법 시행일인 2002.11.01. 이전에 대항력 요건을 갖춘 경우에는 이 법 시행일인 2002.11.01.부터 대항력을 취득한 것으로 본다. 그러나 이 법 시행 전에 이미 물권의 취득한 제3자에 대하여는 대항력을 주장하지 못한다.

대항력에서 주의할 점은 임대차계약서의 내용과 사업자등록사항이 일치해야 할 뿐 아니라 임대차목적물이 등기부등본과 일치해야 한다.

2) 상가건물의 인도

주택임대차보호법의 주택의 인도와 같이 현실인도는 물론 간이인도, 점유개정에 의한 인도 그리고 목적물 반환 청구권에 의한 인도 등도 포함된다.

3) 사업자 등록

사업자등록이라 함은 과세업무를 효율적으로 처리하고 납세의무자자의 동태를 정확히 파악하기 위하여 납세의무자의 사업에 관한 일련의 사항을 사업장 관할 세무서 사업자등록부에 등재하는 것을 말한다.

사업자등록에 관한 규정을 두고 있는 법률은 부가가치세법, 소득세법, 법인세법이 있다.

서울 강남구에 본점이 있는 A 상사가 안성의 물류창고를 임차했다.

Q. A 상사는 사업자등록을 안성세무서에 등록해야 하는가? 아니면 강남세무서에 등록된 사업자등로만으로 유효한가?

사업자등록은 각 사업장마다 해야 한다. 즉 물류창고 사업자 등록지 관할 세무서인 안성세무서에 사업자등록을 해야 A 상사는 매수인에게 대항력을 주장할 수 있다.

4) 대항력 발생시기

가. 발생시기

임차인이 건물의 인도와 부가가치세법, 소득세법, 법인세법의 규정에 의한 사업자등록을 신청하면다음날부터 대항력이 생긴다.

나. 존속요건
주택임대차보호법과 마찬가지로 사업자등록이 말소, 변경되지 않고 유지되어야 한다. 사업종류의 변경은 대항력의 존속에 영향을 미치지 않으나 소재지, 사업자의 변경은 대항력에 영향을 미쳐 대항력을 상실할 수 있다.

3. 우선변제권

- 대항력 요건을 갖출 것
- 확정일자를 갖출 것

- 배당요구를 할 것

대항력 요건을 갖추고 관할세무서장으로부터 임대차계약서에 확정일자를 받은 임차인은 경매 또는 공매시 임차건물이 환가대금에서 후순위권리자 또는 그 밖의 채권자보다 먼저 보증금을 변제 받는다.

4. 최우선 변제금

가. 최우선변제권 요건

- 보증금이 소액일 것
- 경매기입 등기 전 대항력 요건을 갖출 것
- 배당요구를 할 것

◆ 상가건물 소액임차인 최우선 변제액 ◆

담보물권설정일	지 역	보호법 적용대상	보증금의 범위(이하)	최우선변제액
2002. 11. 1 ~ 2008. 8. 20	서울특별시	2억 4천만원 이하	4,500만원	1,350만원 까지
	과밀억제권역 (서울특별시 제외)	1억 9천만원 이하	3,900만원	1,170만원 까지
	광역시 (군지역 및 인천광역시 제외)	1억 5천만원 이하	3,000만원	900만원 까지
	기타지역	1억 4천만원 이하	2,500만원	750만원 까지
2008. 8. 21 ~ 2010. 7. 25	서울특별시	2억 6천만원 이하	4,500만원	1,350만원 까지
	과밀억제권역 (서울특별시 제외)	2억 1천만원 이하	3,900만원	1,170만원 까지
	광역시 (군지역 및 인천광역시 제외)	1억 6천만원 이하	3,000만원	900만원 까지
	기타지역	1억 5천만원 이하	2,500만원	750만원 까지
2010. 7. 26 ~ 2013. 12. 31	서울특별시	3억원 이하	5,000만원	1,500만원 까지
	과밀억제권역 (서울특별시 제외)	2억 5천만원 이하	4,500만원	1,350만원 까지
	광역시 (수도권정비계획에 따른 과밀억제권역에 포함된 지역과 군지역은 제외한다.) 안산시, 용인시, 김포시,	1억 8천만원 이하	3,000만원	900만원 까지

기간	지역	보증금	우선변제	
	광주시 기타지역	1억 5천만원 이하	2,500만원	750만원 까지
	서울특별시	4억원 이하	6,500만원	2,200만원 까지
	과밀억제권역 (서울특별시 제외)	3억원 이하	5,500만원	1,900만원 까지
2014. 1. 1~	광역시 (수도권정비계획법에 따른 과밀억제권역에 포함된 지역과 군지역은 제외한다.) 안산시, 용인시, 김포시, 광주시	2억 4천만원 이하	3,800만원	1,300만원 까지
	기타지역	1억 8천만원 이하	3,000만원	1,000만원 까지

시행령 제6조(우선변제 받을 임차인 범위)

보증금과 월세를 환산한 금액이

　　① 서울　6천500만 원 이하 보증금월세,

　　② 과밀억제권역 5천500만 원 ,

　　③ 광역시 안산, 용인, 김포, 광주시의 경우 3천8백만 원 ,

　　④ 그 밖의 지역 3천만 원

5. 상가건물임대차보호법의 임대차기간 (법제9조)

① 기간을 정하지 않거나 1년 미만으로 정한 임대차 기간은 1년으로 본다.
단, 임차인이 1년 미만으로 정한 기간이 유효함을 주장할 수 있다.
② 임대차가 종료한 경우에도 임차인이 보증금을 돌려받을 때 까지는 임대차 관계는 존속한 것으로 본다.

6. 계약갱신 요구 (법제10조)

① 임대인은 임차인이 임대차 기간이 만료되기 6개월 전부터 1개월 전 까지 사이에 계약갱신을 요구할 경우 정당한 사유 없이 거절하지 못한다.

임대인이 정당한 사유로 거절할 수 있는 경우

1. 임차인이 3기의 차임액에 해당하는 금액에 이르도록 연체하였을 경우

2. 임차인이 거짓이나 그 밖의 부정한 방법으로 임차인 경우

3. 서로 합의하여 임대인이 임차인에게 상당한 보상을 제공한 경우

4. 임차인이 임대인의 동의 없이 전부 또는 일부를 전대한 경우

5. 임차인이 건물의 전부 또는 일부를 고의나 중대한 과실로 파손한 경우

6. 임차물 전부 또는 일부가 멸실되어 임대차 목적으로 사용이 어려운 경우

7. 임대인이 아래 사유로 전부 또는 대부분을 철거하거나 재건축할 경우

   가. 임대차계약 할 당시 공사시기 기간을 포함한 철거 재건축 계획을 구체적으로 고지하고 그 계획을 실행할 경우

   나. 건물이 노후 훼손 또는 일부 멸실되는 등 안전사고의 우려

   다. 다른 법에 의해 철거 또는 재건축이 이루어지는 경우

8. 위 외에 임차인의 의무를 위반한 중대한 사유 있는 경우

임차인의 계약갱신요구 기간 (법제10조2항)

임차인의 계약갱신요구권은 최초의 임대차 기간을 포함한 전체의 임대차 기간이 10년을 초과하지 아니하는 범위에서만 행사할 수 있다.

(2018. 10. 16. 개정)

차임의 증액청구의 기준 (시행령 제4조)

청구당시의 차임 또는 보증금의 100분의 5를 초과하지 못한다.

7. 상가건물임대차보호법 쟁점

1) 주택임대차보호법과 상가건물임대차보호법의 혼용

임차 건물의 일부는 주거용으로, 일부는 상가로 사용하면서 주민등록과 사업자등록이 모두 되어 있는 경우, 주택임대차인가 아니면 상가건물임대차인가?

양 법률을 규율하는 언급이 없어 구체적인 사안에 따라 적용해야 한다. 어느 법률이 적용이 임차인의 권리보호에 보다 유리한지 따져 적용해 볼 수 있다.

2) 사업자 등록의 유효여부

가. 적법한 사업자 등록

임차인이 적법하게 사업자등록에 필요한 서류를 갖추어 신청하였으나 관할 세무서장이 이를 수리하지 않은 경우, 최초 신청시에 사업자등록 신청이 있었던 것으로 본다.

나. 부적법한 사업자 등록

사업자 등록에 필요한 요건을 갖추지 못하여 관할 세무서장이 그 신청을 거부 또는 반려하거나 보완을 명하는 경우, 그 요건을 갖추어 재신청 하거나 보완을 한 때에 사업자 등록이 있는 것으로 본다.

다. 사업자등록의 직권말소

직권말소된 때부터 사업자등록의 효력은 상실한다. 직권말소처분이 부적법하여 관할 세무서장이 위 말소처분을 철회하거나, 취소소송에 의해 위 처분이 취소된 때는 소급효를 인정하여 처음부터 사업자등록이 유효하게 존속한 것으로 본다.

라. 사업을 폐지 했으나 사업자등록은 말소하지 않은 경우

사업을 폐지한 경우는 이미 사업자의 지위를 상실하였다 할 것이므로, 사업자등록이 형식적으로 존속한다 하더라도 대항력은 인정되지 않는다.

3) 이해관계인의 사업자등록 열람

이해관계인은 임차인의 성명, 주소, 주민등록번호, 건물의 소재지, 임차목적물 및 면적, 임차보증금 및 차임, 임차기간, 사업자등록 신청을 등을 열람할 수 있다.

상가건물임대차 보호법 제4조 (등록사항 등의 열람, 제공)

① 건물의 임대차에 이해관계가 있는 자는 건물의 소재지 관할 세무서장에게 다음 각 호의 사항의 열람 또는 제공을 요청할 수 있다. 이때 관할 세무서장은 정당한 사유 없이 이를 거부할 수 없다.

1. 임대인·임차인의 성명, 주소, 주민등록번호(임대인·임차인이 법인이거나 법인 아닌 단체인 경우에는 법인명 또는 단체명, 대표자, 법인등록번호, 본점·사업장 소재지)
2. 건물의 소재지, 임대차 목적물 및 면적
3. 사업자등록 신청일
4. 사업자등록 신청일 당시의 보증금 및 차임, 임대차기간
5. 임대차계약서상의 확정일자를 받은 날
6. 임대차계약이 변경되거나 갱신된 경우에는 변경·갱신된 날짜, 보증금 및 차임, 임대차기간, 새로운 확정일자를 받은 날
7. 그 밖에 대통령령으로 정하는 사항

가. 임차인, 임대인 및 소유자

나. 상가건물에 대한 권리를 취득하고자 하는 자

임차건물을 매수하려는 자와 담보권을 취득하고자 하는 자는 입증할수 있는 서류를 첨부하면 된다.

다. 경매절차의 이해관계인

부동산 경매 절차의 이해관계인은 압류채권자와 집행력 있는 정본에 의하여 배당요구한 채권자 , 채무자 및 소유자, 등기부에 기입된 부동산 위의 권리자, 부동산 위의 권리자로서 그 권리를 증명한 사람이다.
단, 매수희망자는 이해관계인에 해당되지 않아 사업자등록을 열람할 수 없다.

4) 사업자등록의 적법 여부 판단 기준

가. 부동산등기부와 임대차계약서

임대차계약서가 사업자등록의 첨부서류로써 공시되므로 임대차계약서상 목적물의 표시가 등기부등본과 일치해야 대항력이 발생한다.

나. 사업자등록신청서와 임대차계약서

상가건물임대차보호법 제3조 1항은 "임차인이 건물의 인도와 부가가치세법 제4조, 소득세법 제168조 또는 법인세법 111조의 규정에 의한 사업자등록을 신청한 때에는 그 다음 날부터 제3자에 대하여 효력이 생긴다." 라고 규정하고 있으므로 사업자등록인과 임차인이 동일인이 아니면 대항력이 발생하지 않는다.

다. 임대차계약서와 도면

임대차계약서에 기재된 건물의 표시와 도면에 표시된 임차목적물의 표시가
그 위치 및 면적에 있어서 다른 경우가 있다.
이때에는 임대차계약서와 도면을 비교하여
그 범위가 더 작은 쪽을 임차목적물로 판단한다.

① 원칙

: 사업자등록신청서에 해당 부분의 도면을 첨부해야 법의 적용을 받을 수 있다.

② 예외

: 일반 사회통념상 사업자등록의 도면이 없어도 제3자가 해당 임차인이 임차한 부분이 어디인지 객관적으로 명백히 인식할 수 있을 정도로 특정되어 있는 경우 법의 적용이 가능하다.

라. 임차인과 사업자등록명의인 다름

 상가건물임대차보호법은 임차인과 사업자등록인이 동일인일 것을 요건으로 하고 있으므로 임차인인 사업자가 타인 경의로 사업자등록을 한 경우 대항력이 인정되지 않는다.
 단, 부부 중 1인이 사업자등록명의인이고 1인은 임대차계약서상에 임차인으로 기재되어 있는 경우 사업자등록 신청시에 임차인과 사업자등록인 사이의 관계를 소명(주민등록등본이나 호적등본)하도록 한 후 대항력을 인정할 수 있다.

마. 임대차계약서와 지번

 주택임대차보호법은 주민등록에 의해 당해 지번에 임차인이 거주하는지 여부를 판단한다. 따라서 임대차계약서 상의 지번 기재가 부정확하더라도 주민등록이 정확하면 된다.

 그러나 상가건물임대차보호법은 사업자등록이 주민등록을 대신하여
공시방법으로서의 역할을 담당하고 사업자등록에 있어 주소는 임대차계약서를 원용하게 된다.

 결국 임대차계약서상의 지번이 공시의 유효여부를 판단하는 기준이 된다. 임대차계약서 상의 지번이 등기부상의 지번과 불일치하면 대항력이 성립하지 않는다.

5) 구분건물을 통합하여 하나의 상가로 사용하는 경우

상가건물의 한 층에 각각 10개호의 호실이 있다. 한 층을 통째로 계약해서 임차보증금이 환산보증금을 초과하는 경우, 또는 2~3개 호를 점유하고 있지만 역시 임차보증금이 환산보증금을 초과하는 경우가 있다.

Q. 이런 경우 임차인의 대항력 유무는 보증금을 1개 호실로 안분하여 적용받는가?
아니면 임대차계약서 대로 전체를 1개 호실로 보고 적용받는가?

이 경우 두 가지 경우의 수로 해석할 수 있다.

첫째, 10개 호수가 독립하여 구분등기가 된 건물을 임대인이 통합하여 하나의 상가로 개조하여 계약서를 작성한 경우이다.

이 경우 구분등기에 따라 호수별로 임대차약서를 하면 법의 보호를 받을 수 있는데, 단지 계약서를 하나로 작성했다는 이유만으로 임대차를 부정하면 가혹하다는 견해가 있고, 상가건물임대차보호법 입법취지 등을 감안해 배제해야 한다는 견해가 있다. 그러나 실무에서는 배제가 다수이다.

둘째 구분상가 소유자가 각각 다르고 계약도 개별적으로 한 경우, 예를 들면 임차인이 이를 통합하여 대형 마트나 헬스 장 등 하나의 상가로 사용하는 경우에는 상가건물임대차보호법이 적용된다.

즉 임차인이 법의 보호를 받으려면 구분등기된 호수별로 임대차계약을 체결해야 한다.

6) 소유권 양도시 임대인과 임대차계약 새로 체결시 대항력

임차인이 대항력(2010.07.22. 사업)과 우선변제권(2010.07.22. 확정)을 취득한 후에 임차건물의 소유권이 제3자에게 양도된 경우(2010.09.28.), 임차인은 새로운 소유자에게 대항력과 우선변제권을 주장할 수 있다.

그런데 임차인이 새로운 소유자와 종전 임대차계약의 효력을 소멸시키려는 의사로 임대차계약을 새로 작성하면 (2010.09.29. 사업 , 확정), 종전 임대차계약은 그 효력을 상실하여 종전 임대차계약에 터잡은 대항력과 우선변제권은 소멸한다.

따라서 임차인은 새로운 소유자 (2010.09.28.일 근저당)에게 대항력과 우선변제권을 주장할 수 없다.

> 된장찌개 식당을 운영하는 최씨는 바뀐 상가 주인의 솔깃한 제안에 마음이 흔들렸다.
> 기존 임차보증금 1억 4,000만원을 그대로 유지할 뿐만 아니라 권리금 6,000만원도 인정해주겠다는 제안 때문이다.
> 대신 건물주가 은행 대출을 최대한 받을 수 있도록 새로 임대차를 계약하자는 조건이다.
> 고민 끝에 최씨는 건물주의 제안을 받아들여 계약서를 새로 작성하고
> 세무서에 사업자등록과 확정일자도 받았다.
> 그러나 기쁨은 채 9개월을 넘기지 못했다. 경매가 진행된 것이다.
> 최씨는 1억4,000만원의 보증금 중 약 240만원만 배당받았다.
> 결국 최씨는 권리금 6,000만원도 잃고 보증금 1억 3,760만원도 날렸다.

대법원 2013.12.12. 선고 2013다.211919 판결 [배당이의][공2014상,177]

【판시사항】

임차인이 상가건물임대차보호법상의 대항력 또는 우선변제권 등을 취득한 후에 목적물의 소유권이 제3자에게 양도된 다음 새로운 소유자와 임차인이 종전 임대차계약의 효력을 소멸시키려는 의사로 별개의 임대차계약을 새로이 체결한 경우, 임차인이 종전 임대차계약을 기초로 발생하였던 대항력 또는 우선변제권 등을 새로운 소유자 등에게 주장할 수 있는지 여부(원칙적 소극)

【판결요지】

어떠한 목적물에 관하여 임차인이 상가건물임대차보호법상의 대항력 또는 우선변제권 등을 취득한 후에 그 목적물의 소유권이 제3자에게 양도되면 임차인은 그 새로운 소유자에 대하여 자신의 임차권으로 대항할 수 있고, 새로운 소유자는 종전 소유자의 임대인으로서의 지위를 승계한다.(상가건물임대차보호법 제3조 제1항, 제2항, 제5조 제2항 등 참조) 그러나 임차권의 대항 등을 받는 새로운 소유자라고 할지라도 임차인과의 계약에 기하여 그들 사이의 법률관계를 그들의 의사에 좇아 자유롭게 형성할 수 있는 것이다. 따라서 새로운 소유자와 임차인이 동일한 목적물에 관하여 종전 임대차계약의 효력을 소멸시키려는 의사로 그와는 별개의 임대차계약을 새로이 체결하여 그들 사이의 법률관계가 이 새로운 계약에 의하여 규율되는 것으로 정할 수 있다. 그리고 그 경우에는 종전의 임대차계약은 그와 같은 합의의 결과로 그 효력을 상실하게 되므로, 다른 특별한 사정이 없는 한 이제 종전의 임대차계약을 기초로 발생하였던 대항력 또는 우선변제권 등도 종전 임대차계약과 함께 소멸하여 이를 새로운 소유자 등에게 주장할 수 없다고 할 것이다.

10. 상가건물임대차보호법상 소액최우선변제금

주택임대차와 마찬가지로 상가임대차의 경우에도 지역별로 정해진 금액 이하의 임차인에 대해 특정된 금액만큼 소액최우선변제금이 인정된다. 과밀억제권역은 제 13강-9. 주택임대차보호법상 소액임차인 최우선변제금 파트를 참고하기 바란다.

상가건물임대차보호법 시행령 (19. 4. 2.부터 현재 ~)

제2조(적용범위)

① 「상가건물 임대차보호법」(이하 "법"이라 한다) 제2조제1항 단서에서 "대통령령으로 정하는 보증금액"이란 다음 각 호의 구분에 의한 금액을 말한다.<개정 2008. 8. 21., 2010. 7. 21., 2013. 12. 30., 2018. 1. 26., 2019. 4. 2.>

1. 서울특별시 : 9억원
2. 「수도권정비계획법」에 따른 과밀억제권역(서울특별시는 제외한다) 및 부산광역시:
   6억9천만원
3. 광역시(「수도권정비계획법」에 따른 과밀억제권역에 포함된 지역과 군지역, 부산광역   시는 제외한다), 세종특별자치시, 파주시, 화성시, 안산시, 용인시, 김포시 및 광주시:
   5억4천만원
4. 그 밖의 지역 : 3억7천만원
② 법 제2조제2항의 규정에 의하여 보증금외에 차임이 있는 경우의 차임액은 월 단위의 차임액으로 한다.
③ 법 제2조제2항에서 "대통령령으로 정하는 비율"이라 함은 1분의 100을 말한다.<개정 2010. 7. 21.>

제6조(우선변제를 받을 임차인의 범위)

법 제14조의 규정에 의하여 우선변제를 받을 임차인은 보증금과 차임이 있는 경우 법 제2조제2항의 규정에 의하여 환산한 금액의 합계가 다음 각호의 구분에 의한 금액 이하인 임차인으로 한다.

1. 서울특별시 : 6천500만원
2. 「수도권정비계획법」에 따른 과밀억제권역(서울특별시는 제외한다): 5천500만원
3. 광역시(「수도권정비계획법」에 따른 과밀억제권역에 포함된 지역과 군지역은 제외한다), 안산시, 용인시, 김포시 및 광주시: 3천8백만원
4. 그 밖의 지역 : 3천만원

소액임차금 범위표

주거용	상가용			단위: 만원
기준일	지역	적용대상	환산보증금	최우선변제액
2002.11.01 ~ 2008.08.20	서울특별시	2억 4천	4,500	1,350
	과밀억제권역	1억 9천	3,900	1,170
	광역시 (군지역 및 인천광역시 제외)	1억 5천	3,000	900
	그 밖의 지역	1억 4천	2,500	750
2008.08.21 ~ 2010.07.25	서울특별시	2억 6천	4,500	1,350
	과밀억제권역	2억 1천	3,900	1,170
	광역시 (군지역 및 인천광역시 제외)	1억 6천	3,000	900
	그 밖의 지역	1억 5천	2,500	750
2010.07.26 ~ 2013.12.31	서울특별시	3억원	5,000	1,500
	수도권 과밀억제권역	2억 5천	4,500	1,350
	광역시(수도권정비계획법에 따른 과밀억제권역에 포함된 지역과 군지역 제외), 안산,용인,김포,광주시 포함	1억 8천	3,000	900
	그 밖의 지역	1억 5천	2,500	750
2014.01.01 ~ 2018.01.25	서울특별시	4억원	6,500	2,200
	수도권 과밀억제권역	3억원	5,500	1,900
	광역시(수도권정비계획법에 따른 과밀억제권역에 포함된 지역과 군지역 제외), 안산,용인,김포,광주시 포함	2억 4천	3,800	1,300
	그 밖의 지역	1억 8천	3,000	1,000

	서울특별시	9억원	6,500	2,200
	수도권 과밀억제권역(서울특별시 제외)	6억 9천	5,500	1,900
	부산광역시(기장군 제외)	6억 9천	3,800	1,300
2019.04.02 ~	부산광역시(기장군)	6억 9천	3,000	1,000
	광역시(수도권정비계획법에 따른 과밀억제권역에 포함된 지역과 군지역, 부산광역시는 제외), 경기안산,용인,김포,광주 포함	5억 4천	3,800	1,300
	세종특별자치시, 파주시, 화성시	5억 4천	3,000	1,000
	그 밖의 지역	3억 7천	3,000	1,000

· 환산보증금 : 보증금 + (월세 x 100)

수도권 과밀억제권역

* 서울특별시, 의정부시, 구리시, 하남시, 고양시, 수원시, 성남시, 안양시, 부천시, 광명시, 과천시, 의왕시, 군포시,시흥시(반월특수지역은 제외한다)
* 인천광역시(강화군, 옹진군, 서구 대곡동·불로동·마전동·금곡동·오류동·왕길동·당하동·원당동, 인천경제자유구역 및 남동 국가산업단지는 제외한다)
* 남양주시(호평동, 평내동, 금곡동, 일패동, 이패동, 삼패동, 가운동, 수석동, 지금동 및 도농동만 해당한다)

	서울특별시	6억 1천	6,500	2,200
	수도권 과밀억제권역(서울특별시 제외)	5억원	5,500	1,900
	부산광역시(기장군 제외)	5억원	3,800	1,300
2018.01.26 ~ 2019.04.01	부산광역시(기장군)	5억원	3,000	1,000
	광역시(수도권정비계획법에 따른 과밀억제권역에 포함된 지역과 군지역, 부산광역시는 제외), 경기안산,용인,김포,광주 포함	3억 9천	3,800	1,300
	세종특별자치시, 파주시, 화성시	3억 9천	3,000	1,000
	그 밖의 지역	2억 7천	3,000	1,000

▣ 사례 탐구: 화성 능동 오피스텔상가

학습	5.10.	관리	755	입찰	5.13. 70%
사건	21-5026(1)	소재	화성 능동 동탄헤리움 104호		
물건	오피상가	건물	15평	토지	대지권
감정	21.5. 17년보존	100%	7.2억	70%	5억 6백
장단점	일상, 보3천 170만 , 보증금 3천인수, 영업선호지역여부,				
주요점	추후 영업가능여부 조사,				

소 재 지	경기 화성시 능동 1065-1 동탄헤리움 1층 104호 (18423)경기 화성시 동탄하나1길 61		
용 도	오피스텔(상가)	감 정 가	723,000,000
토 지 면 적	14.3㎡ (4.3평)	최 저 가	506,100,000 (70%)
건 물 면 적	49㎡ (15평)	보 증 금	50,610,000 (10%)
경 매 구 분	임의경매	소 유 자	최광신
청 구 액	400,745,873	채 무 자	최광신
채 권 자	안산중앙신협		

임차인/대항력		점유현황	전입/확정/배당	보증금/월세	예상배당액 예상인수액	인수
이한나	有	[점포/전부] 전부 현황조사점유:2018.11.13- 2021.05.12 점유2018.10.25-2021.4.25	사업 2018-11-12 배당 2021-06-10	보 30,000,000 월 1,700,000 환산 200,000,000	- 30,000,000	인 수

※ 대항력 있는 임차인

상가임대차보호법상 대항력(입점과 사업자등록)을 갖춘 선순위 임차인(이한나)이 있는데 (강제집행법상 대항요건), 보증금이 3,000만원(월차임 170만원)이라고 배당요구신청을 했지만, 소액최우선변제 대상도 아니고, 확정일자가 없어서 우선변제(배당)를 받을 수 없다(강제집행법상 대항력없다).

대항력이 있다면, 물권으로서 우선변제 배당 받지만, 대항요건만 갖춘 선순위임차인으로서 배당신청하였으나, 선순위자로서의 지위에서 배당은 받지 못하고, 매수인이 임차보증금 3,000만원을 인수해야 한다(매각물건명세서 참고).

주택임대차보호법과 상가건물임대차보호법 비교

구분	주택임대차보호법	상가임대차보호법
보호법 적용대상	- 주거용건물전부.일부임대차 - 주택일부를 주거외 목적으로 사용하는 경우에도 적용	- 상가 임대차로 일정보증금액 이내 (서울:3억원 이하 / 수도권과밀지역:2억5천만원 광역시:1억8천만원 /기타지역 :1억5천만원
	- 제외 : 주공,지방공사외 법인임차인 - 주택의 인도와 주민등록 신고 다음날 (계속거주.임차인외 가족거주도 인정)	- 제외 : 비영업용건물 (종교,친목,자선단체) - 건물의 인도와 사업자등록 신청 다음날
제3자 대항력 (소액 보증금 최우선 변제액)	-서울특별시:7.500만원 이하-(2.500만원) -수도권 정비계획법에 따른과밀억제권역 (서울특별시는 제외한다.) : 6.500만원 이하 -(2.200만원 까지) -광역시:5.500만원이하-(1.900만원 까지) (수도권정비 계획법에따른 과밀억제권역 에 포함된 지역과 군지역은 제외한다. -기타지역:4천만원이하-(1.400만원 까지) ※1주택에 2이상 임차인이 가정공동생 활을 하는 경우 1인으로보아 보증금합산	보증금의 범위 -(최우선변제액) - 서울시 :5.000만원 이하-(1천500만원 까지) - 수도과밀권역:4.500만원이하-(1.350만원까지) - 광역시 : 3.000만원 이하-(900만원 까지) - 기타지역 : 2.500만원 이하-(750만원 까지) ※상가건물의 모든 임차인에대하여 적용되는 것이아니라 환산보증금 (보증금+월세환산액)이 해당지역별로 다음 금액이하인 경우에만 적용된다. {월세환산액 :월세 × 100} 예)기타지역 :보증금5,000만원+월세150만원 임대차는 보상못받는다. 왜? 5,000+(월세150×100%) 15,000만원 =2억으로 총보증금이 오버된다.

※우선변제금액 : 주택-1/2이내(예,경매가9천만원→4천5백만원 이내에서 임차인간
분배)

상가-1/3이내)예,경매가9천만원→3천만원 이내에서 임차인간 분배)

※보증금 산정:월차금×100(예:보2천만원,월10만원→2천만+1천만원=보증금3천만원)

보증금회수	- 대항력+확정일자(동사무소,등기소,공증사무소/세무서장에 임대차계약서 확인) - 상기조건을 갖추면 대상건물경매,공매시,환가대금(대지포함)에서 후순위권리자, 채권자 보다 우선하여 보증금을 변제 받을수 있음 (임대차등기와 유사 효력 인정)	
임대차기간	- 최단기간 2년 (임차인은 2년미만 주장)	- 최단기간 1년 (임차인 1년미만 주장)
계약갱신 요구권	- 임차인의 계약갱신 요구권 규정 없음	- 최장5년이내에서 계약갱신 요구가능 x기간만료 6~1월전에 신청 x3기차임 연체,건물파손,보상,무단전대 등 일정한 경우 임대인은 갱신요구 거절가능
묵시갱신 (종전과 동일 조건연장)	- 임대인 기간만료6~1개월까지 갱신 거절,조건변경을 통지하지 아니한 경우 - 임차인 기간만료 1월까지	- 임대인 기간만료 6~1월까지 갱신거절, 조건변경을 통지하지 아니한 경우 - 임차인에 대한 규정없음
	- 묵시 갱신의 경우 임차인은 언제든지 계약해지 통지가능함(3월경과 효력발생함)	
임차료 증감청구권	- 사정변경시 임대인,임차인은 5%이내 증감 청구가능함 (계약,증액후 1년경과)	- 사정변경시 임대인,임차인은 9%이내 증감 청구가능함 (계약,증액후 1년경과)
보증금을 월차금 변경	- 보증금 ×14%이내÷12개월	- 보증금 ×15%이내÷12개월
	예)주택보증금 9천만원,월10만원을 보증금 없이 전액 월차금으로 변경하는 경우 - 9천만원×14%÷12=1백5만원+10만원(기존 월차금) = 월 /115만원 이내	
기타사항	- 본 법과 다른약정으로 임차인에게 불리하면 무효,임대인에게 불리하면 유효 - 일시사용 임대차 적용안함,미등기 건물에도 적용 ,소액사건 심판법준용 - 임대차 종료후 보증금을 반환받지 못한 임차인은 관할법원에 임차권등기 명령신청 가능함	
시행기준일	[민법(임대차)에 대한 특별법(시행령2010.07.26개정)]	

	주택임대차 보호법	상가건물임대차 보호법
건물용도 적용범위	주거용 무허가, 미등기 건물도 적용	주된 부분이 영업용 사업자등록의 대상이 되는 건물
보증금의 범위	제한 없음	서울 ; 4억원 광역시(인천, 군 제외) ; 2억 4,000만원 안산, 용인, 김포 광주 기타지역 ; 1억 8천만원
최우선변제	매각가액의 ½	매각가액의 ½
확정일자 받는 기관	법원, 등기소, 공증인사무소 , 읍, 면 동 사무소	관할세무서
보호대상	자연인(법인은 일부 포함)	사업자등록을 한 개인 또는 법인
계약기간	2년	1년, 최장 5년 보장
임차료 인상	연 5%	연 9%
보증금 월세 전환 이율	10%	12%
계약해지사유	2회이상 차임 연체	3회 이상 차임 연체
임차권승계	사실혼 배우자 인정	승계제도 없음
임차권 등기	가능	가능
묵시적갱신 해지통고	3월 후 효력발생	3월 후 효력발생
최우선변제금액	서울 : 9천만원 / 3,000만원 광역시(인천, 군 제외) :8,000만원 / 2,700만 안산, 용인, 김포 광주 기타지역 ; 4,500만원 /1,500만	서울 : 6,500만 / 2,200만원 광역시(인천, 군 제외) : 5,500만원 / 1,900만 안산, 용인, 김포 광주 기타지역 : 3,000만원 /1,000만

상가임대차 보호법의 계약갱신요구권

<u>Q.</u>

제가 가지고 있는 상가건물이 노후화되어 고민 중에 개발업자가 개발을 하겠다고 제의하여 매각수순을 밟고 있습니다.

노후화 건물이라 세입자가 보증금 1,000만 원에 월 70만원을 납부하고 있어 수익률도 저조한 상태에서 마침 개발업자의 매입 의사 타진이 와서 매각하려는데, 세입자가 상가임대차보호법이 10년이라고 나가지 않겠다고 버티고 있는 상황입니다.

2년 단위로 재계약하여 한 번 갱신계약을 하였고, 두 번째 계약 기간 만료가 2021. 12. 30.입니다.

임차인은 버티고 안나가겠다고 하는데 그 해결책은 어떤 것이 있을까요?

<u>A.</u>

우선 상가임대차 보호법을 검토해 보면, 상가임대차 보호법은 최근 2020. 7. 31. 일부 개정되었고, 법 시행령은 2020. 12. 8. 타법개정으로 개정되었다. 이에 상가 임대차보호법의 적용대상과 우선변제금액을 알아보자.

1. 먼저 상가임대차보호법으로 보호받는 적용 범위를 살펴보면 다음과 같다.

시행령 제2조
①보증금액이 서울은 9억원 이하,
②수도권중 과밀억제권역, 부산은 6억9천만 원 이하,
③광역시와 세종, 파주, 화성,안산, 용인 김포 광주시는 5억4천만 원,
④그 밖의 지역은 3억7천만 원입니다.

예를 들어 수원의 상가의 보증금이 5천만 원－월세 200만 원인 경우

월세는 200만× 100배 = 2억 원 으로 환산하고,

2억+ 5천만 = 보증금이 2억5천만 원으로

상가임대차보호법의 보호 대상이다.

2. 또한 우선변제를 받을 수 있는 경우를 살펴보면 다음과 같다.

☞ 우선변제란?

경매등을 통하여 집행할 시, 임차인이 후순위라도 하여도 우선 보호 받을 수 있는 범위와 금액을 말한다.

시행령 제6조(우선변제 받을 임차인 범위)

보증금과 월세를 환산한 금액이

① 서울 6천500만 원 이하 보증금월세,

② 과밀억제권역 5천500만 원,

③ 광역시 안산, 용인, 김포, 광주시의 경우 3천8백만 원 ,

④ 그 밖의 지역 3천만 원이다.

예를 들면, 수원의 상가일 경우 보증금 2,000만원, 월세 100만원의 경우라면

월세100만×100= 1억원이고

보증금환산 2,000만+ 1억원= 1억2,000만원으로

후순위일 경우 우선변제를 받을 수 없다.

3. 상가임대차보호법의 임대차기간 (법제9조)

① 기간을 정하지 않거나 1년 미만으로 정한 임대차 기간은 1년으로 본다. 단, 임차인이 1년 미만으로 정한 기간이 유효함을 주장할 수 있다.

② 임대차가 종료한 경우에도 임차인이 보증금을 돌려 받을 때까지는 임대차 관계는 존속한 것으로 본다.

4. 계약갱신 요구 (법제10조)

임대인은 임차인이 임대차기간이 만료되기 6개월 전부터 1개월 전 까지 사이에 계약갱신을 요구할 경우 정당한 사유 없이 거절하지 못한다.

임대인이 정당한 사유로 거절할 수 있는 경우

1. 임차인이 3기의 차임액에 해당하는 금액에 이르도록 연체하였을 경우
2. 임차인이 거짓이나 그 밖의 부정한 방법으로 임차한 경우
3. 서로 합의하여 임대인이 임차인에게 상당한 보상을 제공한 경우
4. 임차인이 임대인의 동의 없이 전부 또는 일부를 전대한 경우
5. 임차인이 건물의 전부 또는 일부를 고의나 중대한 과실로 파손한 경우
6. 임차물 전부 또는 일부가 멸실되어 임대차 목적으로 사용이 어려운 경우
7. 임대인이 아래 사유로 전부 또는 대부분을 철거하거나 재건축할 경우
    가. 임대차계약 할 당시 공사시기 기간을 포함한 철거 재건축 계획을 구체적으로 고지하고 그 계획을 실행할 경우
    나. 건물이 노후 훼손 또는 일부 멸실되는 등 안전사고의 우려
    다. 다른 법에 의해 철거 또는 재건축이 이루어지는 경우
8. 위 외에 임차인의 의무를 위반한 중대한 사유있는 경우

임차인의 계약갱신요구 기간 (법제10조2항)
임차인의 계약갱신요구권은 최초의 임대차 기간을 포함한 전체의 임대차 기간이 10년을 초과하지 아니하는 범위에서만 행사할 수 있다.
(2018. 10. 16. 개정)
차임의 증액청구의 기준 (시행령 제4조)
청구당시의 차임 또는 보증금의 100분의 5를 초과하지 못한다.

5. 결론

1) 임차인의 입장

임대차 기간이 갱신되어 2년이 지났고(2017.12.30..~2019,12.30.) 다시 갱신되어 (2019.12.31..~ 2021. 12. 31.) 이 되었고 차임을 연체하거나 임차인의 부당한 행위가 없었다. 임차인은 개정된 상가임대차 보호법에 따라 10년의 계약갱신권을 가지고 1년마다 갱신을 요구할 수 있다.

2) 임대인의 입장

임대인은 이미 재건축을 위하여 매매계약이 이루어졌고, 재건축업자는 매매계약의 특별조건으로 임차인을 2021. 10.중으로 내보내줄 것을 매매조건으로 하고 있다. 임대인은 건물이 노후화 되어 재건축이 불가하다는 사실을 입증하는 서류로 계약해지를 통고하여야 한다.

3) 결어

임대차 기간이 잔존하고, 계약갱신요구권을 발동할 것이고, 이 경우 상가임대차보헙 분쟁 조정위원회에 조정하여도 임차인만 유리할 뿐, 별 다른 대안이 되지 않는다.
결국 재판으로 가서 법정에서 조정의 절차를 거치는 등의 지루한 법정공방이 1년은 가게 된다. 이 경우, 임대인은 조기 매각목적을 달성하기 어렵고, 임차인은 부당함에 항변의 목소리가 커진다.

결국 효율적인 방법은 법보다 인내심 있는 협상이 관건인데, 임대인이 얻는 수익을 배분한다는 생각으로 임차인의 요구를 적정한 선에서 협의를 보는 것이 좋고 임차인은 이를 위해 과다한 요구 보다는 사회통념상의 금액에서 협의를 보는 것이 좋다.감정의 골이 깊어지면 서로가 손해를 보기 때문이다.

협의를 어떻게 하여야 할까?

1. 임대인은 임차인을 만나 그간의 사정에 대하여 설명을 한다. 구두의 설명 이후, 확실하게 하기 위하여 계약해지의 통고서를 내용증명으로 보낸다. 아울러, 그간의 사정을 깊이 설명한 사실을 바탕하여, 임차관계 종료에 따른 보상에 관심을 가지겠다는 내용을 전달한다.

2. 협의는 이루어지지 않을 경우를 대비하여 그 대안을 강구한다.

해결 사례

1. 낙후된 지역, 낡은 건물에 임차하였는데 관광문화단지가 되어 임차인의 입장에서는 장사가 잘되지만, 임대인의 입장에서는 대수선하여 재임차할 경우 수익을 올릴 수 있는 경우

2. 보상을 염두에 둔 콘센트건물을 지었는데. 빈 상가라 일부를 단기간사용목적의 의류 덤핑 임차업자에게 임차하였는데, 전체를 사용할 임차인이 나타났을 경우,

3. 오래된 단층건물을 임차하였는데, 지상 5층으로 재건축할 경우 임대차 관계를 일시 중단하고 재건축 후 다시 입점하기로 약정한 철물점 경우

이 외에도 소송을 거치지 않고 원만한 협의를 통하여 여러 사례를 해결한 바 있다. 임대인의 입장과 임차인의 입장의 중간에서 합리적인 방안을 제시하는 것이 법 보다 우선의 상호 도움이 되기 때문이다. 법적 분쟁은 그 다음이며, 협의 중간 과정에서도 항상 법정 소송을 대비하기 위한 유리한 형국을 만들기 위하여 쌍방은 노력할 것이라는 사실을 잊으면 안된다.

15강 전세권과 임차권등기명령

1. 전세권이란?

전세권이란 전세금을 지급하고 타인의 부동산을 점유하여 그 부동산의 용도에 따라 사용, 수익하며, 그 부동산 전부에 대하여 후순위권리자 기타 채권자보다 전세금을 먼저 받을 수 있는 권리이다.

민법 제 303조 (전세권의 내용)
① 전세권자는 전세금을 지급하고 타인의 부동산을 점유하여 그 부동산의 용도에 좇아 사용·수익하며, 그 부동산 전부에 대하여 후순위권리자 기타 채권자보다 전세금의 우선변제를 받을 권리가 있다.   <개정 1984.4.10.>
② 농경지는 전세권의 목적으로 하지 못한다.

2. 전세권과 임차권 중 하나를 선택한다면

임차인이 전세권과 임차권 중 하나만 선택해야 한다면 당연히 물권인 전세권이 좋은 제도다. 그러나 경매를 염두에 둘 때 오히려 임차권이 더 유리하다. 임차인 입장에서는 굳이 집주인이 꺼려하는 전세권보다 전입과 동시에 확정일자를 받는 것이 보증금을 지키는 가장 좋은 방법이다.

단, 상가건물 임차인은 보증금의 제한이 있으므로 보증금이 한도 금액을 넘을 때는 전세권이 더 유리하다.

3. 전세권과 주택임차권 비교

	전세권 (민법 303조)	주택임차권(주택임대차보호법)
방법 취급관공서 임대인 협력	건물등기부에 등기 등기과 (소) 임대인 동의 요	임대차계약서에 확정일자인 날인 등기과(소), 공증사무소, 동사무소, 구청 임차인 단독
비용	등록세(세금의 0.2%) 교육세(등록세의 20%)	
거주조건	거주, 전입신고는 요건 아님	거주 및 전입신고가 요건
효력범위	건물에만 효력승계 및 임대인 동의 없이 전전세 가능	토지, 건물 전부 제3자 효력승계 불가능
경매신청	소송 없이 바로 경매신청	지급명령 결정문이나 소송에서 판결문 받아야 가능
존속기간	최단 1년, 최장 10년	최단 2년, 최장은 제한 없음
대항력 기산일	전세권 설정일	주택인도 + 주민등록 다음날 0시
우선변제권 기산일	전세권 설정일	대항력 + 확정일자 중 늦은날
최우선변제권	불가	가능
선순위	■ 배당신청 ○ ; 부족금인수 × ■ 배당신청 × : 전부인수 ○,	■ 배당신청 ○ : 부족금인수○, ■ 배당신청 × : 전부인수 ○
주의점	전세권으로 배당신청하여 전세권은 말소 , 임차권으로 동시이행항변권 대항력 유지	

학습일자	3.15. 16. 20.	관리번호		입찰일자	4.4. 70%
사건번호	21-52567	물건소재지	목포 신정동 9층		
물건구분	아파트 18평(24평형)	감정가	8.4천만	토지	
감정시점	21.7.	최저가	5.9천만	토지	대지권
장단점	kb 8천, 바다.인근, 보존91년, 750가구, 매매8-9천, 전세6-7천, 해안가 휴양목적 가능				
주요관점	선순위전세권 6.9천, 배당신청 , 부족금 인수 없음, 전세시 실투자금 없음				

학습일자	3. 15 16. 20.	관리번호		입찰일자	3.14. 100%
사건번호	21-532	물건소재지	안성 공도읍 용두리 풍림 6층		
물건구분	아파트15평 (21평형)	건물	방2	토지	대지권
감정시점	21.2.	감정	9.6천만	토지	
장단점	kb 1.6억, 공도, 대덕면 개발가능지 인근,				
주요관점	선순위임차권 보증금8천 배당신청 ,				

표 222 임차권 물건사례

4. 임차권이 전세권보다 좋은 점

1) 비용 저렴

전세권은 전세보증금의 0.24%에 해당하는 등록비용이 든다. (정률제)

2) 대항력

선순위 임차인은 어떤 경우 든 보증금 전액을 보호받는다. 반면 선순위 전세권자가 배당요구나 경매신청을 하면 배당에서 부족분이 발생하더라도 이를 매수인에게 받을 수 없다.

3) 배당(단독주택)

임차권은 토지, 건물 모두에서 배당받을 수 있다. 전세권은 건물에만 효력이 미쳐 건물분에서 배당을 받는다.

단, 집합건물의 전세권은 전유부분의 종된 권리인 대지권까지 효력이 미친다.

4) 최우선변제권

주택임차인은 보증금이 소액일 경우 최우선변제를 받을 수 있다. 반면 전세권자는 보증금이 소액이더라도 최우선변제를 받을 수 없다.

5) 이중배당

임차권 등기명령 이후 대항력 요건을 갖춘 임차인은 보증금이 소액이더라도 최우선변제를 받을 수 없다. 반면 전세권이 설정된 주택의 임차인은 보증금이 소액이면 전세권자보다 먼저 배당을 받을 수 있다.

5. 전세권의 존속기간

전세권의 존속기간은 당사자간의 약정으로 정할 수 있다. 존속기간은 장기 10년을 넘을 수 없으며, 주택은 1년 미만의 전세권을 설정할 수 없다. 따라서 기간을 1년 미만으로 정한 경우 1년으로 본다.

기간의 정함이 없는 전세권은 각 당사자가 언제든지 상대방에 대하여 전세권의 소멸을 통고할 수 있고 상대방이 그 통고를 받은 날로부터 6월이 경과하면 전세권은 소멸한다. 또 전세기간이 만료되면 전세권은 당사자 사이의 약정에 의하든 법정에 의하든 갱신할 수 있다.

법정갱신이란?

전세권설정자(건물주)가 전세권의 존속기간 만료 전 6월부터 1월 까지 사이에 전세권자에게 갱신거절의 통지 또는 조건을 변경하지 아니하면, 갱신하지 아니한다는 뜻의 통지를 하지 않은 경우 그 기간이 만료된 때에 전 전세권과 동일한 조건으로 다시 전세권이 설정된 것으로 본다.

법적 갱신에 의해 전세권의 존속기간이 연장되면 새로 등기를 하지 않더라도 제3자에게 대항할 수 있다. 단, 기간에 관하여는 존속기간의 정함이 없는 것으로 본다.

따라서 전세권자든 집주인이든 언제든지 전세권의 소멸통보를 할 수 있으며, 소멸통보를 받은 후 6개월이 지나면 전세권은 소멸된다.

6. 전세권 권리분석

1) 후순위 전세권 : 소멸

서울시 강남구 대치동에 있는 우성아파트 200㎡가 33억원에 경매에 나왔다.
전세보증금이 10억원이다.

그러나 임차인은 후순위 채권자로 소멸대상일 뿐 아니라 배당순위도 밀려 전세보증금을 한푼도
받지 못했다.

후순위 전세권은 경매절차에서 보증금을 배당받건, 배당받지 못하건, 존속기간이 남아있건, 만료
됐건 소멸한다.

2) 선순위 전세권

#실전사례

서울시 성북구 성북동에 있는 다세대 주택이 1억 2,000만원에서 연거푸 유찰되어 4,915만원 대로
뚝 떨어졌다. 그 사이 세 사람이 낙찰을 받았으나 모두 매수보증금만 날렸다.

먼저 1차 매각은 1억 2,000만원에서 1회 유찰 후 3명이 참여해 1억 2,199만원에 낙찰됐으나 매
수인이 대금을 납부하지 않아 보증금 960만원이 몰수되었다.

2차 매각은 9,600만원에 2명이 참여해 1억 4,33만 3,300원에 낙찰됐으나
역시 잔금을 납부하지 않아 보증금 1,920만원(재매각은 보증금이 20%)이 몰수되었다.

3차매각은 한번 더 유찰돼 최저매각가가 7,680원 3명이 참여해 1억 1,300만원에 매각됐으나 매수
인이 또 대금을 납부하지 않아 보증금 1,536만원을 날렸다.

Q. 도대체 어떤 권리가 숨어 있길래 번번이 매수인이 보증금을 포기했을까?

먼저 등기사항을 살펴보면, 말소기준등기는 2006. 12.11. 강제경매개시결정등기이다. 그러나 2005.03.07. 전세권 7,000만원이 설정되어있다. 이는 선순위 전세권이다.

전세권의 존속기간은 이미 지났다. 그러나 선순위 전세권자가 배당요구를 하지 않아 매수인은 매각가 외 7,000만원을 인수해야 한다. 자세히 살펴보도록 하자.

① 원칙

선순위 전세권은 존속기간이 남았든 아니면 존속기간이 지났든 매수인이 인수해야 한다.

② 예외 - 소멸

선순위 전세권이 실무에서 소멸되는 경우는 두 가지 뿐이다.

첫째, 선순위 전세권자가 전세보증금을 받기 위해 경매를 신청한 경우다.

전세권은 특수한 용익물권으로 담보물권의 성질도 있다. 즉 전세권은 저당권처럼 후순위 권리자보다 먼저 배당을 받을 뿐만 아니라 전세권에 기해 경매신청을 할 수 있다. 이 경우 선순위전세권은 존속기간 유무에 관계없이 매각으로 소멸된다.

둘째, 선순위 전세권자가 배당요구를 하면 역시 소멸한다.

선순위전세권자가 존속기간의 이익을 포기하고 전세 보증금을 돌려 받겠다는 의사표시인 배당요구를 하면 선순위 전세권은 소멸된다.

③ 선순위 전세권자가 못 받은 전세보증금은 어떻게 되는가?

예를 들어, 선순위 전세권자의 보증금이 2억원인데 매각대금이 1억 5,000만원이라면 어떻게 될까?

배당받지 못한 전세금은 무담보 채권으로 전세권자는 전세권설정자의 다른 재산에 대해 가압류 후 강제집행을 거쳐 회수해야 한다. 그러나 경매를 당한 집주인의 다른 재산이 있기를 기대하는 것은 어려운 일이기에 사실상 회수불능이라고 봐야 한다. 바로 이 점이 대항력 있는 임차권과 선순위 전세권의 가장 큰 차이다.

만약 선순위 전세권자가 못 받은 전세금을 이유로 인도 요구에 불응할 경우 매수인은 인도명령으로 다툴 수 있다.

3) 경매에서 전세권이 소멸되는 경우

1. 후순위 전세권
2. 선순위 전세권자가 경매신청
3. 선순위 전세권자가 배당요구

7. 전세권의 말소기준등기 요건

전세권은 제한적으로 말소기준등기가 될 수 있다. 즉, 전세권이 건물 전부에 설정된 상태에서 전세권자가 경매신청을 하거나 아니면 다른 채권자가 신청한 경매사건에 배당요구를 하면 말소기준등기가 된다.

① 건물 전부 설정
② 배당요구
③ 경매신청 ⇨ ① + ② 또는 ① + ③

8. 전세권자의 이중적 지위

주택임대차보호법상 대항력 있는 임차인이 임차주택에 대하여 전세권 등기까지 한 경우, 임차인은 전세권자로서의 지위와 대항력 있는 임차인으로서의 지위 중
유리한 지위를 선택할 수 있다.

#사례연구

임차인 김병수는 2013.05.16. 보증금 1억 2,000만원에 전세권을 설정하였다. 김병수는 전세권 설정을 한 것만으로 안심이 되지 않자 7월 20일 전입 후 확정일자까지 받았다.

김병수의 전세권 설정일(2013.05.16. 9시) 은 말소기준등기 (2013.06.22.)보다 빨라 전세보증금은 전액 보호된다.

단, 사례에서 입찰 참여자가 주의해야 할 점이 있다. 김병수는 배당요구를 임차권자의 지위에서 할 수 있고, 전세권자로서 할 수도 있다.

김이 전세권자의 지위에서 배당요구를 하면 전세권은 매각으로 소멸된다. 반면, 임차인의 지위에서 배당요구를 하면 전세권은 소멸되지 않는다. 김이 배당에서 전액 배당(1억 2,000만원)을 받으면 문제가 없지만, 부족분이 발생하면 그 금액만큼 매수인이 인수해야 한다.

따라서 매각물건명세서의 점유자 현황란을 꼼꼼하게 확인해야 한다.

대법원 1993.12.24. 선고 93다.39676 판결 [건물명도][공1994.2.15.(962),501]

【판시사항】

가. 주택임대차보호법상 임차인의 대항력과 우선변제권의 상호관계

나. 주택임대차보호법상 대항력을 갖춘 임차인이 전세권자로서 배당절차에 참가하여 전세금의 일부에 대하여 우선변제를 받은 경우 나머지 보증금에 기한 대항력 행사 가부

【판결요지】

가. 임차인의 보호를 위한 주택임대차보호법 제3조 제1항, 제2항, 제3조의2제1항, 제2항, 제4조 제2항, 제8조 제1항, 제2항 규정들의 취지에 비추어, 위 규정의 요건을 갖춘 임차인은 임차주택의 양수인에게 대항하여 보증금의 반환을 받을 때까지 임대차관계의 존속을 주장할 수 있는 권리와 보증금에 관하여 임차주택의 가액으로부터 우선변제를 받을 수 있는 권리를 겸유하고 있다고 해석되고, 이 두 가지 권리 중 하나를 선택하여 행사할 수 있다.

나. 주택임차인으로서의 우선변제를 받을 수 있는 권리와 전세권자로서 우선변제를 받을 수 있는 권리는 근거규정 및 성립요건을 달리하는 별개의 것이므로, 주택임대차보호법상 대항력을 갖춘 임차인이 임차주택에 관하여 전세권설정등기를 경료하였다.거나 전세권자로서 배당절차에 참가하여 전세금의 일부에 대하여 우선변제를 받은 사유만으로는 변제받지 못한 나머지 보증금에 기한 대항력 행사에 어떤 장애가 있다고 볼 수 없다.

9. 전세권자는 확정일자를 안 받아도 된다

임대차 계약을 체결한 임차인이 자신의 지위를 강화하기 위한 방편으로 전세권까지 설정할 경우 당사자, 목적물 ,보증금액이 같으면 전세권설정계약서를 원래의 임대차 계약서로 볼 수 있다.

이 때 임대차계약서에 확정일자를 받지 않더라도 전세권설정시 위의 접수인을 확정일자로 보고 대지 및 건물 전부에 대해 배당을 받을 수 있다.

10. 임차권등기명령

#사례연구

서울에 거주하는 회사원 추 장군은 군산공장으로 발령을 받고 고민에 빠졌다. 임대차 존속기간이 훌쩍 지났음에도 집주인으로부터 보증금을 돌려 받지 못해서이다. 보증금을 받지 못한 상황에서 이사를 가면 대항력을 잃게 되고, 그렇다고 보증금을 지키기 위해 사표를 낼 수도 없다.

그러나 추장군이 지키면서 맘 놓고 군산으로 전근 갈 수 있는 제도가 있다. 바로 임차권등기명령 제도이다.

임차권등기명령이란?

임차인이 임대차기간이 만료된 후, 임대인으로부터 보증금을 반환받지 못하면 단독으로 임차권등기를 하면 대항력과 우선변제권이 유지돼 자유롭게 이주할 수 있는 제도이다. (1999.3.1. 신설)

주택임대차보호법 제3조의 3 (임차권등기명령)

① 임대차가 끝난 후 보증금이 반환되지 아니한 경우 임차인은 임차주택의 소재지를 관할하는 지방법원·지방법원지원 또는 시·군 법원에 임차권등기명령을 신청할 수 있다. <개정 2013.8.13.>

② 임차권등기명령의 신청서에는 다음 각 호의 사항을 적어야 하며, 신청의 이유와 임차권등기의 원인이 된 사실을 소명(疎明)하여야 한다. <개정 2013.8.13.>

　1. 신청의 취지 및 이유
　2. 임대차의 목적인 주택(임대차의 목적이 주택의 일부분인 경우에는 해당 부분의 도면을 첨부한다.)
　3. 임차권등기의 원인이 된 사실(임차인이 제3조제1항·제2항 또는 제3항에 따른 대항력을 취득하였거나 제3조의2제2항에 따른 우선변제권을 취득한 경우에는 그 사실)
　4. 그 밖에 대법원규칙으로 정하는 사항

③ 다음 각 호의 사항 등에 관하여는 「민사집행법」 제280조제1항, 제281조, 제283조, 제285조,

제286조, 제288조제1항·제2항 본문, 제289조, 제290조제2항 중 제288조제1항에 대한 부분, 제291조 및 제293조를 준용한다. 이 경우 "가압류"는 "임차권등기"로, "채권자"는 "임차인"으로, "채무자"는 "임대인"으로 본다.

1. 임차권등기명령의 신청에 대한 재판
2. 임차권등기명령의 결정에 대한 임대인의 이의신청 및 그에 대한 재판
3. 임차권등기명령의 취소신청 및 그에 대한 재판
4. 임차권등기명령의 집행

④ 임차권등기명령의 신청을 기각(棄却)하는 결정에 대하여 임차인은 항고(抗告)할 수 있다.

⑤ 임차인은 임차권등기명령의 집행에 따른 임차권등기를 마치면 제3조제1항·제2항 또는 제3항에 따른 대항력과 제3조의2제2항에 따른 우선변제권을 취득한다. 다만, 임차인이 임차권등기 이전에 이미 대항력이나 우선변제권을 취득한 경우에는 그 대항력이나 우선변제권은 그대로 유지되며, 임차권등기 이후에는 제3조제1항·제2항 또는 제3항의 대항요건을 상실하더라도 이미 취득한 대항력이나 우선변제권을 상실하지 아니한다. <개정 2013.8.13.>

⑥ 임차권등기명령의 집행에 따른 임차권등기가 끝난 주택(임대차의 목적이 주택의 일부분인 경우에는 해당 부분으로 한정한다.)을 그 이후에 임차한 임차인은 제8조에 따른 우선변제를 받을 권리가 없다.

⑦ 임차권등기의 촉탁(囑託), 등기관의 임차권등기 기입(記入) 등 임차권등기명령을 시행하는 데에 필요한 사항은 대법원규칙으로 정한다. <개정 2011.4.12.>

⑧ 임차인은 제1항에 따른 임차권등기명령의 신청과 그에 따른 임차권등기와 관련하여 든 비용을 임대인에게 청구할 수 있다.

⑨ 금융기관등은 임차인을 대위하여 제1항의 임차권등기명령을 신청할 수 있다. 이 경우 제3항·제4항 및 제8항의 "임차인"은 "금융기관등"으로 본다. <신설 2013.8.13.>

1) 요건

- 임대차 계약의 종료
- 보증금을 반환받지 못했을 것
- 임차인 단독 신청

2) 절차

임차인이 임차주택의 소재지를 관할하는 지방법원, 지방법원 지원 또는 시, 군 법원에 임차권등기명령 신청을 한다. 이 때, 신청취지 및 이유, 주택의 특정, 임차권 등기의 원인이 된 사실 등을 기재한다.

임차권등기명령은

- 판결에 의한 때에는 선고를 한 때에,
- 결정에 의한 때에는 임대인에게 고지를 한 때에

효력이 발생한다.

법원은 임차권등기명령의 효력이 발생하면 임차주택의 소재지를 관할하는 등기소에 지체 없이 재판서 등본을 첨부하여 임차권등기의 기입을 촉탁한다. 등기관은 건물등기부에 임차권등기의 기입을 하여야 한다.

3) 효력

가. 종전의 대항력과 우선변제권 유지

2011.03.10	2011.03.27	2013.08.10
임차인 보증금 (8,000만원) 전입 및 확정	근저당권	임차권등기명령

 # 사례연구

임차인이 2013.08.10. 임차권등기명령을 하고 이사를 갔다. 이 때 임차권등기명령일인 2013.08.10. 새로운 대항력과 우선변제권이 생긴다.

말소기준등기일이 2011.03.27.일 이어서 일견 대항력과 우선변제권이 없는 것처럼 보인다. 그러나 임차권등기 이전에 이미 대항력과 우선변제권을 취득한 (2011.03.11.) 경우 그대로 인정 받기 때문에 맘 놓고 이사를 갈 수 있다.

주의할 점은 위와 같은 효력은 임차권등기가 완료된 시점부터 발생하므로, 임차권등기명령을 신청한 후 바로 이사나 전출을 하여서는 안된다.

나. 대상

- 실질적으로 주거용으로 사용하면 가능
- 미등기나 무허가건물(불법건축물) 불가

공부상으로는 비록 공장이나 사무실, 상가, 오피스텔 등으로 등재되어 있어도 내부구조를 변경하여 주거용으로 사용하고 있으면 임차권등기명령이 가능하다. 주거용으로 사용하고 있다는 것을 사진이나 도면 등을 통해 증명하면 된다.

임차권등기명령은 주민등록 요건이 아니기 때문에 건축물관리대장상 주거용이 아니어서 전입신고를 할 수 없더라도 임차권등기명령은 가능하다.

다. 임차권등기 후 최우선변제 불가

새로 전입한 임차인은 주택임차권등기가 말소되지 않는 한, 보증금이 소액이더라도 최우선변제권은 없고 순위에 따른 우선변제권만 있다.

라. 임대인의 임차보증금 반환의무와 임차인의 임차권등기 말소의무

임대인의 임차보증금반환의무와 임차인의 임차권등기 말소의무는 동시이행관계가 아니다. 임대인의 보증금 반환의무가 임차인의 임차권등기 말소의무보다 먼저 이행되어야 한다.

대법원 2005. 6. 9. 선고 2005다.4529 판결 [구상금][공2005.7.15.(230),1120]
【판시사항】
임대인의 임대차보증금 반환의무와 임차인의 주택임대차보호법 제3조의3에 의한 임차권등기 말소의무가 동시이행관계에 있는지 여부(소극)

【판결요지】
주택임대차보호법 제3조의3 규정에 의한 임차권등기는 이미 임대차계약이 종료하였음에도 임대인이 그 보증금을 반환하지 않는 상태에서 경료되게 되므로, 이미 사실상 이행지체에 빠진 임대인의 임대차보증금의 반환의무와 그에 대응하는 임차인의 권리를 보전하기 위하여 새로이 경료하는 임차권등기에 대한 임차인의 말소의무를 동시이행관계에 있는 것으로 해석할 것은 아니고, 특히 위 임차권등기는 임차인으로 하여금 기왕의 대항력이나 우선변제권을 유지하도록 해 주는 담보적 기능만을 주목적으로 하는 점 등에 비추어 볼 때, 임대인의 임대차보증금의 반환의무가 임차인의 임차권등기 말소의무보다 먼저 이행되어야 할 의무이다.

마. 임차권등기명령의 배당순위

임차권등기명령 전 대항력과 우선변제권을 갖추면, 그 시점을 기준으로 배당 받는다. 특히 임차권등기명령자의 보증금이 소액이면 최우선적으로 배당을 받는다.

경매개시결정등기 전의 임차권등기명령은 배당요구와 관계없이 배당 받는다.

바. 임차인이 배당요구 후 배당요구 종기일이 연기될 줄 모르고 전출한 경우

임차인이 배당요구 후 이사를 갔다. 그 후 부득이 한 사정으로 배당요구 종기일이 연기되었다.

Q.
첫 배당요구종기일 후에 이사를 간 상황에서 임차인은 배당을 받을 수 있을까?
아니면 최종 배당요구 종기일 전에 이사를 갔기 때문에 대항력을 상실하고 우선변제에 따른 배당도 받을 수 없는지?

판례에 의하면 연기된 즉 최종 배당요구종기일까지 대항력요건을 구비하고 있어야 한다. 임차인은 경매도중 이사를 가야 한다면 임차권등기명령을 해야 한다.

대법원 2002. 8. 13. 선고 2000다.61466 판결 [배당이의][공2002.10.1.(163),2167]

【판시사항】
경락허가결정이 취소되어 신경매를 하거나 경락허가결정 확정 후 최고가매수인의 경락대금 미납으로 재경매를 한 경우, 임차인이 주택임대차보호법에 의한 대항력과 우선변제권을 인정받기 위한 주택의 인도와 주민등록이라는 요건이 존속되어야 할 종기로서의 경락기일(=최종 경락기일)

【판결요지】
달리 공시방법이 없는 주택임대차에 있어서 임차인이 주택임대차보호법에 의한 대항력과 우선변제권을 인정받기 위한 주택의 인도와 주민등록이라는 요건은 그 대항력 및 우선변제권의 취득시에만 구비하면 족한 것이 아니고 경매절차의 배당요구의 종기인 경락기일까지 계속 존속하고 있어야 하는데, 처음의 경락허가결정이 취소되어 신경매를 하였거나 경락허가결정의 확정 후 최고가매수인이 경락대금을 납부하지 아니하여 재경매를 한 경우에 있어서, '배당요구의 종기인 경락기일'이라 함은 배당금의 기초가 되는 경락대금을 납부한 경락인에 대하여 경락허가결정을 한 마지막 경락기일을 말한다.

4) 경매에서의 지위

가. 경매절차의 이해관계인

임차권등기명령에 의한 등기를 한 임차인이 민법상 등기된 임차권자와 같은 지위를 갖는다. 등기부상 알 수 있는 권리자이므로 경매절차상 이해관계인이 된다.

임차권등기명령임차인과 저당권, 전세권, 당해세, 이외의 국세, 지방세 등과의 우열관계는 임차권등기일이 아닌 대항력 및 확정일자 취득일의 선후에 의하여 결정한다.

나. 명도 확인서 불요

임차권등기명령에 의한 등기를 한 임차인은 이미 집을 비우고 이사를 하였기 때문에 매수인의 명도확인서가 필요 없다.

단, 임차권등기명령 이후에도 거주를 하고 있으면 명도확인서가 필요하다.

5) 민법의 주택임대차등기도 임차권등기명령 준용

임차권등기명령 제도가 임대인의 협력 없이 임차인이 단독으로 행해도 대항력과 우선변제권이 인정되는데, 임대인의 협력을 얻어 행한 민법의 주택임대차등기가 대항력만 있고 우선변제권이 인정되지 않으면 법의 형평과 맞지 않기 때문이다.

6) 임차권등기명령과 주택임대차등기

주택임대차보호법 제3조의 3 (임차권등기명령)
① 임대차가 끝난 후 보증금이 반환되지 아니한 경우 임차인은 임차주택의 소재지를 관할하는 지방법원·지방법원지원 또는 시·군 법원에 임차권등기명령을 신청할 수 있다. <개정 2013.8.13.>
② 임차권등기명령의 신청서에는 다음 각 호의 사항을 적어야 하며, 신청의 이유와 임차권등기의 원인이 된 사실을 소명(疎明)하여야 한다. <개정 2013.8.13.>
1. 신청의 취지 및 이유
2. 임대차의 목적인 주택(임대차의 목적이 주택의 일부분인 경우에는 해당 부분의 도면을 첨부한

다.)

3. 임차권등기의 원인이 된 사실(임차인이 제3조제1항·제2항 또는 제3항에 따른 대항력을 취득하였거나 제3조의2제2항에 따른 우선변제권을 취득한 경우에는 그 사실)

4. 그 밖에 대법원규칙으로 정하는 사항

③ 다음 각 호의 사항 등에 관하여는 「민사집행법」 제280조제1항, 제281조, 제283조, 제285조, 제286조, 제288조제1항·제2항 본문, 제289조, 제290조제2항 중 제288조제1항에 대한 부분, 제291조 및 제293조를 준용한다. 이 경우 "가압류"는 "임차권등기"로, "채권자"는 "임차인"으로, "채무자"는 "임대인"으로 본다.

1. 임차권등기명령의 신청에 대한 재판

2. 임차권등기명령의 결정에 대한 임대인의 이의신청 및 그에 대한 재판

3. 임차권등기명령의 취소신청 및 그에 대한 재판

4. 임차권등기명령의 집행

④ 임차권등기명령의 신청을 기각(棄却)하는 결정에 대하여 임차인은 항고(抗告)할 수 있다.

⑤ 임차인은 임차권등기명령의 집행에 따른 임차권등기를 마치면 제3조제1항·제2항 또는 제3항에 따른 대항력과 제3조의2제2항에 따른 우선변제권을 취득한다. 다만, 임차인이 임차권등기 이전에 이미 대항력이나 우선변제권을 취득한 경우에는 그 대항력이나 우선변제권은 그대로 유지되며, 임차권등기 이후에는 제3조제1항·제2항 또는 제3항의 대항요건을 상실하더라도 이미 취득한 대항력이나 우선변제권을 상실하지 아니한다. <개정 2013.8.13.>

⑥ 임차권등기명령의 집행에 따른 임차권등기가 끝난 주택(임대차의 목적이 주택의 일부분인 경우에는 해당 부분으로 한정한다.)을 그 이후에 임차한 임차인은 제8조에 따른 우선변제를 받을 권리가 없다.

⑦ 임차권등기의 촉탁(囑託), 등기관의 임차권등기 기입(記入) 등 임차권등기명령을 시행하는 데에 필요한 사항은 대법원규칙으로 정한다. <개정 2011.4.12.>

⑧ 임차인은 제1항에 따른 임차권등기명령의 신청과 그에 따른 임차권등기와 관련하여 든 비용을 임대인에게 청구할 수 있다.

⑨ 금융기관등은 임차인을 대위하여 제1항의 임차권등기명령을 신청할 수 있다. 이 경우 제3항·제4항 및 제8항의 "임차인"은 "금융기관등"으로 본다. <신설 2013.8.13.>

민법 제621조 (임대차의 등기)

① 부동산임차인은 당사자간에 반대약정이 없으면 임대인에 대하여 그 임대차등기절차에 협력할 것을 청구할 수 있다.

②부동산임대차를 등기한 때에는 그때부터 제삼자에 대하여 효력이 생긴다.

	임차권등기명령 (주택임대차보호법 제3조의 3)	주택임대차등기 (민법 제621조)
신청	임대차 종료 후 임차인이 지방법원에 단독 신청	임대차 종료 불문, 임대인 협력 얻어 임차인 등기소 청구
대상	주택(상가건물)임대차(무허가 건물 X)	모든 부동산임대차
등기내용	목적; 주택임차권 원인; 지방법원의 임차권등기명령	목적; 임차권설정 원인; 설정계약
효력	① 효력 동일 ② 대항력, 우선변제권 취득 ③ 경매신청권 없음 (보증금 반환 청구 소송 요) ④ 자동 배당	

06/

낙찰 후 처분 실전

하늘을 날고 싶을 때 , 땅을 기라는데 결코 동의할 수는 없다.
One can never consent to creep when one feels an impulse to soar.

16강 인도명령

---

1. 신청

매수인 및 매수인의 일반승계인(상속인)은 인도명령을 신청할 수 있다. 그러나 특별승계인(매수인으로부터 소유권을 취득한 사람)은 인도명령을 신청할 수 없다. 특정승계인이 매수인의 집행법상 권리까지 승계한 것이 아니기 때문이다.

부동산을 공동으로 매수하였다가 사망한 매수인을 여럿이 상속한 경우, 공동매수인 또는 상속인 전원이 또는 각자가 인도명령을 신청할 수 있다.

인도명령은 매각대금 납부 후 6개월 이내에 신청해야 한다. 대금 납부 후 6개월이 지나면 인도명령 대상자도 인도소송을 통해 내보내야 한다. 6개월의 기산일은 신청일이다.

점유자가 고의로 송달을 기피하여 인도명령 결정문이 6개월이 지나 상대방에게 도달해도 유효하다.

2. 상대방

1) 채무자

채무자는 경매개시결정에 표시된 채무자를 말하고, 그 일반승계인(상속인)도 포함한다. 상속인이 수인數人인때에는 각자가 인도명령의 상대방이 된다.

2) 소유자

경매개시결정 당시의 소유자와 경매개시결정 이후에 소유권을 취득한자도 인도명령 대상이다.

3) 부동산 점유자

① 후순위
후순위 점유자는 인도명령 대상이다. 점유 여부의 기준 시점은 인도명령 결정 당시다. 부동산 점유자는 직접 점유자만을 의미하며 간접점유자는 포함되지 않는다. 매각대금 납부 후에 점유를 개시한 자도 인도명령 대상이다.

② 선순위
선순위 임차인일지라도 배당기일에 임차보증금을 전액 배당받고 배당표가 확정되면, 배당금을 지급받았는지 여부에 관계없이 인도명령이 가능하다.

③ 그 밖의 인도명령 대상자
- 채무자의 동거가족
- 채무자와 근친관계

- 채무자의 피고용인
- 채무자가 법인일 때 법인의 점유보조자(점유보조자는 독립한 점유주체가 아니므로 그에 대한 인도청구를 기각하여야 하지만, 인도명령신청 단계에서 점유보조자의 대항력 유무를 따져 인도명령을 발령한다.)
- 채무자와 공모하여 집행을 방해할 목적으로 점유한 자.

④ 인도명령 불가 대상
- 재침입한 임차인
- 선순위 임차인 (선순위 임차인이 보증금의 일부만 배당받은 경우)
- 채무자이며 선순위 임차인
- 법정지상권이 성립하는 건물의 임차인
- 매수인으로부터 새로 임차한 자
- 매수인으로부터 부동산을 매수한 자
- 유치권자

3. 인도범위

1) 부합물

부합물이란 원래 부동산과 소유자를 달리하는 별개의 물건이나, 부동산에 결합하여 하나의 물건이 됨으로써 부동산 소유자의 소유에 속하게 되는 물건을 말한다.

주건물에 부합되느냐의 기준은 물리적 구조, 용도, 기능면에서 기존 건물과 독립한 경제적 효용을 가지고 거래상 별개의 소유권의 객체가 될 수 있는지 및 증축한 건물의 소유자 의사 등을 종합적으로 판단한다.

가. 토지의 부합물

- 정원수, 정원석, 석등, 돌담, 교량, 도로의 포장 등
- 수목 또한 대표적인 부합물이다.
  - 수목은 입목에 관한 법률에 따라 등기된 입목과 명인방법을 갖춘 수목을 제외하고는 부합물로 취급한다.
  - 수목은 원칙적으로 토지의 일부이나 예외적으로 이동(옮겨심기)의 용이하거나 경제적 가치가 있는 경우에는 유체동산집행의 대상이 될 수 있다.
  - 채무자 소유의 미등기 수목은 토지의 구성부분으로 토지의 일부로 간주되어 특별한 사정이 없는 한 토지와 함께 경매된다. 따라서 매각허가결정서에 기재되어 있지 않더라도 부동산의 구성부분으로 간주되어 매수인이 부동산과 함께 소유권을 취득한다.
- 농작물은 토지에 부합하지 않고 경작자의 소유이다.
- 지하구조물(지하주차장)이나 유류저장탱크도 토지의 부합물이다.

대법원 1989.7.11. 선고 88다카9067 판결
[손해배상(기)][집37②민,189;공1989.9.1.(855),1213]

【판시사항】
권원없이 토지임차인의 승낙만 받고 그 지상에 식재한 수목의 소유권귀속

【판결요지】
민법 제256조 단서 소정의 "권원"이라 함은 지상권, 전세권, 임차권 등과 같이 타인의 부동산에 자기의 동산을 부속시켜서 그 부동산을 이용할 수 있는 권리를 뜻하므로 그와 같은 권원이 없는 자가 토지소유자의 승낙을 받음이 없이 그 임차인의 승낙만을 받아 그 부동산 위에 나무를 심었다면 특별한 사정이 없는 한 토지소유자에 대하여 그 나무의 소유권을 주장할 수 없다.

◆ 참고 : 농작물 ◆

적법한 경작권 없이 타인의 토지를 경작하더라도 그 경작한 농작물이 성숙한 이상 경작자의 소유이다. 단, 농작물의 씨를 뿌린 단계에서는 그 독립성을 식별할 수 없어 토지의 구성부분이 되어 독립한 소유권의 객체가 될 수 없다.

매수인은 소유권에 기한 방해제거 청구 내지 목적물반환청구로서 농작물의 철거 및 토지인도청구소송을 제기할 수 있다. 또한 경작기간 동안의 임료상당의 부당이득반환

을 청구하거나 불법경작으로 인한 손해배상청구를 할 수도 있다.

나. 건물의 부합물

- 증축, 개축되는 부분이 독립된 구분소유권의 객체로 거래될 수 없으면 기존건물에 부합한다.
- 2층 건물에 증축하여 방1개, 거실 및 욕실이 있으나 하수관이 없고, 출입구가 2층을 통하여 외관상 기존건물과 일체가 되는 3층부분,
- 증축된 욕실이나 변소, 아파트 급수용 물탱크를 위한 옥탑, 축사 등
- 감정평가 포함 여부에 관계없이 매수인은 부합물의 소유권을 취득한다.

◆ 증축 건물의 부합기준 ◆

증축부분이 기존건물에 부착된 물리적 구조, 용도와 기능면에서 기존건물과 독립한 경제적 효용을 가지는지 여부

거래상 별개의 소유권 객체 여부

소유하는 자의 의사 등

다. 부합물이 아닌 것

부동산의 부합물은 평가의 대상이 되나, 타인의 권원에 의하여 부속된 것은 평가의 대상이 되지 않는다.

민법 제256조 (부동산에의 부합)
부동산의 소유자는 그 부동산에 부합한 물건의 소유권을 취득한다. 그러나 타인의 권원에 의하여 부속된 것은 그러하지 아니하다.

① 건물의 실체를 갖춘 지하구조물

서울고등법원 2003.10.2. 선고 2003나8031 판결 [건축공사중지청구의소][미간행]

"공동가설공사, 건축공사, 전기공사 등의 공정이 모두 이루어지고, 지하 1층 내지 지하 6층까지의 기둥, 지붕 및 주택 등의 시공이 완료된 지하구축물은 토지의 부합물이 아니다."

② 기존건물과 신축건물

대법원 2002. 5. 10. 선고 99다.24256 판결 [건물명도][공2002.7.1.(157),1319]

【판시사항】

[2] 기존건물 및 이에 접한 신축건물 사이의 경계벽체를 철거하고 전체를 하나의 상가건물로 사용한 경우, 제반 사정에 비추어 신축건물이 기존건물에 부합되어 1개의 건물이 되었다고 볼 수 없다고 한 사례

【판결요지】

[2] 기존건물 및 이에 접한 신축건물 사이의 경계벽체를 철거하고 전체를 하나의 상가건물로 사용한 경우, 제반 사정에 비추어 신축건물이 기존건물에 부합되어 1개의 건물이 되었다고 볼 수 없다고 한 사례.

③건물과 태양열 보일러

태양열 보일러는 쉽게 분리 가능하므로 부합물로 보기 어렵다.

2. 종물

종물이란 물건의 소유자가 그 물건의 상용에 제공하기 위하여 자기 소유인 다른 물건을 이에 부속한 때에는 그 물건을 주물이라 하고, 주물에 부속된 다른 물건을 종물이라고 한다.

어느 건물이 주된 건물의 종물이기 위하여는 다음 요건을 충족하여야 한다.

- ☑ 주물의 상용에 이바지할 것
- ☑ 주물에 부속될 것
- ☑ 독립한 물건일 것
- ☑ 주물과 종물이 동일한 소유자에 속할 것

① 부동산의 종물
- 화장실, 목욕탕, 정화조
- 창고, 연탄창고,
- 횟감용 생선을 보관하기 위해 신축한 수족관 건물
- 옵션으로 취득한 씽크대 등

② 동산의 종물
- 주유소의 주유기, 보일러시설,
- 지하수 펌프, 농지에 부속한 양수시설, 온천권,
- 집합건물의 대지권, 건물에 따른 법정지상권 등

③ 종물이 아닌 것

호텔의 방에 설치된 텔레비전, 전화기, 세탁실에 설치된 세탁기, 탈수기 등

3. 부합물과 종물의 차이점

종물은 주물에 부속되지만 독립한 별개의 물건으로 존재한다.
반면 부합물은 독립성을 잃고 완전히 하나의 물건이 되거나 어느정도 독립성을 유지한다.

즉 물건으로서의 독립성이나 부합의 정도를 가지고 부합물과 종물여부를 판단할 수 있다.

■ 부합물과 종물 비교정리

부합물(附合物)은 별도의 가액으로 평가의 대상이 되고, 종물은 평가의 대상이 아니고 당연 주물의 평가에 포함된다.
단, 부합물의 경우, 타인의 근원이 확실 시 되면, 평가에서 제외되고 다른 권리관계가 되어 낙찰자는 별도 매수하거나 이전 철거를 요구하여야 한다.

4. 인도명령 신청기한

인도명령은 대금 납부 후 6월 내에 신청해야 한다. 신청서가 접수되면 독립된 사건번호("타기")가 부여되고 경매기록에 합철한다.

경매기록상에 없는 점유자(승계인 등)을 상대로 하는 경우 집행관 작성의 집행불능조서 등본, 주민등록등본 등 그 점유사실 및 점유개시일자(대금지급 전에 점유를 개시한 사실)을 증명하는 서면을 제출해야 한다.

1) 신청서류

1. 부동산인도명령신청서 1부
1. 정부수입인지 1,000원
1. 송달료 (당사자 x 2회분) 12,760원
1. 목록 3부
1. 채무자의 일반승계인을 상대로 하는 경우에는 가족관계증명서 1통

부동산인도명령신청

신청인(매수인)   ○○○(주민등록번호)
　　　　　　○○시 ○○구 ○○길 ○○(우편번호 ○○○-○○○)
　　　　　　　전화·휴대폰번호:
　　　　　　　팩스번호, 전자우편(e-mail)주소:
피신청인(채무자)   ◇◇◇(주민등록번호)
　　　　　　○○시 ○○구 ○○길 ○○(우편번호 ○○○-○○○)
　　　　　　　전화·휴대폰번호:
　　　　　　　팩스번호, 전자우편(e-mail)주소:

신 청 취 지

  ○○지방법원 20○○타경○○○○호 부동산강제경매사건에 관하여 피신청인은 신청인에게 별지목록 기재 부동산을 인도하라.
라는 재판을 구합니다.

신 청 이 유

1. 신청인은 ○○지방법원 20○○타경○○○○호 부동산강제경매사건의 경매절차에서 별지목록 기재 부동산을 매수한 매수인으로서 20○○. ○. ○. 매각허가결정을 받았고, 20○○. ○○. ○. 에 매각대금을 전부 납부하여 소유권을 취득하였습니다.
2. 그렇다면 위 경매사건의 채무자인 피신청인은 별지목록 기재 부동산을 신청인에게 인도하여야 할 의무가 있음에도 불구하고 신청인의 별지목록 기재 부동산인도청구에 응하지 않고 있습니다.
3. 따라서 신청인은 매각대금 납부로부터 6월이 지나지 않았으므로 피신청인으로부터 별지목록 기재 부동산을 인도 받기 위하여 이 사건 인도명령을 신청합니다.

첨 부 서 류

　1. 대금납부확인서　　　　　　　1통
　1. 송달료납부서　　　　　　　　1통
　　　　　　20○○.　○.　○.

위 신청인(매수인)　○○○ (서명 또는 날인)

2) 신청시기

인도명령은 매각대금을 납부한 날부터(소유권이전등기일이 아님) 6개월 내에 신청해야 한다.

가. 후순위 임차인

매각대금을 납부하는 즉시 무상거주자가 되어 인도명령 대상이다.

나. 선순위 임차인

배당기일에 임차보증금을 전액 배당받은 것으로 배당표가 확정되면 배당금 수령 여부와 관계없이 인도명령을 신청할 수 있다.
단, 임차보증금의 일부만 배당받거나 임차보증금의 전부를 배당받았다. 하더라도 배당 이의 등으로 확정되지 않으면 인도명령을 신청할 수 없다.

5. 인도명령 재판 및 불복

1) 인도명령 재판

서면 심리만으로 인도명령의 허, 부를 결정할 수 있고, 상대방을 심문하거나 변론을 열수도 있다. 채무자, 소유자 외의 자에 대하여 인도명령을 하려면 그 점유자를 심문하여야 한다.

다만, 그 점유자가 매수인에게 대항할 수 있는 권원에 의하여 점유하고 있지 않음이 명백한 때에는 심문하지 않아도 된다.

2) 인도명령의 효력

추 장군이 서울 강남구 청담도에 있는 연립 (85㎡)을 낙찰받은 것은 2월 6일 채무자의 즉시항고로 대금 지급기한일이 5월 3일로 정해졌다.

추장군은 채무자의 속보이는 경매절차 지연이 얄미워 대금지급기한 통지서를 받자마자 대금을 납부하고 인도명령도 신청했다.(4월 4일) 채무자가 항고를 하지 않았다면 3월 20일 즈음 대금을 납부할 수 있었다.

채무자는 매수인의 초스피드 대급납부에 당황했는지 인도명령 결정문을 받지 않았다.(4월15일)

집행법원은 인도명령결정문이 폐문부재로 반송되자 공시송달로 처리했다(4월25일). 인도명령 정본이 상대방에게 도달하면 즉시 효력이 생기며, 즉시항고가 제기되더라도 상대방이 별도로 집행정지명령 또는 잠정처분을 받아 집행관에게 제출하지 아니하는 한 집행정지의 효력이 없다.

인도명령에서 시간이 가장 많이 걸리는 부분이 송달과정이다. 점유자가 고의로 송달을 거부하면 특별송달 과정을 거쳐야 한다.

특별송달에서도 송달이 되지 않으면 공시송달을 신청해야 한다. 관리소장 등으로부터 거주하지 않는다는 확인서를 받은 뒤 통장과 반장으로부터 불거주확인서를 받아 집행관의 집행불능조서에 첨부하여 집행법원에 제출한다.

◆ 특별송달의 요건과 종류 ◆

특별송달에는 야간특별송달과 조조특별송달이 있다. 주, 야간에 특별송달이 불가능할 때에는 공휴일 및 일요일에 송달할 수 있다.

특별송달도 불능인 경우 우편송달 방법이 있다. 우편송달은 송달 받아야 할 당사자의 소재지가 경매개시결정 시작 때부터 송달이 불명으로 나타나 공시최고를 거쳐 사건이 진행되는 경우에 한해 집행법원에서 일방적으로 사건기록을 발송하는 송달을 말한다.

유치송달은 송달 받아야 할 자가 신분을 감추고 송달 받기를 거부하는 경우 문이 조금 열린 틈으로 서류를 넣는 방법이다. 유치송달은 집행관이 한다.

특별송달의 종류	요건	진행
야간송달, 조조송달	점유자가 낮에 부재시	집행관
공휴일, 일요일 송달	주, 야간에 특별송달이 불가능할 때	집행관
우편(발송)송달	당사자의 소재지가 경매개시결정 당시부터 송달 불명으로 나타나 공시최고를 거쳐 사건이 진행되는 경우	우체부
유치송달	송달 받아야 할 자가 신분을 감추고 송달받기를 거부하는 경우	집행관

◆ 인도명령 송달 불능시 특별송달 방법 ◆

특별송달종류	요건	비고
공시송달	- 이사불명, 수취인 불명시	
발송송달	- 이 외의 사유	

3. 불복방법

1) 즉시항고

인도명령 결정에 대하여는 즉시 항고를 할 수 있다. 상대방은 인도명령 결정 수령일부터 1주일 내에 즉시항고장을 집행법원에 제출하여야 한다.

항고장에는 항고이유서를 적어야 한다. 항고이유를 적지 않았을 때에는 항고장 접수일로부터 10일 안에 항고이유서를 제출해야 한다.

재항고도 10일 이내에 항고이유서를 제출하여야 한다.기한 내 미제출 시 즉시항고를 각하한다. 즉시항고 기간이 지나 인도명령이 확정되면 청구이의의 소로 다퉈야 한다.

2) 불복사유

인도명령시 불복사유는 다음과 같이 한정되어 있다.

> **1. 절차적, 실체적 사항 :** 신청인의 자격, 상대방의 범위, 신청기한 등
> **2. 인도명령 심리절차의 하자**
> **3. 인도명령 자체의 형식적 하자 :** 인도목적물의 불특정, 상대방의 불특정 등
> **4. 상대방이 매수인에 대항할 수 있는, 즉 인도를 거부할 수 있는 점유권원의 존재**

일단 인도명령이 결정되면 즉시항고를 하더라도 인도집행을 정지시킬 수 없다. 인도명령 결정은 가집행 선고 효과와 같기 때문이다. 인도집행을 정지시키려면 즉시항고를 하면서 강제집행정지 신청서를 접수해야 한다.

강제집행을 정지하려면 그에 상응하는 담보물을 공탁해야 하는데 현금공탁이 원칙이다. 그 절차에 대해 알아보도록 하자.

가. 강제집행 신청

강제집행신청서를 접수하면 별도의 인도집행 사건번호(201 본 1234)가 부여된다.

담당부가 배정되면 담당관과 면담을 통해 강제집행비용의 견적과 집행일자를 지정받는다. 접수 건수에 따라 다르나 대게 신청 후 15일에서 30일 사이에 집행일자를 결정한다.

나. 집행비용 예납

집행일이 지정되면 집행 1주일 전에 강제집행비용 예납을 통보받는다.

다. 집행비용 산정

강제집행을 신청하면 집행관이 현황조사를 실시한다. 현황조사는 인도명령 피신청인과 점유자가 일치하는지 여부와 집행비용을 산정하기 위해서다. 아파트 등 주거용 부동산은 현황조사 없이 강제집행 기일을 정하기도 한다.

집행관은 현황조사 후 집행비용 산출 내역서를 작성한다. 집행비용은 집행관이 집행규모, 노무자 수 등을 감안하여 산정하는데, 대략 평당 7만원 내외의 집행비용이 들어간다.

① 보관비용

보관업체에 보관하는 경우, 보관비용은 5톤 컨테이너 1대당 월 20만원이다.

② 운반비

운반비는 상, 하차비(장비) 포함 5톤 컨테이너 1대당 50만원이다. 집행비용은 법원에 따라 납부방법이 다르다. 예상비용 전액을 예납하기도 하고, 일부비용만 납부하였다가 집행직전에 전액을 납부하기도 한다.

집행 전에 취소하면 예납비용을 환불 받을 수 있다. 인도집행일에 노무자가 집행현장에 도착하였으나 채권자의 연기, 기타 사정으로 인도집행을 실시하지 아니할 경우에는 규정된 노무비의 30%를 지급하여야 한다.

기타 대기 시간에 따라 비용이 추가될 수 있다.

인도집행시 장비(사다.리차, 지게차 등 중장비 등)의 비용은 채권자가 별도로 부담해야 한다.

라. 집행계고

집행계고란 강제집행 전에 집행관이 매수인의 인도요구에 점유자가 끝까지 불응할 경우 3일에서 10일 사이에 강제집행을 하겠다는 예고서다. 이는 매수인이 모로쇠로 일관하는 점유자를 상대로 집행 전 마지막 압박절차로, 계고서를 받고도 배째라는 식으로 버티는 점유자는 거의 없다.

마. 강제집행

강제집행때는 매수인 외 2인의 참관인이 있어야 한다.

집행대상 부동산에 사람이 없거나 있어도 문을 열어주지 않으면 집행관은 직권으로 열쇠공에게 문을 열도록 한다. 유흥업나 점유자가 완강히 저항하는 경우 경찰의 도움을 받아 집행한다. 이권이 개입된 물건의 집행은 매수인과 점유자 양측에서 싸움을 벌이기도 한다.

집행관의 집행 종료 시점은 유체동산을 마당으로 내놓는데까지다. 점유자가 없거나 수령을 거부하면 집행관은 목록을 작성하여 채무자의 비용(실제는 매수인이 부담)으로 매수인에게 창고에 보관하도록 한다.

가끔 점유자들이 강제집행을 포장이사쯤으로 알고 있는데 천만의 말씀이다.

바. 보관동산의 처리

채권자는 채무자의 주민등록상 주소지로 보관동산을 인수하여 갈 것을 2회에 걸쳐 내용증명으로 통지하고, 1개월 내에 인수하지 않을 때에는 담당 집행관에게 매각허가신청을 한다.

채무자가 인수하지 않는 보관 동산은 집행법원의 허가를 받아 매각절차를 거쳐 매각한 후 절차비용에 우선변제하고, 나머지가 있으면 채무자에게 지급한다.

6. 인도명령 계고

1) 인도의 첫 걸음 - 내용증명 보내기

내용증명은 불요식 행위라 딱히 정해진 양식이 있는 것은 아니다. 처음과 끝 부분에 받는 사람과 보내는 사람의 인적사항을 적고 본인이 원하는 바를 적으면 된다.

목적은 자진해서 내보내기 위한 합의 유도용이다. 이 합의를 유도하기 위해 내용에 달래고 얼르는 (강제집행과 손해배상, 임료 등을 청구)내용을 담는다. 2부를 복사한 후 원본과 함께 3부를 우체국에 접수한다.

내용증명을 보낼 때는 일반우편과 함께 보내는 것이 좋다. 내용증명은 수신인이 받지 않으면 반송되지만 일반우편은 편지함에 꽂기 때문에 수신인이 언제든지 볼 수 있다. 내용증명 수신여부는 인터넷 우체국 (www.cpost.go.kr) 에 접속하여 우편물조회 중 '등기소포조회'에서 접수시 받은 등기번호 (13자리)를 가지고 수령인과 몇시에 배달했는지 확인할 수 있다.

2) 집행계고장

강제집행은 접수순으로 정해지는데 신청사건의 적체 유무에 따라 한 달에서 두 달이 걸릴 수 있다. 집행 전에 '집행 사건 예고제'를 통해 인도의 효용을 높일 수 있다.

집행계고서는 점유자에게 강제집행일을 미리 안내하기 때문에 심리적 압박효과가 매우 크다. 당당하게 버티던 점유자도 계고 후에는 대부분 꼬리를 내린다. 매수인은 집행비용을 절약할 수 있어 좋고 점유자는 무엇보다 강제집행을 피할 수 있어 좋다.

3) 빈집의 인도

 # 사례탐구

자영업을 하는 추 장군은 빈 집에 용감하게 들어갔다가 호된 신고식을 치뤘다. 몇 번의 낙방 끝에 서울 강서구 화곡동에 있는 다세대 주택을 낙찰받았다.

탐문 결과 대항력 없는 임차인이 전입은 되어있으나 가끔 들어 온다는 말을 들었다. 점유자가 없으니 인도가 문제였다. 열쇠를 과감이 문을 따고 들어가라는 사람과 법적 절차를 거치라는 사람으로 갈렸다.

빠른 입주를 위해 추 장군은 문을 따고 들어가기로 했다.

집안에는 냉장고 TV등 허접한 세간들만 있었다. 용감함은 대감함으로 바뀌어 과감하게 쓰레기 분리수거(?)를 해 버렸다.

이후 잘 살고 있던 어느날 강서 경찰서에서 출두명령서가 날아들었다. 임차인이 주거침입죄와 재물손괴죄로 고소를 하였던 것이다.

수 차례 경찰 출두와 남부지검까지 오고간 끝에 불구속 기소되어 벌금 30만원으로 마무리했다.

관리실이나 경비업체, 이웃집 등을 통해 빈 집이 확실하다면 (전기계량기, 도시가스 등) 강제집행을 할 필요 없이 관리실 또는 경비업체에 알리고 이들과 동행하거나 20세 이상 성인 2인 입회하에 잠금장치를 해제한 후 인도가 가능하다.

빈 집이거나 정말 무시해도 좋은 허접한 쓰레기라면 사진을 찍고 목록을 만들어 사후 예기치 않은 변수 (경찰서에 불려 다니는...)에 대비해야 한다.

그러나 세간이 남아 있다면 출입문을 원상태로 복구하고 법 절차를 밟아 유체동산을 처리하는 것이 좋다.

4) 강제집행 후 유체동산의 처리

가. 보관집행

점유자가 실제 거주하고 있음에도 강제집행을 방해할 목적으로 고의로 문을 열어주지 않거나, 부재중이어서 2회 이상 집행 불능이 되면 성인 2인 또는 국가공무원, 경찰공무원 1인 입회 하에 강제집행을 할 수 있다.

이 때 반출되는 유체동산은 집행관이 목록을 작성하여 이삿짐 물류센터에 1~3개월 기준으로 보관한다. 보관비용은 채무자가 부담하는 것이 원칙이나 실무에서는 매수인이 부담하는 선에서 강제집행을 마무리한다.

나. 유체동산의 처리

강제집행을 하면 대부분 점유자가 짐을 찾아간다. 그래도 찾아가지 않으면 점유자에게 짐을 찾아가라고 내용증명을 보낸다.

최고서 발송 후 1주일이 지나면 유체동산 매각신청을 한다. 집행비용을 예납하고 공탁금액을 납부한다.

유체동산 감정 후에는 점유자를 상대로 인도집행에 소요된 집행비용을 청구한다. 대부분 가치 없는 물건이어서 매수인이 직접 낙찰 받아 매각대금과 집행비용을 상계처리한다.

5) 강제집행 대상 부동산에 압류, 가처분된 물건

추 장군은 성남시 분당구 정자동 한솔마을 청구아파트 85㎡를 감정가 5억 4,000만원의 91.7%인 4억 9,510만원에 낙찰받았다. 관리비(220만원) 밀린 것은 인도와 연계하면 되어 부담이 되지 않았다.

몇 차례 헛걸음 후 현관문이 열려 있어 들어가 보니 채무자의 친척이라는 분이 옷가지 등을 정리하고 있었다.

그러나 웬걸, 냉장고, 세탁기, TV, 에어컨, 컴퓨터 등 값이 나갈 물건은 죄다. 압류 딱지가 붙어 있었다. 관리비는 밀려 있고 채무자는 행방불명이고 집기는 압류되어 있고, 인도에서 피곤한 유형이다.

이처럼 유체동산이 남아있는 상태에서 채무자가 몸만 쏙 빠져나가면 유체동산 정리시 적잖은 시간 감수를 해야 한다.

가. 압류 물건 처리 방법

먼저 압류된 동산의 압류물 표목에서 압류번호(201본 123호)를 확인 후, 집행관 사무소에서 압류채권자를 확인 후 다음의 순서로 진행한다.

첫째, 압류채권자에게 처리를 요구한다.

처리방법은 유체동산 경매를 진행하든지 아니면 압류를 풀어달라고 한다. 채권자가 유체동산에 강제집행을 하는 이유는 유체동산 경매를 통해 채권의 일부라도 건지려는 의도 외에 채무자에게 심리적 압박을 주기 위함이다. 매수인은 압류 채권자에게 낙찰받은 부동산에 압류 물품을 임의로 방치(보관)하는 바람에 재산권 행사 (입주 및 임대 등)을 하지 못해 손해를 보고 있어 손해배상을 청구하겠다고 하면 취하 비용조로 일부를 지급하는 선에서 해결이 된다.

둘째, 압류채권자가 처분을 꺼리거나 취하비용을 과다하게 요구하면 집행관 사물소를 방문하여 압류물건 보관장소 이전신청을 한다.

물품 보관 장소를 정하여 집행관의 허락하에 제3의 장소에 물건을 보관한 후 (보관료는 매수자 부담) 동산압류 채권자에게 조속한 처리 및 손해배상 취지의 내용증명을 보낸다. 유체동산 압류시에는 채권자 인적 사항이 중요한데, 채무자가 거주할 경우 채무자를 통해 인적 사항을 확인한다.

채무자 부재시 집행관 사무소에서 알 수 있는데 인도명령 결정 이후다. 인도명령 결정이 나야 매수인이 집행사건의 이해관계인이 되어 유체동산 압류사건을 열람할 수 있다.

압류한 집행관의 도움을 받아 처리하는 것이 좋다.

압류동산은 3개월이 지나도록 압류권자 동산을 처분하지 않으면 집행관사무소에서 처분을 촉구(두 차례)한 후 그래도 시행이 되지 않으면 직권으로 압류를 취하한다. 대부분의 경매물건은 시효가 지나 압류가 취소된 상태이다.

매수인은 보관임대료를 채권으로 하여 동산을 다시 압류한 후 경매절차를 거쳐 비용을 회수할 수 있다.

나. 가처분

가처분이 된 동산은 권리자와 협의가 안되면 소송을 해야 한다.

6) 점유이전금지가처분이 필요한 때

회사원 추 장군은 춘천시에 있는 상가 319㎡를 7,812만원에 낙찰받아 채무자 겸 소유자를 상대로 인도명령 신청을 하였다. 인도협상 결렬 후 강제집행을 하기 위해 상가를 찾아 갔더니 제3자가 점유 중이었다.

이 경우 매수인은 제3자를 상대로 다시 인도명령 결정을 받아야 한다. 제3자가 점유를 이전하지 못하도록 하는 처분이 점유이전금지가처분이다.

대금 납부 전, 후에 위장임차인을 점유시켜 인도명령 및 인도집행을 지연시키는 행위가 빈번하게 발생하고 있다. 점유 현황 확인시 이상 조짐이 보이면 인도명령 신청과 점유이전금지가처분을 같이 신청하는 것이 좋다.

가. 인도명령 결정 후 점유 이전 - 승계집행문 받아 제3자 상대 집행 가능

인도명령 결정 후 상대방이 강제집행을 무력화 시키기 위해 제3자에게 점유를 넘겼을 경우, 집행법원에 그 사실을 소명(집행관의 집행불능조서등본 등)하여 승계집행문을 부여받아 제3자를 집행할 수 있다.

나. 인도명령 결정 전 점유 이전 - 제3자 상대 다시 인도명령 신청

법원의 인도 결정이 있기 전 제3자에게 점유를 넘겼을 경우, 제3자를 상대로 다시 인도명령을 신청해야 한다.

인도소송은 사전절차로 점유이전금지가처분신청을 해야 한다. 깐깐한 사람으로 인도시 속깨나 썩일 것 같다면 점유이전금지가처분을 신청하는 것이 후환을 없애는 지름길이다.

7) 인도를 할 수 없는 임차인

가. 공공건설 임대주택

(1) 부도 공공건설 임대주택 임차인

㉠ 2년간 인도 불가

임대주택법의 적용을 받는 부도 공공건설 임대주택의 매수인은 임대주택의 입주자 모임 공고에서 정한 임대의무기간동안 임차인에게 인도를 요구할 수 없다.

단, 잔여 임대기간이 2년 미만인 경우에는 최소 2년간 임대하여야 한다.

임차인이 매수인으로부터 종전 임대조건으로 임대차계약을 제한받고 이를 거부한 경우에는 인도가 가능하다.

임대주택법 제25조 (매입 부도공공건설임대주택의 임대의무)
① 부도등이 발생한 공공건설임대주택을 매입 또는 낙찰받은 자는 당초 입주자 모집공고에서 정한 임대의무기간 동안은 매입 또는 낙찰 당시의 임차인(제19조를 위반하지 아니한 임차인으로

동일 임대주택에의 계속 거주를 희망하는 경우에 한한다.)에게 임대하여야 한다. 이 경우 잔여 임대의무기간이 2년 미만인 경우는 최소 2년간 임대하여야 한다.

ⓛ 3년간 인도 불가 - 보금자리 주택

부동공공건설임대주택 임차인 보호를 위한 특별법 (보금자리주택)에 의하면, 부도임대주택을 주택매입사업시행자 외의 자가 매입한 경우 부도임대주택의 임차인에게 3년의 범위 내에서 종전 임차인과 임대사업자가 약정한 임대조건으로 임대하여야 한다.

부도공공건설임대주택 임차인 보호를 위한 특별법 제10조(공공주택 등으로 공급 등)

① 주택매입사업시행자가 제5조의 규정에 따라 부도임대주택을 매입한 경우에는 공공주택 등으로 공급할 수 있다. 이 경우 공공주택 외의 주택으로 공급하는 주택은 「임대주택법」 제2조제2호의 건설임대주택으로 본다. <개정 2008.3.21., 2009.3.20., 2014.1.14.>

④ 제1항의 규정에 따라 보금자리주택 등으로 공급하는 경우의 입주자격, 임대조건 등에 관하여 필요한 사항은 대통령령으로 정한다. <개정 2009.3.20., 2013.5.22.>

⑤ 주택매입사업시행자 외의 자가 부도임대주택을 매입한 경우에는 당해 부도임대주택의 임차인(「임대주택법」 제19조를 위반하지 아니한 임차인으로 동일 임대주택에의 계속 거주를 희망하는 경우에 한한다.)에게 3년의 범위 이내에서 대통령령으로 정하는 기간 동안 종전에 임차인과 임대사업자가 약정한 임대조건으로 임대하여야 한다.

---

(2) 참여의 제한

㉠ 임차인 우선매수권

부도임대주택의 임차인은 임대주택법의 경매에 관한 특례규정에 따라 우선매수권을 행사할 수 있다.

임대주택법 제22조 (부도임대주택등의 경매에 관한 특례)

① 임대주택을 「민사집행법」에 따라 경매하는 경우 해당 임대주택의 임차인은 매각 기일까지 같은 법 제113조에 따른 보증을 제공하고 최고매수신고가격과 같은 가격으로 채무자인 임대사업자의 임

대주택을 우선매수하겠다는 신고를 할 수 있다. [개정 2011.3.9]

② 제1항에 따라 우선매수신고를 할 수 있는 자는 제21조제1항의 건설임대주택의 경우에는 같은 조에 따라 우선 분양전환을 받을 수 있는 임차인에 한하며, 그 외의 임대주택의 경우에는 임대차계약의 당사자에 한한다. [신설 2011.3.9]

③ 제1항의 경우에 법원은 최고가매수신고가 있더라도 제1항의 임차인에게 매각을 허가하여야 한다. [개정 2011.3.9]

④ 제1항에 따라 임차인이 우선매수신고를 하면 최고가매수신고인을 「민사집행법」 제114조의 차순위매수신고인으로 본다.

ⓒ 주택매입사업시행자

임차인은 주택매입사업시행자인 한국토지개발공사(LH)등에 우선매수권을 양도할 수 있으며, LH가 우선매수권을 보유(부도공공건설임대주택 임차인 보호를 위한 특별법 제12조) 하면 일반인의 참여가 제한을 받을 수 있다.

부도공공건설임대주택 임차인 보호를 위한 특별법 제12조(우선매수권 양도)

임차인대표회의등이 제6조의 규정에 따라 매입요청한 경우에는 「임대주택법」 제22조의 규정에 따라 임차인(임차인대표회의가 매입요청한 경우에는 그 구성원인 임차인을 말한다.)에게 부여된 우선매수할 수 있는 권리를 주택매입사업시행자에게 양도한 것으로 간주한다. 이 경우 주택매입사업시행자는「민사집행법」 제113조의 규정에서 정한 보증의 제공 없이 우선매수 신고를 할 수 있다.

나. 명도확인서 제출 여부

(1) 명도확인서 요

임차인이 매수인과 재계약을 원하나 임대차계약 체결 전이라면 명도확인서가 필요하다. 매수인이 부도임대주택의 임차인을 상대로 인도명령을 할 수 없다는 것과 임차인이 배당금을 수령하기 위해 매수인의 명도확인서를 제출하는 것은 별개이다.

(2) 명도확인서 불요

매수인과 임대차계약이 체결된 경우 임차인은 명도확인서가 없어도 배당금을 수령할 수 있다.

다. 지분부동산

(1) 채무자

매수인은 보존행위로서 채무자를 상대로 인도명령을 신청할 수 있다. 채무자는 경매에 의해 그 지위를 상실하고 매수인이 그 지위를 승계하기 때문이다.

(2) 임차인

대항력 유무와 공유지분 비율이 관건이다. 임차인이 대항력이 없더라도 매수인이 취득한 공유지분이 1/2 이상이면 관리행위로서 인도명령이 가능하나, 과반수에 미치지 못하면 점유자를 상대로 인도명령을 할 수 없다. 공유물의 관리는 공유자 지분의 과반수로 결정하기 때문이다.

공유자는 자기 지분에 대해서 처분 또는 사용, 수익할 수 있으나, 남의 지분에 대해서는 처분 권한이 없다. 즉 임차인이 낙찰받은 지분에만 점유를 하고 있다면 인도명령이 가능하다.

라. 일괄매각 물건 - 공동담보 물건

#사례탐구

추 장군은 서울 성동구 구의동의 아크로리버 아파트 (104㎡)을 6명을 제치고 낙찰 받았으나 세 달째 명도를 못하고 있다. 임차인이 대항력은 없지만 보증금을 전액 배당받아 인도걱정을 안했는데, 전혀 생각지 않은 곳에서 발목을 잡혔다. 임차인에 대한 인도명령 결정이 함흥차사이다.

추 장군은 4개의 부동산을 일괄하여 경매중인 물건 중 하나를 가장 먼저 낙찰 받았

> 다. 나머지 물건이 모두 팔여 매수인이 매각대금을 납부해야 배당기일이 정해진다.
>
> 인도명령 결정은 배당기일 이후에 인용된다. 임차인 역시 배째라고 나오고 있다. 이사 갈 돈이 있어야 이사를 가든지 말든지 할 것 아니냐고...

 일견 맞는 말이다. 일괄 매각물건은 모든 물건이 팔리고 매각대금이 납부돼야 배당기일이 정해진다. 소유자가 점유하는 물건은 잔금납부 후 바로 인도명령 신청이 가능해 인도를 할 수 있다.

 그러나 임차인이 점유하는 경우 대항력 유무를 떠나 임차인에 대한 인도명령결정은 배당이 확정될 때 까지 유예된다. 일부라도 배당 받는 임차인이 거주하면, 매수인은 수개월 동안 인도를 못할 수도 있다. 그나마 이들은 법원에 보관중인 배당금을 무기로 압박할 수 있지만 전혀 배당을 받지 못하는 임차인은 하염없이 기다려야 한다.

 만약 조기 입주나 재산권 행사를 원한다면 명도비 지급조건으로 퇴거를 유도해야 한다. 그래도 막무가내로 버티면 대금납부일로부터 인도일까지 임료(부당이득)를 청구하겠다고 압박해야 한다.

 수백 세대의 아파트 경매시 일부 법원은 배당기일을 나눠서 탄력적으로 진행하기도 한다.

8) 월세(관리비)와 배당 그리고 인도

 인도를 하다보면 종종 보증금을 전액 배당받는 임차인임에도 불구하고 마치 경매를 기다.렸다는 듯이 월세(관리비)를 한 푼도 안 내 오히려 월세가 보증금을 잠식하여 마이너스 상태에 있는 경우가 있다. 그럼에도 가라는 이사는 안가고 명도확인서만 먼저 달라고 한다. 덤으로 이사비용까지 요구하는 정말 간 큰 임차인들이 종종 있다.

 경매시 임차인은 월세(관리비)를 임대인에게 꼬박꼬박 납부해야 하는 것인지, 아니면 권리금(상가임차인)은 커녕 보증금도 못 찾는 판에 월세가 웬말이냐며 고민에 빠진다.

하지만 임차인은 사연이 어떻든 월세(관리비)를 납부해야 한다. 경매의 효력이 임차인에게 무상으로 거주할 권리를 부여한 것은 아니기 때문이다.

그럼에도 임차인이 월세(관리비)를 납부하지 않았다면 그 금액만큼 배당받는 보증금에서 공제할 수 있다. 관리명령신청을 하면 점유기간 동안 지불하지 않은 월세(관리비)를 배당금에서 공제하기도 한다.

9) 주민등록 없이 점유 중인 임차인

#사례탐구

추 장군은 안양시 만안구에 있는 아파트(104㎡)를 낙찰받았다. 비어있는 집이라 잔금납부 후 입주를 위해 아파트를 방문하였다가 깜짝 놀랐다. 전혀 모르는 사람이 추장군이 잔금 내는 날 입주를 했기 때문이다.
그는 전입신고를 안 했을 뿐만 아니라 아파트 관리사무소에도 신고를 하지 아니하였다.

이름도 몰라, 성도 몰라, 인도명령을 신청하여 해도 신청불가이다.

이처럼 인도 협상차 방문하면 매각당시 점유자는 온데간데 없고 주민등록도 없는 성명불상의 사람이 살고 있는 경우가 있다. 이럴 경우 인도명령 신청은 두 가지 방법이다.

첫 번째 방법은 일단 경매개시결정 당시 현황조사보고서에 등재된 임차인이나 소유자를 상대로 인도명령 신청을 하는 것이다.

그러면 강제집행을 위해 집행관이 현장에 나가 조사를 하거나 인도집행을 하게 된다. 이에 집행관이 현 점유자의 인적사항을 확인하는 과정에서 인도명령상의 점유자와 현 점유자의 인적사항을 확인하는 과정에서 인도명령상의 점유자와 현 점유자가 다르면 인도집행은 일단 불능이 된다. 그러면 집행관은 인도명령대상자가 아닌 제3자가 점유하고 있어 집행불능이라는 내용을 기재하고 집행을 중지한다.

주의할 점은 집행관에게 강제집행 취소를 하지 말고 정지신청(연기)을 해야 한다. 그 후 새로운 점유자를 상대로 인도명령신청을 할 때, 불법점유자라는 표시를 하고 승계집행문을 해달라고 하면 별도의 심문 없이 인도명령결정이 나온다. 그 후 정지된 강제집행에 대한 승계집행을 하면 된다.

두 번째 방법은 경찰의 도움을 받는 것이다.

112에 신고를 하여 경찰관에게 불법점유를 이유로 현행범으로 체포하라고 하면 경찰관은 고소를 하라고 한다. 이 때 경찰관이 불법 점유자의 인적사항을 확인하면 그 인적사항을 토대로 인도명령을 신청한다.

10) 주민등록은 있으나 임대차 없어 점유중인 임차인

임차인의 가족이나 친인척, 회사 직원일 확률이 높다. 이들을 상대로 먼저 점유이전금지가처분 신청을 한다. 인도명령을 신청하면 집행법원에서는 이들의 점유권원을 소명하라는 보정명령을 내리기 때문이다. 집행법원의 점유이전금지가처분 결정문 사본을 제출하면 인도명령 결정이 난다.

11) 가라는 이사는 안가고 이사비만 달라는 임차인

인도에서 제일 얄미운 사람을 꼽으라면 이사 날짜를 차일피일 미루는 사람과 무식이 충만(?)한 사람과 무식으로 용감(?)하여 배째라고 나오는 사람, 그리고이사를 가고 싶어도 이사비가 없어서 이사를 못간다고 계약금 조로 먼저 이사비를 달라는 유형이다.

특히 계약을 하고 싶어도 계약금이 없어서 이사를 못간다는 사람은 거의 거짓말이다. 형편이 정말 곤궁한 사람은 전세는 언감생심이고 거의 대부분 월세 계약을 하는데, 월세 계약금 (200만원 ~ 300만원) 이 없다는 사람이라면 더 이상 말이 필요없다.

단, 계약금이 아닌 잔금이 부족해 이사를 못 간다면 매수인도 선처를 베풀 아량이 있어야 한다. 임차인이 체결한 임대차계약서를 확인후 이사비를 먼저 줄 수 있다.

대신 안전장치를 마련해두도록 한다. 각서를 주고 받는데 각서에는 임차인이 인도기일을 지키지 못하면 매수인이 임의로 임차인의 짐을 옮기거나 처분해도 좋다는 내용을 기재한다.

 문서 공증을 받으면 더 좋다. 임차인이 약속을 지키지 못하면 문서공증 내용대로 매수인이 임의로 짐을 적당한 곳에 옮긴다.

12) 점유자 많은 경우 – 첫 집 선별을 잘하라.

 한 사람도 내보내기 벅찬데 점유자가 십수명이라면 난감 그 자체이다. 그러나 매듭에는 반드시 풀리는 길이 있듯, 인도 역시 겉보기에는 점유자의 수에 기가 질릴지 모르나 속내를 들여다. 보면 틈새가 있다.

 어떤 경우에도 점유자들이 모이면 인도는 그만큼 어려워진다. 매수인은 가능한 점유자들이 행동을 통일하지 못하도록 하는 것이 좋다. 겉보기는 다 같은 점유자이지만 속내(형편)는 제각기 다르다. 보증금을 전액 다 받는 사람부터 한 푼도 받지 못하는 사람까지, 이미 이사갈 집을 구해 놓은 사람부터 아무 대책이 없는 사람 등 천차만별이다.

 인도는 처음 내보내기가 어렵지 일단 한사람이라도 내보내면 다음부터는 수월하게 진행된다. 강성 모드의 점유자는 인도명령과 강제집행의 수순을 밟아 언제라도 집행을 할 만반의 채비를 갖춰 놓은 다음 실제 첫 번째 인도 대상은 보증금을 다 받는 사람이나 이사갈집을 구해 놓은 사람 중에서 내보낸다. 옆집에서 하나 둘 이삿짐이 나오면 그 토록 완강하게 버티던 점유자도 오합지졸로 변한다.

 물론 강성 점유자는 강제집행이 보약이다.

13) 막무가내 점유자

 경매절차를 악용하여 매수인의 이사 요구에불응하거나 과도한 이사비용을 요구하는 임차인이 많다. 최선은 도 닦는 심정으로 대화를 통해 해결하는 것이나, 도무지 막무가내로 말귀를 못 알아 듯는 아니 일부러 말문을 닫아버리는 점유자들이 있다.

 이들에겐 차선의 방책이 최선의 방책이다. 즉 민, 형사상의 소송을 통해 압박을 해야 한다.

먼저 민사상으로 매각대금 납부일로부터 인도 완료일까지 불법점유에 따른 손해배상청구를 한다. 이어 형사고소를 한다.

가장 임차인은 경매진행을 방해하였기 때문에 경매집행방해죄가 성립한다. 마치 맡겨둔 돈 찾아가듯 이사비를 강압적으로 요구하는 경우 공갈, 협박죄로 대응할 수 있다.

14) 막무가내 점유자 – 배당금에 가압류하는 방법

배당금을 한 푼도 못 받는 사람들의 절규(?)는 십분 이해가 간다. 그러나 배당금을 받는 사람, 특히 그 중에서도 보증금을 전액 다 받는 임차인이 마치 맡겨 둔 돈 찾는 것처럼 너무도 당당히(?) 이사빌를 요구할 때는 그저 말문이 막힐 따름이다.

배당금에 대해 대금납부일로부터 인도일까지 손해배상금액을 근거로 가압류를 할 수 있다.

가압류를 신청하면 공탁금을 납부하라는 통지서가 나온다. 대부분의 가압류는 보증보험증권으로 대체하나, 현금에 대한 채권 가압류는 현금으로 공탁을 해야 한다. 물론 재판이 끝나면 공탁금은 찾을 수 있다.

현금공탁을 하면 채권가압류결정문이 나온다. 채권가압류 후 본안소송은 권고이행 (청구금액이 2,000만원 미만)이나 지급명령(청구금액이 2,000만원 이상) 또는 인도소송을 하면서 함께 손해배상을 청구하면 된다.

15) 인도와 부당이득 반환

사례탐구

추 장군은 춘천시 약사동에 있는 다세대 주택 65㎡를 6,550만원에 낙찰 받았다. 임차인은 대항력이 없지만, 1,700만원을 배당 받을 수 있어 전 유찰가를 넘겼다.

그러나 웬걸, 임차인이 좀체 집을 비워주지 않자 추 장군은 임차인을 상대로 320만원

의 부당이득반환청구소송을 냈다. 3개월분 임료 270만원과 관리비 50만원을 포함해서
다.

재판부는 임차인에게 대금납부일로부터 이사일까지 사용료와 밀린 관리비 120만원을
지급하라는 화해조서 결정을 했다.

가. 후순위 임차인

후순위 임차인은 대금 납부일로부터 인도 완료일까지 매수인에게 점유, 사용하는 부분
에 대한 임료 상당의 부당이득반환 의무가 있어 이를 잘 활용하면 인도가 부드럽다.

후순위 임차인은 매수인이 명도확인서를 발급해주지 않아 거주 하든 이유를 불문하고
매각대금 납부일로부터 인도완료일까지 점유 사용부분에 대하여 부당이득반환의무를 진
다.

나. 선순위 임차인

㉠ 전세임차인

보증금이 전세금만으로 이루어진 임차인은 배당표 확정시 까지 차임 상당의 부당이득반
환의무가 없다. 종전의 임대차관련(전세)가 그대로 승계되기 때문이다.

㉡ 보증부 월세 또는 월세 임차인

보증부 월세 또는 월세 임차인은 종전의 임대차관계가 배당표 확정시까지 유지되므로
차임을 지급하여야 한다.

㉢ 부당이득반환채권

차임은 건물과 부지부분의 차임을 포함한다. 건물주와 대지주가 다르더라도 임차인은
건물주에게 대지부분 차임도 지급해야 한다. 계약기간 만료로 인한 부당이득반환채권은

법률규정에 의해 발생하기 때문에 10년의 민사소멸시효가 적용된다.

16) 인도시 자주 듣는 거짓말

첫째 , 돈이 없어 이사 못 간다는 말

인도시 부동의 거짓말 1위다. 정말 이사가고 싶은 마음이 꿀떡 같은데 돈(이사비)이 없어 못가니 매수인이 적선하라고 큰소리를 치는 점유자들이다.이는 새빨간 거짓말이다. 문제는 이분들의 연기가 헐리웃 배우들도 울고 갈 정도라는 데 있다.

둘째, 시설물을 다 부숴버리겠다는 위협

경매가 시작된지 1년이 넘었음에도 아직까지 정신 못 차린 경우다. 경매는 개시결정부터 매각, 대금납부, 그리고 인도까지 1년 이상 걸린다. 고급주택 인도시 이런 말들으면 가슴이 뜨끔뜨끔 하나 실행에 옮기는 점유자는 거의 없다. 얼마든지 시간을 지연시킬 수 있다.

셋째, 강제집행을 할테면 해보라고 큰소리 치는 경우

최소 6개월에서 1년 이상 얼마든지 지연시킬 수 있는 힘과 능력이 있다고 큰소리 친다. 하지만 진짜 그럴 힘이 있다면 경매까지 안가야 하는 게 정상 아닌가? 대부분 거짓말이다. 이들의 허세가 안타까울 뿐이다.

넷째, 강제경매하면 죽는다는 말

농약병 들고 집행하면 마셔버린다 큰 소리 치나 실제 마신 사람은 거의 없다. 세상 만사가 그러하듯 인도도 상대적이다.

이 경우 상대방의 퇴로를 열어주면 인도는 결코 어렵지 않다. 퇴로는 이사비와 시간이다.

17) 점유자 없이 문여는 방법

폐문부재의 경우 유체동산 유무에 따라 인도방법이 180도 다르다. 점유자의 동의없이

합법적으로 문을 열 수 있는 방법이 점유이전금지가처분이다. 점유이전금지가처분은 집행관이 결정문을 고지하기 위해 점유자가 없더라도 강제로 문을 열 수 있다.

18) 업무협조 요청문 이용하는 법

전입일자가 말소기준등기보다 빠르면 인도소송을 통해 내보내야 한다. 그러나 점유자가 채권자에게 무상거주확인서나 불(비)거주확인서를 작성한 경우 인도명령을 통해 내보낼 수 있다. 대부분 채권자 측에서 먼저 집행법원에 무상거주확인서 등을 제출한다.

집행법원에 무상거주확인서가 제출되지 않는 경우, 채권자에게 '업무협조 요청문'을 보내 채권자가 보관하고 있는 무상거주확인서 원본대조필을 보내 달라고 한다. 이를 첨부자료로 집행법원에 인도명령을 신청한다.

7. 점유 유형별 인도

1) 채무자 겸 소유자

집 대신 부채를 탕감받고 인도명령 대상으로 인도 부담은 적다. 종종 잔머리를 너무 굴리는 분들이 있는데, 관리비를 잔뜩 밀려 놓은 경우가 많다.

2) 임차인

가. 선순위 임차인

선순위 임차인은 보증금을 전액 받기 때문에 인도 부담이 없다. 가끔 선순위 임차인이 인도소송 대상이라는 점을 악용하는 경우가 있지만, 선순위 임차인도 배당표가 확정되면 인도명령으로 내보낼 수 있다.

선순위 임차인은 버티면 버틸수록 손해다. 공탁된 배당금에 부당이득에 상응하는 가압류를 할 수 있기 때문이다.

나. 후순위 임차인

인도시 요령이 요구되는 대상으로 당근과 채찍이 필요하다.

㉠ 보증금 전액 받는 임차인

이 경우 임차인은 보증금 손실이 없어 인도 걱정이 없다. 재계약할 것인지 내보낼 것인지만 판단한다.

㉡ 보증금 일부 받는 임차인

처음에는 저항을 하지만 두 세 번 만나면 역시 정리가 된다. 임차인은 매수인한테 집을 비워줬다는 확인서, 즉 명도 확인서가 있어야 배당금을 받을 수 있다.

그럼에도 보증금의 손실을 이유로 과도한 이사비를 요구하거나 퇴거에 불응하면 공탁된 배당금에 가압류를 하거나, 소유권에 기한 방해배제청구권을 원인으로 부당이득 반환청구를 할 수 있다.

㉢ 한 푼도 못 받는 임차인

인도시 가장 신경을 써야 할 대상이다. 처음에는 보증금을 물어주면 나가겠다는 말도 안되는 소릴 한다. 이들도 말이 안되는 어거기라는 것을 알지만 물에 빠진 사람이 지푸라기라도 잡는 심정으로 매수인한테 매달린다.

매수인이 상당한 차익을 보았다면 적절한 선의를 베풀 수 있다. 언젠가는 복받을 것을 기약하며.

3) 자녀나 친인척

대부분 대항력이 없으며 채무자가 이사비를 노리고 만든 가공(주민등록이 되어 있지 실제 점유는 하지 않음)의 점유자가 오히려 인도시 이들이 든든한 우군이 되기도 한다.

이들은 대부분 최우선변제를 노린 가장임차인으로 형사 처벌 대상임을 넌지시 알린다.

4) 법정지상권자

매수인은 대지를 낙찰 받고 법정지상권자는 건물에 대한 권리를 행사하기 때문에 인도 문제는 발생하지 않는다. 법정지상권이 성립하는 건물에 임차인이 있는 경우도 마찬가지 이다.

단, 법정지상권이 성립하지 않으면 건물 점유자는 한 푼도 못받고 집을 비워줘야 한다. 임차권의 대항력은 건물에 관한 것으로 토지를 목적으로 하는 것이 아니어서 토지소유권 을 제약할 수 없다.

> **민법 제304조 (건물의 전세권, 지상권, 임차권에 대한 효력)**
> ① 타인의 토지에 있는 건물에 전세권을 설정한 때에는 전세권의 효력은 그 건물의 소유를 목적으로 한 지상권 또는 임차권에 미친다.
> ② 전항의 경우에 전세권설정자는 전세권자의 동의없이 지상권 또는 임차권을 소멸하게 하는 행위를 하지 못한다.

5) 지분물권자

가. 임차인

㉠ 과반수 이하

매수인이 취득한 지분이 과반수에 미치지 못하면, 매수인은 임차인을 상대로 인도명령을 신청할 수 없다.

㉡ 과반수 초과

매수지분이 과반수에 달하면 관리행위로써 점유자를 상대로 인도명령을 신청할 수 있다.

나. 소유자

㉠ ½ 지분권자가 다른 ½지분권자에 대한 인도

공유물의 보존행위로써 배타적 사용을 배제할 수 있다는 이유로 이를 인용한다.

㉡ 소수지분권자가 과반수지분권자에 대한 인도

소수지분권자는 다수지분권자에게 공유물인도청구를 할 수 없다.
다수지분권자의 관리사항 결정권(관리행위)에 배치되기 때문이다.

㉢ 소수지분권자가 다른 소수지분권자에 대한 인도

다른 공유자와의 협의 없이는 공유물을 배타적으로 점유하여 사용, 수익할 수 없으므로, 소수지분권자는 다른 소수지분권자에 대하여 공유물의 보존행위로써 공유물의 인도를 청구할 수 있다.

협조요청서

부동산 소재지   00시 00구 00 번길 00아파트 00 동 00호
발송인(낙찰자)

　　　　　0 0 0
　　　　　　주소
　　　　　　연락처

수신인 0 0 0

　　　　　주소
　　　　　연락처

제   목   부동산 인도 협조 요청서

1. 귀하의 건승을 빕니다.

2. 발신인은 00법원 00타경 000호 부동산(00시 00구 00 번길 00아파트 00 동 00호 , 이하 '이 사건 부동산' 이라 합니다.)을 낙찰받은 0 0 0입니다.

3. 수신인께서 경매로 인하여 이사를 가게 되어 심심한 위로의 말씀을 먼저 드립니다. 발신인이 사정상 잔금 납부를 앞두고 미리 고지하여드림을 넓은 아량으로 이해하여 주시길 바랍니다.

4. 발신인은 잔금납부 예정을 0월0일로 예정하고 있으며, 전입예정일을 0월0일로 예정을 잡을 수 밖에 없어 사전에 미리 고지하여 드리게 되었습니다.

5. 수신인께서 가능한 위 날짜에 맞추어 이사를 하여 주시면 너무 감사하겠습니다.

6. 추후 서로 일정이 맞지 않아 힘들지 않게 사전에 협의하고자 미리 고지하여 드리게 되어 죄송하기도 합니다. 감사합니다.

첨부

1. 낙찰대금 납부 영수증
2. 경매잔금납부 통지서

　　　　　　　　20 　 . 　 . 　 .

　　　　　　　　위 발신인 　 0 　 0 　 0 　 　 인

수신인 0 　 0 　 0 　 귀중

 # 낙찰후 낙찰잔금 납부 후 일반우편

인도협조요청서

부동산 소재지   00시 00구 00 번길 00아파트 00 동 00호

발송인(낙찰자)

       0 0 0

       주소

       연락처

수신인 0 0 0

     주소

     연락처

제 목   부동산 인도 협조 요청서(2차)

1. 귀하의 건승을 빕니다.

2. 발신인은 00법원 00타경 000호 부동산(00시 00구 00 번길 00아파트 00 동 00호 , 이하 '이 사건 부동산' 이라 합니다.)을 낙찰받아 0월0일에 1차 협조문을 발송한 0 0 0입니다.

3. 발신인은 첨부와 같이 잔금을 납부하여 이사를 앞두고 있어 재차 이사 날짜를 고심하다가 0월0일로 예정하게 되어 고지하여 드립니다.

4. 법원에서 수신인의 보증금을 배당을 받을 수 있도록 통지가 오시면 발신인은 수신인께서 배당받는데 협조를 다. 할 것입니다.

5. 낙찰자가 협조하여야 할 확인서를 드릴 날을 사전에 연락주시면   집 내부를 볼 겸인감증명을 준비하여 수신인의 집으로 찾아 뵙고자 합니다.

5. 수신인의 넓은 아량으로 서로 일정이 잘 맞을 수 있도록 협조하여 주시길 바랍니다.   감사합니다.

첨부

1. 등기부 등본

20 .   .   .

위 발신인   0   0   0   인

수신인 0   0   0   귀중

 # 낙찰후 인도 시기 협조 애로시 일반우편 또는 내용증명

인도협조요청서 (3차)

부동산 소재지   00시 00구 00 번길 00아파트 00 동 00호

발송인(낙찰자)

       0 0 0

       주소

       연락처

수신인 0 0 0

       주소

       연락처

제 목   부동산 인도 협조 요청서(3차)

1. 귀하의 건승을 빕니다.

2. 발신인은 00법원 00타경 000호 부동산(00시 00구 00 번길 00아파트 00 동 00호 , 이하 '이 사건 부동산' 이라 합니다.)을 낙찰받아 0월0일에 1차 협조문과 0월0일에 2차 인도협조 요청서를 발송한 0 0 0입니다.

3. 발신인은 0월0일까지 인도하여 줄 것을 수신인에게 통보한 바 있으나, 협의가 차일피일 미루어짐에 너무나 안타까움을 금할 수가 없습니다.

4. 발신인은 어렵게 낙찰을 받은 이 사건 부동산이기에 사전에 통지하여 드린 0월0일에는 꼭 집을 비워 주셔야 하는 사정에 처해 있습니다.

5. 더 이상의 협조가 이루어지지 않을 경우 수신인께서 고초가 크시겠지만 하는 수 없이 인도명령에 따라 집행신청을 하는 방법외 달리 방도가 없어 재차 이사날짜에 인도하여 줄 것을 협조요청하게 되었습니다.

6. 첨부의 인도명령 결정문을 참조하시어 수신인의 사정은 이해 하지만 부디 협조하여 주시길 마지막 협조문을 발송하여 드립니다. 감사합니다.

첨부

1. 등기부등본

1. 인도명령집행문 사본

           20   .   .   .

             위 발신인   0   0   0   인

수신인 0 0 0 귀중

 # 집행신청 전의 통지

강제집행 사전통지서

부동산 소재지　00시 00구 00 번길 00아파트 00 동 00호

발송인(낙찰자)

　　　　　0 0 0

　　　　　주소

　　　　　연락처

수신인 0 0 0

　　　　주소

　　　　연락처

제　목　부동산 강제집행 신청 예고 통지

1. 귀하의 건승을 빕니다.

2. 발신인은 00법원 00타경 000호 부동산(00시 00구 00 번길 00아파트 00 동 00호 , 이하 '이 사건 부동산' 이라 합니다.)을 낙찰받아 수차례 통지를 하여 드린 바 있습니다.

3. 이사를 가지 못하는 사정은 백번 이해하지만, 발신인도 사정이 있어 0월0일까지 인도하여 줄 것을 수 차례 수신인에게 협조를 요청한 바 있습니다.

4. 그러나, 수신인께서 협조하여 주시지 않아 하는 수 없이 인도명령에 따라 집행관에게 강제집행을 신청할 수 밖에 없어 안타깝습니다.

5. 강제집행신청을 하게 되면 집행 계고장 이후 강제집행을 당하게 되며, 발신인이 지급한 집행비용을 소송을 통하여 수신인에게 청구하게 될 것입니다.

6. 강제집행신청에 앞서 마지막 통지를 드리오니, 0월0일까지 이 사건 부동산을 명도하여 주실 것을 간곡히 부탁드립니다.

7. 서로 어렵지만, 첨부의 인도명령 결정문을 참조하시어 0월0일까지 귀하의 이사날짜를 정하여 연락을 주시길 바랍니다.　감사합니다.

첨부

1. 등기부등본

2. 인도명령집행문 사본

　　　　　　　　　　　20　　.　　.　　.

　　　　　　　　　　위 발신인　　0　0　0　　　인

수신인 0　0　0　귀중

07/

부록-참고문헌 등

■ 참고문헌

광주지방법원, 손진홍, 부동산집행의 이론과실무(2015), 법률정보센타

고종원, 스마트경매(2018), 도서출판채움

곽윤직, 물권법(2015), 법문사

김동우, 부동사절세기술(2019), 지혜로

김유한, 경매통장(2019), 트러스트북스

김장섭, 대한민국부동산(2019), 트러스트북스

김창식, 경매사례 153선(2015) , 굿옥션

김학렬, 수도권부동산답사기(2019), 도서출판지혜로

김효원, 사례로 보는 부동산 경매(2018) , 책과 사람들

박용석, 대한ㅇ민국1% 땅투자론(2010), 시대의창

법원공무원교육원, 집행의 실무제요(2017)

법원공무원교육원, 등기실무제요(2015)

법원공무원교육원, 민사집행실무(2020)

법원공무원교육원, 민사집행실무(집행관실무)(2020)

법원공무원교육원, 민사신청실무(2020)

법원공무원교육원, 도산실무(2020)

법원공무원교육원, 부동산등기실무(2020)

부산지방법원 판사 양원도 외 , 강제집행소송실무(2014)

사법연수원, 보전처분이론(2015)

사법연수원, 강제집행제요(2014)

서울중앙지방법원 파산부, 파산실무(2015), 박영사

손홍수, 경매집행교본(2016), 법전사

심상준, 경매교과서(2010), 도서출판새빛

양현주, 양도세계산(2020)

오천조, 당신의 품안에 경매를 품어라(2018), 집현전

오천조, 경매비법(2019), 집현전

윤경 손홍수 , 민사집행(2015) 육법사

윤경, 경매입찰실무(2016), 법률정보센타

이창기(2014), 법정지상권

이창기(2019), NPL의기초

정상열(2020) , 경매명도의 특급비밀 , 한국경제

정호진(2019), 꼬마빌딩투자, 원앤원북스

한국공인중개사협회(2018), 경매이론과 실무,

이승진(2020) 가야컨설팅, 농지산지

■ 마무리

학원생들에게 한정된 기간 동안 현재 시각 일어나는 경매물건 위주의 강의를 하느라
"당신의 품안에 경매를 품어라" 교재는 자율학습 할 수 있는 참고자료로 활용하고
학원수업 시에 시시각각 입찰정보와 자료를 프린트물로 배포하던 것을
체계적으로 편집하여 양질의 교육을 하고자 이 책을 편찬하였다.

학원을 개설할 때부터 코로나19가 극성을 부리던 때라 학원생이 많이 오리라고는
기대하지 않았으나, 기대보다는 많은 원생들의 호응이 따랐고, 학습효과로 낙찰을 받는
분들이 늘어날 때 마다 보람을 느낀다.
경매트랜드 변화와 부동산정책의 변화 도시계획을 보면 종자돈으로 수익을 내는데
부족하지 않다. 경매물건을 부동산공법과 시세변동과 정책변동을 골고루 공부하면서
실력이 가일층되길 기대해 본다.

실제로, 경매로 장기적이고 안정적 수익내기에는 단타로는 어렵다.
경매트렌드 와 부동산정책이 수시로 바뀌고, 그 사이에서 종자돈으로 수익을 내기가
여간 쉽지 않다. 더구나 본 학원은 반값물건의 특수물건 낙찰 위주의 소액으로
투자하여 수익을 내는 전문학원이므로 롱런이 필요하다.
모쪼록, 원생들의 폭 넓은 지식과 경륜이 쌓여 부자가 되길 학수고대하면서
편집을 마무리한다.

■ 저자 약력

대법원공채15기/법원재판부등기신청집행부서근무/경희대학교경영대학원/단국대학교경영
대학원석사졸업/수원대평고운영위원장/광교신도시이주민대책위원회법률고문/수원소상공인
협회법률고문/오케이법률경매(주)대표이사/우보랜드(주)대표이사/P&K리더스법률사무소
총괄국장/수원지방법원장경매매수대리허가/공인중개사/행정사/투자분석사/오케이리더스경
매학원장

■ 저서

대리만족/당신의 품 안에 경매를 품어라/소액경매비법/경매참고자료집/경매의정석 외

경매의 정석

발행일_ 2023년 10월 31일
발행인_ 오케이리더스경매학원
펴낸이_ 김동명
펴낸곳_ 도서출판 창조와 지식
편집인_ 오천조
디자인_ 오천조
인쇄처_ (주)북모아

출판등록번호_ 제2018-000027호
주소_ 서울특별시 강북구 덕릉로 144
전화_ 1644-1814
팩스_ 02-2275-8577

ISBN 979-11-6003-642-8

정가 30,000원

이 책은 저작권법에 따라 보호받는 저작물이므로 무단 전재와 무단 복제를 금지하며,
이 책 내용을 이용하려면 반드시 저작권자와 도서출판 창조와 지식의 서면동의를 받아야 합니다.
잘못된 책은 구입처나 본사에서 바꾸어 드립니다.